한국의 선택

한미동맹의 새로운 동반자, 러시아

한국의 선택

한미동맹의 새로운 동반자, 러시아

초판 1쇄 발행 2021년 10월 15일
초판 3쇄 발행 2022년 10월 17일

엮은이 김태유 · 이대식

펴낸곳 서울대학교출판문화원
주소 08826 서울 관악구 관악로 1
도서주문 02-889-4424, 02-880-7995
홈페이지 www.snupress.com
페이스북 @snupress1947
인스타그램 @snupress
이메일 snubook@snu.ac.kr
출판등록 제15-3호

ISBN 978-89-521-3000-6 03340

한국의 선택

한미동맹의 새로운 동반자, 러시아

김태유, 이대식 엮음

서울대학교출판문화원

머리말

러시아는 한국이 북극이라는 새로운 물류를 선점하고 4차 산업혁명의 파괴적 기술을 육성하여 17세기 네덜란드와 같이 글로벌 경제의 신흥 허브로 성장할 수 있는 강력한 토대를 제공한다. 이 책에서는 좀 더 구체적인 한국과 러시아의 협력 가능성을 모색하기 위해 다양한 측면에서 각 분야 한국 최고의 러시아 전문가들의 분석과 제안을 모아 크게 지경학, 에너지, 물류와 기술, 인적·문화적 교류 등 네 부문에서 한러 협력의 효과와 가능성을 짚어보았다.

1부 「한국의 지경학적 딜레마를 풀어갈 파트너, 러시아」에서는 러시아가 당면한 전략적 과제를 해결하는 데 최적의 파트너가 한국이며 동시에 한국에 러시아도 북방정책, 북한의 비핵화, 미중 갈등에서의 출구 등 주요 난제를 해결하는 데 유력한 동반자가 될 수 있음을 밝힌다.

'왜 한국이 러시아에 필요한가?'에서 이상준 교수는 에너지 패권의 부활, 북극항로 개발, 자원의존형 탈피 등 러시아의 주요 발전 전략상 한국이 중요한 파트너가 될 수 있는 이유를 설명한다. 러시아가 추진하고 있는 유라시아 동서회랑 완성을 위한 극동개발 및 유라시아 남북회랑 완성을 위한 북극개발, 그리고 산업현대화를 위한 4차 산업혁명 촉진 등의 정책에 한국의 지리적·기술적·상업적 장점과 노하우가 결합될 경우 최고의 시너지가 생길 수 있다.

'한국의 지전략적 딜레마? 러시아가 답이다!'에서 신범식 교수는 미중 경쟁을 축으로 하는 동아시아의 지정학적 구조에서 한국은 최대한 자국의 전략적 자율성의 공간을 창출해야 한다. 이를 위해서는 한러 간 경제협력의 축을 강화하고 더불어 러시아가 미국과 중국 사이에서 중간자로서의 위상을 강화하고 균형적인 정책을 지향할 수 있도록 유도해야 한다고 주장한다.

'교착 상태의 북핵 협상과 러시아 변수'에서 위성락 대사는 러시아는 냉전 시기에 자국이 전통적으로 중시해온 국제적 핵 비확산 중시 정책으로 회귀하여 비핵화 명분을 쉽게 타협하지 않는 원칙을 고수해야 한다고 주장한다. 이를 통해 러시아는 국제 비확산 원칙 수호자로서의 명성을 높이면서 북핵 문제 해결을 위한 국제적 노력에 크게 기여할 것이라고 주장한다. 저자에 따르면 서양 현대사에서 냉전종식을 선도하고 독일 통일을 이끌어낸 러시아는 한반도 비핵화와 통일에도 크게 기여할 것이다.

'미중패권경쟁과 차이나 리스크에 대한 출구전략, 러시아'에서 최재덕 소장은 새롭게 전개될 중국의 유라시아 전략에 따라 중러관계의 제한성이 더욱 커지고 중러관계의 긴밀화가 한계에 직면할 것이라고 예측한다. 이러한 상황에 대비하여 한중관계를 유지면서도 남-북-미-러의 협력 축을 사전에 다져야 할 필요가 있음을 주장한다.

2부 「한국 미래산업의 자양분이 될 러시아의 에너지」에서는 장차 한국의 미래산업에 필요한 러시아의 풍부한 광물, 천연가스 및 전력을 활용할 방안을 논의한다.

'동북아시아와 러시아 간 에너지 가교가 될 천연가스'에서 박상철 교수는 과거 냉전시기 미국의 반대에도 불구하고 독일 등 유럽 주요국들이 소련으로부터의 가스관 건설을 완료한 사실을 강조한다. 한국도 여러 난관에도 불구하고 남-북-러 종단 가스관 건설을 통해 한반도의 정치군사적 안정화, 일본을 포함한 동북아의 가스공급 안정화에 기여할 수 있는 기회를 살릴 것을 제안한다.

'더는 미룰 수 없는 천연가스 협력, 이렇게 해결하자'에서 김진수 교수는 세계 3위 액화천연가스(LNG) 소비국인 한국과 세계 최대 가스 보유국인 러시아 간의 시너지 효과에도 불구하고 그동안 천연가스 협력 프로젝트가 이루어지지 못했던 이유를 규명한다. 나아가 그 해결책으로 에너지 협력 사업의 탈정치화, 주변국의 이해관계 충족 등 국제 협력을 바탕으로 북한 변수를 제어하고 남-북-러 파이프라인 천연가스(PNG) 기반의 한반도 통합 에너지자원 시스템을 구축할 것을 제안한다.

'러시아의 전기가 한국의 에너지 도약을 앞당긴다'에서 허성윤 교수는 한국과 러시아의 전력 부문 협력의 필요성 및 실현 가능성과 협력을 통해 예상되는 편익요소를 점검한다. 러시아가 동북아 국가에 전력 판매를 통해 아시아 시장 개척과 극동지역 개발 촉진을 원하고, 한국이 미래 전력 시스템으로의 성공적인 전환을 원하는 상황에서 한러 전력 부문 협력 추진 가능성은 그 어느 때보다 높아진 상황이다. 저자는 구체적인 방향 설정과 정교한 타당성 연구를 통해 한러 전력 부문 협력이 국가발전과 국민행복에 기여할 것으로 기대한다.

3부 「한국에 물류와 기술 패권을 안겨줄 파트너, 러시아」에서는 해상 물류, 과학기술 및 정보통신기술(ICT), 4차 산업혁명, 방산 부문 등 구체적인 산업과 기술 부문에서의 한러 협력을 다룬다.

'한러 해양협력, 제2의 장보고 시대 열린다'에서 이민규 교수는 한국과 러시아 간 항만물동량이 전반적으로 증가하고 있어, 러시아의 열악한 항만 인프라를 양국이 공동개발하는 것이 양국의 새로운 경제성장 동력이 될 수 있음을 밝힌다. 또한 최근 북극항로의 활성화는 한국-러시아 간 '9-브릿지' 제안의 핵심일 뿐만 아니라, 향후 한-유라시아 경제연합(EAEU) 자유무역협정(FTA) 체결 등 대 EAEU 경협 활성화의 대안 루트이며, 교통·물류의 단절, 기초 인프라 부족 등을 보완할 경우 한국 제조업의 중앙아시아 및 EAEU 진출 촉진에도 기여할 수 있다고 주장한다.

'윈윈 전략의 환상적인 케이스, 과학기술협력'에서 백철우 교수는 우주항공, 핵융합 기술 수준이 낮은데다 기초연구에 대한 투자 비중도 낮은 한국이, 세계 최고 수준의 기초과학을 갖추고 국가 전략 차원에서 과학기술 발전을 위해 투자를 확대하고 있는 러시아와 상호 윈윈 전략을 추진할 수 있는 기회에 대해 논한다. 이를 위해 거대과학 분야에서 공동 연구개발, 중소기업의 러시아 기술 도입 지원, 러시아로의 아웃바운드 기술교류 사업 등을 활성화할 것을 제안한다.

'한러 정보통신산업 협력 방안'에서 이대호 교수는 하드웨어 중심이던 러시아 정보통신산업이 최근 소프트웨어 부문에서도 급성장하고 있는 반면, 정보통신산업이 발전한 한국은 정치, 규제 등 사업환경이 지속적인 발전에 장애가 되고 있다고 밝힌다. 이런 상황에서 양국은 소프트웨어와 서비스 부문의 공동 연구, 러시아의 빅데이터 활용, 기술 인력 교류 등을 통해 상호 약점을 보완할 수 있다는 점을 밝힌다.

'한러 정보통신기술 기업'에서 신정우 교수와 홍아름 교수는 한국과 러시아 양국의 경제발전을 위해 인공지능, 사물인터넷, 블록체인과 같은 4차 산업혁명 기술 개발 노력과 함께 향후 해외 유력 기업과의 기술협력, 합작투자 등도 병행할 것을 제안한다. 또한 응용 및 기초 기술의 상용화 측면에서 기술협력과 합작투자의 노하우와 경험이 풍부하고, 우수한 인터넷 환경 등 테스트베드의 조건을 갖춘 한국이 러시아의 우수한 소프트웨어 기업 및 연구기관과 함께 공동으로 4차 산업혁명 분야의 기술협력과 비즈니스를 추진할 것도 제안한다.

'세계 수준의 러시아 방산기술, 한국도 활용할 수 있다'에서 장원준 박사는 미국에 버금가는 군사 강대국인 러시아의 무기를 한국에서도 이미 사용하고 있는 현황을 보여준다. 또한 러시아가 핵, 미사일, 대공방어체계 등 세계 최고수준의 군사기술력을 보유하고 있어 우리나라가 개발하고자 하는 첨단국방기술 분야에서 큰 도움이 될 수 있다고 주장한다. 또한 러시아가 최근 세계 방산시장 진출 확대를 도모하고 있어 무기도입선 다변화를 모색하고 있는 우리나라와 국방기술 및 방위산업 분야에서 협력할 수 있는 호기가 왔다는 사실을 강조한다.

4부 「한국과 인적·문화적 교류가 가능한 최적의 파트너, 러시아」에서는 러시아의 창의적인 인적 자원, 다민족에 대한 수용성, 문화 및 관광 부문 교류 현황, 인구 변화에 의한 상호보완성 등 한국과 러시아 간의 문화적·인적 협력 가능성을 살펴본다.

'창의적인 러시아 인재를 활용하라'에서 이대식 실장은 러시아는 천연자원 못지않은 세계적인 수준의 창의성을 가진 인적 자원을 문학, 과학 등 다양한 분야에서 보유하고 있으며, 그 창의성의 근원이 러시아의 성화에서 보이는 다시점, 그리고 자연과 문화 전반에서 드러나는 맥시멀리즘에 있음을 밝힌다.

'다민족 국가 러시아'에서 김혜진 교수는 러시아는 다양한 인종과 민족, 문화, 종교가 혼재된 탓에 반목과 갈등의 시간을 겪어왔지만, 이는 상호 문화가 발전하는 계기를 마련했고, 다양한 문화와 가치를 존중하는 법을 체화할 수 있는 기반을 마련했다고 주장한다. 김 교수는 다른 민족들과의 공존이 일상화되어 있는 러시아가 한국과 함께 그동안 쌓아온 민족 교류와 협력, 갈등과 화해의 경험을 바탕으로 또 다른 민족들을 맞이하고 평화로운 공존의 길을 모색할 수 있을 것이라고 판단한다.

'성공적인 한러 문화교류를 위하여'에서 이지연 교수는 가장 가까운 유럽인 러시아 특유의 예술에 대한 한국의 수용의 역사와 최근 러시아에 흐르는 한류 현황을 살펴본다. 나아가 최근 시도되고 있는 동북아평화공동체를 구축하는 데 한러 문화협력이 기여할 수 있음을 강조한다.

'한러 협력의 숨은 강자, 관광산업이 대세다'에서 유창석 교수와 최한나 선생은 최근 양국 간 관광산업의 현황을 밝히고, 향후 발전을 위한 제언으로 극동의 블라디보스토크 루스키섬과 하바롭스크 인프라의 공동개발, 극동으로의 항공편 확대 및 고속철도 공동개발 등을 제안한다.

마지막으로 '벼랑 끝의 인구 문제, 한러 공생이 해법이다'에서 구윤모 교수는 러시아는 전반적으로 인구가 감소하는 추세이며, 특히 인프라가 낙후한 극동에서 인구 감소 문제가 매우 심각하여 외국인 유입 정책을 쓰고 있으나 이에 따른 부작용이 문제가 되고 있다고 밝힌다. 이에 대한 대안으로 베이비부머 세대의 은퇴, 고령인구 증가, 출산율

저하 등의 문제를 안고 있는 한국과 러시아의 공생 가능성을 살핀다. 저자는 한국의 판교와 같은 신도시를 러시아 극동에 공동개발하는 동시에 50대 이상 숙련 인력 중심으로 한국인이 이주하여 지역경제를 활성화하는 대안을 고려할 것을 제안한다.

한국과 러시아 간의 협력은 글로벌 패권 판도가 바뀌는 격동과 위기의 시점에 한국이 지혜롭고 진취적인 출구를 찾을 수 있는 지름길이 될 것이다. 여러모로 부족하지만 각 부문 전문가들의 애정과 정성으로 집필된 이 책이 정부와 기업이 한러 협력의 중요성과 적시성을 다시 한번 공유할 수 있는 계기가 되기를 바란다. 이 책을 쓰는 데 기꺼이 참여해주신 18명의 전문가들에게 깊은 감사의 말씀을 전한다. 아울러 원고 취합 등 필요한 업무를 말 없이 훌륭하게 수행해준 최지수 조교와 무엇보다 이 책의 출판을 결정하고 산고를 함께 나눈 서울대학교 출판문화원과 편집진에도 감사드린다.

2021년

김태유, 이대식

차례

총론

1

길이 열리면 시대가 열린다

김태유

인류 문명사를 돌이켜보면, 새로운 길이 열릴 때, 비로소 새로운 시대가 열렸다.

실크로드(Silk Road)[1]가 처음 열린 것은 기원전 100년을 전후한 때다. 동방의 비단, 도자기 같은 상품과 화약, 종이 등의 제조기술이 서역으로 갔고, 서역의 호두, 후추, 깨 등과 유리제품 및 제조기술이 동방으로 들어왔다. 이들 사치품의 장거리 무역과 함께 실크로드 선상에서 그리스, 로마, 페르시아, 이슬람, 훈, 몽골, 중국 등의 고대문명이 번영하게 된다. 차이나(china: 秦)라고 불린 동북아시아의 역대 여러 통일국가는 수백 년간 비단을 수출하면서도 비단 제조에 관한 기술을 철저히 비밀에 부쳤다. 이때까지만 해도 동북아시아가 정치, 경제, 문화 등 모든 면에서 인류문명의 중심이었다고 해도 과언이 아니다.

향신료길(Spice Route)이 본격적으로 열리기 시작한 것은 8세기경이다. 인도네시아의 말루쿠제도에서 생산된 후추, 정향, 육두구, 계피, 침향 등의 향신료가 중동지역을 거쳐 알렉산드리아와 콘스탄티노플에

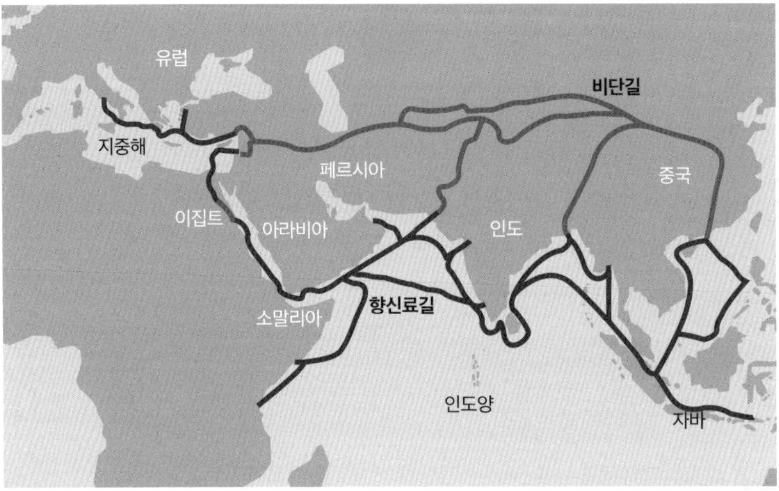

그림 1. 비단길과 향신료길

서 지중해 상인들에게 넘겨졌다. 7세기경부터 중동 이슬람문명과 지중해 기독교문명이 값비싼 향신료 무역의 가치사슬을 반분하며 동반 번영을 누렸다. 11세기에 시작된 십자군전쟁으로부터 레판토해전(Battle of Lepanto, 1591)과 빈 전투(Battle of Vienna, 1683)에 이르기까지 기독교와 무슬림 간의 천년을 이어온 숙적관계는 향신료 무역을 독점하기 위한 뺏고 빼앗기는 싸움이었다. 9세기부터 12세기에 이르기까지 전성기를 맞은 이슬람문명은 그리스 로마의 고전과 페르시아 인도문화를 종합 발전시켜 르네상스 문화의 기반을 제공한다. 그리고 이를 승계한 오스만제국은 페르시아와 이집트 및 아랍 지역을 점령하며 영토를 확장했다. 15세기에 피렌체, 제노바, 베네치아 등 이탈리아 반도의 도시 공화국들은 전성기를 맞이한다. 동로마제국의 멸망으로 르네상스의 주역으로 떠오른 베네치아는 오스만제국과 치열하게 이권을 다투며

교황과 오스만제국 사이에서 대치했다. 향신료길이 열리면서 인류문명의 중심이 동북아에서 중동과 지중해 지역으로 서서히 이동하기 시작한 것이다.

1488년 포르투갈의 바르톨로메우 디아스(Bartolomeu Diaz)가 희망봉을 발견하면서 대서양을 남하해서 인도양으로 진입하는 새로운 길이 열렸다. 네덜란드는 동인도회사를 앞세워 선발주자인 포르투갈과 스페인을 제치고 새로운 항로를 통하여 향신료 무역을 독점함으로써 상업혁명(Commercial Revolution)으로 새로운 시대를 열었다. 중동 무슬림과 지중해 기독교가 반씩 나누던 향신료 무역을 독점하다시피 한 네덜란드는 한때 유럽의 무역선 총 2만 척 중 1만 5천 척이 네덜란드 국적선일 만큼 부유하고 강력한 상업제국이었다. 기존의 향신료길에 의존하던 중동 무슬림과 지중해 기독교 문명이 동반쇠퇴하고 본격적으로 서유럽의 시대가 열리기 시작한 것이다.

원래 대서양을 종단하여 희망봉을 돌아 인도로 가는 항로와 대서양을 횡단하여 신대륙으로 가는 항로는 포르투갈의 엔리케 왕자와 스페인의 이사벨 여왕의 후원으로 개척되었다. 그러나 칼레해전(1588)으로 스페인의 무적함대를 격파하고 영란전쟁(Anglo-Dutch Wars, 1652~1784)으로 네덜란드를 제압한 영국은 5대양 6대주에 해가 지지 않는 나라 대영제국을 건설한다. 1922년 영국의 영토는 3,370만km^{2}로서 몽골제국의 전성기를 넘어서는 인류문명사상 최대의 제국이 되었다. 향신료와 차 무역에 이어 영국은 인도에서 수입하던 면직물이 영국 모직물 산업을 위축시키자 인도의 면직물 수입을 금지하고 영국 내에서 면직물 생산을 시작함으로써 제조업(manufacturing: Atom Industry)에 기반한 산업혁명(Industrial Revolution)을 일으킨다. 새로운 길이 열리고 새로운 산업이 출현함으로써 드디어 기존의 농업문명과는 근본적으로 다른 새로운 시대의 문명이 탄생한 것이다. 생산양식의 대변혁인 산업혁명은 면직물 같은 당대 최고 사치품의 원거리 무역, 즉 무역을 통한 상품수요 확장에 의해 견인되어 발생한 것이었다. 다시 말하자면 산업혁명은 상업이 진화 발전한 것이지 농업에서 파생된 변화가 아니었다. 상업제국으로 시작된 영국의 세기(Pax Britannica)는 산업혁명이라는 문명사적 대변혁을 통하여, 농업혁명 이래 8천여 년 동안 정체된 농업사회를 뒤로하고 역동적으로 발전하는 산업문명사회를 열어간다. 가난과 질병과 신분의 족쇄로 고통 받던 농업사회의 대중에게 풍요와 건강과 자유민주질서를 가능케 한 산업혁명은 한마디로 인류문명사상 가장 큰 축복의 서막이었다. 영국에서 시작된 산업혁명은 가속하는 속성에 따라 더 빨리 더 크게 발전하여 현재 미국의 세기(Pax Americana)로 절정에 이른 현대산업문명의 중심축을 형성하고 있다.

그렇다면 도대체 왜 새로운 길이 열릴 때 비로소 새로운 시대가 열리고 또 새로운 문명이 탄생하는 것일까? 그 해답은 가치창출에 있다. 인류문명은 인간의 경제활동에 의해 창출된 가치(value)로 이루어진 것이기 때문이다.

가치창출과 새로운 시대

자급자족을 기본으로 하는 농업사회의 경제활동은 주로 농업(축산업, 임업, 어업 등) 생산을 통한 의식주의 해결이었다. 그런데 잉여농산물 또는 지역특산품이 물물교환되면서 그 교환비율이 상품가치의 상대적 척도로 나타나게 된다. 결국 특정 상품의 가치 크기는 소비자의 최소지불의사(minimum willingness to pay)의 크기를 기준으로 결정된다. 시장에서 수요(demand)와 공급(supply)이 균형을 이룰 때 소비자의 최소지불의사의 크기에 해당하는 가격(price)은 곧 상품의 가치를 표시하는 가장 근사한 척도인 셈이다. 그런데 가격 또는 가치는 때와 장소에 따라 달라진다. 왜냐하면 상품의 가치를 구성하는 기반가치(생산에 대한 대가)와 확장가치(운송 및 보관에 대한 대가)는 상품과 지역에 따라 천차만별이기 때문이다.

예를 들면 산에서 토끼 한 마리를 잡는 데 1시간이 걸리고 강에서 붕어 한 마리를 잡는 데 1시간이 걸린다고 하면 토끼와 붕어의 생산원가에 상응하는 기반가치는 같다고 할 수 있다. 그런데 강에서 잡은 붕어를 높은 산으로 가져가는 데 2시간이 걸린다고 하면 산에서 붕어 한 마리는 토끼 세 마리와 교환될 것이다. 이때 붕어 가격이 토끼 가격의 세 배가 되는 것은 붕어의 확장가치가 기반가치의 두 배가 되기 때문이다. 이것은 생산 혹은 운송에 대한 이윤(profit)이 없다고 가정한 경우다. 이윤을 포함할 경우 산에서는 붕어 한 마리는 토끼 세 마리 이상 네다섯 마리와 교환될 수도 있다. 이것이 가능한 이유는 산에서 붕어는 부유층 또는 특권층이 소비하는 사치품에 해당하며 그들의 지불의사(willingness to pay) 또한 매우 높을 것이기 때문에, 사치품의 운송에 대한 대가는 높은 이윤을 포함하여 기하급수적으로 높아질 수 있기 때문이다.

기반가치를 창출하는 생산자는 큰 이윤을 남길 수 없다. 왜냐하면 대부분의 상품(재화)은 실용품이고 또 그 지역에서 다른 생산자와 경쟁으로 큰 이윤을 기대할 수 없기 때문이다. 그러나 확장가치를 창출하

그림 2. 1세기에 만들어진 것으로 알려진 폼페이의 프레스코화. 여사제가 실크 드레스를 입고 있다

는 상인은 엄청난 이윤을 기대할 수 있다. 왜냐하면 운송거리가 멀거나 운송과정이 어려울수록 경쟁자가 줄어들 것이고 소비지에서는 그 상품이 더욱 희귀한 사치품이 될 것이기 때문이다. 따라서 특권층 소비자의 지불의사도 기하급수적으로 증가하여 엄청난 초과이윤을 취할 수 있을 것이다. 게다가 농업생산은 생산규모가 커질수록 자연조건이나 생산설비의 한계로 인하여 수익체감현상을 보여 이윤증가에 별로 도움이 되지 않는다. 그러나 운송 및 보관 비용은 규모의 경제(economies of scale)로 평균비용이 하락하여 이윤증가에 크게 기여하게 된다.

결국 생산자, 즉 기반가치 창출자는 생산규모를 늘려도 규모의 경제로 평균비용이 하락하기보다는 반대로 산출체감으로 평균비용이 증가하기 십상이라서 높은 가격과 높은 이윤을 기대할 수 없다. 그러나 상인, 즉 확장가치 창출자는 높은 가격에 의한 초과이윤에 규모의 경제로 인한 비용절감까지 가능하다. 그래서 농민은 항상 가난한데 상인은 부유하고, 농업국은 항상 빈국(貧國)인데 상업국은 부국(富國)이 되는 것이다. 이와 같은 원리로 인하여 새로운 길이 열리면 그 길을 통하여 새로운 가치를 창출하는 지역 또는 국가는 엄청난 규모의 부를 축적하게 되고, 또 그 부를 기반으로 새로운 시대가 열리고 새로운 문명이 탄생하게 되는 것이다.

비단길이 열리자 로마의 황제를 비롯한 특권층이 비단의 주요 소비자였다. 로마의 지배자 카이사르가 비단옷을 입고 연극을 보러 갔는데 당시 로마 청중들이 연극보다는 카이사르의 비단옷을 더 열심히 보았다는 이야기가 전해진다. 로마의 귀족들은 무늬 있는 비단인 능라(綾羅)와 자수비단을 특별히 선호했다고 한다. 당시 로마에서 중국산 비단 수입에 지출한 총 비용이 얼마나 되었는지에 관한 자료는 남아있지 않다. 그러나 비단 수입으로 인한 재정지출이 로마의 쇠퇴를 재촉했다는 로마의 철학자 세네카와 로마의 정치학자 폴리니우스의 언급에서 비단의 무역규모를 짐작할 수 있다.

향신료길이 열리면서 아랍상인들의 향신료 무역 및 이윤 규모를 정확하게 알 수 있는 통계자료는 없지만, 향신료 무역의 규모를 짐작할 수 있게 해주는 단서들은 어렵지 않게 찾아볼 수 있다. 우선 수세기에 걸친 아랍인들의 향신료 무역로를 따라서 많은 도시가 발달했다는 점을 들 수 있다. 당시 무슬림 세력권에 있었던 스페인의 코르도바

(Cordoba)는 향신료 무역에 힘입어 12세기에 이르러 세계에서 가장 거대한 도시 중 하나로 성장했으며, 또 다른 향신료 무역 거점인 이라크의 바스라(Basra)는 불과 30년 만에 20만 명이 넘는 인구 성장세를 보였고, 도시의 거리는 아랍인, 페르시아인, 인도인, 말레이어 구사자(Malay-speaker)로 가득찼다고 한다. 우리에게 『아라비안 나이트』를 통해 널리 알려진 선원 신드바드의 환상적인 모험 이야기 역시 알고 보면 아랍인들의 향신료 무역이 낳은 부산물이다. 신드바드는 가상의 인물이지만 그의 항해와 모험이 이루어졌던 배경은 8~9세기의 향신료 무역을 그대로 반영하고 있다. 신드바드는 말루쿠제도를 비롯한 향신료 섬으로의 여정을 이렇게 말한다. "나는 여러 상인, 동료들과 함께 바스라로 내려갔고, 항해를 시작했습니다. 처음에 나는 파도와 배의 흔들림 때문에 멀미를 했지만, 곧 회복되었고 우리는 섬들 사이를 돌며

그림 3. 향신료를 서양으로 운송하려고 하는 15세기 상인들의 모습.
『동방견문록』에 포함되었던 삽화로 알려져 있다.

물건들을 사고 팔았지요."[2] 아랍 상인들이 실어온 향신료를 아랍에서 유럽으로 유통시킨 것은 베네치아를 비롯한 지중해 연안의 도시국가들이었고 이들이 거둔 막대한 이윤 역시 잘 알려져 있다. 유럽에 향신료를 공급한 가장 큰손은 바로 베네치아였다. 15세기를 통틀어 평균을 내면 베네치아의 상인들은 매년 알렉산드리아에서는 400톤, 베이루트에서는 104톤의 후추를 획득했다고 하며, 15세기 말 베네치아에서 정향(clove)의 가격은 원산지인 말루쿠제도에서보다 약 백 배나 비쌌다고 한다.[3] 물론 베네치아 상인들도 말루쿠제도에서 직접 정향을 실어오는 것이 아니라 중간 유통을 맡았으며 운송비용도 있었을 것이므로 베네치아 상인들이 백 배에 가까운 이윤을 취했다고는 할 수 없으나, 그럼에도 이는 향신료 무역의 수익성을 잘 말해준다.

아랍 상인들이 독점유지를 위해 비밀에 부쳤던 향신료의 원산지가 유럽에 알려진 것은 13세기 실크로드를 통해 중국에 갔던 마르코폴로가 쓴 『동방견문록』이 15세기 독일어로 번역 출간되면서다. 『동방견문록』이 늦게 출간된 것도 베니스 상인들이 향신료 무역 독점권을 오래 유지하기 위해서 출간을 지연시켰다는 말이 전한다.

북극항로

상업혁명으로 범선을 타고 5대양을 종횡으로 누비기 시작한 서유럽인들은 지구상의 모든 땅을 식민화하기 시작했다. 그들이 자유무역이라는 명분으로, 기존 농업세계를 점령하여 직접 통치하지 않고 무역에 의해 경제적 식민지화를 선호한 이유는 '자유무역 제국주의'가 비용편

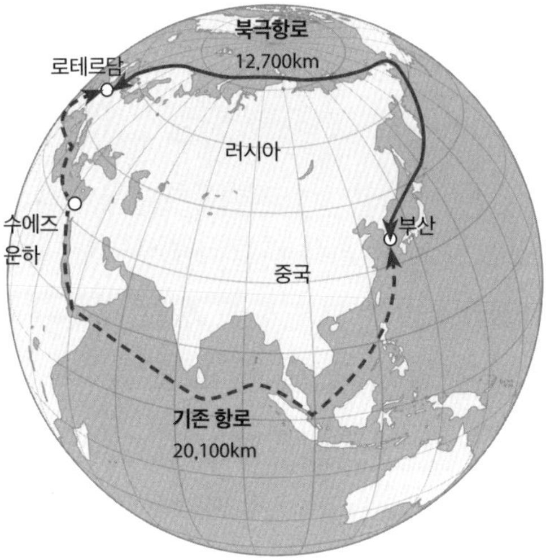

그림 4.
북극항로와 기존 항로의 비교

익분석상 가장 효율적이었기 때문이다. 군사적 점령과 정치적 지배에는 엄청난 비용이 들어간다. 정치적으로 독립된 경제적 식민지는 선발산업국 입장에서 최소비용으로 최대이윤을 확보할 수 있는 방법이었던 것이다. 그러나 선발산업국의 확대재생산을 위한 원료공급이나 상품시장으로서 역할을 주저하거나 거부하는 지역은 가차 없이 쳐들어가 병합하기를 서슴지 않았다. 또한 그들 간에 합의된 국제기준으로 당장 주인 없는 빈 땅은 필요하든 말든간에 사막과 동토를 가리지 않고 바다 멀리 외로운 돌섬에서 대륙붕에 이르기까지 모두 깃발을 꽂아 점령해버렸다. 그리고 이제 70억이 넘는 인구로 초만원인 지구는 북극으로부터 적도를 넘어 남극대륙에 이르기까지 인간의 손길이 미치지 않은 곳은 한 군데도 남아있지 않다. 먼 훗날 지구를 벗어난 우주시대(the space age)가 도래하기 전까지는 인류문명사에 새로운 시대를 열 만한 새로운 길이 열리기를 기대할 수는 없을 것처럼 보였다.

그런데 최근 지구온난화로 인하여 북극을 둘러싼 빙하가 녹아내리면서 북극항로(North Pole Route)가 열리기 시작했다. 대서양에서 러시아 북쪽 해안을 거쳐 베링해협과 태평양에 이르는 항로가 북동항로(Northeast Passage)다. 그리고 대서양에서 캐나다 북쪽 해안을 거쳐 북동항로와 만나는 항로가 북서항로(Northwest Passage)다. 이들 북극항로는 인류문명이 지구상에서 맞이할 마지막 새로운 길이다. 그렇다면 북극항로가 과거 실크로드, 향신료길 그리고 대서양 항로에 필적할 만한 새로운 시대를 열어갈 새로운 길이 될 수 있을 것인가? 실크로드가 고대 유라시아문명을, 향신료길이 중동과 지중해문명을, 그리고 대서양 항로가 서유럽이 주도한 현대 산업문명의 새로운 시대를 열었다면, 북극항로가 열어갈 새로운 문명의 시대는 과연 어떤 시대일까?

그런데 북극항로의 단편적인 현재 상황에 대해 많이 보고 들은 사람일수록 북극항로의 경제적 활용 가능성에 더 비관적이다. 돌이켜보건대 사실상 산업혁명 현대문명의 시발점이라 할 수 있는 대서양 항로도 당시 최고의 해양전문가들은 그 가능성을 인정하지 않았다. 콜럼버스의 항해는 포르투갈 등 유럽 각국이 지원을 거절한 무모한 항해였고, 마젤란의 세계일주 항해도 선원 250여 명 중 18명만이 살아 돌아올 만큼, 새로운 길이란 험하고 그 가치를 알아보기 어려운 법이다. 북극항로의 가능성을 보고 개척을 처음 시도한 사람은 네덜란드의 항해사 빌럼 바렌츠(Willem Barentsz, 1550~1597)였다. 1596년까지 바렌츠의 세 번에 걸친 시도는 모두 한파와 얼음에 갇혀 실패했고, 1879년에 이르러서야 스웨덴의 지리학자 아돌프 에릭 노르덴스키올드(Adolf Erik Nordenskiold)가 증기선으로 북동항로의 첫 항해에 성공한다. 지도와 기후정보 그리고 위성항법장치(Global Positioning System, GPS)에 조선 및

그림 5.
북동항로의 첫 항해에 성공한
아돌프 에릭 노르덴스키올드

쇄빙(碎氷) 기술까지 모두 갖추어진 오늘날의 북극항로 항해는, 대항해 시대의 항해사들에게는 마치 잘 포장된 고속도로를 달리는 것만큼이나 손쉽게 느껴질지도 모른다. 북극항로가 4차 산업혁명이라고 하는 문명사적 대혁신을 앞당기고 지식기반사회라는 새로운 시대를 열어갈 새로운 길이 될 것이라는 필자의 확신은, 산업혁명과 인류문명의 발전에 관한 심층적 이해에 기반한 것이다.

산업혁명[4]

북극항로와 불가분의 관계에 있게 될 4차 산업혁명(4th Industrial Revolution)의 실체는 과연 무엇일까? 네 번째 도래한 산업혁명을 올바로 이해하기 위해서는 먼저 산업혁명에 관한 기본적인 이해가 있어야 한다.

'산업혁명'은 일반적인 개념으로 사용되어오다가 영국의 역사학자 아놀드 토인비에 의해 학술용어로 정착되었다. 토인비는 기술적 혁신으로 인해 나타난 사회·경제적인 큰 변화를 산업혁명이라고 명명했다. 산업혁명의 주요 내용으로는 급격한 인구의 증가, 농촌인구의 상대적인 감소, 기계의 발명과 공장에 의한 수공업의 대체, 부의 축적과 자본가의 출현, 공장시스템하에서의 노동자의 지위 약화 등을 언급했다. 산업혁명을 1차와 2차로 구분한 것은 생물학자 패트릭 게데스(Patrick Geddes),[5] 경제학자 데이비드 란데스(David Landes)[6] 등이다. 일반적으로 1차 산업혁명은 1780년경 영국에서 일어난 석탄, 야금, 직물 혁명으로, 2차 산업혁명은 1870년경 독일과 미국에서 시작된 전기, 화학, 강철 혁명으로 정의한다. 란데스는 2차 산업혁명을 화학(chemical science)과 전기과학(electrical science)의 극적인 발전 및 내연기관과 같은 에너지원에 기반한 새로운 산업의 등장으로 정의한다.

3차 산업혁명과 관련된 논의는 사회학자 다니엘 벨(Daniel Bell)의 저서 『탈 산업사회의 도래(*The Coming of Post-industrial Society*)』[7]에서 시작되었다. 벨은 사회발전 단계를 산업화 이전 사회와 산업사회, 그리고 산업화 이후 사회로 구분하고, 산업화 이후 사회를 정보와 지식이 주요 자산인 사회라고 규정한다. 3차 산업혁명을 처음 언급한 미래학자 제레미 리프킨(Jeremy Rifkin)은 『3차 산업혁명(*The Third Industrial Revolution*)』에서 3차 산업혁명은 태양광, 풍력 등 친환경 신재생에너지의 출현과 마이크로그리드 등이 정보통신기술(ICT)과 결합해서 출현한 새로운 경제로의 발전 과정으로 인식한다. 4차 산업혁명은 경제학자 클라우스 슈밥(Klaus Schwab) 다보스포럼 회장이 주창한 개념으로, 인공지능(AI), 로봇기술, 사물인터넷(IoT), 바이오 등의 초지능(super intelligence) 기술이 인간과 사물 간에 초연결(hyper connectivity) 소통 체계를 구축하여 생산과정이 최적화되는 산업혁신을 의미한다.[8] 이러한 기술적 혁신들이 물리적, 디지털, 생물학적 공간에서 서로 상호작용을 하며, 이것이 기존의 산업혁명과 구별되는 본질적인 차이점이라고 강조한다.

인류문명사의 과거와 미래를 일견해보면 농업사회가 현대 산업사회로 한 번, 그리고 산업사회가 미래 지식기반사회로 또 한 번, 총 두 번의 대변혁밖에 없을텐데, 도대체 어떻게 네 번째 산업혁명이 도래한다는 것일까? 그것은 아직까지 과학기술적·경제적 그리고 역사적으로 통찰하는 종합연구에 의해서 산업혁명이 일관성 있게 정의되어온 것이 아니기 때문에 생긴 단순한 오류다. 서로 다른 학문적 배경을 가진 여러 학자가 산업과 기술이 급격하게 발전하는 겉모습만 보고 앞사람이 정의한 산업혁명에 덧붙여 새로운 산업혁명을 제각기 자의적으로 정의했던 것이다. 그리고 세상 사람들이 그들의 정의를 1, 2, 3, 4차 산업혁명이라고 관행적으로 따라 불러온 것이다. 원래 "산업"이란 인간의 생활을 경제적으로 풍요롭게 하기 위하여 재화나 서비스를 창출하는 활동이다. "혁명"[9]이라 함은 기존의 사회체제를 폐기하고 새로 더 고도화된 사회체제를 세움으로써 사회생활에 근본적인 전환을 가져오는 것이다. 그렇다면 "산업혁명"이란 "산업을 통하여 인간사회를 경제적으로 풍요롭고 사회적으로 고도화된 새로운 사회체제[10]로 바꾸는 것"이라고 정의할 수 있을 것이다. 인간의 경제활동이 농업사회에서 산업사회로 바뀌어간 대변혁이 바로 '산업혁명'이었다. 그렇다면 현대 산업사회를 지식기반사회로 바꾸어가고 있는 새로운 대변혁은 또 하나의 산업혁명, 즉 '지식산업혁명'이 되어야 한다.

이상 산업혁명에 관한 논의를 정리해보면 다음과 같다. 농업혁명 이래 8천여 년 농업사회를 현대 산업사회로 바꾼 대혁신이 산업혁명이다. 농업사회에서는 모든 가치가 농업, 어업, 임업 등 자연으로부터 창출되었는데 산업혁명 이후에는 제조업(manufacturing)으로 대표되는 아톰 인더스트리(Atom Industry)에 의해 창출되는 새로운 가치가 주류를 이루는 산업사회가 도래했다. 따라서 1차 산업혁명이란 산업혁명의 전반부이고, 2차 산업혁명이란 산업혁명의 후반부인 셈이다. 그리고 현대 산업사회를 미래지식기반사회로 바꾸어갈 대혁신이 지식산업혁명인데, 이것은 인간이 창출하는 가치가 산업사회의 아톰 인더스트리에 컴퓨터와 인터넷으로 대표되는 디지털 산업 혹은 비트 인더스트리(Bit Indusrty)가 추가되는 더욱 새로운 사회다. 따라서 3차 산업혁명이란 지식산업혁명의 전반부이고, 4차 산업혁명이란 지식산업혁명의 후반부에 해당하는 것이다. 그러나 많은 사람이 지금까지 관행적으로 써오던 용어를 하루아침에 정리해서 하나로 통일하기는 어렵다. 따라서 용어 사용상 혼란을 줄이기 위해서 당분간 산업혁명을 1차 산업혁명과 같은 의미로, 지식산업혁명을 4차 산업혁명과 같은 의미로 혼용하고자 한다. 물론 학문적으로 올바른 정의에 맞게 용어를 통일하는 것도 좋겠지만, 어차피 4차 산업혁명을 유럽에서는 인더스트리 4.0(Industry 4.0), 미국에서는 디지털 트랜스포메이션(Digital Transformation), 일본에서는 소사이어티 5.0(Society 5.0), 중국에서는 중국제조 2025(Made in China 2025)라는 유사 명칭으로 부르고 있으니, 우리도 우리 관행에 맞추어 4차 산업혁명이라고 불러도 무방할 것이다.

4차 산업혁명과 북극항로

많은 사람이 북극항로와 4차 산업혁명의 연관성을 이해하지 못하거나 연관성이 별로 없다고 생각하는 근본적인 이유는, 지금까지 산업혁명이 진지한 연구 없이 다양한 분야의 학자들에 의해 단편적으로 소개되어온 결과가 초래한 오해 때문이다. 산업혁명을 학문적으로 진지하게 연구해온 경제학자나 역사학자가 없다 보니, 우리나라에서는 주로 미래 신기술을 연구하는 학자들이 4차 산업혁명시대의 신기술을 마치 4차 산업혁명의 전부인양 소개해왔다. 과학기술자들이 소개한 4차 산업혁명 기술도 4차 산업혁명의 일부분인 것은 사실이다. 그러나 그것은 현미경으로 들여다본 세상의 작은 단면들과 같아서, 문명사적 망원경으로 조망해야 비로소 볼 수 있는 드넓은 미래 세상을 포괄적으로 이해하고 설명하기에는 적절하지도 충분하지도 않은 것들이다.

인류문명을 인간 삶의 측면에서 조명해보면 "산업혁명"이란 의식주와 같은 생존을 위한 "인간의 가사노동을 상품화"하는 과정이었다. 식수를 포함한 먹거리의 상품화, 의복을 비롯한 생활용품의 상품화, 에너지와 주거의 상품화 등 현대 산업문명의 성취가 대부분 여기에 포함된다. 그렇다면 지식산업혁명, 즉 "4차 산업혁명"은 의식주와 가사노동의 상품화를 한층 더 가속화할 뿐만 아니라 인간의 건강과 스포츠는 물론이고 취미, 오락 등 여가까지 모두 포함한 "인간의 모든 일상을 상품화"해나가게 될 것이다.

4차 산업혁명은 우선, 인간의 의식주와 같은 필수재를 규모의 경제에 의한 저부가가치 대량생산에서, 범위의 경제에 의해 소량 또는 개인별 고부가가치 맞춤생산으로 바꾸어나갈 것이다. 산업사회에서는 대량생산된 규격화된 상품이 생산지에서 큰 박스에 빼곡히 담겨 도매상을 통해 대륙간 국가간 멀리 이동하고 소비지의 전문점이나 소매상에서 최종소비자에게 인도되고 있다. 그러나 지식기반사회에서는 스마트 팩토리에서 생산된 맞춤상품이 소비자 개인별로 고급스럽게 포장되어 생산지에서 바다를 건너고 국경을 넘어 소비자에게 직구될 것이다. 이 경우 단순히 부피(volume) 측면에서만 보아도 지식기반사회의 화물총량은 산업사회의 화물총량을 몇 배 웃돌 수밖에 없다. 디지털사회라고 불리는 4차 산업혁명시대는 화물이나 항로와는 별 관계가 없는 사회가 될 것으로 착각할 수도 있는데, 인터넷 통신이 늘어날 때마다 화물 운송량도 같은 추세로 함께 늘어나게 된 사실을 절대로 잊어서는 안 될 것이다. 다시 말하자면 지식기반사회는 단순히 아톰 인더스트리가 비트 인더스트리로 대체되는 사회가 아니라, 비트 인더스트리에 의해 아톰 인더스트리가 양(量)적으로 더 확장되고 질(質)적으로 더욱 고도화되는 사회라는 사실이다. 빅데이터(Big Data)와 인공지능을 컴퓨터로 처리하는 비트 인더스트리만 해도 매우 새로운 기억소자(memory element)용 희유금속(rare metal) 자원과 엄청난 규모의 정보처리(information processing) 에너지가 점점 더 많이 필요할 것이다. 그리고 질적·양적으로 확장된 제조업의 원자재 및 연료수요 또한 획기적으로 증가할 수밖에 없다. 비록 청정에너지와 스마트소비로 에너지 수요 증가 추세를 낮추어간다고 하나 지하자원과 화석에너지의 고갈성 속성은 북극항로 주변에 매장된 엄청난 규모의 다양한 자원을 인류가 꼭 필요로 할 날이 임박했음을 예고하고 있다.

다른 한편 산업혁명이 진행되어감에 따라 인간의 노동시간이 획기적으로 줄어왔다. 농업사회에서 눈 뜰 때부터 눈 감을 때까지 무한노동에 시달리던 시절에 이어, 산업사회 초기까지만 해도 하루 12시간 이상 노동이 일상화되어 있었다. 토마스 무어(Thomas Moore)는 하루 6시간 노동으로 삶을 풍족하게 영위할 수 있는 세상을 유토피아(Utopia, 1516)라고 묘사했다. 그렇다면 오늘날 현대 산업사회는 이미 유토피아에 매우 근접한 사회인 셈이다. AI와 로봇이 본격적으로 생산현장에 투입되는 4차 산업혁명시대에는 하루 3시간 남짓 또는 주3일 노동으로 모든 근로자가 풍족하게 삶을 영위할 수 있는, 현대인이 꿈꾸는 유토피아가 성큼 다가오고 있다.

그러면 인간은 그 많은 여가시간을 과연 무얼 하며 어떻게 보내게 될 것인가? 결국 여행, 체육, 취미, 오락 등의 활동으로 여가시간을 보내게 될 것이며, 그런 활동의 상당부분은 이미 교통이 정체되고 화물이 적체된 기존의 길이 아니라 시원하게 뚫린 새로운 길을 필요로 할 것이다. 특히 남녀노소 인종과 국적을 불문하고 버킷리스트에서 여행이 예외 없이 높은 순위를 차지하고 있기 때문에 쾌적한 새 길에 대한 요구는 피할 수 없는 추세다. 이러한 조짐은 이미 세계 곳곳에서 현실로 나타나기 시작했다. 관광객 유치는 가장 원가가 적게 들고 오염도 적은 외화획득산업으로서 세계 각국이 관광객 유치에 전력을 다해왔다. 그런데 최근 베니스, 암스테르담 등의 유명 관광지에서 관광객을 제한하려는 움직임이 있다. 이는 물론 쾌적한 관광환경을 유지하기 위한 조치이기도 하지만 기본적으로는 최근 관광객의 숫자가 너무나 급격히 증가하여 주민들의 삶에 지장을 초래하기에 이른 결과다. 4차 산업혁명이 진행되는 과정에서 북극항로와 주변의 아직 때묻지 않은 동토지대의 이색적 풍광은 여행과 관광 그리고 아직 가보지 못한 미지의 세계에 대한 호기심을 배경으로 세상 사람들을 유혹하기에 딱 맞는 새로운 길이 될 것이다.

이상 살펴본 바와 같이 화물과 여객의 폭발적 증가 추세는 기존의 길, 예컨대 동북아에서 믈라카해협과 수에즈운하, 지브롤타해협을 지나 유럽으로 가는 기존 항로의 수용능력을 이미 넘어서고 있다. 믈라카해협 대신 말레이반도를 관통하는 새 운하가 계획되는가 하면, 확장공사가 끝난 수에즈운하에서는 도리어 대기시간이 길어지고 있다. 또 확장공사를 마친 파나마운하 외에 추가로 니카라과에 태평양과 대서양을 연결하는 새로운 운하가 추진되고 있다. 이처럼 기존의 항로는 4차 산업혁명시대의 화물과 여객을 더는 수용할 수 없는 지경에 이르렀다.

4차 산업혁명의 새로운 문명은 전 세계의 모든 생산자가 전 세계의 모든 소비자를 대상으로 확장되고 고도화된 새로운 시대의 삶에 필요한 모든 맞춤화된 상품을 서로 사고파는 세상, 모든 근로자가 주체하기 힘들만큼 늘어난 여가시간에 지구상의 모든 곳을 여행하는 세상, 이런 세상이 북극항로라는 새로운 길을 향해 돌진하고 있다. 과거에 새로운 시대를 열었던 새로운 길이 기존의 길을 대체하는 길이었다면, 북극항로는 기존의 길이 모두 차고 넘쳐서 새로 열릴 수밖에 없는 길이다. 과거의 새로운 길은 인류문명이 기존의 길을 버리고 선택한 새로운 길이었다면, 지금 열리기 시작하는 북극항로는 기존의 길에 더하여 인류문명이 선택의 여지도 없이 떠밀려갈 수밖에 없는 마지막 남은 단 하나의 새 길이다. 그래서 어차피 가야만 할 길이라면 우리가 먼저 가서 선점해야 한다. 왜냐하면 4차 산업혁명시대는 승자독식(勝者獨食)을 넘어선 선승독식(先勝獨食)의 시대가 될 것이기 때문이다. 이제부터는 먼저 가면 승리자이고 늦게 가면 패배자다. 이것이 더 빨리 가속하는 지식기반사회의 가장 기본적인 속성이다.

여기서 북극항로라 함은 베링해협에서 러시아 북쪽 북극해를 거쳐 유럽으로 가는 북동항로(Northeast Passage, NEP)를 의미한다. 그리고 쇄빙 기능을 가진 북극항로 전용선을 개발한다고 해도 항해루트의 상당 부분은 러시아의 영해를 지나지 않을 수 없다. 그래서 대한민국이 선도해야 할 4차 산업혁명은 곧 북극항로의 선점이고, 북극항로의 선점은 한국과 러시아 양국 관계를 발상의 전환을 통하여 획기적으로 발전시키는 것 외에는 다른 방법이 있을 수 없다.

2

4차 산업혁명과 한국의 선택

김태유

우리는 위기에 익숙한 민족이다. 반만년의 유구한 역사를 통해 수없이 많은 위기를 슬기롭게 극복해왔다. 특히 일제강점과 세계대전, 독립과 한국전쟁 등 근대 한국 역사는 크고 작은 위기의 연속이었다고 해도 과언이 아니다. 위기도 자주 오면 일상이 되고, 익숙해지면 더는 새로운 일도 놀랄 일도 아니다. 이것이 바로 위기 불감증이라는 것이다.

그러나 위기라고 해서 다 같은 위기가 아니다. 십 년에 한 번 오는 위기도 있고 백 년 만에 오는 위기도 있다. 그리고 인류 역사상 단 한두 번밖에 오지 않는 위기도 있다. 그런데 현재 우리가 직면하고 있는 위기가 바로 그런 위기다. 왜냐하면 일제강점과 한반도 분단 등 우리가 겪은 모든 불행은 결국 1차 산업혁명에 제대로 대처하지 못하여 초래된 것인데, 현재 우리는 새로운 산업혁명, 즉 4차 산업혁명에 또다시 실패할지도 모를 위기에 직면해 있기 때문이다.

북핵위기, 사드(THAAD) 사태와 한중관계, 일본의 대한수출규제와 한일관계 악화 등 한국의 안보와 경제는 아직도 위기를 벗어나지 못하고 있다. 미중 무역 및 기술전쟁, 남중국해에서 도서 및 해상주권 분쟁 등 한반도에 직간접적으로 연관된 강대국과 관련국들의 이해관계 또한 얽히고설켜 해결의 실마리를 찾지 못하고 있다. 그러나 이 같은 복잡한 국제관계는 과거에도 있었고 미래에도 있을 것이다. 분쟁이란 세월이 가면 언젠가 어떤 형태로든 안정되기 마련이다. 정 해결이 어려울 때는 현상유지도 하나의 해결책이다. 북한 핵 문제는 당분간 현상유지가 최선의 방안일 수도 있다. 그런데 정말 돌이킬 수 없는 심각한 문제는 이러한 갈등과 분쟁에 우리가 국력을 소진한 나머지 4차 산업혁명 대열에서 낙오하게 되는 것이다. 과거 한반도가 중국, 일본, 러시아의 각축장이 되고, 일제강점기를 거쳐 한반도의 분단과 한국전쟁 그리고 현재 진행 중인 북핵위기까지도 그 연원을 거슬러올라가 보면 우리가 1차 대분기(大分岐)라고 하는 산업혁명에 실패하여 부국도 강병도 못한 결과 초래된 것들이기 때문이다. 만일 우리가 2차 대분기라고 하는 4차 산업혁명에 또다시 실패하게 된다면 우리 후손들이 또 어떤 치욕과 불행을 겪게 될지 심각하게 우려하지 않을 수 없다. 따라서 한반도를 중심으로 한 강대국 간의 이해관계와 북핵위기는 우리가 주도적으로 해결해나가야만 할 절체절명의 위기다.

북핵 문제는 안보 문제이고 4차 산업혁명은 경제 문제라는 측면에서 이 둘은 엄연히 별개의 사안이다. 그런데 북핵 문제의 대응에서 박근혜 정부는 강하게 부딪쳐서 성공하지 못했고, 문재인 정부는 부드럽게 감싸 안아서도 성공하지 못하고 있다. 그 이유는 미국, 중국, 일본의 북핵 관련 이해관계를 조정할 '선택지(選擇肢)'가 우리에게 없기 때문이다. 그러한 사실을 알아차린 북한조차도 이제 우리를 함부로 대하고 있다. 다른 한편 경제 문제에 있어서도 일본의 대한무역규제, 사드 사태와 한한령(限韓令), 미중 무역 및 기술분쟁 등에서 우리는 소외된 채 일방적으로 끌려다니고 있다. 그 이유 또한 한반도 주변 3강의 경제적 이해관계를 조정할 마땅한 선택지가 우리에게 없기 때문이다. 그래서 우리의 4차 산업혁명이 심각한 위기를 맞이하고 있는 것이다. 그렇다면 북핵위기 해결과 4차 산업혁명의 성공이라는 두 가지 난제를 동시에 풀어낼 수 있는 비법은 과연 존재하는가? 만약 그런 해결책이 있다면 왜 역대정권들의 피나는 노력에도 불구하고 문제해결의 실마리조차 찾아내지 못했을까?

지금까지 북핵위기에 관한 역대정부의 강온(強穩)양면전술이 모두 성공하지 못했고, 안보는 미국과, 경제는 중국과 연대한다는 안보와 경제의 분리전술도 양국으로부터 외면당하고 있다. 게다가 악화일로에 있는 한일관계에도 우리 입장을 지원하는 우방이 없다. 결론적으로 현재 남북관계와 한반도를 둘러싸고 있는 강대국들의 이해관계의 역학(力學) 구조에서는 한국이 주도적으로 추진할 수 있는 전술적(戰術的) 선택지가 존재하지 않는다는 사실을 다시 한번 확인할 수 있다. 그렇다면 이제 남은 방법은 먼저 한반도를 둘러싸고 있는 미국, 중국, 일본 3강의 이해관계라고 하는 평면적 고정관념에서 벗어나는 것이다. 그리고 농업사회에서 산업사회로 또 지식기반사회로 진화해가는 문명사적 시각에서 한반도의 현재와 미래를 입체적으로 조망함으로써, 발상의 전환을 통하여 한반도 주변 정세의 판을 근본적으로 바꾸는 전략적(戰略的) 결단을 내려야 한다.

그렇다면 경제와 4차 산업혁명에 관련된 최근 상황을 다시 한번 정리해볼 필요가 있다. 한강의 기적이라는 경이적인 성공으로 원조 받던 가난한 나라가 원조하는 의로운 나라로 거듭난 것은 민족적 저력의 발현이었다. 그러나 안으로는 그동안 잠재해 있던 압축성장의 정치적·사회적·경제적 부작용이 민주화의 물결과 함께 거칠게 표출되기 시작했다. 그리고 밖으로는 냉전시대가 가고 미국과 중국이 헤게모니를 다투는 새로운 불확실성의 시대가 도래하고 있다. 이러한 국내외적인 어려움에도 불구하고 IMF 외환위기와 세계 금융위기 극복에 전력을 다한 한국경제는 새로운 도약의 기회를 맞이할 듯 보였다.

2천 년대 초반 동북아의 중심국가 한-중-일의 경제는 괄목할 만한 성장세를 보였다. 세계은행(World Bank) 자료에 따르면 2000년 이후 약 15년간 한국의 국내총생산(GDP)은 약 3배, 중국의 총생산은 약 10배 가까이 증가하는 폭발적인 성장을 보였다. 일본도 약 10년간 수출입 규모가 2.5배, 국민총생산이 약 1.5배 증가하고 실업률이 최저치를 기록하는 등 잃어버린 20년에서 벗어나는 모습을 보였다. 한-중-일 3국의 경제가 동시에 역동적으로 발전하고 있었다. 1998년부터 2011년 사이 한국과 일본의 교역량(수출과 수입을 합친 총액)은 3.7배 증가했고, 한국과 중국의 교역량은 12배 가까이 증가했다. 일본은 소재, 부품, 장비 등 자본재를 한국으로 수출하였고, 한국은 일본의 자본재로 반도체, 광판디스플레이 및 센서, 합성수지 등 중간재를 만들어 중국으로 수출하였으며, 중국은 한국의 중간재로 만든 소비재 완제품을 전 세계로 수출했다. 유사 이래 처음으로 한국, 중국, 일본, 동북아 3국 간의 '경제적 연횡(連衡)'이 본격적으로 빛을 발하기 시작한 것이다. 이러한 추세가 지속된다면 세계경제의 중심이 미국에서 동북아시아로 옮겨오는 것도 시간문제일 듯 보였다. 그러나 사드 사태로 인한 중국의 일방적인 한한령과 일본의 대한 수출규제 등 일련의 갈등 상황은 한-중-일 동반번영의 길이 앞으로도 결코 순탄치만은 않을 것이라는 사실을 잘 보여준다.

물론 이러한 동북아 정세 변화는 정치사회적 문제로 촉발된 것이다. 그러나 3국 간의 관계가 해결책을 찾지 못하고 있는 기저에는, 뺏고 빼앗기는 제로섬게임(zero-sum game)의 오랜 역사적 갈등의 기억이 한-중-일 삼국의 무의식 속에 깊숙이 각인되어 있기 때문인 것으로 보인다. 농업사회에서는 생산이 체감하고 성장이 감속하기 때문에 국내생산이 정체되면 전쟁으로 인접국의 영토나 재물을 빼앗는 것이 국가발전의 기본원리였다. 원교근공(遠交近攻)의 역사가 이러한 사실을 명쾌하게 보여준다. 그런데 산업사회에서는 기술혁신으로 인하여 경제가 가속적으로 발전하기 때문에 포지티브섬게임(positive-sum game)이 가능한 사회다. 남의 것을 뺏지 않고도 서로 협력함으로써 국내생산을 늘려 경제를 얼마든지 성장시킬 수 있는 동반성장(同伴成長)의 시대가 도래한 것이다. 이러한 현상을 단적으로 보여주는 사례가 앞서 제시한 2천 년대 초반 한-중-일의 연횡에 의한 동반성장과 동반번영의 모습이다. 최근에 악화된 한중, 한일 간의 불편한 정치적 관계는 일회성 사건으로 촉발된 것이기 때문에 당사국 간의 이해와 절충으로 얼마든지 봉합해나갈 수 있는 사안이다. 그럼에도 각국의 정치인이 이를 정치적으로 이용하여 국가 간 강경대치 국면을 조성하고 또 민족감정을 자극하여 사태를 더욱 악화시키고 있는 것이 현실이다.

과거 동북아시아는 인류문명의 중심이었다. 인류문명의 4대 발명품이 동북아에서 나왔고 한때 세계 총생산의 절반이 동북아에서 생산되었다고 한다. 유럽대륙의 두 배가 넘는 넓은 동북아 대륙에는 원래 수십 개의 국가와 민족이 있었다. 그런데 언제부터인가 "천하통일관(天下統一觀)"이라는 강박관념에 사로잡혀 동북아 대륙의 수많은 민족과

그림 1. 토르데시야스 협정으로 결정된 스페인과 포르투갈의 경계선

그림 2. 토르데시야스 협정 문서의 맨 앞장

국가들이 오직 천하통일을 향해 끝없는 싸움을 시작했다. 통일에 성공한 국가는 통일을 지키기 위해서 국민을 착취하고 탄압하기 시작했고, 착취와 탄압은 필연적으로 분열과 외침을 초래했다. 그리고 안으로부터의 분열과 밖으로부터의 침입은 또다시 통일을 향한 끝없는 싸움을 계속하게 했다. 이처럼 동북아국가들이 통일과 분열에 의한 이합집산(離合集散)을 반복하며 경제적 에너지를 동북아 대륙 안에서 허망하게 소진하는 동안, 서유럽인들은 오대양을 접수하고 육대주의 정벌에 나서게 된다. 스페인과 포르투갈은 조그마한 이베리아반도에 이웃하는 나라다. 그들은 반도통일을 향해 안에서 서로 싸우기보다는 토르데시야스 협정(Tordesillas 協定, 1494)으로 새로운 식민지를 나누어 갖기로 하고 선의의 경쟁을 통해 밖으로 뻗어나가기 시작한 것이다. 뒤이어 네덜란드, 영국, 프랑스 등 서유럽국가들도 앞다투어 넓은 세계로 진출해 갔다. 이들 국가 간에서도 전쟁이 끊이지 않았지만 유럽의 통일보다는 주로 해외식민지를 선점하기 위한 전쟁이었다. 유럽인은 제로섬게임을 넘어서는 포지티브섬게임을 하고 있었던 것이다. 물론 유럽을 통일하고자 하는 시도도 있었지만 이는 결국 세계로 뻗어가는 세력에 의해 좌절되고 말았다.

동북아인의 천하가 동북아시아 대륙에 한정된 소천하(小天下)였다면, 유럽인이 꿈꾼 천하는 오대양 육대주를 모두 포괄하는 대천하(大天下)였던 것이다. 동북아인의 통일관이 가까운 이웃을 탐하는 옹졸하고 편협한 통일관이었다면, 유럽인의 통일관은 경쟁을 통해서 동반성장하는 대범하고 관대한 통일관이었다. 물론 동북아에서도 초원을 말달리던 북방기마민족은 세계로 뻗어나갈 기상과 역량을 갖추고 있었다. 그러나 그들도 동북아 대륙을 접수하는 순간부터 중화사상(中華思想)과 왕도정치(王道政治)에 기반한 소천하 통일관에 물들어 결국 현실 안주를 선택하고 말았다. 지금도 동북아의 미래를 결정할 힘 있는 중국(G2)과 일본(G3)은 아직도 편협한 소천하의 통일관을 벗어나지 못한 것처럼 보인다. 이들 양국 지도자의 정치적 선택과 언론 및 국민대중의 여론 추이로 미루어볼 때, 동북아인의 문명사적 사고의 지평이 아직 유럽인의 수준에 크게 못 미치는 것은 아닌가 하는 의구심을 떨쳐버릴 수 없다.

일본은 자국의 질 좋은 자본재로 한국이 중간재 산업을 세계 최고로 발전시킨 것을 시샘하고 있다. 한국에 자본재 공급을 제한하면 일본의 중간재 산업이 한국의 중간재 산업을 대체하게 될 것이라는 막연한 기대를 갖고 있다. 중국은 모든 산업을 시작부터 끝까지 오직 중국이 다 해야겠다는 전근대적 강박관념을 버리지 못하고 있다. 중국은 우선 한국의 중간재를 중국에서 생산하고 나아가서 일본의 자본재까지 중국에서 모두 생산하려고 할 것이다. 반도체 굴기, LCD 굴기, 배터리 굴기가 결국은 소재, 부품, 장비 같은 자본재 굴기로 연장될 것이다. 일본이나 중국의 행태는 결국 소천하에 군림함으로써 대천하를 유럽인에게 진상(進上)한 편협하고 옹졸한 천하통일관의 한계를 벗어나지 못하고 있다. 이것은 성장이 정체하여 뺏지 않으면 빼앗길 수밖에 없었던 농업사회의 문명관에 포획되어, 가속적인 성장으로 동반성장과 동반번영이 가능한 성숙한 산업사회의 문명관으로 성장하지 못한 소아병적인 행태다. 이와 같은 이유로 안타깝지만 구미인의 시대(Pax Americana)는 당분간 계속될 수밖에 없을 것 같다.

『21세기 미국의 패권과 지정학』, 『셰일혁명과 미국 없는 세계』의 저자인 피터 자이한(Peter Zeihan)의 주장 중 한국과 직접 관련된 것을 축약하면 다음과 같다.

첫째, 2차 세계대전 이후 미국은 소련을 정점으로 하는 공산주의 세력의 확산을 막기 위해서 서방자유세계의 자유무역 질서를 확립하였고, 미국과 자유세계가 중동에 의존하던 석유수송선을 확보하기 위해서, 미국이 세계의 경찰 역할을 자임하고 자유세계와 동맹국들의 안보와 번영을 위해서 봉사해왔다. 그런데 공산주의가 몰락하고 셰일혁명으로 미국이 에너지를 자급하게 되었으니, 이제 미국은 자유무역의 수호자나 바다의 경찰 역할을 할 필요가 없어졌고 더는 하지도 않을 것이다.

둘째, 이제 미국 없는 세계에서 과거 미국의 동맹국들은 각자도생(各自圖生)을 해야 하는데, 동북아에서 중국과 일본이 충돌하게 될 것이고 결과는 일본의 일방적인 승리로 끝나게 될 것이다. 그런데 무역의 존도가 매우 높고 석유도 대부분 중동에서 수입하고 있는 한국은 독자적으로 경제나 에너지 문제를 해결해나갈 방법이 전혀 없다. 그래서 한국은 비록 내키지 않더라도 일본과 연대를 모색하는 것이 유일한 살길이다.

이상 자이한의 주장은 지정학이라는 이름하에 복잡한 세계사와 난해한 동북아 정세에 대해, 본인의 편향된 결론을 제법 명쾌하게 도출해 보인 것이다. 이 같은 단순 논리는 난무하는 음모론들과 마찬가지로 문명사적 식견이 부족한 사람들이나, 또는 그와 유사한 결론을 은근히 기대하고 있는 사람들의 지지를 받게 마련이다. 자이한의 주장에 대한 필자의 의견은 다음과 같다.

첫째, 2차 세계대전 후 미국이 공산주의의 확산 방지와 중동석유 수송선 확보를 위하여 세계 경찰과 자유무역의 수호자 역할을 수행해 온 것은 사실이다. 그런데 미국이 가트(GATT)체제로 세계자유무역질서를 확립한 더 큰 이유는 미국 경제의 번영을 위한 것이었다. 대공황(Depression, 1929)을 극복하기 위한 뉴딜정책(New Deal)이 성과를 보이지 못하는 가운데 2차 세계대전의 폭발적인 전시수요가 미국 경제를 풀가동(full 稼動)시켰다. 전쟁이 끝나면 전후 대불황이 다가올 것은 명약관화한 사실이었다. 이때 미국 경제를 불황의 늪에서 구할 유일한 방법은 파괴된 유럽과 패전국의 경제를 재건하여 넘쳐나는 미국 상품과 서비스에 대한 새로운 수요를 대거 창출함으로써 소멸된 전시수요를 대체하는 것이었다. 전후 과거의 적국에 대한 통 큰 원조, 즉 마샬플랜(Marshall Plan)이 뇌관이 되어 자유세계의 경제는 전후 황금기를 구가하게 된다. 물론 여타 자유세계와 한국도 미국의 자유무역 질서와 석유수송선 확보의 수혜자인 것은 사실이지만, 그 가장 큰 수혜자가 미국이라는 것은 분명한 사실이다. 그래서 미국은 세계자유무역질서라는 국제관계의 기본 틀을 절대로 벗어나지 않을 것이다.

둘째, 동북아에서 일본이 중국과의 대립에서 일방적으로 승리할 것이라는 자이한의 말은 실상 미국이 중국에 승리할 것이라는 의미다. 왜냐하면 현재 일본은 경제와 안보를 미국에 의존하고 있으며 국제관계에서 미국의 아바타(avatar) 역할을 자임하고 있기 때문이다. 이것은 이미 미국 없는 세계가 아니라 "미국 있는 세계"다. 그런데 안타깝게도 무역의존도가 높고 석유 한 방울 나지 않는 한국경제가 중국과 일본 양국 사이에서는 절대로 독자적 활로를 찾을 수 없다는 자이한의 말은 분명한 사실이다. 그런데 그는 한국이 일본과 연대함으로써 중국으로부터 입을 피해에 관해서는 일언반구도 없다. 아마도 자이한에게 직접 물어본다면 "그건 나하고 관계없는 일이다"라고 무책임하게 답할 것처럼 보인다.

'일본과 미국 이외에는 한국에 선택 가능한 미래가 없다'거나 '한미 방위비 분담금 50억 달러는 참 싸다'는 등 자이한이 편향된 주장을 여과 없이 뱉어내는 이유는 무엇일까? 우선 그는 의뢰인(client)의 취향에 맞는 논리를 개발해주는 컨설턴트이기 때문에 사업상 편향된 논리를 갖게 된 것으로 추정된다. 다른 한편 "공간과 정치관계를 통찰하는 학문"이라고 본인이 설명한 바 있는 자이한 수준의 지정학의 한계 때문이 아닐까 생각된다. 지금 동북아시아의 물리적 공간에 인구, 경제, 안보 등의 상황을 단순대입해 보면 그와 유사한 결론에 도달하기 십상이다. 그것은 인류문명의 발전과 동북아의 역사에 대한 지식의 한계로 인하여 그런 조악한(shoddy) 결론에 도달한 것으로 볼 수 있다. 공간과

정치라는 평면적 사고의 틀에 갇힌 자이한의 지정학에는 감속하는 농업사회의 제로섬게임에서 가속하는 산업사회의 포지티브섬게임으로 진화해온 입체적 사고가 도입될 여지가 없다. 또 한국(Korea)이라는 이름조차 생소하게 느꼈을 자이한이 한-중-일 삼국의 유구한 역사를 제대로 알 리 없다. 비록 일반적인 세계정세에 관해서 수치 자료에 근거한 자이한의 분석은 일부 동의할 수 있지만, 동북아 문제에 대한 올바른 해결책은 결코 기대할 수 없다. 이런 자이한에게 동북아 정세와 한국의 미래에 관해서 물어보는 것도 답답한 일이지만 질문 받는 자이한도 꽤나 답답했을 것이다.

자이한의 무책임한 답변과는 정반대로, 대한민국은 동북아에서 확실한 전략적 선택지를 가지고 있다. 그 선택지란 "한-중-일의 연횡과 한-미-러의 합종(合從)의 균형"이라고 말할 수 있다. 안타깝게 중단되어가는 한-중-일의 연횡을 되살려 동북아가 인류문명의 중심에 우뚝 서는 방법은 한-미-러의 합종을 통하여 연횡의 한계와 문제점을 극복해나가는 것이다. 이것은 한반도를 중심에 두고 좌우로 중국과 일본 그리고 상하로 러시아와 미국이 십자가와 같은 형상으로 연횡과 합종의 4개 꼭짓점을 이루는 형상이다. 이들 4강의 관계는 한마디로 견제와 균형이다. 미중관계는 두말할 것도 없는 가장 대표적인 견제와 균형관계다. 미일관계는 겉보기에는 미국 쪽으로 일방적으로 쏠린 듯 보인다. 이것은 일본 특유의 겉마음(다테마에: 建前)이다. 일본의 속마음(혼네: 本音)에는 원자폭탄과 플라자합의의 한(恨)이 서려 있다. 물론 미국도 이러한 사실을 너무나 잘 알고 있다. 러중관계는 러시아의 자원과 군사력이 중국의 경제력과 상호보완관계에 있다. 미국의 러시아 제재와 미국의 중국 견제에 대항해 당분간 힘을 합치고 있는 것이다. 그러

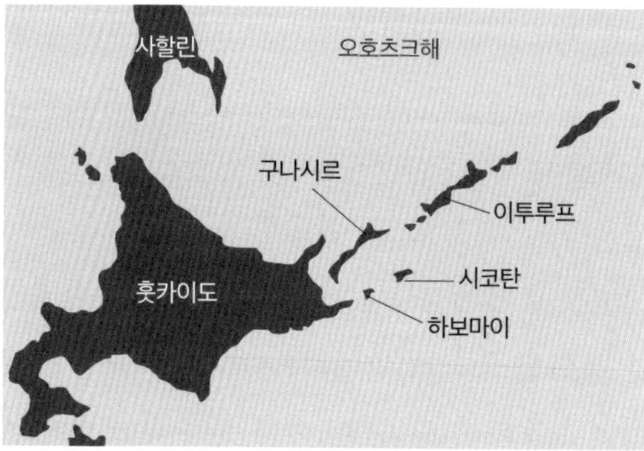

그림 3.
러일 영유권 분쟁 지역
쿠릴열도 4개 섬

나 장기적으로는 중국의 14억 인구와 러시아의 1억 4천만 인구가 과거 중국의 영토였던 지역을 포함한 광대한 극동러시아(620만km^2)를 두고 다투게 될 것이다. 러시아와 일본의 관계는 지금도 일본이 영유권을 주장하지만 러시아가 실효지배하고 있는 북방 4개 섬[1]의 영토분쟁이 언제 쿠릴열도 및 사할린까지 번져갈지 알 수 없는 일이다.

이상 4강 간의 피할 수 없는 팽팽한 구조적 긴장관계는 한반도를 중심으로 한 연횡과 합종의 균형을 우리가 주도적으로 이끌어갈 수 있는 힘의 원천이다. 이것은 필자가 인류문명의 발전원리와 패권의 비밀을 경제이론[2]과 역사적 실증작업[3]을 통하여 수행한 필생의 연구의 연장선상에서 도출된 결론이라는 사실을 먼저 언급해두고자 한다. 그러나 필자가 연횡과 합종에 대해 감히 확신을 가지고 단언하게 된 것은 연구뿐만 아니라 과거 우리 한반도에서 그와 유사한 성공사례가 실제 일어난 적이 있었다는 역사적 사실에 근거한 것이다.

신라는 한반도의 3국 중에서도 뒤늦게 발전한 나라로 알려져 있다. 강대국 고구려의 압박과 호전적 백제의 공격에 시달리던 신라는 더는 한반도에서 전술적 선택의 여지가 없음을 알아차리고 동북아로

그림 4.
나당전쟁의 격전지:
매소성 전투와 기벌포 전투
출처: 일러스트, 아시아경제 이영주 기자

시야를 넓혀 전략적 선택지를 찾아 나선다. 태종무열왕 김춘추(金春秋, 604~661)가 당나라를 두 번, 일본을 두 번 방문한 것은 한-중-일의 연횡을 시도한 것이리라. 연횡이 뜻대로 안 되었던지 김춘추는 고구려를 방문했다가 연개소문(淵蓋蘇文, ?~665)에게 연금되어 죽을 고비를 넘긴다. 이것이 합종을 염두에 둔 것인지도 모른다. 결국 신라가 나당연합으로 백제와 고구려를 멸망시키게 된 것은 당시 한반도 주변의 세력 분포와 균형이 지금과 달랐기 때문에 어쩔 수 없는 선택이었던 것으로 보인다. 전후 당(高宗, 628~683)은 신라와의 약속을 어기고 옛 백제 땅에 웅진도독부(熊津都督府), 옛 고구려의 수도 평양에 안동도호부(安東都護府)를 둔다. 그리고 신라를 계림대도독부(鷄林大都督府)로 삼고 문무왕을 계림주 대도독으로 임명함으로써 한반도를 모두 당나라의 영토로 편입을 획책하기 시작한다. 이에 요동을 선제공격한 신라는 670년 웅진도독부에 대한 전면공격을 감행하여 80여 성을 일거에 회복한다. 671년 고구려 부흥세력을 진압한 당군은 평양을 지나 672년 유인궤(劉仁軌)를 대총관, 이근행(李謹行)을 부총관으로 황해도 석문(石門)에서 신라군을 대파한다. 신라는 대아찬 효천(曉川) 등 장수 7명이 전사하는 참패로 공세보다는 방어에 급급하게 된다. 이즈음 티베트 고원 지역에서 흥기한 토번(土蕃)의 명장 가르친링(論欽陵)은 669년 대비천(大非川)에서 당나라군을 괴멸시키고 설인귀(薛仁貴) 등 장수들을 포로로 잡는다. 그리고 670년 당나라 안서도호부(安西都護府) 4개 도시를 점령한다. 675년 당은 임진강 남쪽 칠중성(七重城)을 막 점령한 유인궤를 토번 전선에 투입하기 위해 본국으로 소환한다. 같은 해 신라군은 매소성(買肖城)에서 이근행의 20만 대군을 완파하여 3만 필 이상의 군마와 많은 무기를 노획하여 나당전쟁의 전세를 역전시킨다. 676년 사찬 시득(施得)이 이끄는 신라 수군은 기벌포(伎伐浦)에서 설인귀가 이끄는 당 수군을 대파하여 40여 척의 전함을 노획하고 4천여 당군을 살상한다. 이 패배로 당나라는 전쟁 의지를 상실하고 7년여에 걸친 나당전쟁에서 신라가 최종 승리를 쟁취한다.

당시 신라, 당나라, 토번 각국의 전쟁 기록이 명확하지 않거나 상반되는 경우도 있다. 하지만 분명한 것은 토번과 신라가 양쪽에서 동시에 당나라와 전쟁을 벌였기 때문에 신라가 나당전쟁에서 승리할 수 있었던 것이다. 석문에서 대패한 신라가 전열을 정비할 시간을 벌어 매소성에서 당군을 격멸할 수 있었던 것은 신라에 행운이었다. 당시 신라가 토번과 연대해 당나라를 협공했다는 기록도 없고 또 그랬을 가능성도 없다. 다만 신라와 토번의 대당전투 시기가 절묘하게 맞아떨어

그림 5. 매소성 전투
출처: 전쟁기념관 오픈아카이브

져 마치 당을 양쪽에서 협공한 것과 같은 효과를 볼 수 있었던 것이다. 신라와 토번의 합종 아닌 합종이 신라를 구하고 또 삼한(三韓)을 구한 것이다. 대한민국의 실질적인 원형은 통일신라로부터 시작된 것이다. 그리고 고려와 조선을 거쳐 오늘날까지 이어온 자랑스러운 우리 역사는, 한반도를 중심으로 한 열강의 연횡과 합종의 균형으로 인하여 자리매김할 수 있었던 것이다.

4차 산업혁명의 성공은 지식기반사회의 선진국 대한민국의 모습이다. 그런 자랑스러운 조국의 행복과 영광이 자손만대에 길이 유전되도록 해야 한다. 그 첫걸음은 한-중-일의 연횡과 한-미-러의 합종 간의 견제와 균형을 가능케 할 전략적 대결단이다. 북극항로와 4차 산업혁명을 관통하여 대한민국의 미래를 담보할 "한국과 러시아의 전략적 제휴(strategic alliance)"가 바로 그것이다.

3

한러 협력은 한국의 미래*

이대식

한반도에 다시 한번 위기가 닥치고 있다. 유사 이래 한반도는 해양 세력과 대륙 세력 간의 각축장이 되어왔고 한민족은 이 각축전의 희생양이었다. 16세기 임진왜란, 17세기 호란, 구한말 청일전쟁, 러일전쟁, 그리고 한일합병, 1945년 광복 이후 한국전쟁까지 한민족은 동일한 역사를 반복해왔다. 동일한 방정식을 풀어야 할 시점을 예견하거나 주체적으로 풀어낸 적은 매우 드물었다.

방정식의 본질은 항상 주변 열강 간의 패권 판도의 변화에 있었다. 판도 변화가 있을 때마다 대부분 변화의 실체를 읽지 못하여 헛발질을 해댔다. 구패권에 의지하거나 새로운 패권의 향방을 잘못 짚었다. 무엇보다 심각한 것은 어느 한쪽을 선택하여 의지하려고만 했지 상황을 주체적으로 해결하거나, 국면을 선도할 의지는 없었다는 점이다. 결국 볼품없는 희생양으로 전락하여 갖은 뭇매를 맞고 만신창이가 된 다음에 최종 승리한 패권국의 품에 안겨 반노예 신세에 만족하는 경우가 허다했다.

21세기 다시 한번 글로벌 패권의 대전환이 일어나고 있다. 약 100년에 걸쳐 전 세계의 패권을 장악했던 미국의 상대적 쇠퇴와 150년 넘게 동면하고 있던 중국의 부상이 전 세계를 긴장시키고 있다. 미국과 중국의 패권경쟁이 다시 한반도를 격동의 장으로 몰아가고 있다. 사드로 인한 피해는 그 전초전의 전초전에 불과하다. 미국 대세론, 중국 대세론 사이에서 국론이 분열되고 있다. 유감스럽게도 그동안 지겹게도 반복되어온 동일한 방정식과 동일한 무해법이 또 다른 비극을 몰고올 가능성이 높다.

한민족이 이번에도 미중 패권의 희생양이 될 것인가? 아니면 열강의 경쟁 판도를 제대로 읽고 상황을 주도할 것인가? 한민족에게 이 골치 아픈 패권 방정식의 능동적인 해결자가 될 능력이 있는가? 일본보다 적은 인구와 좁은 면적으로 20억 명에 가까운 두 열강의 위세를 극복할 수 있을까? 항상 세계 수퍼 파워에 둘러싸인 한민족에게 약소국의 비극은 불가피한 것인가?

그러나 한민족보다 훨씬 더 열악한 조건에서 동일한 방정식을 풀어내고 세계의 패권을 장악한 사례가 있다. 17세기 초 네덜란드는 우리나라의 경상도 정도의 면적에 인구는 고작 150만 명 정도에 불과했다. 당대 유럽 최강국이었던 스페인의 한 작은 공국, 즉 식민지였던 네덜란드는 80년 전쟁 끝에 스페인제국으로부터 독립하고 1648년 세계사의 대전환점이 된 베스트팔렌조약 체결을 주도했다. 17세기 말 영국과의 전쟁에서 세 차례나 승리한 네덜란드의 패권은 18세기 말 산업혁명을 주도한 영국에 넘어갈 때까지 150년 이상 지속되었다. 네덜란드는 지금까지 세계사에서 패권국의 국민소득이 2위인 나라보다 두 배 이상 높았던 유일한 국가이며, 국내총생산보다 해외 투자가 두 배에

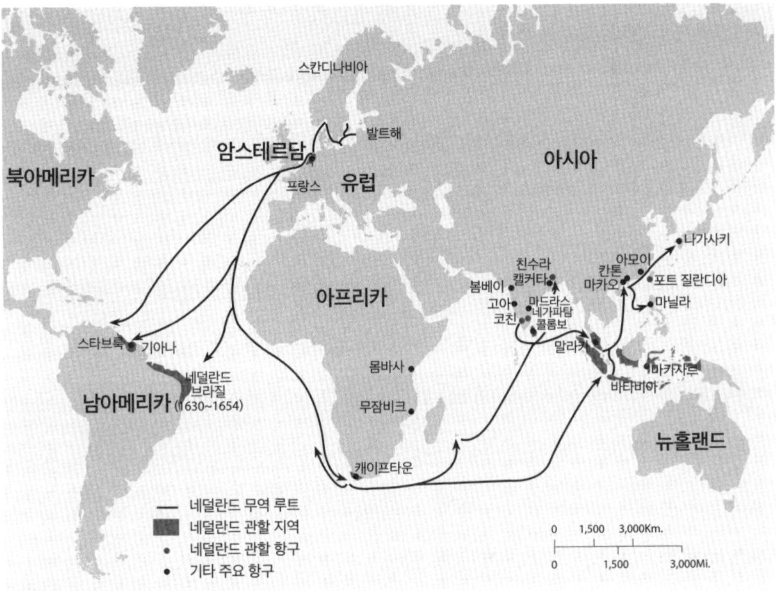

그림 1. 네덜란드 상인의 해상로

달하는 유일한 국가다.

영국, 프랑스, 스페인 등 강대국에 둘러싸인 소국 네덜란드가 세계 경제의 패권을 장악한 비법은 어디에 있는가? 이 비법은 같은 조건, 엄밀하게는 인구와 면적에서 네덜란드보다 훨씬 나은 조건에 있는 한국이 주변 강대국 간 경쟁의 희생양에서 패권국으로 부상할 수 있게 할지도 모른다. 물론 네덜란드가 패권을 장악할 수 있었던 것은 무엇보다 상업혁명에 성공했기 때문이다. 따라서 관건은 어떻게 네덜란드가 상업혁명에 성공했는가다.

첫째, 상품과 화폐 유통의 물류 라인을 장악했기 때문이다. 우선 유럽의 한자동맹이 배타적으로 독점하고 있던 발트해 물류를 차지했다. 발트해 연안에서 공급되는 밀을 비롯한 곡물과 해군 군수품에 대한 독점적 지배가 네덜란드에 엄청난 수익을 가져왔다. 네덜란드는 발트해 무역에서 거둔 거대한 유동성을 이용하여 암스테르담을 유럽 중심적 세계경제의 상업 및 금융 중개 중심지로 만들었다. 이는 발트해 물류뿐만 아니라 당대 최대 강국이던 스페인 연안의 물류, 특히 스페인인이 아메리카에서 가져오는 은의 유통까지 장악하게 만들었다. 네덜란드는 동인도회사를 통해 유럽과 동아시아 간 물류도 장악했다. 1641년 데지마에 개설한 네덜란드 상관은 1854년 일본의 개항 직후까지 일본의 대유럽 무역을 독점했다. 일본과 네덜란드 또는 자카르타(네덜란드 동인도회사의 본부) 간 왕복 선박 수가 213년 동안 707척에 달했다. 네덜란드는 일본산 은을 인도와 중국, 그리고 유럽 전역에 퍼뜨렸다.

둘째, 해상 물류를 장악할 수 있었던 것은 뛰어난 기술력 때문이다. 네덜란드인은 한자동맹의 해군, 영국 해군, 그리고 16세기까지 세계 최강자였던 스페인 해군을 제압했다. 그것은 그들에게 바다의 마부라는 별명을 안겨줬던 당시 최고의 쾌속선 플류트선을 건조한 기술력 덕분이었다. 속도에서는 영국에도 비슷한 수준의 쾌속선이 있었으나 이를 건조하는 데 영국은 1,300파운드가 드는 데 비해 네덜란드는 800파운드만으로 충분했다. 속도와 가격 양면의 경쟁력은 네덜란드가 해전에서뿐만 아니라 해상화물수송에서 타국의 상선을 압도할 수 있는 원천이 되었다. 실제로 네덜란드 상선은 타국 상선에 비해 훨씬 날렵했을 뿐만 아니라 화물운송비에서도 경쟁국의 3분의 1에 불과하여 세계 곳곳에서 상권을 선점하고 독점했다. 결과적으로 17세기 중엽 전 세계 상선의 무려 4분의 3이 네덜란드 선박이었을 만큼 네덜란드의 해상 물류 장악력은 압도적이었다.

그림 2.
네덜란드 플류트선

셋째, 뛰어난 기술력은 네덜란드인의 대담할 정도의 개방적인 대외정책에 의해서 가능했다. 무엇보다 가톨릭 수호를 위해 타 종교를 무참하게 짓밟은 스페인과는 달리 모든 종교에 관대한 포용정책을 썼다. 네덜란드는 유대인뿐 아니라 청어잡이를 위한 독일인 어부, 위그노 전쟁과 30년전쟁을 피하려는 신교도와 가톨릭교도를 가리지 않고 받아들였다. 특히 기술이 있는 자나 지식인은 더욱 환대했다. 결국 플류트선은 1595년 홀란트주 북부 도시 호흔의 한 조선소에서 외국인과 네덜란드인의 협업으로 개발되었다. 유대인은 네덜란드의 금융업과 상업을 키웠고 이후 세계 최초의 주식회사가 등장하는 데 결정적인 기여를 했다. 무엇보다 마치 아메리칸 드림과 같이 더치 드림을 꿈꾸는 이들의 자유로운 기업가 정신이 네덜란드의 국가 경쟁력을 세계 최고 수준으로 올려놓았다.

17세기에 소국 네덜란드가 패권국가가 될 수 있었던 요인은 물류

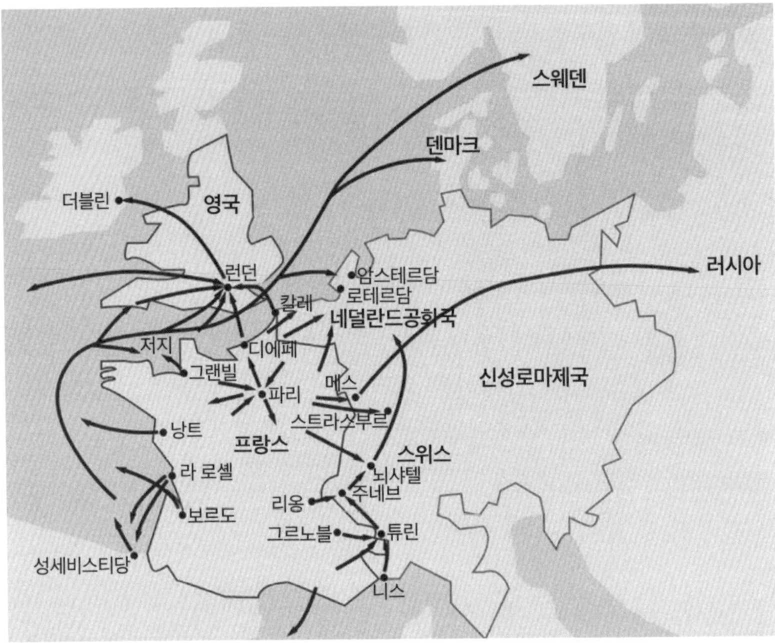

그림 3. 16세기 위그노의 이동 경로

장악력, 기술력, 그리고 개방적 포용력 등이다. 21세기의 한국 또한 이 세 가지 힘을 갖춘다면 적어도 과거의 잔혹사를 반복하지 않을 수 있을 것이다. 이제 세계사를 다시 조감하며 현재적 시점에서 새로운 물류, 새로운 기술, 새로운 개방성을 어디에서 찾을 수 있을지 주목해야 한다.

세계사를 돌아보면 실크로드로부터 지중해, 발트해, 대서양, 태평양, 인도양 등 새로운 물류를 개척하고 장악한 국가가 세계 문명과 패권을 좌지우지했다. 중국이 명나라의 정화가 개발한 물류를 적극적으로 활용했다면 그 이후의 비극적인 운명을 피했을 뿐만 아니라 유럽으로 기운 패권의 축이 반대로 기울었을 것이다. 그런데 지금 우리 앞에 새로운 물류가 열리고 있다. 바로 가시적으로는 북극항로이며, 비가시적이지만 더 큰 의미가 있는 데이터 유통이다.

주목할 점은 이 두 가지 새로운 물류 부문에서 한국이 글로벌 영향력을 발휘할 수 있도록 협력할 수 있는 유력한 조력자가 바로 러시아라는 사실이다. 우선 러시아는 북극해 연안의 60%를 차지한다. 북극항로를 통해 부산과 로테르담을 운항할 경우, 기존 수에즈운하를 통한 운항보다 거리는 32%(2만 2,000km → 1만 5,000km), 운항 일수는 10일(40일 → 30일)을 줄일 수 있다. 시간과 비용을 모두 절감할 수 있을 뿐만 아니라 북극 및 러시아에서 생산되는 천연 지하자원·광물자원 등을 직송할 수 있는 루트가 새로 생긴다.

그런데 북극 항로는 단순한 경제성 이상의 가치를 가진다는 점을 간과해서는 안 된다. 그것은 북극항로에 의해서 인류사상 처음으로 북방과 남방이 연결되는 새로운 본래적 의미의 글로벌 물류가 만들어진다는 점이다. 한국 정부가 추진하는 신남방정책과 신북방정책을 잇는 매개가 바로 북극항로다. 일본은 벌써 우리보다 이 점을 먼저 간파하여 북극-태평양-인도양을 잇는 가스 물류 벨트를 구축하기 시작했다. 2019년 6월 러시아의 북극 액화천연가스(LNG) 개발 프로젝트인 북극(Arctic) LNG 2 사업에 10% 지분 투자를 결정했고, 북극항로가 본격화될 경우 환적항이 될 극동 아시아의 캄차카항과 유럽 북단의 무르만스크항에 투자를 시작했다. 또한 일본의 사이부가스와 규슈전력(Kyushu Electric Power Co.)은 2018년부터 노바텍사와 캄차카 환적항과 일본의 규슈지역의 히비키 터미널(Hibiki Terminal)을 연계하는 논의를 해왔으며, 히비키 터미널에 LNG 벙커링사업을 시범적으로 하는 방안도 진행되고 있다.

일본은 동시에 미국, 호주와 연대하여 인도·태평양 에너지 물류

그림 4. 러시아의 북극 LNG 개발 프로젝트 개념도

벨트를 구축하는 전략도 추진하고 있다. 2018년 11월 미국과 일본, 호주의 주요 정부 당국자들과 금융기관 대표들이 만나 동남아 국가들이 저장탱크, 항만 등 LNG 수입 인프라를 갖출 수 있도록 자금을 지원하자고 합의했다. 일본 정부는 이 사업에 100억 달러(약 11조 원) 규모의 투자를 집행할 계획이다. 일본 정부는 여기에 도쿄 등에 LNG 거래소를 만들어 싱가포르를 대체하는 LNG 거래시장을 구축한다는 계획이다. 이로써 일본은 북극-캄차카-히비키-필리핀-아세안-인도로 이어지는 거대한 글로벌 LNG 체인을 구축하고 있는 것이다. 2019년 동방포럼 기조연설에서 아베 총리는 동석한 인도 모디 총리에게 향후 러시아 가스는 일본이 인도에 전해주겠다고 선언했다. 새로운 물류를 장악하기 위한 경쟁이 에너지 부문에서부터 이미 본격화되고 있는 것이다. 중국 또한 북극항로에 엄청난 투자를 진행하며 마치 북극항로를 자국의 내해로 만들려는 야심을 드러내고 있다. 한국이 서두르지 않으면 단군 이래 처음으로 온 글로벌 물류를 선도할 수 있는 기회를 놓치게 될 것이다.

다행히 지정학적 리스크로 인해 러시아는 내심 중국이나 일본보다는 한국을 선호한다. 게다가 북극항로를 통과하기 위한 쇄빙선 등 특수선박 건조 기술을 가진 한국과의 협력은 이미 진행되고 있다. 1차 북극 야말 가스전 개발을 위해 러시아는 대우조선해양에 특수 LNG 쇄빙선 15척을 주문한 바 있다. 나아가 우리의 조선 기술을 전수받고 공동생산 체제를 갖출 것을 제안하고 있다. 여기서 흥미로운 점은 러시아가 신물류를 조성하는 중요한 파트너로 한국에 손을 내밀 뿐만 아니라 기술 부문에서도 우리의 협력을 필요로 한다는 것이다. 마치 네덜란드가 외국인과 함께 플류트선을 개발한 것과 같은 상황이 신기루처럼 반복되고 있다. 한국은 이 기회에 소형원자로 선박, 무인자율주행선박, 북극항로 모니터링용 드론 등 4차 산업혁명 기술을 개발할 수 있는 테스트베드를 확보할 수 있게 된다.

4차 산업혁명의 초기에 새로운 물류가 한국에 열리고 있다는 것은 강대국이 될 수 있는 두 가지 조건, 즉 물류와 기술을 함께 개발할 기회가 열리고 있는 셈이다. 이것은 두 번째 물류인 데이터 유통과도 긴밀하게 연결되어 있다. 마윈은 제2의 석유가 데이터라고 했고, 러시아 대통령 푸틴은 인공지능(AI)을 지배하는 자가 세계를 지배할 것이라고 했다. 데이터 물류를 장악하기 위한 최고의 원천 기술은 결국 수학이다. 러시아는 이 부문에서 세계 최고 수준이다. 러시아의 인재들은 이를 바탕으로 세계적인 수준의 창의적인 알고리즘을 만들어내며 AI 등 4차 산업혁명의 주요 기술 부문에서 수많은 스타트업을 양산하고 있고 구글, 페이스북 등 글로벌 IT 기업들의 단골 M&A 대상이 되고 있다. 마치 이스라엘 창업 단지에 설립된 글로벌 기업의 연구소들이 실상은 이스라엘 스타트업을 인수하기 위한 에이전시 역할을 하듯 모스크바에도 러시아의 인재들과 스타트업을 확보하기 위한 글로벌 기업의 연구소들이 증가하고 있다. 삼성 등 한국의 대기업들도 예외가 아니다. 러시아 정부는 이 부분에서도 빠르게 성장한 한국 기업의 노하우를 전수받기를 원하고 있다.

물류와 기술에서 한국과 러시아의 협력은 러시아의 다민족성과 개방성, 그리고 한국인에 대한 우호적인 태도, 한국에 대한 지경학적 친화성에 의해 더욱 촉진될 수 있다. 또한 러시아는 한국이 당면한 인구문제, 베이비붐 세대의 대규모 실업, 가속화되는 출산율 저하 등에 대한 지리적 대안을 제공할 수 있다. 러시아는 자국의 낙후한 극동지역에 대한 한국의 투자와 인력이 필요하고, 한국은 글로벌 물류와 기술의 허브가 되기 위해 러시아를 비롯한 수많은 기업과 인재들이 자유롭게 드나들 수 있는 개방형 플랫폼이 만들어져야 한다. 즉 러시아와 함께 새로운 물류 장악력과 기술력을 강화 발전시키기 위해서 제3의 상호 협력적인 개방형 플랫폼이 한러 양국에 마련되어야 한다. 다행히도 양국의 기업과 정부도 이를 원하고, 이를 위한 공조 정책을 추진하고 있다. 2019년에 양국이 만든 한러혁신센터는 그 대표적인 사례라고 할 수 있다.

새로운 물류와 새로운 기술을 양국의 상호 협력적 개방형 플랫폼을 통해 확보한다면 상호 윈윈임과 동시에 한국은 유사 이래로 처음으로 세계경제의 새로운 패권국으로 부상할 수 있다. 여기에 러시아가 제공하는 막강한 에너지원은 거절할 수 없는 덤이다. 4차 산업혁명이 진행됨에 따라 급증할 전력 수요를 충당할 수 있는 대규모 수력발전과 천연가스라는 청정 발전원을 가스관과 선박을 통해 안정적으로 공급할 수 있는 곳도 지척에 있는 러시아다. 또한 미중 경쟁이 한국에 양자 선택의 문제로 치환되지 않도록 하기 위해서는 그 사이에 있는 중간국 간의 협력 또한 매우 중요하다. 러시아는 미국에도 중국에도 필요한 중간 강국이다. 트럼프 집권 전후에 키신저가 미국과 러시아 간의 관계 개선을 시도한 것은 바로 중국을 견제하기 위한 가장 효과적인 수단이 러시아였기 때문이다. 중국에는 경제적으로, 미국에는 안보적으로 의존하고 있는 한국도 중간국의 위상을 오히려 적극적으로 활용해야 한다. 이때 가장 적합한 파트너가 바로 러시아다.

이와 관련하여 300여 년 전 네덜란드인들이 이루지 못한 꿈은 우리에게 시사하는 바가 크다. 당시 전 세계 경영의 꿈을 펼치기 시작한 네덜란드인들도 북극항로를 정복하려는 꿈을 꾸었다. 빌렘 바렌츠는 북극해 어딘가에 있을 얼지 않는 바닷길을 통해 아시아로 갈 수 있을 것으로 믿었다. 스페인과의 독립전쟁이 한창이던 1594년 여름, 백야를 이용해 그는 북극해 진입에 성공했고 실제로 노바야제믈랴제도를 발견했다. 이 성공을 발판으로 그는 두 차례 더 북극항로 전 구간 개발에 도전하지만 유감스럽게도 그 꿈은 이루어지지 못했다. 1596년 3차 항해에서 북극해 빙하에 갇혀 결국 이듬해 선원 5명과 함께 사망했다. 그러나 실패한 모험이 헛된 것만은 아니었다. 그들은 죽음을 눈앞에 두고도 북극항로에 대한 꿈을 믿은 화주들이 맡긴 화물을 손끝 하나 대지 않고 끝내 돌려주었다. 이 일로 네덜란드 선원들이 남긴 신뢰감은 이후 네덜란드가 1세기 반 동안 세계의 상권을 지배하는 토대가 되었다.

그럼에도 네덜란드인의 입장에서 만약 북극항로 개발의 꿈이 이루어졌다면 네덜란드의 세계 패권은 훨씬 더 오래 갔고 세계사의 흐름

그림 5. 빌렘 바렌츠 선장의 죽음

도 완전히 달라졌을 수 있다는 아쉬움을 떨칠 수 없을 것이다. 물론 그들이 성공하기에는 객관적인 한계가 분명히 존재했다. 오늘날처럼 온난화로 인해 북극해의 얼음이 완전히 녹지도 않았고 쇄빙선도 없었다. 그러나 무엇보다 안타까운 것은 그들은 모든 것이 끝난 다음에야 그들보다 북극해 항해 경험이 훨씬 더 많은 러시아 선박의 도움을 받았다는 것이다. 북극 빙하에 갇혀 8개월을 견딘 후 작은 배로 옮겨 빙하를 빠져나온 그들을 구한 것이 러시아 선박이었다. 만약 그들이 처음부터 러시아와 협력했다면 그들은 새로운 북극항로를 훨씬 더 멀리 더 오래 개척했을 것이다.

바렌츠의 도전이 있기 약 한 세대 전 영국은 북해를 통해 아시아로

그림 6. 영국인 제롬 호시(Jerome Horsey)에게 보물을 보여주는 이반 뇌제

가는 새로운 물류 루트를 개척하려고 시도했다. 1551년 리처드 챈슬러, 세바스찬, 카봇, 휴 윌로비 등이 신세계로의 무역모험회사(Company of Merchant Adventurers to New Lands)[1]를 만들었다. 이 회사의 미션은 북동 회랑을 통해 런던에서 중국으로 가는 새로운 무역로를 개발하는 것이었다. 1553년 5월 윌로비를 대장으로 세 척의 배가 런던을 떠나 북해를 따라 러시아로 출발했다. 윌로비가 이끈 두 척의 배는 바렌츠해를 건너 노바야제믈랴를 지나 그해 9월 무르만스크의 동쪽 바르지나 강변에 도착했다. 그러나 여기서 얼음에 갇혀 소식이 끊겼고 1년 뒤인 1554년 5월 러시아 어부들에 의해 언 채로 발견되었다. 여기까지는 바렌츠의 경우와 거의 유사하다.

네덜란드인들과의 차이는 그다음부터다. 다행히 챈슬러가 이끈 나머지 한 척은 무사히 백해를 지나 러시아의 아르한겔스크 근처의 북드비나강에 도착했다. 이 소식을 들은 이반 뇌제가 이들을 모스크바로 초청하여 후하게 대접했다. 당시 러시아는 강력한 리보니아공국, 폴란드왕국, 스웨덴제국의 견제로 발트해 상권에 접근하기가 힘들었고 접근한다 하더라도 한자동맹의 독점권 때문에 제대로 무역을 할 수가 없었다. 따라서 영국 상선은 러시아에 발트해 상권에 진입할 수 있는 새로운 가능성을 주었다. 영국 입장에서는 모직을 팔 수 있는 거대한 신시장을 개척하는 동시에 러시아의 모피와 각종 광물을 확보할 수 있는 기회가 열린 것이다. 이반 뇌제는 1554년 영국 상인들에게 러시아와의 무역독점권을 약속하는 친서와 함께 챈슬러를 런던으로 돌려보냈다. 다음해 챈슬러는 메리 여왕의 후원으로 다시 러시아로 왔고 이때부터 볼가강을 이용한 영국과 러시아의 본격적인 무역이 시작되었다. 러시아 황실은 영국 상인들에게 사실상 러시아 내 모든 거래에 대한 독점권에다 면세 특혜까지 주었고, 영국 상인들은 이를 바탕으로 우즈베키스탄의 부하라, 페르시아 등까지 진출했다. 영국과 러시아의 관계가 이렇게 좋았던 적은 그 이후로는 없었다. 심지어 이반 뇌제는 영국 상인을 통해 엘리자베스 여왕에게 청혼을 하기도 했다. 영국 상인들은 17세기 말 표트르 대제가 이들의 독점권을 없애기 전까지 무소불위의 권리를 행사하며 러시아 상권을 장악했다.[2]

결국 러시아와 협력해 새로운 물류 루트와 상권을 장악한 영국은 네덜란드 이후 그보다 훨씬 더 오래 그리고 훨씬 더 강력하게 세계를 지배했다. 북극항로가 주는 무궁무진한 가능성을 눈앞에 둔 우리에게 네덜란드와 영국의 차이는 시사하는 바가 매우 크다. 러시아와의 전략적 협력이 북극항로와 4차 산업혁명이 주는 천재일우의 기회를 한국이 100% 활용할 수 있는 관건임에 틀림없다.

한반도에 들이닥치고 있는 미중 갈등의 대격변에서 한국이 수동적인 희생양이 아니라 판도를 이끌고가는 능동적 중개자, 나아가 새로운 판을 만들어가는 패권국으로 탈바꿈하기 위해서 한국과 러시아의 협력관계를 전면적인 전략적 동반자관계로 격상시킬 필요가 있다. 따라서 이 시점에서 한국과 러시아가 외교, 물류, 에너지, 기술, 그리고 인적 교류 등 다양한 차원에서 훌륭한 동반자가 될 가능성이 있다는 점을 명확히 짚고 넘어갈 필요가 있다.

이 책은 한국의 해당 부문 최고 전문가들을 모아 한러 협력의 가능성과 그 해법을 제시하고 있다. 오랜 출판 준비 과정에서 역내외 상황이 바뀌고 양국의 주체적 역량도 바뀌었다. 그러나 한러관계의 기저는 한러수교 30년이 지난 지금도 여전히 변함이 없다. 이 책을 통해 한 세대가 지나도록 풀리지 않는 이 난제에 대한 전문가들의 고민과 전략적 원칙을 공유할 수 있는 플랫폼이 만들어지기를 기대한다.

PART

01

한국의 지경학적 딜레마를 풀어갈 파트너, 러시아

1

왜 한국이 러시아에 필요한가?

이상준

러시아의 세계전략

러시아가 한국에 어떤 가치를 부여하는지는 러시아의 세계전략을 먼저 이해해야만 그 답을 구할 수 있다. 전통적으로 러시아 외교안보의 주요 현안이 되는 유럽 및 중동과 비교하여 한반도는 후순위였다. 자국이 직면한 국제정세의 현실을 냉정하게 반영한 결과다. 러시아는 미국과 유럽에 외교역량을 우선적으로 투입했다.

서구 못지않게 러시아에 중요한 외교 대상은 소연방 시절 같은 나라였던 독립국가연합(Commonwealth of Independent States, 이하 CIS)이다. 러시아는 CIS 정상회의, 유라시아경제연합(Eurasian Economic Union, EAEU), 집단안보조약 등을 결성하여 영향력을 지속시키고, 나아가서 지역 통합도 이루고자 한다. 유라시아 대륙을 다시 통합하는 과정에서 러시아는 협력국가의 범위를 소련 영토 이전보다 넓게 확대하고 이 지역을 완충국으로 하여 이웃하고 있는 유럽, 중동, 아시아로 자국의 이익을 극대화하려 한다.

그러나 이러한 지정학적 구도는 푸틴 집권 3기에 들어서면서 변화하기 시작했다. 가장 큰 변화는 블라디보스토크에서 개최된 아시아·태평양경제협력체(Asia-Pacific Economic Cooperation, APEC) 정상회담 개최 이후 러시아가 아태지역 중시 정책, 즉 신동방정책을 주요한 국정과제로 채택한 것이다. 이러한 정책 지향성은 2014년 우크라이나 사태로 가속화되기 시작했다. 미국 및 유럽연합(European Union, EU)과 갈등이 커지면서 러시아의 아태지역 중시 정책은 수사에 그치지 않게 된 것이다. 한반도를 포함한 동북아 전역이 러시아의 전략적 요충지로 중요하게 자리매김하게 되었다.

러시아는 동북아 지역을 ① 세력균형을 위한 유라시아 연대망 구축의 새로운 축, ② 지경학적 협력 강화에 의한 자본 유입의 원천, ③ 포괄적 외교 수단으로서 에너지 자원 활용 전략의 대상 공간, ④ 글로벌 가치사슬 재편과 연계한 신성장 동력 협력자 등으로 인식하고, 이에 상응하는 전략과 정책을 수립하여 추진하고 있다.[1]

체제전환 초기였던 1990년대에는 이러한 정책이 순조롭게 진행되지는 않았다. 동북아 주요 국가의 대러 정책은 자국의 이익만을 극대화하는 방향으로 진행되었기 때문이었다. 당시 중국은 해안지역 개발에 모든 역량을 투입하고 있었고, 러시아와의 에너지 협력을 추진할 만큼 자본 축적이 충분하지 않은 상태였다. 일본은 쿠릴열도 4개 섬 반환 문제 해결을 우선적으로 고려하면서 러시아와의 협력을 대대적으로 추진하지 않았다. 수교 이후 영토와 역사 갈등이 없었던 한국과의 관계를 중시했지만 북한이 핵을 개발하면서 극동지역을 매개로 한 남-북-러 삼각협력의 가능성 등은 봉쇄되었다. 결과적으로 옐친 시기 러시아의 동북아 국가와의 협력은 제한되었고 아태지역으로의 진출은 큰 성과를 내지 못했다.

하지만 푸틴 대통령이 집권하면서 이러한 국면은 변화하게 된다. 2008년 금융위기 이전까지 석유가격이 계속 상승하면서 러시아 경제는 부활했다. 유가가 상승하는 만큼 극동러시아의 에너지 개발에 관심도 커졌다. 또한 서방에 대한 의존도를 낮추고 그 대신 근외지역 중심의 협력을 강화하기 위한 정책들이 채택되었다. 푸틴 집권 초기에는 강대국 러시아의 부활이 중요한 과제였으며 주변국과의 관계는 이를 위한 수단으로 활용되었다. 그리고 남북한 양국과 수교를 한 국가로서 지위를 십분 발휘하기 위해 한반도 정책도 등거리 외교로 환원되었다.

이렇듯 러시아의 한반도에 대한 관심과 정책은 세계전략, 유라시아전략, 아시아·태평양, 동북아로 이어지는 일련의 외교안보 정책의 연장선상에서 추진되고 있다. 그렇기에 러시아의 이러한 정책에 한국과 한반도가 도움이 되는지를 파악하는 것이 필요하다.

러시아의 꿈

러시아는 가까운 미래의 국제적 발전 트렌드에 자국의 국내외 전략을 효율적으로 접목하고자 한다. 핵심 목표는 러시아가 세계체제의 주변부의 입장에 남아있지 않아야 되며 미래의 예측 가능하거나 불가능한 모든 리스크에 대비하면서 새로운 기회를 활용하는 것이다.[2]

러시아는 미국과의 관계에서 상호 불신과 세계·지역 안보 문제, 핵무기 비확산, 경제 문제 등에 걸쳐 갈등이 존재한다고 인식하고 있다. 특히 냉전 이후 체제전환 초기 미국이 의도적으로 러시아의 역할을 무시한 것이 미국을 적대시하는 정책을 초래했다고 비판한다. 오바마 임기 말까지 이러한 불편한 관계가 지속되었다. 러시아는 트럼프가 당선되면서 대미관계가 개선될 것이라는 희망을 가졌다. 그러나 러시아의 미대선 개입 의혹이 불거지면서 대러 제재가 오히려 강화되었고 바이든 당선 이후에도 미국과의 관계는 좀처럼 개선될 기미를 보이지 않고 있다.

러시아는 유럽과도 불편한 관계다. 북대서양조약기구(North Atlantic Treaty Organization, NATO)의 확대와 인권 문제에 있어 양국은 대립적인 구도지만 미국과 비교할 때 EU 정책은 보다 유연하다. 그 이유는 무엇보다도 러시아와 EU 간 에너지 협력이 있으며, 제조·서비스 분야에서 유럽 다국적 기업의 러시아 시장 진출과 러시아 기업의 유럽시장 투자로 양 지역 간 국경을 넘나드는 협력이 존재하기 때문이다. 그래서 우크라이나 사태가 발생한 이후에도 러시아는 유럽과 에너지 분야뿐 아니라 첨단과학기술 분야를 포함한 다양한 분야에서 협력을 기대하고 있다. EU 내 대러 제재에 대한 목소리도 일치하는 것은 아니다. 그럼에도 민주주의와 인권, 시장경제를 우선시하는 가치외교를 표방하는 EU와의 관계도 우크라이나 사태 이후 좀처럼 개선될 기미를 보이지 않고 있다. 다만 러시아 입장에서 미국과의 관계보다 희망적인 것은 대러 제재가 장기화되면서 피로감을 호소하고 있는 EU 기업들이 늘고 있다는 점이다. 또한 시리아 사태 이후 불거진 난민 문제로 EU 내에서도 갈등이 발생하면서 EU 내 일부 국가는 러시아와의 관계 개선을 추구하고 있다.[3]

러시아가 전통적으로 중요하게 생각한 유럽 및 미국과의 관계가 우크라이나 사태 이후 어려워지자 러시아의 대외정책은 좀 더 지정학적 성향을 보이게 되었다. 러시아는 터키, 시리아에서 그나름 성과를 거두면서 동유럽 일원, 조지아, 사우디아라비아, 이스라엘 등으로 협력관계를 확대하고 있다. 유라시아 림랜드(주변국)에서 러시아의 존재감은 더욱 커지고 있다.

러시아가 유라시아 각국과의 관계를 개선하는 기본적인 외교 틀은 확대(Greater)유라시아 정책이다. 러시아는 확대유라시아 정책을 통해 21세기 세계경제와 가치체계의 새로운 질서를 모색하면서 신성장 동력을 발굴하고자 한다. 러시아의 이러한 전략이 가장 잘 드러난 것이 유라시아경제연합이다. 유라시아경제연합을 제도적으로 강화하기 위해 공동 에너지시장 및 통합관세행정 체제를 빠른 시일 내 도입하고자 한다.[4] 이는 러시아의 영향력 복원을 의미한다.

또한 러시아는 이러한 근린 국가와의 결속을 다지면서 중국과 중앙아시아 국가가 참여하는 상하이협력기구(Shanghai Cooperation Organization, SCO)에 파키스탄과 인도를 회원국으로 끌어들이면서 확대유라시아 정책을 실현해나가고 있다. 러시아의 확대유라시아 정책은 지리적으로 유라시아경제연합, 상하이협력기구뿐 아니라 남부아시아와 동남아시아국가연합(Association of South-East Asian Nations, 이하 ASEAN)으로 확장되고 있다. 러시아는 북극개발을 통해 인도양에서 북극해까지 유라시아 대륙의 남북을 관통하는 회랑의 중심지로서 거듭나고자 한다. 소련 시기보다 더 유연한 방식으로 이를 실현하고자 한다.

잘 알려진 바와 같이, 러시아는 아시아·태평양 중시 정책과 극동개발을 통해 아태지역 관문 국가인 한-중-일로의 진출을 통해 동서회랑도 완성하고자 한다. 러시아의 구상대로 이루어진다면 러시아는 유라시아 대륙의 동서회랑과 남북회랑에서 중심 국가가 되는 것이다. 소련 시기 유라시아 대륙을 차지할 수 있었지만 철의 장막으로 봉쇄됨에 따라 러시아의 거대한 지리적 영역은 장점이 되지 않았다. 하지만 길을 연결하여 소통하게 되면 21세기 러시아는 20세기 소련이 이루지 못한 것을 달성하게 되는 것이다. 이를 우리는 '러시아의 꿈'이라고 해도 좋을 것이다.

러시아는 확대유라시아 정책을 성공시키기 위해 ① 참여하는 모든 국가의 주권과 영토 보전을 존중하고, ② 정치적 다원주의를 존중할 뿐만 아니라 해당 국가 삶의 방식에 따라 스스로 발전 경로를 선택할 권리를 보장하며, ③ 외세가 간섭하지 않는 조건의 경제적 지원을 제공하고, ④ 문화의 다원주의를 인정하고 신앙 및 종교적 관용을 베풀며, ⑤ 새로운 군사력을 창출하거나 현존하는 군사 정치적 동맹에 조장되는 적대적 안보 상황에는 공동으로 대항하며, ⑥ 환경오염 및 기후변화 등 유라시아 대륙 및 지구적 문제를 해결하기 위해 협력하고, 필요하면 유럽 제도를 포함한 선진 제도도 적극 활용한다는 원칙을 내세우고 있다.[5] 이러한 원칙은 유라시아 협력 대상국의 서방에 대한 경계심과 러시아에 대한 두려움을 없애려는 목적을 가지고 있다.

러시아의 세계전략이 글로벌 차원보다는 유라시아 대륙에 집중되는 이유는 앞서 언급한 대로 국제관계의 냉혹한 현실과 러시아의 힘을 선택과 집중의 원리에 따라 배치하고 있기 때문이다. 한편 러시아의 이러한 전략이 현재까지 성과를 내는 이유는 트럼프 행정부 출범 이후 나타난 미국 외교정책의 변화로 인한 것이다. 미국 대외정책의 잭슨주의(미국 국력과 위상 중시, 타국정치 무관심, 위협에는 강한 응징)[6] 전환으로 인해 공백이 생긴 중동과 남아시아 지역을 중심으로 러시아의 입지를 강화할 수 있었다. 또한 중국이 추구하고자 하는 일대일로(一帶一路)에 대한 부분적인 통제를 통해 유라시아 대륙에서 러시아의 역할을 지속적으로 강화할 수 있었다.

흥미로운 것은 러시아와 중국이 역사상 가장 좋은 관계를 유지하고 있지만 러시아는 확대유라시아 정책을 실현하는 과정에서 중국에 대한 의존도를 줄이기 위한 노력도 병행하고 있다는 점이다. 러시아가 가장 꺼려하는 중국과의 협력관계 형태는 미국과 캐나다 간의 관계다. 러시아는 중국과 현재 이상의 수준으로 관계를 개선하기 어려울 것으로 전망한다.[7] 중국은 에너지 및 국방 분야에서 진행하고 있는 현재의 협력구도에 비교적 만족하고 러시아의 영향력이 더 커지는 것은 바라지 않고 있으며, 중국과 미국 사이에 갈등이 발생할 경우 러시아가 중국을 전적으로 지지하지 않을 것이라고 인식하고 있다. 러시아도 중국 역시 러시아와의 관계를 현 수준에서 더 발전시키지는 않을 것이라고 판단한다.

그래서 표면적으로는 유라시아경제연합과 일대일로의 조화를 위해서라고 하면서 러시아는 ASEAN과 협력을 확대해야 한다는 입장을 드러내고 있다. 러시아는 ASEAN의 경제적 규모가 중국에 미치지는 못하지만 중국 의존도를 줄일 수 있는 대안이 될 수 있다고 본다. 소련 시기부터 중요한 파트너였던 ASEAN 회원국인 베트남을 관문(gateway)으로 삼기 위하여 유라시아경제연합 차원의 자유무역협정(Free Trade Agreement, FTA)을 조기에 체결했다.[8]

푸틴은 집권 4기의 러시아 발전에 우호적인 국제 환경을 조성하기 위해 변경 지역을 중심으로 안정적인 국제관계 구도를 마련하고자 했고, 어느 정도 이를 달성할 수 있었다. 그러나 내전 중인 우크라이나와 다른 목소리를 내고 있는 EU가 러시아의 국익에 부정적이지는 않지만 그렇다고 러시아 발전에 우호적인 환경으로 작용하고 있지도 않고 있다. 러시아는 서방과의 관계 개선 없이도 미래성장 동력 확보가 어렵지 않다고 주장하고 있지만 금융과 첨단 기술의 접근을 위해서는 서방과의 관계 개선이 중요할 수밖에 없다. 러시아 정부의 주요 인사들은 러시아에 비판적인 바이든 행정부가 들어섰지만 신 전략무기감축협정(New START) 연장에 합의하고 또 이란 핵 협정, 기후변화 등에서 미국과 협력할 수 있다는 등 미국 정부에 계속해서 화해의 손길을 보내고 있는 것은 이러한 맥락에서 나온 것이다. 트럼프 전 대통령 집권기에 미국 외교에 많은 영향력을 행사했던 키신저 전 미 국무장관을 푸틴 대통령이 수차례 만나서 환담을 나눈 이유도 여기에 있다.[9]

한국과의 관계를 포함한 아시아·태평양지역에 대한 러시아의 전략은 세계와 유라시아 대륙 전체를 놓고 구상하는 러시아 구도에서 도출되는 것이다. 러시아는 유라시아의 에너지·생산·물류 네트워크 건설에 중국의 투자 역량을 활용하고, 동시에 아시아와 유럽 간 무역 및 투자 흐름을 중개할 수 있는 자국의 역량을 강화하려고 한다.

그런데 앞서 지적한 대로 러시아는 중국 딜레마를 가지고 있다. 러시아는 유라시아 대륙 전체 동서회랑과 남북회랑에서 자국의 영향력을 최대화하려고 한다. 러시아의 확대유라시아 전략은 유라시아 대륙에서 리더로서 러시아의 역할 회복에 중점을 두고 있다. 이를 통해 러시아는 다자간 세계질서에서 초강대국으로서의 지위를 회복하고자 한다. 그런데 이와 같은 러시아의 입장에 대해 미국, 유럽뿐 아니라 중국도 바람직하지 않다고 생각한다. 중국은 중앙아시아 지역에 이미 송유관과 가스관을 건설하여 중국 내부의 서기동수(西氣東輸) 가스관과 연결해놓은 상황이다. 중국의 일대일로는 결국 중국의 성장에 필요한 자원을 확보하고 중국 생산품을 판매하는 에너지 물류망으로서 기능하게 될 것인데 자칫 러시아의 이러한 구상과 경쟁 혹은 갈등의 여지가 있기 때문이다. 물론 아직까지는 상하이협력기구를 통해 러시아와 중국은 서로의 이해(利害)를 잘 조정하고 있지만, 러시아는 중국이 만드는 천하질서에 편입되는 것이 러시아 국익에 부합하지 않는다고 인식하고 있다.

미중패권경쟁 구도에서 러시아가 세계질서를 G2라고 칭하지 않고 다극 혹은 무극 체제로 평가하는 용어에 러시아의 입장이 담겨 있다. 러시아는 국제 이슈를 해결함에 있어 자국의 위상을 회복하고 내심 국제질서를 G3체제로 만들고자 한다. 하지만 현실적으로 미국이 G3를 더욱 꺼려할 것이라는 점을 감안해서 미국, 중국, 유럽(혹은 독일)과 더불어 최소 G4로 부상하고자 한다.

러시아의 아시아·태평양 진출 전략에도 중국의 일대일로가 크게 도움이 되지는 않는다. 중국의 일대일로 전략의 협력공간이 계속 확장되고는 있지만, 기본적으로 중국의 일대일로는 중국의 서진과 관련되어 있다. 즉 극동이 주된 협력공간이 아니다. 중국은 일대일로와는 별개로 동북 3성과 동해로 연결하는 차항출해(借港出海) 전략과 중국 북부 물류를 북극의 자원개발과 연결시키는 노력을 계속하고 있다. 극동에서 중국이 대대적으로 추진하려는 협력 분야도 농업, 물류 등 중국 입장에서 가장 실익이 되는 사업이다. 비록 '시베리아의 힘(Power of Siberia)' 파이프라인을 통해 중국으로 가스를 수출하기 시작했지만[10] 중국의 이러한 전략은 러시아가 바라는 유라시아 동서회랑 완성에 도움이 되지 않는다. 러시아가 원하는 속도만큼 극동개발이 달성되지 않는 이유에는 러시아가 극동의 중국화를 염려하는 부분도 있지만 중국의 전략도 한몫 하고 있다.

한편 일본의 아베 총리와 잦은 정상회담을 가졌지만 극동으로 실질적인 투자가 많지 않은 것도 러시아는 불만이다. 쿠릴열도 4개 섬 문제가 생각보다 쉽게 해결될 기미가 없어 보인다. 러시아는 극동함대가 태평양으로 나가는 출구 역할을 하는 쿠릴열도 4개 섬의 전략적 가치를 높게 평가한다.[11] 이 섬들이 일본으로 반환되었을 경우 미군이 진주하는 것을 우려하고 있다. 쿠릴열도 4개 섬의 현재 가치와 미래 비용을 고려할 때 이 문제는 쉽게 해결되지 못할 것이다.

동북아와 한반도의 지정학적 가치

러시아는 남북관계 개선과 비핵화가 진행되면 한반도의 평화와 번영을 위해 신북방정책을 전개하는 한국과 협력하여 러시아 극동개발에 중요한 남-북-러 삼각협력을 실현할 수 있다고 인식하고 있다.

첫째, 러시아가 에너지 패권을 부활하는 데 지정학적으로 동북아 지역과 한반도가 중요하다. 미국이 셰일가스를 본격적으로 생산하면서 글로벌 에너지 질서는 변화하고 있다. 러중 간 에너지 협력의 상징이 되고 있는 '시베리아의 힘'을 통해 중국으로 가스를 공급하게 되면서 동북아 지역으로 러시아의 에너지 공급이 크게 증가하고 있다. 러시아는 중국에만 국한하지 않고 한국, 일본 등으로 에너지 수출이 증가하기를 바란다. 동북아 지역은 유럽, 북미와 비교하여 에너지 자급이 가장 낮은 지역이면서도 가까운 지역에서 에너지를 공급받지 못하고 있다. 그렇기 때문에 러시아가 아태지역으로 에너지를 수출할 경우 누릴 수 있는 지경학적 이점은 분명히 크다. 하지만 극동과 북극의 자원을 개발하는 데 있어 러시아의 자본적 잉여가 충분하지 않게 됨에 따라 이들 국가에 자국이 개발한 에너지만 판매하는 것이 아니라 자원개발과 운송에 필요한 인프라 등의 개발에 참여하기를 바란다. 중국으로의 에너지 수출이 어느 정도 진전되고, 사할린에 일본의 투자도 일정 규모로 진행된 상황에서 남-북-러 가스관 연결을 포함한 에너지 협력은 러시아 극동개발에 새로운 성장 동력이 될 수 있다.

한편 러시아는 에너지 수출뿐만 아니라 에너지 가공 산업을 육성하는 데도 관심을 보이고 있다. '시베리아의 힘' 가스관을 통해 중국으로 운송되는 가스가 아무르주 가스처리공장에서 처리되면서 LPG, 헬륨 등이 추출되고 러시아는 이를 아태지역으로 수출하고자 한다.[12] 이를 위해서는 운송기지 및 운송장비 등에 대한 투자 유치가 필요하고, 관심을 가질 수 있는 국가 후보군은 한국, 일본이다. 한국 석유화학 기업의 경쟁력은 러시아가 추진하는 석유화학 산업 육성에도 적합하다.

둘째, 북극이라는 극한환경을 극복하고 북극항로의 상용화와 자원개발에 필요한 파트너로서 한국은 매우 유용하다. 러시아는 북극의 야말에서 개발되는 천연가스를 LNG 형태로 아태지역으로 수출하고자 한다. 이를 위해서는 두 가지 과제가 해결되어야 한다. 하나는 야말에서 생산된 LNG를 운송하기 위해 북극해의 조건에 맞는 운송선을 확보하는 것이다. 다른 하나는 북극해 운항과 자원개발에 필요한 다양한 인프라 시설을 건설하는 것이다. 한국의 해양조선산업 경쟁력은 북극에서 개발된 천연가스를 운송하는 데 기여할 수 있다. 러시아가 LNG 쇄빙선 등을 한국에 발주하는 것은 북극 자원개발을 실현하는 데 필요한 선박을 확보하기 위한 것이다.[13] 또한 북극이라는 혹독한 기후조건에서도 여러 가지 인프라 시설이 필요하다. 많은 인력을 투입할 수 없는 상황이라 인간이 필요 없는 다양한 첨단기술을 활용하면 북극개발이 더 탄력을 받을 수 있다. 부두설비(Prompt Port Facilities)는 북극해를 다니면서 주요 거점에 전력을 공급하거나 필요한 소비재 등을 생산하여 공급할 수 있게 하는데, 한국은 이미 이와 관련된 시설을 개발한 경험이 있다.[14]

지정학적으로 러시아는 큰 바다로 나가는 출구가 쉽게 봉쇄당하는 불리함이 있다. 발트해와 북해를 연결하는 통로에는 덴마크, 스웨덴, 독일로 둘러싸여 있는 데니쉬 해협이 있다. 데니쉬 해협은 그레이트 벨트 해협, 리틀 벨트 해협, 외레순 해협으로 구성되어 있는데 모두 좁은 해상로다. 흑해와 지중해를 연결하는 통로에는 보스포루스 해협이 있다. 더욱이 지중해와 대서양을 잇는 통로에는 지브롤터 해협이 있다. 동해도 남으로는 대한해협과 쓰시마 해협이 있다. 그래서 대서양으로 나가는 러시아의 잠수함 기지가 북극해가 시작하는 무르만스크에 위치해 있으며 태평양으로 나가는 중요한 길목이 쿠릴열도 4개 섬이다.

하지만 북극항로의 상용화와 주요 시설이 건설되면 러시아는 대양으로 자유롭게 항행할 수 있게 된다. 발트함대, 흑해함대, 극동함대가 있지만 통합되어 운영되기 어려워 해군력이 약한 러시아로서는 해양으로의 자유로운 항행이 가능하고, 아울러 북극권에 매장되어 있는 풍부한 자원을 좀 더 손쉽게 개발하여 운송할 수 있게 된다.

셋째, 러시아는 자원의존형 경제구조에서 벗어나고자 한다. 러시아는 과학기술 수준이 높지만 현대인의 생활에 필요한 많은 제품을 수입하고 있다. 많은 노동력을 투입하여 제품을 생산하는 현재의 생산 시스템에서 러시아가 중국 및 ASEAN 국가들과의 경쟁에서 우위를 점하기는 쉽지 않다. 그런데 첨단과학기술을 이용하여 새로운 생산 방식으로 접근하는 4차 산업혁명은 러시아에 좋은 기회를 제공하고 있다. 그간 에너지를 통한 국가전략에 몰두했던 푸틴 대통령이 집권 4기 들어 부쩍 디지털 경제와 의료산업 선진화에 관심을 두고 있다. 이는 4차 산업혁명으로 기존의 기술-생산-판매로 이어지는 밸류체인이 변하고 있는 점을 감안한 것이다. 4차 산업기술에서 IT((information technology)와 BT(biotechnology)는 한층 더 높은 수준의 융복합적 기술 발전의 기초가 된다. 디지털 경제와 의료산업은 이러한 분야의 기술을 적극 활용하는 핵심 산업이다. 더욱이 코로나 19의 세계적 대유행으로 비대면 경제가 가속화됨에 따라 한국의 K-방역과 디지털 기술이 결합된 기술적·운영적 노하우는 단연 돋보이는 상황인데 러시아 입장에서는 이러한 부분을 주목하지 않을 수 없다.

앞서 두 가지 지정학적 과제 — 유라시아 동서회랑 완성을 위한 극동개발 및 유라시아 남북회랑 완성을 위한 북극개발 — 해결에 가장 도움이 될 수 있는 한국이 4차 산업기술에서도 가장 좋은 파트너다. 그 이유는 4차 산업기술 분야에서 러시아와 상호보완성이 가장 높은 기술을 가진 국가는 한국이기 때문이다. 한국의 IT 기업은 이미 글로벌 기업으로 성장하였고 다양한 첨단기술을 가지고 미국과 유럽의 기업들과 경쟁하고 있다. 한국은 역(reverse) 엔지니어링을 통해 생산기술, 응용기술에서 높은 경쟁력을 가지고 있지만 기초기술에서는 미국 및 유럽 기업에 비해 열세다. 러시아는 기초기술을 상용화하지 못하여 많은 소비재를 수입하고 있는 상황이다. 양국의 기업과 연구소들이 가진 기술력이 유기적으로 적절하게 결합될 수 있다면 양국은 서로 윈윈(win-

win)할 수 있는 협력을 할 수 있다. 이러한 경험은 의료산업에서도 적용될 수 있다.

한편 광활한 영토에 많은 농식물, 광물자원 등을 보유하고 있는 러시아는 신소재 개발에서도 파트너가 필요하다. 자원이 부족한 한국의 많은 기업은 자원을 가장 효율적으로 사용하는 최고의 기술을 가지고 있다. 석유 한 방울 나지 않은 한국이 중동의 중질유를 들여와 정제하여 해외로 수출하는 것에서도 알 수 있듯이, 한국 기업의 이러한 경쟁력은 러시아의 다양한 소재와 결합되면 신소재 개발에서도 양국은 소기의 성과를 낼 수 있다.

한반도 평화와 번영: 러시아의 역할과 한러 협력의 중요성

러시아는 지정학적 과제를 해결하면서 21세기 강대국으로 복귀하겠다는 의지를 천명했지만 2014년 우크라이나 사태로, 어떻게 보면 그 이전부터 과제 달성에 어려움이 있었다. 오바마 행정부 출범 이후 미국과의 관계를 재설정하는 과정에서 미러관계는 악화되었다. 바이든 대통령 당선 이후 미국 정부의 대러정책의 변화를 예의주시하면서 협력할 수 있는 여지를 찾고자 하지만, 아직 양국 간 갈등이 쉽게 해결될 기미는 보이지 않는다. 극동개발을 통해 아태지역 국가와의 협력을 강화하겠다는 정책을 수립하고 추진하고 있지만 러시아가 원하는 속도만큼 빠르게 진행되지 않고 있다.

푸틴 대통령은 국제적 위상 회복을 통해 동슬라브 최초의 국가 키예프 공국을 창건한 블라디미르 대공, 유럽으로의 창 상트페테르부르크를 건설한 표트르 대제를 이어, 유라시아 대륙의 강대국 러시아를 부활시킨 지도자로 역사에 기록되기를 원하고 있다. 블라디미르 레닌이 건설한 소련보다 더 넓은 공간을 지배하는 국가로 러시아를 만들겠다는 푸틴의 강한 의지는 TV 프로그램에 나와 "러시아의 국경은 끝이 없다"라고 농담처럼 표출되기도 했다.

푸틴 대통령은 이러한 목적을 달성하기 좋은 국제환경을 조성하려고 할 것이다. 강대국으로 복귀하기 위해 에너지 패권주의를 추구하면서도 동시에 러시아의 자원의존형 경제구조도 변화시켜야 한다. 세계에서 가장 넓은 영토를 가졌지만 그만큼 긴 국경선을 가졌기에 러시아는 변경 내외 지역을 안정적으로 관리하는 것이 우선적으로 필요하다. 역사적으로 다른 국가를 침략하지 않은 나라, 패권경쟁을 통해 러시아와 잠재적인 갈등을 일으키지 않을 나라, 러시아의 지정학적 과제를 해결하는 데 도움이 되는 나라, 다가오는 미래 산업기술혁명에 필요한 기술을 공유할 수 있는 나라로서 한국은 그래서 러시아의 미래에 도움이 된다.

이런 맥락에서 한반도에 대한 러시아의 관심을 높이는 노력이 필요하다. 단순화하기 어렵지만 지금까지 러시아의 대한반도 정책 목표는 러시아가 바라는 세계질서, 동북아시아 질서 재편의 연장선에서 결정되었다. 그래서 극동시베리아 개발을 위한 평화롭고 안정적인 한반도 안보환경을 조성하는 것을 우선적인 목표로 삼고 있다고 거칠게 요약이 가능하다. 또한 남북한 동시 수교국으로서 북핵 문제, 사드 배치, 평화체제 구축 등을 포함해 한반도 안보 현안의 당사자로서의 참여와 영향력 제고에 관심을 갖고 있다. 중국 딜레마가 있음에도 미일동맹에 대응하는 다른 축으로서 중국과의 전략적 동반자관계를 심화·발전시켜나갈 필요성을 인식하고 있다. 그런 의미에서 러시아가 북한의 체제 붕괴가 아닌 안정 유지에 중점을 두는 동시에 극동시베리아 개발을 위한 우호적이고 평화적인 환경을 만드는 데도 우선순위를 부여하고자 하는 점을 이해할 수 있다. 그러나 이것으로 러시아의 미래 발전은 충분하지 않다.

러시아는 아시아의 부상에 적극 대응하기 위해서도 한반도의 평화에 관심을 기울여야 할 필요가 있다. 북극항로가 열리고 북극해가 내해로 활용되면 가장 많은 경제적 이익을 얻을 수 있다는 점에서 이를 위한 최적의 파트너로서 한국과의 협력을 적극 추진하는 것이 러시아의 미래를 러시아가 원하는 방향으로 이끌어줄 것이다.

2

한국의 지전략적 딜레마? 러시아가 답이다! *

신범식

중간국 한국의 지전략적 딜레마

전통적으로 해양과 대륙, 냉전 시기에는 북방삼각 대 남방삼각 사이에 형성된 지정학적 단층선은 대한제국 이래 한국과 북한에 '지정학적 중간국(middle ground state)'[1]으로서의 한계를 부여해왔다. 중간국가 한국은 편승(band-waggoning)과 헤징(hedging) 그리고 균형(balancing)에 이르는 다양한 대외전략 옵션이 있었지만, 냉전 이래로 동맹국 미국에 의존하는 대외전략으로 국가발전의 기초를 마련했다.

탈냉전 전후 지정학적 변동과 중국의 부상 등 도전에 직면하면서 한국은 변화하는 대외 환경에 적응하는 한편, 자율성의 공간을 창출하기 위한 중견국 외교를 시도하는데, 그 대표적 지향이 북방정책으로 표출되었다. 북방정책은 크게 네 시기를 통해 시도되었는데, 그 역사를 돌아보면 잘해야 절반의 성공으로 평가될 수 있다. 그것은 북방정책이 지닌 두 가지 전략적 목표, 즉 대륙으로의 연계성 확보를 위한 네트워킹과 북한의 개혁·개방의 유도 사이에서 '북한 환원주의'[2]에 발목을 잡힘으로써 전자의 고유한 가치를 실현하고 나아가 양자의 시너지를 창출하는 데 실패했기 때문이다.

북방정책의 이 두 목표는 동시에 추진되면서 균형을 갖출 수 있어야 한다. 이를 위해 한국에 절실한 것은 대륙의 든든한 파트너를 만나는 것이고, 북방의 파트너로서 러시아는 최적의 파트너임이 분명하다. 물론 탈 냉전기 양국이 수교한 이후 한러관계는 지속적 부침을 겪으면서 그 가능성과 한계를 확인했다. 이제 이런 경험을 바탕으로 양국관계를 한층 더 높은 수준으로 고양시킴으로써 전략적 파트너로서의 관계를 명실상부하게 구축해나가야 할 것이다.

이 글은 한국의 북방정책을 검토하여 역사적 교훈을 드러내고, 현재 한국이 추진하고 있는 신(新)북방정책과 푸틴의 러시아가 시도하는 신동방정책 사이의 접점을 찾아 한러의 전략적 협력이 한국 외교의 자율성의 공간을 창출하는 수단으로서 북방정책의 새로운 계기를 구축하는 데 기여할 방안을 찾아볼 것이다.

전략적 딜레마의 해법으로서 북방정책

'북방정책'이란 용어의 기원은 대(對)공산권 문호개방을 천명한 1973년 6.23선언에까지 거슬러 올라간다. 그 이후 북방외교, 대공산권 정책, 북방정책 등 다양한 이름이 등장하면서 1980년대 후반 안보, 통일, 경제, 국내정치에서 나타나는 다양한 대(對)사회주의권 정책 논의를 지칭하기 위해 사용되었다.[3] 노태우 정부의 '북방정책'은 결국 그 이전에 논의·계획되었던 일련의 북방을 향한 외교정책과 그 이후의 김영삼 및 김대중 대통령으로 이어지는 북방외교의 흐름 속에서 평가되어야 할 것이다. 따라서 북방정책을 6공화국(1988~1992)의 정책이라는 좁은 의미로 다루기보다는, 박정희 대통령 이후 한국이 발전시켜온 '북방' 혹은 '대륙'에 대한 전략적 사고라는 넓은 의미로 다루는 것이 좋을 것이다. 이런 포괄적 의미의 북방정책은 크게 네 시기를 통해 전개되어온 것으로 볼 수 있다.[4]

첫 시기는 1973년부터 10여 년간의 시기로 북방정책이란 용어가 공식화되지는 않았지만, 북방을 향한 한국의 접근 의도가 처음으로 부각되기 시작한 북방정책의 태동기라 할 것이다. 당시 한국의 동맹국이던 미국이 북한의 동맹국인 중국과의 관계 개선을 시도하는 가운데, 한국은 적어도 외교적으로는 냉전논리를 벗어나 국제정세의 변화에 능동적으로 대응하려는 6.23선언을 천명한다. 이같은 북방외교를 통하여 한국은 북한과 본격적인 외교 경쟁을 하게 되었고, 이를 북방정책의 초보적 기원으로 볼 수도 있다. 6.23선언 이후 한국 학계에서 서독의 동구권에 대한 '동방정책(Ostpolitik)'과 유사한 형태의 '북방정책(Nordpolitik)'에 대한 논의가 시작된 것은 서독 정부의 '할스타인 원칙'에 따르던 한국 정부의 정책이 변화의 기미를 보이게 되었음을 의미한다. 하지만 이 시기 국제정치를 지배하고 있던 냉전질서의 틀 안에서 한국이 북방외교를 펼치기에는 그 역량은 물론 국제정치의 구조적 측면에서도 한계가 있었다. 또한 6.23선언은 사회주의권 국가들과의 관계 개선의 가능성을 제시했을 뿐이지 한국 외교의 공식 목표가 되었던 것은 아니며, 단지 한국 외교가 그 활동영역을 확대해나가는 과정에서 이념과 체제의 차이를 넘어 새로운 도약의 단계로 돌입하지 않으면 안

된다는 필요성을 강하게 인식하게 되었음을 보여주었다 할 수 있다. 북방정책의 본격적인 실천은 사회주의권의 변화라는 국제적 조건의 변화를 기다릴 수밖에 없었다.

1983년 6월 29일 당시 이범석 외무부장관이 국방대학원 연설에서 '북방정책'이란 용어를 사용하면서 '북방'이라는 용어가 활발히 사용되기 시작했다. 북방에 대한 접근전략을 모색하던 이 시기에, 주로 학계에서는 동북아의 세력구도를 설명하면서 한국-미국-일본 관계를 '남방 삼각관계'로 규정하면서 한국의 대미 및 대일 관계를 '남방정책'으로 설명하고, 북한-중국-소련 관계를 '북방 삼각관계'로 규정하면서 한국의 대중 및 대소 관계를 '북방정책'으로 설명했다. 하지만 북방정책에 대한 활발한 논의가 시작된 1983년 이후에도 한반도를 규정하고 있던 냉전구조가 부여하는 주관적 및 객관적 한계는 지속되었고, 공산권국가들과 유대를 구축할 수 있는 남한 정부의 정책 대안을 찾기는 어려웠다.

소련의 젊은 서기장 미하일 고르바초프가 1985년 등장하고 그의 개혁정책이 1987년 이후 추진되면서 한국의 대(對)북방 접근이 북방정책이란 이름으로 모색되면서 그 두 번째 시기가 시작되었다. 특히 6공화국이 출범한 1988년 개최된 서울올림픽은 북방정책의 추진에 있어 중요한 분수령이 되었다. 좁은 의미로 불리는 6공화국의 북방정책이 본격적으로 시작된 것은 1988년 이후로 볼 수 있으며, 이후 10여 년간은 넓은 의미에서든 좁은 의미에서든 북방정책이 가장 적극적으로 모색된 시기라 할 수 있다. 이 시기 대한민국은 동구 국가들 및 소련 그리고 중국과의 수교에 성공하였고, 남북한이 동시에 유엔에 가입하는 성과를 거두었다. 한국의 북방정책은 적지 않은 성과와 함께 남북 경쟁에서 한국의 우위를 확인하는 중요한 계기를 마련했다. 20년 가까이 추진되어온 북방을 향한 한국의 외교적 지향은 비로소 이 시기 들어 북방정책이란 용어를 통해 정책 대상에 대한 지정학적 개념과 외교정책 목표 및 수단성과 관련된 개념이 정리되었다. 이러한 개념적 근거를 바탕으로 한국 외교는 제한적 의미에서나마 자율적 외교정책을 모색하게 되었다는 점에서 의미가 크다.

그러나 사회주의권의 급속한 붕괴와 소련의 해체 그리고 중국의 개혁·개방으로 요약되는 국제 환경의 혁명적 변화는 급변하는 세계질서 및 동북아 지역 질서와 관련해 새로운 외교 개념과 전략 정립을 요구했다. 이 과정에서 국제정치적 변화의 조건과 대북정책을 둘러싼 국내정치적 압력에 의하여 북방정책은 주로 북한에 대한 압박정책으로 그 성격이 변질되었다. 이런 대북정책의 가시적 성과로서 「남북 화해와 불가침 및 교류·협력에 관한 합의서」가 발효되었고, 역사적인 남북정상회담이 성사되는 듯했으나, 김일성 주석이 사망하면서 무산되었다. 그리고 발발한 1993년 1차 북핵위기로 한국 북방정책이 모색할 수 있는 자율성의 영역이 극도로 제약되었다. 북핵위기 이후 한국은 북방정책의 발전 가능성과 그 창조적 적용에 대한 고민을 제쳐두고 북방정책을 통한 성과를 대북 압박의 효용으로만 사용하려는 오류에 발목을 잡혔다. 중국, 러시아를 포함한 한국 외교의 새로운 지평을 확대한 북방정책은 대북관계라는 정책으로 환원되었고, 이는 북방정책이 내포하고 있던 폭넓은 전략적 가능성을 제한하게 되었다. 김영삼 정부 시기 OECD 가입과 세계화 정책을 추진하면서 북방정책의 성격은 더욱 북한 환원주의적으로 규정되었으며, 북핵 문제 해결과 봉쇄적 대북정책에 종속되어 대륙 외교로서의 가능성을 거세당했다.

북방정책의 세 번째 시기라고 할 수 있는 변화는 김대중 정부의 대북포용정책(일명 '햇볕정책')의 추진과 함께 나타났으며, 남북정상회담의 실현으로 남북관계의 새로운 장을 연 것으로 보였다. 이런 대북정책의 연속선상에서 대륙을 향한 '철의 실크로드' 구상이 제시되기도 했지만, 남북관계 개선은 거시적 의미에서 좀 더 포괄적인 북방정책의 모색으로 발전되지는 못했다. 특히 2002년 말부터 재현된 북핵위기는 한국 외교의 최대 과제로 떠올랐고, 연이은 노무현 정부의 대북정책도 북핵위기의 근본적 도전을 결국 넘지 못한 것으로 평가할 수 있다. 한국 외교의 자산으로서의 북방정책의 가능성은 북한 문제라는 블랙홀 속으로 사라지게 되었다. 비록 이 시기 두 행정부가 북한과 북방에 대해 실용적 입장에서 정책적 성과를 내기 위한 지난한 노력을 기울였음에도 불구하고, 북방정책을 대북정책과의 연관성 속에서 보조적인 정책수단으로만 파악하는 오류를 극복하지는 못했다.

북방정책의 네 번째 시기는 소강상태의 기조 아래 북방정책의 새로운 개념적·전략적·정책적 모색을 해온 것으로 평가될 수 있다. 이명박 정부에서 '신(新)실크로드 구상' 등이 제안되기도 했지만, 이는 북방정책을 제한적이며 부차적으로 취급하는 한국 외교의 관성으로부터 자유롭지 못한 정책의 일부였다고 평가할 수 있다. 다행스러운 것은 이 시기 저조한 대(對)북방정책적 지향에도 불구하고 개념적 수준에서 의미 있는 시도가 있었다는 점이다. 그것은 바로 박근혜 정부의 '유라시아 이니셔티브'다. 한국 대륙외교 지평에 새로운 화두로 '유라시아'가 전면에 등장한 것은 특기할 만한데, 이를 통하여 '북방' 내지 '대륙'이 지닌 한국 외교의 대상으로서의 가치를 '유라시아'라는 개념으로 형상화해낸 것은 의미 있는 작업이었다. 그럼에도 정책으로서의 유라시아 이니셔티브는 그 개념적 광범위성과 대상 지역에 대한 목표 설정의 모호성 그리고 남북관계 경색에 따른 한계로 실질적인 정책으로 결실되기에는 분명한 한계를 보였다. 그나마 추진되던 나진-하산 프로젝트마저도 북핵 문제로 인한 대북제재 국면이 강화되면서 5.24조치로 무위로 돌아갔다. 결국 이같은 북방정책의 새로운 개념적 구상은 '비전'의 수준을 넘어 '전략화'되고 '정책화'됨으로써 실천성을 담보해내는 데까지 이르지 못했다. 이런 한계의 뒤에는 여전히 북핵 문제로 대변되는 한국 외교의 아킬레스건이 자리 잡고 있었음은 재론할 필요가 없을 것이다.

이런 북방을 향한 한국 외교의 경험이 말해주는 분명한 교훈이 있다. 북방정책의 기본적인 목표와 지향점에 관한 것이다. 사실 북방정책은 한국이 처한 지정학적 환경이 요구하는 구조적 제약하에서 자율성의 공간을 창출하기 위한 전략의 일환으로 추진되어왔다. 대륙과 해양의 접점이라는 지정학적 환경은 한반도를 해양세력과 대륙세력 간의 '지정학적 단층선(geopolitical fault line)'상에 위치시키고 있으며, 이런 구조적 특징은 한국 및 북한 외교의 기본적 제약이 된다. 과거 냉전시기와 같이 한국이 자유주의 진영에, 북한이 공산주의 진영에 속한 상황에서 양자 간 대립구도는 남과 북을 선명한 대립 전선의 최전방에 위치 지웠다. 하지만 이 지정학적 단층선의 범위가 확장되거나 모호해지는 상황은 북한은 물론 한국 외교에 새로운 도전거리가 되었으며, 특히 지역정치의 구조적 변동기에 자신의 자율성의 공간을 확보하고 생존과 번영을 위한 균형점을 찾는 작업이 요청되는 상황에서 한국은 고난도의 외교안보적 과제에 직면하게 된다. 이런 도전에 대한 대응의 일환으로 추진된 북방정책은 이중의 과제를 부여받게 된다. 한편으로 중단기적으로는 북한에 대한 대응의 성격을 띠기도 하지만, 다른 한편으로는 중장기적으로 '북방' 전반에 대한 적절한 네트워크 구축을 요구하는 것이다. 이 양자는 상호보완적이며 동시에 추진되어야 하지만, 시기와 여건에 따라 중심점이 이동할 수는 있다. 그런데 중요한 것은 어느 일방이 타방을 완전히 압도하는 상황이 되어서는 안 된다는 점이다.

요컨대 지난 반세기 가까이 북방정책이라는 이름으로 추진되어 온 한국 외교의 정책 지향은 결국 지정학적 변동기에 한국 외교의 자율적 공간을 확보하기 위하여 오랜 시간 닫혀 있던 대륙지향성을 되살려내려는 전략적 지향의 발로였으며, 이를 통하여 한반도를 둘러싼 지역질서의 안정과 평화 그리고 번영을 증진시킬 수 있는 조건을 모색하기 위한 정책적 노력이었다. 이런 북방정책은 시기별로 부분적으로 성과를 거두기도 했지만, 대개 대북한정책이라는 굴레에 포획되고 '북한환원주의'의 위력에 압도되어 그 거시적이고 균형 잡힌 틀을 상실하면서 종국에는 그 동력과 의의를 잃게 되는 실패의 역사를 반복해왔고, 그 결과 한국은 안정적인 대륙과의 네트워크를 구축하는 데 성공할 수 없었던 것이다.

역사적 경험이 가르쳐준 북방정책 추진의 주요 원칙

유라시아 국제정치는 소련의 해체 이후 빠른 속도로 변화해왔다. 그 중심에는 역시 소련의 해체와 중국의 부상이 자리 잡고 있다고 할 수 있다. 특히 유라시아에서는 이른바 '신대륙주의(New Continentalism)'[5]라 불릴 수 있는 대전환이 국제정치의 구조적 변동을 야기하고 있다. 미중전략경쟁의 고조와 함께 유라시아의 이같은 대전환이 야기하는 변화를 정확히 인식하고 이에 적절히 대응함으로써 새롭게 형성되고 있는 유라시아 네트워크에서 한국의 위치권력(positional power)을 강화해나가는 것이 중요한 시대적 과제 중 하나로 부상하고 있다. 거대한 지정학적 환경 변동과 새로운 지경학적 발전 벡터의 형성은 국제정치적 환경변화에 대응하면서 그 대외정책적 자율성의 공간을 창출하는 고난도의 방정식을 한국 외교의 숙제로 제시하고 있다.

이같은 도전에 대응하여 문재인 정부는 이른바 '동북아플러스책임공동체'의 구축을 외교적 지향으로 밝히고, 이를 실현할 평화의 축으로 '동북아 평화협력 플랫폼'의 구축을, 번영의 축으로는 '한반도신경제지도' 구상과 연계되는 '신북방정책'과 '신남방정책'의 추진을 천명했다. 이같은 한국 외교의 전반적인 구상은 과거 정부에 비하여 균형적이고 포괄적인 정책적 '비전'을 제시하고 있다는 점에서 고무적이지만, 아직 부문별 '전략'이 확정되지 못하였고, 당연히 그에 따른 구체적인 '정책'이 체계화되지 못한 것도 사실이다. 특히 외교 대전략의 부문별 구상의 설계와 구체화를 담당할 부처가 흩어져 있고, 각 부문이 어떻게 상호 유기적으로 연결되고 조정될 수 있는가에 대한 고려는 아직 요원해 보인다. 사안이 중대한 만큼 너무 서둘러 날림공사를 할 필요는 없겠지만 외부 환경의 급속한 변동을 돌아보면 여유 있게 고민할 시간은 없어 보인다.

이같은 한국 외교의 대전략 가운데 특히 중요한 부분은 신북방정책이라 할 수 있다. 왜냐하면 상술한 한국 외교의 커다란 틀은 이 정부에서 새롭게 발명된 틀이라기보다는 탈냉전 이후 중견국 한국이 발전시켜온 외교적 지향을 좀 더 확대하고 구체화하고 체계화한 결과물이기 때문이다. 그런데 특히 문재인 정부의 외교에서 중요한 강조점은 대륙을 향한 외교의 새로운 국면을 창출하기 위한 구상으로서 신북방정책의 실현에 있는 것으로 보인다. 신북방정책의 추진에서 러시아와의 협력이 특히 중요한데, 한러 경제협력을 추진하기 위해 러시아의 극동개발부(Ministry of Far East Development)에 조응하여 한국에서 대통령 직속 북방경제협력위원회를 출범시킴으로써 북방협력의 구상과 정책을 지속적으로 관리하고 추진할 제도를 마련한 점은 특기할 만하다.

하지만 앞서 지적한 바와 같이 신북방정책이 이전 북방정책의 전철을 밟지 않고 구체적 성과를 견인하기 위해 유의해야 할 점은 여전히 유효하다. 이미 지적한 대로 북방정책은 한국이 처한 국제정치 환경이 요구하는 구조적 제약하에서 자율성의 공간을 창출하기 위해 한국이 해양의 우방들과의 관계에서 가지는 강점에 더하여 대륙에서의 새로운 관계를 구축하려는 지전략적(地戰略的) 지향을 가지고 추진되어야 한다. 따라서 북방정책이 북한과 연관된 성과에만 집중하는 편향성에 종속되는 왜곡을 지양하고, 대북 효용을 넘어 대륙과의 연계를 통한 지역질서의 안정과 번영을 향한 정책이 중장기적으로 균형 있게 추진되어야 한다. 한국의 신북방정책은 다음과 같은 점에 유의하여 전략을 정교화할 필요가 있다.

첫째, 재삼 강조하지만 기존 북방정책에서 나타났던 북한 환원주의의 극복이다. 이미 지적했듯이 한국의 북방정책은 그간 북한 요인과 북핵 리스크에 의하여 번번이 발목을 잡히곤 했다. 사실 '철의 실크로드'로 표현되는 한반도종단철도(TKR)와 시베리아횡단철도(TSR)의 연결은 물론이고 남-북-러 가스관 연결이나 전력망 연결 등과 같은 대형 프로젝트들은 한러 경제협력이 가지는 잠재력과 파괴력을 보여주며, 이들은 분명 한러경협을 비약적으로 발전시킬 뿐 아니라 남북관계의 개선을 통해 동북아의 획기적 변화도 추동해낼 수 있다. 하지만 북한의 핵폭탄 및 대륙간탄도탄을 포함한 장거리미사일 개발로 고조된 긴장 국면에서 북한이 개입되는 삼각협력을 어떻게 보아야 하는가라는 질문은 기존 북방외교의 딜레마를 단적으로 재연하고 있다. 이 상황에서 문 대통령은 2017년 동방경제포럼에서 그간 논의되어온 야심찬 남-북-러 사업들이 현재 여건상 당장 실현되기 어렵더라도, 한러 양국이 당장 추진할 수 있는 사업들을 먼저 시작하고, 북핵 문제가 풀려나가는 상황에 따라 북한이 동참하는 구도를 제시했다. 북방을 통하여 북한으로 가는 길을 열자는 것은 바른 방향으로 보인다.[6]

과거처럼 한러관계를 북한 문제에 환원시켜 한러경협의 양자적 및 지역적 잠재력을 소진시키지 않기 위해서 당분간 한러 양자 협력 구도에 집중하고, 또 북한을 둘러싼 한-일-러 내지 한-중-러와 같은 소지역 협력을 활성화해나가야 할 것이다. 이후 북핵위기 해결 과정과 동조화해 남-북-러 삼각협력 구도를 가동시키는 것이 적절한 순서로 보인다. 사실 북방정책의 구조적 효용은 한국이 대륙과 네트워킹됨으로써 한국의 외교적 선택지를 넓힐 뿐만 아니라 북으로 가는 다양한 우회로를 개발할 거점을 확보한다는 데에도 있는 것이 사실이다. 북방정책이 지니는 대북 효용과 관련해서도 지역적 다자틀 속에서 북한을 개입시키거나 외부와의 협력으로 유도해 나오는 전략이야말로 북방정책이 대북정책과는 차별적으로 궁구되어야 할 주요한 지점이다. 북한 문제의 해결은 북한의 변화 못지않게 그 변화를 담보할 역내 (소)다자적 경제 및 안보 협력의 체제와 안전판을 구축하는 과제의 성패에도 크게 좌우될 것이다.

둘째, 대상 지역의 명확한 정의와 그에 따른 목표의 차별화가 필요하다. 지난 정부에서 유라시아 이니셔티브가 발표된 직후 제기되었던 '북방'이라는 용어가 지닌 모호성과 '유라시아'가 지니는 광범위성으로 인하여 그 정책적 선명성이 결여된다는 각계의 지적은 적절해 보인다. 북방은 대륙적 지향을 의미하고, 그 구체적인 대상은 유라시아다. 그런데 유라시아는 너무 넓어서 이를 몇 개의 권역으로 나누고, 권역별 진출 전략과 자산 배정을 차별화하여 접근할 필요가 있다. 이를 위해서 유라시아를 크게 세 권역으로 나누고, 이를 다시 몇 개의 하위 지역으로 나누어 접근 전략을 차별화해 볼 수 있을 것이다. 크게는 유라시아를 동부 권역, 중부 권역, 서부 권역으로 나눌 필요가 있다.[7]

동부 유라시아는 러시아의 극동과 동시베리아 그리고 중국의 동북 지방을 포괄하는 지역으로 우리에게 가장 중요한 권역이며, 이는 동북아시아 지역협력의 전략과 연계해 접근해야 할 지역이다. 이미 이 지역에 대해서는 9개 교량의 구축이라는 주요 협력 분야가 선정되었으며, 이를 북-중-러 접경지대 소지역, 러시아 극동, 중국의 동북 등으로 구분하여 각각의 지역이 가지는 거점 도시를 선정하고 그에 특화된 분야에서의 투자와 협력을 진행해나갈 필요가 있다. 이미 지적했듯이 특히 이 권역에서의 협력에 대해서는 북방정책과 대북정책 사이에서의 경계와 연계의 명확한 전략적 구상이 중요하다.

중부 유라시아는 중앙아시아와 몽골 그리고 러시아의 서시베리아 및 중국의 북서부 등이 포함되는 권역으로 중국의 일대일로 전략이나 러시아의 유라시아경제연합(EAEU) 구축에서 나타나듯이 신대륙주의의 동학과 각축이 강렬히 진행되는 권역이다. 한국이 거대한 경제회랑의 구축을 주도할 수는 없겠지만 나름의 강점을 발휘할 수 있는 농업, 정보통신, 교육 및 의료 등을 비롯하여 에너지와 인프라 등 다양한 틈새를 찾아내고 접근해나갈 수 있을 것이다. 특히 한국에 대한 분위기가 우호적인 이 권역에서는 한국-중앙아시아협력포럼과 같은 다자틀을 활용하면서 지역 내 비안보협력 이슈들을 주도해갈 수 있는 전략적 공간은 충분히 찾을 수 있을 것으로 보인다.

서부 유라시아는 유럽 러시아와 우크라이나 및 카스피해에 이르는 권역으로 제조업과 정보통신·항공·우주산업 등 첨단기술을 기반으로 하는 고부가가치 산업은 물론 서비스업에서도 중요한 협력 대상이 될 수 있을 것으로 기대된다. 하지만 이같은 경제협력 못지않게 이곳에서는 국제무대에서 우리와 같이 지정학적 단층선상에 위치하면서 균형적 중견국 외교를 펼치는 동류국가들(like-minded countries)을 국제무대에서 우군으로 확보하는 전략도 중요하다.

셋째, 새로운 가치사슬의 구축을 염두에 둔 경제협력의 연계화 및 복합화 전략이 필요하다. 이제는 한 분야에 대한 협력이 지니는 파급력을 연관 분야로 확산하는 일이 중요하다. 가령 문재인 정부의 에너지전환 정책을 위해 천연가스 수요가 증대되는 상황에서 천연가스 수입 관련 협력에만 집중하는 방식은 지양되어야 한다. 러시아의 아시아 천연가스 시장 진출에 대한 관심은 지대하지만, 그래서 한국도 수입선 다변화와 가격의 이점을 취하는 것은 당연하지만, 여기서 머물지 않고 에너지개발 사업과 에너지물류 사업을 연계하고, 나아가 조선산업 및 일부 제조업에서 나타나고 있는 국내 과잉투자를 러시아의 극동개발과 연계시키는 산업연계화 방식으로 협력을 고도화하는 방안이 궁구되어야 할 것이다.

이같은 목표는 '전략적 상호 교차투자'를 통한 연계성 강화와 산업적 연계성을 고려한 협력 플랫폼의 구축을 통하여 가능할 것으로 보인다. 한국과 러시아 사이, 그리고 경우에 따라서는 중국, 일본, 미국, 유럽연합 등 다양한 국가의 다양한 투자기관의 관심을 끌 수 있는 구도를 만들어나갈 필요가 있다. 이것은 소위 '신대륙주의'라 불릴 수 있는 새로운 지구적 경제성장 동력의 창출과 관련된 과제인 만큼, 한국은 거시적 경제 트렌드와 실물경제의 역동성을 면밀히 관찰하면서 유라시아에 경제적 활력의 거점을 구축하고 이 새로운 가치사슬에 한국의 기업들이 적극적으로 참여할 수 있는 방안을 마련해야 할 것이다.

끝으로, 본격적인 경제협력의 확대를 위하여 가장 중요한 역할을 하게 될 기업들을 지원할 금융 인프라의 마련이 시급하다. 이미 서방과 일본은 물론 중국과 러시아 등은 아시아개발은행(ADB), 아시아인프라투자은행(AIIB), 유라시아개발은행(EDB) 등 투자·개발을 위한 금융 인프라 구축에 적극 나서고 있다. 우리도 대외경제협력기금(EDCF), 글로벌인프라펀드 등 다양한 투자 인프라를 구축하기 위해 노력하고 있다. 특히 2017년 동방경제포럼에서 푸틴 대통령과 만나 20억 달러 규모의 한러 금융협력 이니셔티브를 체결한 양국은 양국 공동사업을 적극적으로 발굴하고, 전략적 교차투자의 형태를 통해 양자 간 경제협력의 시너지를 극대화하기 위한 기반 마련에 나서야 할 것이다. 더 나아가 적절한 투자처를 찾지 못하고 있는 시장의 유동자금이 적극적으로 유라시아를 향해 투자될 수 있도록 유망한 사업을 발굴하고 적절한 투자행위를 보장해줄 수 있는 금융 인프라 구축에 나서야 할 것이다. 또한 대(對)북한 투자와 대유라시아 투자 사이에 있는 공유점이나 연결점을 발견하여 투자를 통한 대북 우회로의 개발도 궁구해야 할 것이다.

신북방정책의 주요 파트너,
러시아와의 전략적 협력

2020년 9월 한국과 러시아는 수교 30주년을 맞았다. 1980년대 말부터 시작된 탈냉전의 격동기에 한국은 북방외교를 통해 공산권 동구 제국(諸國) 및 소련 그리고 중공과 수교에 성공했다. 이로써 한국은 대북 외교·안보 우위를 확보할 기반을 마련했다. 하지만 북한이 미국과 일본과 수교가 이루어지지 않은 채 남북 간 외교 네트워크의 비대칭성은 한반도를 둘러싼 국제정치의 중요한 조건이 되었다. 한국은 이런 비대칭성을 북한을 압박하는 수단으로 활용해보기도 했지만, 이런 전략은 효과적이지도 지속적이지도 않았으며 또한 그것이 한반도의 미래를 위한 최선인가에 대한 이견도 커졌다. 시간이 지나면서 북방정책의 성과도 점차 절반의 성공이었다는 것이 드러났고, 이런 과거를 넘어 북방정책을 좀 더 확장된 한국 외교의 틀로 승화하기 위한 노력이 필요하다는 주장이 제기되기도 했다.[8]

출범 초 신북방정책을 의욕적으로 표방한 현(現) 정부도 이런 필요를 인식은 하고 있는 듯하다. 문재인 정부는 2019년 '신남방의 해'를 성공적으로 보내고 2020년은 '신북방의 해'로 정하여 다양한 한러수교 30주년 행사를 기획했다. 북한의 핵실험과 미사일 발사에 따른 5.24조치의 지속으로 나진-핫산 프로젝트가 유야무야되면서 한반도 관계에서 이렇다 할 돌파구를 찾지 못한 러시아도 수교 30주년을 계기로 양국 간 전략적 동반자관계를 활성화해보려는 다양한 행사를 계획한 것으로 알려졌다. 하지만 이같은 양국 정부의 노력을 비웃기라도 하듯 코로나19 팬데믹은 이 모든 계획을 한방에 날려버렸다.

코로나19 위기에 따라 높아진 글로벌 거버넌스의 변동가능성과 초(超)불확실성 시대의 도래는 러시아의 취약성을 더하고 있으며, 고조되는 미중패권경쟁은 러시아와 중국의 전략적 동조화 가능성을 높이고 있다. 이런 조건은 러시아의 전략적 유연성을 제약함으로써 미중경쟁이 고조되는 동북아에서 러시아가 미중 사이의 지정학적 중간국으로서 창조적 전략을 구사할 수 있는 여지를 더욱 축소시킬 것이며, 이러한 악조건은 한국 외교를 위한 자율성의 공간을 창출할 수 있는 파트너로서 러시아의 매력을 더욱 사그라뜨릴 공산이 크다. 한국과 러시아의 전략적 협력관계의 현실화 및 발전으로 향하는 길은 참으로 험난해 보인다.

그럼에도 지난 30년간 한러관계의 경험이 말해주는 양국 관계 발전을 추동 내지 제약해온 원인은 무엇이며, 동북아에서 러시아의 위상과 '전략적 행위자'로서의 가능성을 현실화하는 조건은 무엇인지, 그리고 지구적 및 지역적 맥락에서 한러관계의 발전가능성을 검토하여 '한러 전략협력'[9]을 강화해나가는 작업은 신북방정책의 핵심 과제 중 하나일 것이다.

한국의 신북방정책의 주요 파트너로서 러시아는 높은 전략적 협력가치를 지니고 있다. 첫째, 러시아는 민주주의 체제와 시장경제를 지향하는 국가로서 동북아 평화와 발전을 위한 중재자와 조력자의 위상을 가지고 있으며, 둘째, 안보 측면에서 북한 문제 해결에 있어서도 건설적 역할을 기대할 수 있으며, 한반도 평화통일을 후원하는 우호세력이 될 수 있다. 셋째, 중국의 부상에 따른 미중 경쟁이 높아지는 구도에서 한국은 러시아와 협력해 역내 균형과 안정을 달성할 수 있다. 넷째, 러시아는 극동시베리아 개발 과정에서 한국의 자본, 기술, 경영 능력을 펼칠 수 있는 기회의 땅이자 도전을 창출하는 신개척지에 해당된다. 결국 미중 경쟁 구도에서 한러 협력은 지역의 안정과 공동번영을 추동함으로써 기존 대륙세력 대 해양세력의 경쟁 구도를 넘어서 역내 국가들의 공유이익에 대한 합의를 전제로 하는 지역 협력모델을 만드는 데 기여할 수 있을 것이다. 따라서 문재인 정부의 북방경제협력이 성공하기 위해서 러시아와의 협력은 필수적이며, 성공적인 한러 협력은 나아가 지역 협력구도를 창출하는 계기를 마련할 수 있을 것이다. 물론 이런 성과는 북한의 개혁과 개방에도 크게 기여할 수 있을 것이다.

하지만 역으로 북핵 문제와 미중 경쟁과 미러 갈등이라는 지역적 및 지구적 구조에 의해 부정적 영향을 받을 수밖에 없는 현실도 엄존한다. 특히 미러 간 갈등과 서방의 대러시아 경제 제재가 풀리지 않으면, 본격적인 유라시아 진출과 동북아 협력구도의 창출은 상당히 제약될 수 있다. 이런 상황은 동아시아에서 러시아가 중국과의 관계에서 경험할 수도 있는 양국 전략적 이익의 분화를 지체시키는 효과를 창출할 수 있다. 미중 경쟁을 축으로 하는 동아시아의 지정학적 구조에서 자국의 전략적 자율성의 공간을 창출하려는 북방정책의 목표를 달성하려는 한국 입장에서는 한러 간 경제협력의 축을 강화하는 것과 더불어 러시아가 미국과 중국 사이에서 중간자로서의 위상을 강화하고 균형적 정책을 지향할 수 있도록 유도하는 전략은 중장기적 전략으로서 가치가 있다.

이같은 전략적 지향은 동북아 지역 내에 강대국 세력 사이의 균형화를 위한 우호적 여건을 조성함으로써 궁극적으로 역내 안보 및 번영의 지역협력 체제의 구축을 위한 노력을 가속할 수 있을 것이다. 한국이 중국과 사드(THAAD) 문제로 경험했던 것과 같은 갈등을 러시아와 겪게 될 가능성은 상대적으로 낮아 보인다. 따라서 한국과 러시아는 양국이 공유하고 있는 전략적 비전과 이익을 재점검하고, 그 실현을 위한 전략적 협력을 구체적으로 시도해야 한다. 특히 러시아가 추진하고 있는 신동방정책과 한국의 신북방정책 간의 정책적 정합성이 있음은 고무적이다.

앞으로 한러관계는 양국의 미래 비전과 공동이해의 실현에 좀 더 무게중심을 잡으면서, 양국 간의 현안 해결과 관계 발전에 집중해나갈 것으로 예상된다. 이런 의미에서 북한 핵문제의 해결과 한반도 평화프로세스의 진척에 따라 연동되는 대러시아 정책을 기대하기보다 한국과 러시아 양국이 좀 더 주체적이고 적극적으로 양자관계를 발전시켜 나가려는 노력은 향후 한국의 신북방정책의 성공을 담보해낼 수 있는 중요한 조건이 될 것이다.

향후 수년이 동북아 신질서의 형성에 중요한 시기가 될 것이다. 그동안 한국의 북방외교는 냉전구조를 극복하기 위한 노태우 정부의 북방정책이 절반의 성과를 낸 이후 북한에 대한 효용과 대륙 진출을 통한 경제적 활동무대의 확장이라는 두 가지 목표 사이에서 머뭇거리면서 유라시아 대륙을 가능성의 공간으로만 남겨두고 말았다. 이제 한국의 신북방정책은 기존 정책들의 미비점을 보완하여 대륙 자체의 가치를 바르게 인식하고 한국의 미래 가치를 대륙과의 네트워킹 속에서 발전적으로 구현해나갈 비전과 전략을 정립할 필요가 있다. 대륙 네트워크의 가치와 대북정책의 가치를 균형적이고 유연하게 구사하는 전략적 유연성과 양자, 소다자, 다자 등 다차원적 관계망을 다양한 분야에서 구축해나갈 수 있는 전략적 복합성을 확보해나가야 할 것이다. 이 과정에서 러시아라는 북방의 파트너와의 관계를 어떻게 창조적으로 풀어갈 것인가는 북방정책의 성패를 가르는 중요한 조건이 될 것이다. 이런 견지에서 한국의 대러 외교는 다음에 유의하여 대러시아 관계 개선에 적극적으로 나서야 할 것이다.

첫째, 북핵 및 미사일 제재 국면에서 한국 정부는 러시아를 활용하여 북한 문제를 풀려 하기보다 현 조건에서 양국이 양자 수준에서 발전시킬 수 있는 실질적인 협력 분야를 선정하고 실천하는 데 초점을 두어야 한다. 물론 북한 문제가 개선되면 남-북-러 삼각협력을 비롯한 한반도 신경제지도가 구상하는 많은 프로젝트를 추진할 수 있겠지만, 현 북핵 및 북한 문제가 해결의 가닥을 잡지 못한 국면에서는 한러 양자관계에 좀 더 무게중심을 유지하는 것이 필요하다. '북한 환원주의'라는 블랙홀의 흡인력에 의해 한러관계 발전의 잠재력이 완전히 소진되는 것을 조심해야 한다.

둘째, 한러 간에 창조적 전략협력을 위해 양국은 긴밀한 논의 구조를 정비할 필요가 있다. 한러 경제관계 발전의 동력을 현실화하는 데 가장 중요한 것은 역시 정상외교다. 한동안 한국 정부는 이 부분에 주의를 기울이지 못했으며, 현 정부 들어 이를 개선하기 위해 노력하고 있다. 정상 수준에서 북핵 문제 등과 같은 다른 국제적 변수에 방해받지 않으면서 양국이 직접 제어 가능한 분야에서 협력을 강화해가겠다는 의지를 분명히 하고, 실질적인 협력을 통한 양자관계의 강화를 바탕으로 소다자 협력을 추진해가는 것이 합리적일 것이다. 또한 대러시아 교섭 및 논의의 창구를 정비·확대해 나갈 필요가 있다. 현재 외교부를 통한 대러 관계를 잘 유지해가는 것은 기본이다. 이에 더하여 1.5/2.0트랙 전략대화를 유지하면서 한국의 입장을 효과적으로 전달하고 러시아와 전략적으로 소통할 필요가 있다. 특히 상대국 오피니언 리더들과의 소통 채널 확대가 필요하다.

셋째, 북핵 문제 및 한반도 평화체제 구축을 위한 해법을 모색하는 데 러시아의 건설적 기여를 유도하는 정책의 추진이다. 우리의 입장에서 선(先)핵폐기 후(後)관계강화를 추진하는 옵션이 선호되지만, 현재와 같이 미북 협상 과정에서 대립과 긴장이 지속되는 상황에서는 북한의 핵동결, 한반도 평화체제, 한반도 비핵화라는 세 목표를 창조적으로 결합하여 포괄적인 해법을 모색하는 것이 필요하다. 이 과정에서 러시아의 극동개발과 소지역협력을 북한과 연관시켜 유인하는 방안도 적극 고려할 수 있다. 북한이 진정으로 원한다면, 남-북-러 삼각협력을 통한 북한의 개혁·개방을 돕는 것도 가능할 것이다. 이러한 삼각협력은 북한의 고립을 해소하고 한반도의 안정에 기여할 것이다. 하지만 남-북-러 삼각협력이 여의치 않을 경우 한러 직접 협력의 다양한 토대를 확충하고, 이를 기반으로 추후 북한의 참여를 유도하는 전략적 수순을 고려하는 정책이 필요하다.

넷째, 경제위축의 출구로 신(新)북방경제협력의 추진이다. 사실 신북방경제협력의 구도는 북한을 우회하는 다양한 방안을 상정해볼 수 있다. 북한 문제와 연루되지 않으면서 중앙유라시아에서 진행되고 있는 협력의 틈새를 파고드는 접근도 가능하다. 중국의 영향력 확대에 고전하고 있는 러시아와 협력해 러시아가 주도하는 광역 유라시아 협력을 강화할 수도 있다. 유라시아경제연합과의 자유무역지대 창설 등이 그 일례가 될 수 있을 것이다. 하지만 한러 양자를 중심으로 경제적 동반자관계를 강화하는 것이 중요하다. 미중 전략경쟁으로 경제협력과 안보협력을 분리하기 어려워지고 있는 것이 사실이지만, 한러 간에 미중 대결구도로부터 자유로운 경제협력의 지경학적 협력구도를 창출해나가는 것이 절실하다.

다섯째, 동북아 내 소다자주의를 통한 실질 협력을 활성화하는 협력의 추진이다. 그동안 소다자주의는 한-미-일 사이의 안보협력이나 한-중-일 사이의 경제·사회적 협력 등이 대표적이었다. 하지만 변화하는 동북아 정세에서 소다자의 효용이 변화하고 있으며, 새로운 필요가 제기되고 있다. 그간 남-북-러 삼각협력 및 대두만강유역개발계획(Greater Tuman Initiative, GTI)을 중심으로 하는 소지역 협력의 활성화에 노력해왔다. 하지만 북핵 국면이 지속되는 한 북한이 연루되는 이와 같은 사업들을 추진하기란 쉽지 않다. 따라서 새로운 시도로 한-일-러 삼각협력의 활성화를 시도해 봄직하다. 한국, 러시아, 일본은 전략경쟁에 몰두하고 있는 미국과 중국 사이에 위치한 전략적 유사성을 지닌 중간국(中間國)이다. 중간국들은 양대 강국의 전략적 대립구도에 따라 편승이나 균형 등의 전략을 펼칠 수도 있지만, 중간국 연대전략을 통해 지역 정치의 세력균형을 모색할 수도 있다. 따라서 미중 전략경쟁을 완화하여 지역안정을 도모하고 중간국 외교의 자율성 공간을 확보하는 소다자 협력으로 한-일-러 협력의 가능성을 모색해볼 필요가 있다. 이는 장기적으로 북한의 대외개방과 협력을 위해 북한이 덜 경계하는 지역협력의 구도를 사전에 정지한다는 차원에서도 매우 유용할 것이다.

마지막으로 향후 중장기적 한러관계의 발전 지향점을 전망해보자면, 한국의 대러 외교의 중심 과제이자 지향점은 러시아가 동북아에서 과거의 진영논리와 같이 남방 대 북방의 대립구도를 형성하는 것을 막고, 동북아에서 양국이 추동해낼 수 있는 지역협력을 촉진해나갈 전략적 동반자관계를 강화해가는 것이다. "가능성으로 존재하는 양국 간 공유이익을 전략협력을 통해 현실화하는 것"이 양국 관계의 핵심 목표가 되어야 한다. 이는 한러 전략적 동반자관계를 양자, 지역적·지구적 차원에서 내실화해나가는 과제로 구체화될 것이다. 특히 동북아에서 남방 및 북방 삼각협력 진영의 형성 및 고착화를 방지하고, 소위 한-일-러 등과 같은 지정학적 중간 지대에 위치한 중간국 연대를 통해 역내 안정화와 미중 전략경쟁의 완화 그리고 지역협력체제 구축을 위한 지역 전략적 연대를 도모해가야 할 것이다.

이같은 전략적 지향의 기초 역시 미러관계의 개선 여부에 따라 크게 영향을 받을 것이 분명하다. 미러관계가 개선된다면 그동안 러시아 외교의 제약으로 작용해온 러시아의 대미 및 대서방 관계가 개선됨에 따라 러시아가 동북아와 한반도에서 감당할 수 있는 건설적 기여의 가능성이 높아질 것이다. 따라서 이같은 가능성을 염두에 두고 동북아 국제관계의 틀을 미중 및 일중 간의 대립 및 그와 관련된 의제로 집중되는 것을 관리하고, 러시아의 전략적 행위자로서의 가능성을 부각하는 한러 전략협력을 강화함으로써 한반도의 안정과 평화를 위한 협력의 의제를 확장해야 할 것이다.

3

교착 상태의 북핵 협상과 러시아 변수

위성락

북핵 협상과 러시아

북한의 핵과 미사일 개발로 야기된 한반도의 위기 상황은 해결의 기미를 보이지 않고 있다. 지금의 상황은 6.25 이래 가장 심각하다고 해도 과언이 아닐 정도로 복잡하게 얽혀 있다. 북한은 이미 여섯 차례 핵실험을 통하여 수소폭탄 개발 능력까지 보여주었고, 수많은 미사일 실험을 통하여 미국 본토를 사거리로 하는 투발 능력을 과시했다. 전문가들은 북한이 핵탄두 소형화에 성공했으며, 머지않아 핵탄두가 장착된 각종 사거리의 미사일을 실전 배치할 수 있을 것으로 보고 있다. 만일 북한이 중·단거리 미사일에 더하여 대륙간탄도탄을 배치하면 한국과 일본은 말할 것도 없고 태평양 지역의 미군기지와 미국 본토도 실질적인 핵 위협하에 들어가게 된다. 북핵의 완성이라는 중대한 변곡점이 우리 앞에 다가오고 있는 셈이다.

그간 미국은 본토가 북한의 핵 타격 대상이 되는 초유의 사태가 다가오자, 트럼프 대통령 임기 초반에 최대의 압박정책을 주도하면서 군사 옵션도 배제하지 않는 강한 대응을 해왔다. 결과적으로 한반도에서 미국이 군사 행동을 할 가능성이 일상적으로 언급되는 상황이 이어지다 2018년 초 북한이 대남, 대미 대화를 제안하면서 국면은 일단 협상 쪽으로 선회했다.

그러나 그 협상 과정은 순탄치 않았다. 남북, 미북 정상회담을 필두로 고위급 양자 협상이 이어졌으나, 서로의 요구와 기대치가 달라서 비핵화의 진전은 별로 없었다. 북한은 김정은 위원장과 트럼프 대통령이 싱가포르에서 북미관계 개선과 신뢰구축을 통하여 비핵화를 추진한다는 데 합의했다고 주장하면서, 미국에 대해 싱가포르 합의에 따라 신뢰구축 조치를 취하라고 요구했다. 이에 대해 미국은 의미 있는 비핵화 조치가 먼저라고 대응했다. 북한은 미국의 비핵화 주문을 강도적 요구라고 부르면서 반발했다. 트럼프 행정부를 교체한 바이든 행정부는 대북정책을 재검토하고 있다. 결과를 기다려보아야 하겠으나, 그동안의 정황으로 미루어보건대 기존의 미국 입장에서 큰 변화는 없을 것으로 예상된다. 이처럼 미북 간 상호 입장 차가 커서 협상 전망은 불투명하다.

북미 양자 간 협상이 교착 상태에 있다 하더라도, 이 협상을 둘러싸고 있는 국제적 구도가 잘 짜여 있다면 긍정적인 협상 결과를 기대할 수 있을 것이다. 그러나 현실은 이마저도 여의치 않음을 보여준다. 원론적으로 말하자면, 북한처럼 국제 규범을 무시하고 핵과 미사일 도발을 일삼는 행위자에 대해서는 국제사회가 공조하여 제재 압박을 부과해야 할 것이고, 그다음에 이 공조체제를 바탕으로 비핵화의 실질적 진전을 기할 수 있는 생산적인 협상을 모색해야 할 터다. 그러나 북핵 문제와 관련된 국제적 구도를 들여다보면 외견상으로는 공조체제처럼 보이지만 그 내막의 작동원리는 이견과 분열이라는 점을 쉽게 알 수 있다. 즉, 북핵 문제에 관련된 국가들은 모두 비핵화 목표에 공감한다고 하면서도, 방법론으로 들어가면 전혀 다른 입장을 취하고 있는 것이다. 크게 한국, 미국, 일본과 중국, 러시아의 입장이 다르다. 러시아는 중국과 보조를 맞추어 움직이고 있다. 결과적으로 북핵 문제를 두고 한-미-일과 중러 간에 구분 선이 형성되어 있다.

이처럼 국제 공조가 제대로 작동하지 않으면, 우선 제재 압박의 효율이 떨어져 바람직한 협상을 견인해내기가 어렵게 된다. 정작 더 큰 문제는 북한이 한-미-일과 중러 간의 틈새를 이용하여 핵과 미사일 능력을 키울 시간과 공간을 확보하게 된다는 데 있다.

러시아는 지금 이 구도 속에서 중국만큼 큰 역할을 하고 있지는 않으나, 과거 한반도와 맺은 역사적 연고와 지정학적 입지를 기초로 일정한 영향력을 행사하고 있다. 주지하다시피 러시아는 2차대전 말기 북한 지역을 점령한 바 있고, 북한 정권 수립의 배후세력이었으며, 6.25전쟁 이후 냉전기에 한반도 문제의 향배에 중요한 역할을 했다. 또 러시아는 중국과 함께 한반도와 국경을 맞대고 있는 강대국이다. 지금 러시아는 한반도 문제와 관련하여 중국과 긴밀히 연대하고 있으므로 중국에 대한 영향력을 가지고 있다.

이 글에서는 북핵 관련 교착 상황과 국제 구도 속에서 보이는 러시아의 행보를 고찰하고, 현재의 국면을 타개하기 위해 러시아 변수를 긍정적으로 활용할 방법을 모색해보고자 한다.

러시아의 한반도 정책 목표

우선 러시아의 한반도 정책 목표가 무엇인지를 변별하는 데서부터 논의를 시작하고자 한다.

첫째, 러시아는 한반도의 비핵화를 주요 정책 목표로 삼고 있다. 북한뿐 아니라 한반도 전역에서의 비핵화다. 그래서 러시아는 북한의 핵 포기를 위해 노력하면서도 한국의 핵무장과 미국의 한국 내 핵무기 배치에 반대하고, 미국이 한반도와 그 주변에서 핵무력을 운용하는 일 또한 경계한다.

둘째, 러시아는 한반도의 평화와 안정이라는 또 다른 정책 목표를 중시하고 있다. 한반도와 국경을 접한 러시아는 한반도에서 전쟁은 물론 긴장도 자신의 안보 이해에 부합하지 않는다는 지정학적 고려를 갖고 있다. 그래서 북한의 도발 행동을 비판하면서, 동시에 미국이나 한국이 북한의 도발에 군사적으로 대응하는 것에도 비판적이다. 과도한 긴장 격화 행위라고 여기는 것이다. 일종의 양비론이고 쌍방 자제 주문이다. 또한 러시아는 한반도의 안정을 중시하고 그 연장선상에서 한반도의 현상 유지를 선호한다. 북한의 안정이 자국의 지정학적 이해에 부합한다고 본다. 이에 따라 북한과도 일정한 관계를 유지하여 남북한 사이에서 균형적인 입장을 취하고자 한다.

셋째, 러시아는 아시아의 주요 경제 강국 중 하나가 된 한국과 실질 협력을 강화하려는 목표를 가지고 있다. 한국과 투자·무역·기술 등 협력과 교류를 통해 러시아의 경제 발전에 도움을 얻고자 한다. 특히 낙후된 러시아의 극동 시베리아 개발에 한국의 참여와 기여를 유도하고자 한다. 이러한 맥락에서 러시아가 관심을 가지고 추진하는 사업이 러시아와 남북한을 망라하는 삼각협력이다. 러시아는 삼각협력을 통하여 남북한 화해 협력에 기여하고 러시아의 극동지역 발전에도 도움을 얻고자 한다. 물론 이 구상은 북한의 핵미사일 도발과 뒤이은 국제 제재에 따라 추진 동력을 얻지 못하고 있으나 러시아가 중시하는 프로젝트다.

여기까지가 러시아의 전통적인 한반도 정책 목표인데, 근래에는 이에 더하여 새로운 네 번째 고려 요소가 추가되었다. 그것은 미국과의 대립관계에서 불가피하게 파생되는 대미 견제 심리다. 이 요소는 시기에 따라 부침이 있으나, 지금은 대미 견제 심리가 강화되는 추세다. 이런 기류는 미국의 바이든 행정부 등장 이후에도 크게 바뀌지 않았다. 바이든 행정부의 대러 압박이 여전하기 때문이다.

특히 우크라이나 사태 이후 미국과 러시아 관계는 탈 냉전기 최저점에 이르렀다. 그러다 보니 러시아의 대외정책 전반이 대미 대결이라는 구도에 영향을 받고 있다. 북핵을 비롯한 한반도 문제도 예외가 아니다. 미러 대립에서 오는 반미 기류가 북핵 문제 전반에 부정적 영향을 미치고 있는 것이다.

한편 러시아가 미국 등 서방과 대립각을 세우면서 러시아와 중국의 관계는 긴밀해졌다. 우크라이나 사태 이래 미국과 서구로부터 냉전 이후 가장 강한 제재를 받게 된 러시아는 외교의 방향을 중국과의 협조로 틀었다. 이제 러시아와 중국은 안보리는 물론 거의 모든 국제무대에서 대부분의 이슈에 관하여 공조하고 있다. 어떤 이슈에 대해서는 러시아가 앞장서고 중국이 뒤에서 밀어주며, 다른 이슈에 대해서는 중국이 앞장서고 러시아가 지원한다. 이란 핵 문제는 전자에 속하고, 북핵 문제는 후자에 속한다.

러시아 내 또 다른 전략적 고려

이상이 지금 러시아가 보이고 있는 한반도 정책 목표와 이에 영향을 미치는 대외정책 전반의 흐름이다. 지금으로서는 러시아의 정책을 한반도 비핵화, 한반도 안정과 균형 유지, 대미 대립과 대중 공조를 중심으로 해석하는 것이 명료하고 유용하다.

그런데 러시아의 행보를 이 프레임으로만 해석한다면, 러시아의 전략적 사고를 지나치게 단순화하는 것이다. 이것이 주된 흐름이지만, 러시아 내에는 여타의 전략적 고려 또한 존재한다. 이 지점에서 러시아 내에 존재하는 다른 흐름도 살펴볼 필요가 있다. 여기에서 러시아 대외정책의 변화가 산생될 수 있으므로, 이 부분을 도외시하면 앞으로 전개될 수도 있는 변화의 가능성을 간과하게 될 수 있다.

즉, 러시아 내에는 중국과 협조를 중시하면서도 미국 등 서구와 관계를 개선하려는 흐름이 여전히 있다. 이 흐름의 배경에는 러시아와 중국이라는 대륙의 두 강대 세력이 장기적으로 긴밀한 관계를 유지할 수 있겠느냐는 회의론이 있다. 다른 한편으로는 낙후된 러시아가 국가 발전을 기하는 길은 중국과의 협력에서는 찾기 어렵고, 결국 미국을 비롯한 서구와의 협력에서 찾을 수밖에 없다는 현실론도 작동한다.

이러한 사고의 연장선에서 러시아는 트럼프가 미국 대통령에 당선되었을 때, 미국과의 관계 개선에 기대를 했던 것이 사실이다. 더욱이 트럼프가 대선 과정에서 러시아에 대해 호의적인 관점을 표명하였기 때문에 러시아의 기대는 컸다. 물론 그 후 미국에서 러시아의 미국 대선 불법개입 논란이 불거져 미러관계는 개선되지 않았지만, 러시아에는 아직도 미국과의 관계를 비관적으로만 보지 않는 견해가 있다. 미국과의 관계 개선이 당장 여의치 않으면 일부 서구 국가와의 관계라도 개선하여 제재의 포위망을 완화해보자는 기류도 있다.

또한 러시아 내에는 아시아 지역에서도 중국 이외 여타 아시아 국가들과의 관계를 강화함으로써 중국 일변도의 정책을 헤징하려는 전략적 사고가 존재한다. 그래서 러시아는 일본과의 협력을 모색하고 있고, 또 다른 주요 시장경제인 한국과의 협력도 중시한다. 중국과의 협력을 큰 축으로 하되 일본, 한국, 베트남 등 주요국과의 협력도 강화하여 러시아의 아시아 지역 내 외교 입지를 확대하고 다변화하려는 것이다. 이러한 측면에서 한국은 러시아의 아시아 정책에서 독특한 의미를 갖는 협력 파트너다.

마지막으로 러시아의 동북아에 대한 전략적 사고를 고찰할 때 염두에 두어야 할 것은 한반도 통일 문제에 대한 러시아의 관점이다. 널리 알려지지 않았으나, 러시아는 한반도 통일에 대해 주변 어느 나라보다 전향적이다. 물론 지금 당장은 현상 유지와 안정을 선호하겠으나, 러시아는 통일이 한국 주도로 이루어질 가능성이 높다는 현실을 잘 이해하고 있고, 이에 대해 상대적으로 긍정적이다. 중국과는 다른 관점이다.

러시아가 이러한 관점을 가지게 된 이유는 한국 주도의 통일이 러시아에 실질적으로 이익이 크다고 보기 때문이다. 한반도가 통일되면 활력 있는 시장경제인 통일 한국이 지리적으로 러시아의 극동지역에 직접 연결된다. 러시아는 통일 한국의 경제적 활력이 러시아 극동지역의 발전을 자극할 것으로 기대한다. 통일 한국과 러시아의 극동지역 간에 상호보완적인 경제적 시너지 효과가 있을 것으로 보는 것이다.

이상이 러시아가 미국과 아시아, 그리고 한반도에 대해 가지고 있는 또 다른 전략적 고려다. 러시아의 대미관계 개선 의지, 중국 일변도 정책 헤징 의도, 한반도의 장래에 대한 전향적 관점 등은 러시아의 정책이 지금과 다른 방향으로 진화해나갈 소지를 보여주는 요소들이다.

러시아 정책 목표 간의 상호 마찰

그러면 이제 러시아가 추진하는 한반도에서의 정책 목표들이 현실에서 어떻게 운용되고 있는지를 살펴보자. 한마디로 각 목표들은 실제 운용 과정에서 상호 마찰을 일으키고 있다. 예컨대 러시아의 첫 번째 고려 요소인 비핵화와 두 번째 고려 요소인 한반도 안정은 서로 배치되는 일이 잦다. 예컨대 북한이 핵과 미사일 도발을 할 경우에도 러시아는 한반도 안정이라는 목표를 의식하여 비핵화 명분을 강하게 추구하지 못하는 일이 생기는 것이다. 결과적으로 러시아는 비핵화보다 한반도 안정과 지정학적 이해를 더 중시하는 모습을 보인다.

일이 이렇게 되니 러시아의 세 번째 고려 요소인 한국과의 양자 협력에도 부정적인 영향이 미칠 수밖에 없다. 그렇지 않아도 러시아와의 경제협력이나 투자 여건은 경제성 측면에서 미진한데, 러시아가 한국의 사활적 이해인 북핵 문제에 대해서 북한 쪽에 경도된 모습을 보이고 있으니, 한국으로서 경제성 적은 협력사업에 열의를 내기 어려운 것이다. 이 점에서 한중 협력은 한러 협력과 대비된다. 중국 또한 북한에 대한 지정학적 고려를 앞세워 북한의 입장을 두둔하고 있지만, 한국 기업들은 경제적 이익이 있기 때문에 중국에서 많은 투자와 사업을 하고 있다.

아울러 네 번째 요소인 미러 대립 또한 비핵화와 한러 양자 협력 모두에 부정적 영향을 주고 있다. 먼저 비핵화에 미치는 영향을 보자. 근래 러시아의 한반도 문제 관련 대외 언급을 보면 미국에 대한 비판 수위가 높아지고 있는 것을 알 수 있는데, 이것은 미러 대립 분위기에 영향을 받았기 때문이다. 한 예로, 러시아가 북핵 문제에 관해 북미 양비론을 펴거나, 미국에 대해 북한의 도발을 핑계로 한반도 주변에서 과도한 군사 활동을 하고 있다고 비판하는 일이 빈번해지고 있다. 심지어 러시아는 미국의 긴장고조 행위에 비추어 북한의 도발도 일정부분 이해할 수 있다는 식의 인식을 표명하기도 한다.

한편 한러 경제협력에 미치는 부정적 영향은 미국이 러시아에 부과하고 있는 제재에서 비롯된다. 미국이 대러 제재를 주도하고 있고, 한국은 미국의 동맹이므로 한국의 입장이 미국과 동조되기 쉽기 때문이다. 이에 더하여, 러시아의 북핵 문제에 대한 입장이 한국 시각에서 볼 때 그리 탐탁지 않으므로, 한국이 미국의 요구를 뿌리치고 러시아를 특별히 배려할 처지도 못 되는 것이다.

결국 그래서 우리는 지금과 같은 상황을 보게 된다. 비핵화도, 한반도 안정도, 한러 양자 협력도 모두 그저 그런 상황이다. 한편 이 와중에 중국은 러시아보다 더 강한 강도로 한반도 안정이라는 명목으로 비핵화 명분을 타협하고 있다. 북한은 이 틈을 타서 핵과 미사일 개발을 계속하고 있다. 이대로 가면 파국이 올 소지가 크다. 군사적 충돌의 참화가 오거나, 북한이 핵을 보유하게 되고 동북아 여러 나라가 다투어 핵을 가지려 하는 핵 도미노 현상이 밀어닥칠 수 있다. 그것은 누구에게도 득이 되는 일이 아니며, 중국은 물론 러시아에도 악몽일 것이다.

선순환의 길

그러므로 우리는 모두 이 길을 피하고 선순환으로 갈 다른 길을 찾아야 한다. 한국과 러시아가 서로 윈윈하는 길은 없는 것일까? 비핵화를 위한 국제 공조도 강화하고, 미국과 러시아 간의 관계도 개선하며, 한국과 러시아 간의 실질 협력도 강화하는 길은 없는 것일까? 앞서 말한 러시아의 추가적 전략적 고려를 상기한다면 방안이 없지는 않을 것이다. 러시아와 미국 그리고 한국이 기존 접근을 조금씩 조정하면 지금의 교착 상태를 타개하는 활로를 찾을 수 있다.

우선 러시아에 주문하고 싶은 것은 종래 냉전 시기에 러시아가 전통적으로 중시해왔던 국제적 핵 비확산 중시 정책으로 돌아가라는 것이다. 러시아가 비핵화 명분을 쉽게 타협하지 않는 원칙으로 돌아가면 그것은 국제 비확산 원칙 수호자로서 러시아의 명성을 드높이게 될 것이고, 북핵 문제를 해결하기 위한 국제적 노력에도 큰 힘이 될 것이다.

다음으로 미국에 주문하고 싶은 것은 전반적인 미러관계 개선에 나서라는 것이다. 그것이 당장 어렵다면 적어도 북핵 문제에 관해서만이라도 러시아와 협조를 강화하라는 것이다. 또 러시아가 비핵화 명분에 보다 충실한 접근을 할 때에는 적극 호응하고 보답하라는 것이다.

한국에 대해서는 한러 양자 실질 협력을 심화할 것을 주문하고 싶다. 그렇게 하여 러시아로 하여금 남북한 균형외교보다 한국과의 협력에서 얻는 실익이 훨씬 더 크다는 점을 인식하도록 만들어야 한다.

이 세 가지 주문은 상호 시너지 관계에 있다. 어느 한쪽에서 진전이 생기면 다른 두 쪽의 호응을 유발하기 쉽다. 그러므로 러시아, 미국, 한국이 이러한 시너지를 인정하는 전제하에 누구라도 먼저 이 방향으로 움직여나가면 선순환의 동력이 생겨날 것이다.

각국에 대한 주문을 좀 더 세부적으로 논의해본다. 먼저 러시아가 비핵화 명분에 충실한 자세로 돌아가는 문제를 보자. 원래 러시아는 미국과 함께 핵확산금지조약(Nuclear Nonproliferation Treaty, NPT)의 설립자이자 수호자였다. 냉전 시기에 미국과 러시아는 각기 자신의 영향권에 속한 국가들에 대해 핵 비확산을 책임져 왔다. 이에 따라 러시아는 냉전 시기 동안 자기 권역 내에서 하나의 실패 사례도 없이 핵 비확산을 단속해왔다. 그러나 냉전 시기 말에 하나의 예외가 생겼는데 그것이 북한이었다. 소련이 붕괴하던 전환기의 혼란을 틈타, 북한이 핵개발이라는 탈선의 길에 들어선 것이다. 돌이켜보면 과거 러시아의 국제 비확산에 대한 기여는 높이 평가할 만한 것이었다. 냉전 말기에 발생한 북한 사례만 빼고 말이다. 그런데 지금 러시아는 이러한 자랑스러운 전통을 미국에 대한 대립 의식과 북한의 안정이라는 지정학적 고려 때문에 타협하고 있는 것이다.

그러나 만일 러시아가 국제 비확산 명분에 충실한 입장으로 돌아가 북핵을 포기시키는 일에 적극적으로 움직인다면 이것은 의미 있는 선순환의 출발점이 될 것이다. 혹자는 러시아가 그러한 선택을 하기에는 한반도에 대한 지정학적 이해가 이미 너무 깊다는 반론을 제기할 수도 있겠다. 그러나 과거 6자회담 초기에 러시아가 취한 입장을 살펴보면 꼭 그렇지도 않다. 당시 러시아는 비확산 명분에 있어서 미국과 근접한 입장을 취한 적이 많았다. 그러다가 미국과 관계가 악화되면서 러시아는 점점 지정학과 대미 대결을 의식하는 노선으로 옮겨간 것이다. 아울러 러시아가 종래 이란 핵 문제를 두고 미국과 공조한 경과를 보거나, 러시아가 한반도 통일 문제에 관한 전향적인 시각을 보더라도 러시아가 지정학에 모든 것을 걸고 있다고 단정하기 어렵다. 이처럼 미국을 비롯한 여타 관련국들의 대처에 따라, 러시아가 북핵 문제에 대한 지금의 입장을 조정할 여지가 없는 것은 아니다.

다음으로 미러 대립을 완화하는 문제를 보자. 이 문제는 닭이 먼저냐 달걀이 먼저냐 하는 질문처럼 러시아를 비핵화 명분에 집중하도록 유도하는 문제와 상호 연동되어 있다. 지금은 북핵 문제가 미러·미중 대립관계의 틀에 붙잡혀 있는 형국이어서, 미러관계가 나쁘면 북핵 공조도 취약해지는 악순환적인 구도라는 점이 문제다.

미국과 러시아의 관계는 트럼프 행정부 출범 직후 개선될 조짐이 있었으나 이후 많은 악재가 터져 상황이 개선되지 못했다. 바이든 정부가 들어선 후에도 미러관계 개선 여건은 좋지 않다. 그러나 앞서 살펴본 것처럼 러시아 내에도 미국과 관계 개선을 추진하려는 동력이 있다. 그러니 지금의 대립관계를 풀어갈 실마리를 어디에선가 찾아야 한다.

이러한 관점에서 볼 때, 북핵 문제는 국제적 핵 비확산이라는 공통의 이해관계에 속하는 문제이므로 미러 간의 여러 쟁점 중에서는 상대적으로 서로 협조할 당위성이 큰 사안이다. 더욱이 지금은 북한의 핵과 미사일 능력이 완성을 향하여 치닫고 있고 미국 본토가 직접적 위협하에 들어가는 국면이다. 북미 간 충돌이 우려되고 동아시아의 핵 도미노도 우려된다. 미국과 러시아가 파국을 피하기 위해 기존의 접근을 재고해야 할 정도로 상황이 심각해진 시점이다. 이때 미러 협조를 위한 이니시어티브를 취한다면 아무래도 미국이 먼저 러시아에 손을 내밀어야 한다.

더욱이 러시아가 북한 비핵화에 비중을 더 두는 쪽으로 움직인다면, 미국은 더 적극적으로 호응해야 할 것이다. 한국은 이 과정에서 미국이 러시아의 움직임에 호응하도록 촉진하는 역할을 해야 할 것이다. 미국이 상응하는 대러 관계개선 조치로 응답할 경우 시너지가 생겨날 것이다. 그렇게 되면 마치 러시아가 종래 이란 핵 문제 타결과정에서 미국과 공조한 것처럼 북한 핵 문제에 대해서도 지금보다 높은 수준의 공조를 할 수 있다. 여기서 더 바라자면, 북핵 문제에 관한 미러 간 협조는 양국 간의 전반적인 대립을 완화하는 촉매제가 될 수 있다.

미러 대립이 완화되면 러시아가 북핵 문제와 관련하여 중국과 공조할 근거는 약화될 것이다. 예전 6자회담 역사를 돌이켜보더라도 미국과 러시아 간의 대립이 첨예하지 않았던 시기에는 러시아가 지금처럼 중국과 보조를 맞추지 않았다. 당시 러시아의 입장은 미국과 중국의 중간쯤이라고 할 수 있었다. 러시아의 입장이 그 정도로만 회귀해도 우리에게는 도움이 될 것이다.

이러한 상황 진전은 북한의 후원 역할을 해오던 중국을 바람직한 방향으로 견인하는 데 도움이 될 수 있다. 사실 중국은 격화되는 북한의 도발에 곤혹스러워하면서도 기존 정책을 쉽게 바꾸지 못하고 있다. 러시아가 먼저 새로운 접근을 취한다면 이것은 중국의 사고에 영향을 줄 수 있다. 지금으로서는 이상적으로 들릴 수 있지만, 만일 러시아와 중국이 이란 핵 협상에서 서방 측에 보여주었던 수준의 공조를 북핵 협상 과정에서 보여준다면, 북핵 문제 해결 여건은 크게 나아질 것이다.

마지막으로 한국의 대러시아 경제협력을 활성화하는 문제를 보자. 한국은 러시아와 실질적인 협력관계를 강화하여 러시아로 하여금 남북한 간 균형보다도 한국과의 협력을 더 중시하도록 유도해야 한다.

앞서 말한 러시아의 세 번째 고려 요소인 한국과의 양자 협력에 대해 한국이 적극 호응함으로써, 두 번째 고려 요소인 남북 균형외교를 통한 러시아의 입지 확보라는 러시아 측의 기대를 약화시켜나가자는 말이다.

러시아에 있어 한국은 동아시아 여러 나라 중에서 상대적으로 좋은 협력 파트너다. 중국은 정치 경제적으로 굴기하는 세력이므로 부담스럽고, 일본과는 4개 도서 영토 분쟁이 걸림돌로 대두되어 있다. 한국은 부담도 분쟁도 없다.

그러나 한러 양자 간 경제 통상 분야 실질 협력에는 몇 가지 제약 요인이 있다. 그중 하나가 우크라이나 사태 이후 미국이 러시아에 부과한 국제제재다. 만일 미러관계가 개선되고 러시아가 북한 비핵화에 중점을 두는 정책을 취한다면, 한국이 보다 적극적으로 양자 협력에 나설 수 있는 운신 공간이 생기게 된다. 남-북-러 삼각협력을 재가동할 수 있는 여건도 생겨날 것이다.

또 다른 제약 요인은 러시아가 한국에 대해 갖고 있는 신뢰의 문제다. 그것은 한국이 과거 여러 정부에 걸쳐 러시아와 거대한 협력 프로젝트를 홍보했다가 모두 헛된 약속에 그쳤기 때문에 생긴 일이다. 그러므로 이제는 실현 가능성이 적은 거대 프로젝트보다는 실행 가능한 작은 프로젝트라도 실제로 성사시켜 성공의 경험을 축적할 필요가 있다. 또 새로운 사업을 발굴하는 것도 중요하겠으나, 진행되고 있는 사업의 애로점을 해소하여, 이를 촉진하고 확대하는 일도 유용하다.

한편 우리가 다른 나라에 비해 상대적으로 경쟁력이 있는 영역에 집중하는 것도 의미가 있을 것이다. 한국과 러시아 사이에는 2014년 1월 1일부터 비자 면제가 시행되었다. 선진국 중에서 러시아와 비자

면제제도를 시행한 나라는 아주 드물다. 아시아에서는 중국도 일본도 이런 제도가 없으니 우리가 비교우위를 가진 셈이다. 이 제도를 적극 활용하여 민간 분야 인적교류를 확대하고 양국 관계 강화를 위한 국민적 지지기반을 공고히 할 수 있다. 예컨대 이 기회를 잡아 관광, 의료, 문화 교류, 청소년 교류 등의 영역에서 상호방문을 대폭 늘리는 방안을 적극 추진할 필요가 있다.

마지막 제약요인은 러시아의 미흡한 경협 투자 여건이다. 그간 러시아가 나름의 노력을 해왔으나 아직도 러시아는 그리 매력적인 투자처는 아니다. 이 부분에서 러시아가 할 일이 있다. 러시아는 한국과의 경제협력과 투자 여건을 개선할 필요가 있다.

한편 한국이 이처럼 한러 양자 협력을 강화하고 미러관계 개선에도 역할과 기여를 한다면, 한국에는 또 하나의 부수효과가 생길 수 있다. 그것은 장차 한국 주도의 통일이 러시아에 어떤 이익이 될 것인지를 미리 보여주는 효과다. 러시아에 미래의 통일 한국이 러시아와 실질협력 측면에서 도움이 되고 러시아와 주변 강대국 간의 관계에서도 긍정적인 역할을 할 것이라는 인식이 각인된다면, 러시아는 더욱 더 통일에 대해 긍정적이 될 것이다.

이러한 러시아의 입장은 실제 통일의 기회가 열릴 때 우리에게 소중한 자산이 될 수 있다. 통일에 대해 소극적이거나 부정적일 수 있는 일부 주변국에 긍정적인 영향을 줄 수 있기 때문이다. 통일 과정에서는 특히 중국의 태도가 중요한데, 지금까지 중국의 입장은 현상 유지에 경도되어 있는 것으로 보인다. 중국과 관계가 좋은 러시아의 입장은 중국의 태도에 영향을 줄 수 있다.

러시아는 현대사에서 냉전종식을 선도한 나라다. 독일 통일 역시 러시아의 전향적 정책이 없었다면 이루어질 수 없었을 것이다. 러시아가 독일 통일 과정에서 역사적 기여를 한 것과 같이 한반도 통일에도 큰 기여를 한다면 한국인은 이를 잊지 않을 것이다. 한국과 러시아의 관계는 도약기를 맞을 것이다.

선순환의 동력은 일단 모멘텀을 얻으면 당면한 북핵 문제와 한러 양자 협력은 물론 장기적으로 통일의 길에 이르기까지 긍정적 영향을 줄 수 있다. 현재의 난국을 타개하는 하나의 중요한 출발점이 될 수 있다. 한러관계를 새로운 차원으로 올려놓는 도약대가 될 것이라는 점도 분명하다.

요체는 언제 어떻게 선순환의 과정을 촉발할 것인가다. 누구도 아무런 노력을 하지 않으면 상황은 현재의 교착 상태로 계속 남게 된다. 이것은 위기의 심화와 다름없고, 그 결말은 모두에게 이롭지 않을 것이다. 지금의 위기는 우리 모두에게 러시아 변수에 대한 새로운 생각과 노력을 요구하고 있다.

4

미중패권경쟁과 차이나 리스크에 대한 출구전략, 러시아

최재덕

미중패권경쟁과 한국의 대응

동북아시아는 일대일로 전략(Belt & Road Initiative)으로 중국식 세계화를 이루려는 중국, 인도·태평양 전략(Indo-Pacific Strategy)과 미중패권경쟁으로 중국의 팽창을 저지하고 아시아에서 압도적 우위를 점하려는 미국, 강한 러시아 재건을 위해 에너지 협력·신동방정책으로 동아시아와 협력을 모색하는 러시아, 미일동맹을 강화하면서 인도양을 넘어 아프리카까지 영향력을 확대하는 일본까지, 자국의 이익을 극대화하기 위한 4강의 지정학 전략이 치열하다. 한국은 동북아 4강의 중심에, 미중 대립구도 사이에 있으며, 미국의 인도·태평양 전략과 중국의 일대일로 전략의 최접점에 있다. 미중 대립구도는 미일 대 중러의 대결구도로 확대됨으로써 지정학적 범위와 정치적 영향력의 범주가 인도·태평양 지역과 유라시아대륙, 유럽으로 확대되었다.

2021년, 전 세계는 코로나 펜데믹과 바이든 행정부의 출범으로 변화될 미중패권경쟁 양상과 국제질서 재편 향방에 주목하고 있다. 트럼프 전 대통령의 '미국 우선주의(America First)'를 뒤로하고 국제규범과 다자협력, 인권과 민주주의를 강조하는 미국으로 돌아왔기 때문이다. 바이든 행정부는 쿼드(Quad)를 통한 인도·태평양 지역 안보와 인류보편적 가치를 내세운 민주주의 가치동맹 강화, 중국을 배제한 글로벌 가치사슬 재편 등을 통해 중국을 압박할 것으로 보인다. 지난 30년간 부를 축적하고 정치적 영향력을 확보한 중국도 새로운 국가발전 전략인 쌍순환 전략을 발표하고, 다자주의와 자유무역, 내정불간섭을 강조하며, 미국이 중국의 핵심이익을 침해하는 것에 강하게 대응하고 있다.

일대일로, 중국제조 2025, 강군전략을 통해 중화민족의 위대한 부흥을 실현하기 위해 맹렬하게 전진하는 중국의 모습은 2차 세계대전 이후 미국이 재편한 세계질서 속에서 150년 동안 잃어버렸던 중국 중심의 국제질서를 구축하고, 사회주의 강국을 이루려는 중국의 총력전이다. 이에 미국은 중국의 부상을 예의주시했지만 2001년 9.11테러 이후 테러와의 전쟁, 중동분쟁 개입, 2008년 금융위기 등으로 중국의 질서 재편 움직임에 적극적으로 대응하지 못했다. 그러나 셰일가스 혁명으로 미국이 더는 에너지 수송을 위해 중동평화와 해상 안전에 몰입하지 않아도 되었고, 에너지 독립뿐만 아니라 에너지 수출국이 됨으로써 미국 제조업의 회생과 경제성장의 기반을 마련했다. 미국의 에너지 독립은 미국의 지정학적 가치를 중동에서 동북아시아로 옮기는 데 결정적인 역할을 했고, 2011년 오바마 정부의 '아시아 재균형전략(Asia Rebalancing)'이 트럼프 전 행정부의 '인도·태평양 전략'으로 대체되면서 대중국 봉쇄전략이 본격화되었다.

정치·경제·외교·안보 등 다방면에 걸친 미중 간의 갈등이 무역분쟁으로 분출되면서 미중 수출의존도가 37%에 이르는 한국의 고민이 깊다. 한국 경제의 높은 대중국 경제의존도와 대중국 중간재 수출 편중은 한국 경제의 아킬레스건이다. 더욱이 주한미군의 사드 배치와 그에 따른 중국의 경제보복으로 미중 갈등이 한국에 투사되었을 때 한국이 겪었던 경제적·외교적 어려움을 반추한다면 양국의 자존심을 건 패권전쟁에 대한 한국의 대응전략 수립이 그 어느 때보다 중요하다. 미중의 갈등 상황에서 개별 사안마다 양자택일을 강요당하고, 그 선택에 대한 책임이 경제적 타격 및 국제사회에서의 외교적 고립으로 귀결되는 것을 경계해야 한다. 미중 사이에서 한국이 취한 전략적 모호성은 중국에는 한국을 얕잡아보는 빌미를 제공하고, 미국에는 동맹국으로서 신뢰를 주지 못한다는 불신을 갖게 했다. 결과적으로 미중 양국에 한국은 기회주의적이라는 이미지를 주어 마이너스 효과를 가져왔다. 한국은 미중패권경쟁에서 경제적 피해를 최소화하고 중견국의 위상을 지키기 위해 국가 차원의 미래전략을 수립하고, 일관성 있게 경제구조의 체질을 개선해나가야 한다. 한국의 대응전략은 거시적 관점에서 한국의 지정학 전략 수립, 4강과의 협력적 파트너십 유지, 신북방·신남방 정책의 가속화와 경제적·외교적 공간의 확장을 염두에 두고 미시적인 전략을 수립해야 한다.

냉전 종식과 독일 통일 이후, 북대서양조약기구(North Atlantic Treaty Organization, 이하 NATO)의 동진은 러시아의 가장 큰 안보 위협이었고, 중국의 급부상을 저지하려는 미국의 총공세는 자국 중심의 국제질서를 구축하려는 중국에 가장 큰 위협이었다. 양국을 위협하는 핵심국가는 미국이며, 지금의 중러관계 긴밀화는 미국의 대(對)중국·대(對)러시아 정책에 기인한 바 크다. 중러는 유라시아 범위 내에서 상호 영향력 확대에 대해 견제와 갈등 관계이면서도 대외적으로 국제정치·경제·군사·안보 등 모든 분야에서 유례없이 전략적 협력관계를 유지하며 역외 공격에 공동 대응하고 있다. 이러한 변화는 한반도를 둘러싼 미-중-일-러의 지정학 전략에 의해 추동되고 있으며, 중러의 연대가 유라시아와 동북아시아 정세에 큰 영향을 미치고 있다.

중국의 해상 실크로드 전략은 이미 2013년 시진핑 주석이 일대일로를 주창하기 전부터 진행되고 있었으며, 2013년부터 본격적으로 일대일로라는 이름으로 해외에 댐, 도로, 철도를 건설해 중국 본토와 연결하는 동시에 해군력 강화와 진주목걸이 전략이라 불리는 해외 항만 건설, 남중국해 영유권 주장과 인공섬 건설, 중러의 해상합동군사훈련 정례화, 최초의 해외 해군기지 건설, 파이프라인을 통한 원유와 천연가스 수송 등이 맞물리면서 중국의 해상 진출이 본격화됐다. 미국은 트럼프 행정부가 2018년 미중패권경쟁을 시작하면서 중국의 이러한 공격적인 해상 진출에 '인도·태평양 전략'으로 대응하기 시작했다. 중국은 최신무기 도입과 미사일 개발, 핵항공모함 건조 등 해군력을 증강시키면서 남중국해와 대만해협에서 미 해군과 군사적 긴장을 유지하고 있다. 따라서 중국의 일대일로 전략은 육상 실크로드로 방향을 선회하여 동남아시아, 러시아, 중앙아시아, 아프리카에 이어 유럽 국가로 협력국을 확장하고 있다. 이러한 배경에는 중러관계의 긴밀화, 글로벌 거버넌스 및 일대일로를 통한 경제·군사 협력 확대, 반미 연대 강화 등의 포석이 깔려 있다.

장기집권의 길을 연 푸틴 대통령은 보다 긴 시간적 프레임 안에서 역전되고 있는 중러관계를 고심할 것이고, 과거의 강한 러시아 재건과 서방의 제재 해제를 위해 노력할 것이다. 중국의 도전은 중앙아시아를 거점으로 한 중국식 세계화와 중국 중심의 경제통합으로 이행할 것으로 예상한다. 이 과정에서 중국과 러시아의 전략적 협력에 내재된 갈등요인이 증폭될 것이다. 러시아는 중국의 영향력 확대를 위협으로 인지하고 대응하고자 하나 중국의 경제적 공세를 막을 만한 여력과 전략이 없다. 중러관계 긴밀화가 양국 모두 윈윈(win-win)하는 전략에서 중러의 이익이 충돌하면서 러시아가 중러관계에 대한 손익분기점을 계산할 시점이 도래할 것이다. 중러관계의 긴밀화를 추구하는 중국의 의지와 관계없이 러시아도 변화하는 중국의 전략을 새로운 국면으로 인식하고 대응하는 과정에서 중러관계의 지속성도 한계에 직면할 가능성이 있다.

트럼프 전 행정부의 미국우선주의와 이란 핵합의(포괄적공동행동계획, JCPOA) 탈퇴로 중러의 반미 연대에 이란이 가담한 것은 미국에 부담이 클 것이다. 지금까지의 미중패권경쟁은 우열을 가리기 어려우며, 미국이 압도적 우위를 점했다고 보기 어렵다. 미국은 이러한 상황을 타개하기 위해 새로운 세계전략을 구사할 가능성이 크다. 미국의 세계전략은 미국의 번영을 위해 전략적으로 변화해왔고 세계의 판도가 그 변화에 따라 좌우되기도 했다. 미국의 최우선 과제는 중국의 발전을 저지하고 패권에 도전하지 못하는 중진국으로 만드는 것이다. 이를 위해 과거 소련과의 경쟁에서 중국과 손잡은 것처럼 그때로부터 50년이 지난 지금 중국과의 패권전쟁을 위해 러시아와 가까워질 수 있다.

한반도 평화구축을 위해 가장 좋은 시나리오는 남-북-미-러의 협력이다. 급변하는 동북아 정세에서 한국이 해야 할 일은 변화에 대응하면서 한반도 평화구축의 기회를 잡는 것이다. 동북아의 평화와 번영,

한반도 신경제지도 완성, 중국·일본과의 대등한 외교관계를 정립하기 위해 한국은 남-북-미-러와 협력관계를 구축해야 한다. 현 상황에서 한반도의 평화를 위해 남-북-미-러가 협력하고 중국과 일본이 조력자 역할을 하는 구도가 현실적이라고 보긴 어렵다. 그러나 100년 전 조선은 현재 대한민국의 눈부신 경제발전을 상상할 수 없었고, 80년 전 미국은 세계질서를 구축할 의지와 가능성이 거의 없었으며, 50년 전 중국도 G2로 급부상하여 미국과 패권경쟁을 벌일 것이라고 예상할 수 없었다. 중러관계도 40여 년 전 핵전쟁 발발 직전까지 악화되었으며, 지금의 '전면적 전략적 협력 동반자관계'를 예상할 수 없었다. 앞으로 30년은 지속될 미중패권경쟁과 차이나 리스크에 대비하기 위해서 한국은 북방경제협력의 핵심 파트너인 러시아와 구상해왔던 경제협력을 현실화하고 신뢰를 바탕으로 한 긴밀한 협력관계를 형성해나가야 한다.

미중패권경쟁, 세계 패권을 향한 지정학 전략의 대결

미중패권경쟁의 전개

2020년 1월 이루어진 미중패권경쟁 1단계 무역 합의는 근본적 타결이 아닌 미봉책에 불과하다는 성격에도 불구하고 단계적 갈등 해결의 청신호로 평가되었다. 그러나 합의가 이행되기도 전에 2019년 12월 중국 우한에서 발생하여 350만 명 이상(2021년 5월 현재)의 사망자를 내며 전 세계를 마비시킨 코로나19 팬데믹에 대한 중국 책임론과 중국의

「홍콩보안법」 제정, 미국의 화웨이 제재 강화 등으로 미중 갈등이 재점화됐다.

미중패권경쟁이 장기화될 수밖에 없는 이유는 미중의 전략적 목표가 이해 상충적이며, 주요 쟁점이 국가의 핵심이익에 해당하여 양보와 타협의 여지가 없다는 데 있다. 중국은 잃어버린 100년의 아픔을 딛고 옛 영광을 회복하여 아시아 패권을 장악하는 것이 중국 '특색 사회주의 강대국 건설'의 당연한 목표다. 미국은 서반구 전체의 패권국으로, 역사적으로 다른 대륙의 패권국 등장을 허용하지 않았던 것과 같이, 중국이 아시아 패권을 장악하지 못하도록 모든 방법을 동원할 것이다. 미국은 세계의 패권국으로 군림하기 훨씬 전인 20세기 초부터 동아시아에 깊숙이 개입해왔다. 미국의 동아시아 전략은 기본적으로 이 지역이 어느 한 국가의 지배적 영향력 안에 들어가지 못하도록 막는 것이었다.[1] 냉전체제 붕괴 이후 미국은 세계 유일 초강대국으로서의 패권적 지위를 누려왔다. 미국의 번영은 이라크·아프가니스탄 전쟁과 2008년 발생한 금융위기로 쇠퇴했으며, 이를 극복하려고 노력하는 동안 중국의 군사력과 경제력은 급성장했다. 2008년 금융위기는 동아시아에서 미국의 입지와 영향력이 축소되는 결과를 낳았고, 적어도 중국이 동아시아 차원의 하위 지역 질서의 변화를 주도하는 게임 체인저(game changer)로서의 역할이 가시화되는 계기가 되었다. 오바마 정부는 중국의 부상을 세계질서 재편의 핵심 변수로 인식하고 2011년부터 아시아 재균형(Asia rebalancing) 전략을 추진[2]했으며, 트럼프 행정부에 이어 바이든 행정부도 '자유롭고 열린 인도·태평양 구상(Free and Open Indo-Pacific, FOIP)'을 통해 중국의 영향력 확대를 저지하고자 한다.[3]

개혁·개방 이후, 중국의 외교정책이 도광양회(韜光養晦: 빛을 감춰 밖으로 새지 않게 하면서 은밀하게 힘을 기른다), 분발유위(奮發有爲: 떨쳐 일어나, 해야 할 일을 한다), 유소작위(有所作爲: 해야 할 일을 적극적으로 나서서 해낸다)를 거쳐 돌돌핍인(咄咄逼人: 기세등등하게 힘으로 몰아친다)으로 전개되었고, 중국 중심의 거대통합경제권을 목표로 하는 일대일로(一帶一路) 전략, 해상 실크로드 전략을 통한 지정학적 요충지 확보, 중국 국가 주석 임기 제한 규정 삭제로 시진핑 주석의 장기집권 가시화, 세계 1위의 첨단 제조국을 목표로 하는 '중국제조 2025', 세계 일류군대를 목표로 하는 '강군(强群)전략',[4] 2018년 중국의 대미흑자 최고 기록 등이 중국위협론을 더욱 고조시켰다. 이 결과로 정치·경제·군사·안보 영역에서의 미중 갈등이 무역전쟁으로 표출되었다. 트럼프 대통령은 2018년 3월 「무역법 301조」에 의거, 중국의 지식재산권 침해에 대한 대응으로 관세부과, 세계무역기구(WTO) 제소, 대미 투자제한 등을 골자로 하는 행정명령에 서명했다. 미국은 수차례에 걸쳐 중국 수입품에 고율의 관세를 부과하였고 중국은 매번 보복관세를 부과하면서 전면전으로 돌입했다.[5] 2019년 들어 미국이 중국 통신업체 화웨이에 대한 제재를 발표하면서, 미중 갈등은 안보 분야로 확전되었다. 2019년 5월 미국은 국가안보를 이유로 세계 시장점유율 2위인 중국 통신업체인 화웨이와 68개 계열사를 거래제한 기업 리스트에 올렸다. 미국은 화웨이 통신장비가 중국 정부의 스파이 활동에 이용될 수 있다며 동맹국에 5G 통신망 구축에 화웨이를 배제하라고 압박했고,[6] 북미·호주·뉴질랜드·일본·독일·프랑스·영국 등이 동참하면서 미국의 글로벌 반(反) 화웨이 전선이 확대되었다.[7]

미국의 목표는 미중패권경쟁을 통해 중국의 경제를 압박하여 경제굴기(經濟崛起), 군사굴기(軍事崛起), 기술굴기(技術崛起)를 저지하는 것이다. 경제굴기를 꺾기 위해 중국산 수입품에 25%의 높은 관세를 부과하고, 중국 정부의 위안화 환율 조작 여부를 예의주시하며, 군사굴기를 제어할 목적으로, 중국의 해상진출을 저지하고, 남중국해에 미 구축함을 보내 '항행의 자유 작전'을 펴고 있다. 또한 미국은 기술굴기를 저지하기 위해 중국 기업인들의 미국 첨단기업 투자·인수 합병 및 산학협업에 대한 관리·감독을 강화하고 첨단기술 관련 중국 유학생·기업인·과학자에 대한 비자 제한조치 등을 취했다.[8] 이에 대해 중국도 희토류 수출 금지, 중국 진출 미국 기업 제품 불매운동, 미 국채 매각 등 관세 전쟁의 열세를 만회하기 위한 대안을 검토했다. 그러나 이러한 대안은 미국을 공격하기 위해 중국 스스로 큰 경제적 손실을 감수해야 할 것으로 보인다.

미중패권경쟁은 글로벌 교역질서의 위축과 경기둔화·금융시장 충격을 초래한 최대 악재로 작용했고,[9] 세계경제의 경직성과 중국발 금융위기에 대한 불안감을 고조시켰다. 미중패권경쟁이 심화될 경우, 상호연계성이 높은 미중 모두 심각한 타격을 입을 수밖에 없다. 2017년 12월 '국가안보전략보고서(NSS)', 2018년 1월 '국방전략보고서(NDS)', 2018년 2월 '핵 태세검토보고서(NPR)', 2018년 8월 의회를 통과한 '2019 회계연도 국방수권법(NDAA)', 2019년 1월 '미사일방어검토보고서(MDR)' 등에서 중국을 저지하려는 미국의 전략적 목표를 확고히 하고 있으며, 중국과의 전략적 경쟁이 미국의 우선 사항임을 언급하고 있다.[10]

미국은 2020년도에 세 번에 걸쳐 대만에 무기 수출을 승인하고, 대만을 국가로 인정하는 등 '하나의 중국'을 부인하는 행보로 중국을 자극했다. 미국은 지난 10년 동안 대만이 요구하는 신무기 판매를 거부하거나 승인을 지연시켰으나 트럼프 전 행정부는 2017년 대만 무기 판매 승인을 시작으로 2020년 12월까지 총 11차례 첨단무기 판매를 승인했고, 바이든 행정부는 이 무기 수출 계약을 예정대로 이행하기로 했다.[11] 무기를 사고 싶어도 파는 나라가 없어 군 전략을 증강하지 못했던 대만으로서는 군사력을 보강할 수 있는 절호의 기회를 맞았다. 2019년 5월 미국 하원이 만장일치로 통과시킨 「2019 대만보증법」안은, 대만의 NATO 참여를 지지하고 무기, 군수물자 등을 정상화하는 내용이 포함되어 있다. 이는 대만을 전략적 거점으로 삼아 중국을 압박하려는 시도로 풀이된다. 또한 2019년 6월 1일 미 국방부가 발표한 '인도·태평양 전략 보고서'에 대만을 국가로 규정하여 1979년 미중 수교 이후 처음으로 미국 정부가 대만을 국가로 공식 인정했다. 중국은 미국과 수교 당시 대만을 나라로 인정하지 않는 '하나의 중국' 원칙을 요구했고, 미국은 중국과 갈등 상황에서도 '하나의 중국' 원칙을 지켜왔다. 이 보고서에는 싱가포르, 뉴질랜드, 몽골, '대만'을 우방으로 표기하였고, "대만에 대한 중국의 압박이 계속된다면 미국과 대만의 협력은 필수적이며, 대만이 충분한 자기방어 능력을 유지하기 위한 국방 물자와 서비스를 전폭적으로 지원할 것"이라고 밝혔다.[12] 이는 미국이 사실상 '하나의 중국' 원칙을 폐기했다는 것을 의미한다.[13]

국제체제의 흐름 속에서 강대국의 쇠퇴와 도전국의 부상은 반복되어왔고 평화로운 세력 전이는 이루어지기 어려웠다. 미중 간의 군사적 충돌은 곧 한반도의 안보와 직결된다. 패권경쟁이 심화될수록 경제적 손실은 물론 미중의 편 가르기, 쟁점 이슈에 대한 양자택일·경제보복의 압력에 직면하여 한국이 사면초가에 직면할 수 있다. 특별히 미국, 중국과 안보·경제 분야에서 긴밀한 협력관계에 있으며, 지정학적으로 중국과 국경을 접하고, 대륙세력과 해양세력, 자유민주주의와 공산주의의 세력균형점에 있는 한국에 미중패권경쟁 심화는 심대한 위협을 초래할 수 있다. 미중패권경쟁과 코로나19 팬데믹으로 인한 보호주의 강화, 세계 경기 침체, 인도·태평양 지역의 군사적 긴장, 강대국 편 가르기로 인한 외교적 마찰과 경제보복 우려까지 더해져 직접적인 영향권에 있는 한국은 더욱 명민한 외교전략을 마련해야 할 것이다.

중국의 강대국화 전략, 일대일로와 쌍순환 전략

시진핑 주석은 2016년 11월 18기 중앙위원회 6차 전원회의에서 '핵심 지도자' 지위를 부여받음으로써 사실상 1인 지배체제를 형성하고, '중화민족의 위대한 부흥'과 '중국의 꿈(中國夢)'을 실현하기 위해 중국공산당 창당 100주년인 2021년까지 '전면적 샤오캉 사회 실현'과 중화인민공화국 건국 100주년인 2049년까지 '부강한 사회주의 강대국 실현'이라는 두 개의 백 년 전략을 제시했다. 시진핑 지도부가 제시한 '중국의 꿈'은 G2로 올라선 부강한 중국에 대한 국민적 자긍심 고취와 국민통합을 넘어 중국이 주도하는 새로운 중화질서를 구축해나가겠다는 강력한 의지를 담고 있다. 중국은 이를 실현하기 위해 과거 세계대전과 같은 무력 대결이나 현존하는 국제질서에 대한 급격한 변화와 파괴를 거치지 않으면서 미국 중심의 국제질서를 점진적으로 중국 중심 체제로 변화를 추구한다는 구상이다.[14] 과거에는 중국에 대해, 냉전체제 종식 후 '미국 중심의 단극 질서하에서는 중국의 부상이 주로 경제적 차원에 국한될 것', '시간이 지나면 전형적인 서구국가가 되거나 자유민주주의 국제사회에 순응할 것'[15]이라고 예측하거나, 소련의 붕괴와 동구 사회주의권의 와해로 인해 1990년대 초 국제 문제 전문가들은 중국도 급격한 정치변동이 일어날 가능성[16]이 있다고 예측했으나 모두 빗나갔다. 중국은 제국 경영의 경험이 수차례나 있는 대국으로, 중국의 꿈을 실현하여 과거의 영광을 되찾고 중화사상을 바탕으로 중국 중심의 질서를 견고하게 구축하는 것이 당연하다고 생각한다.

시진핑 주석은 '2035년 국방과 군대 현대화, 21세기 중엽 인민군대의 세계 일류군대 양성'을 목표로 전면적 군대 현대화 계획을 추진하여 세계적인 군사 강국으로 도약하기 위해 전력해왔다.[17] 중국은 2035년까지 국방개혁과 장비 현대화를 실현하고 육해공군, 우주·정보·사이버전, 민군합동능력을 확보하여 2050년까지 방어하는 군대가 아닌 싸워 이기는 세계인류 군대를 목표로 하고 있다. 미국의 대중 포위전략 무력화 및 역내 패권국 지위 확보 차원에서 군현대화를 위해 해·공군력을 중심으로 중장거리 핵미사일 등 전략무기 현대화, 비대칭 무기 강화, 신속대응 작전능력, 정보전 등을 중심으로 예산을 투입하고 있다.

미중패권경쟁의 촉매제 역할을 한 '중국제조 2025'는 2015년 중국 정부의 산업고도화 30년 계획 중 첫 10년인 2015~2025년의 발전전략을 수립하면서 등장했다. 주력 분야는 첨단 제조업을 중심으로 한 빅데이터, IT, 항공산업, 신소재, 인공지능, 생명과학 등 현재 미국이 최고의 경쟁력을 가진 시장으로 이 분야에서 세계 1위를 탈환하려는 전략이다. 이를 위한 중국의 계획은 2025년 제조업 강국, 2035년 제조업 선두주자인 독일과 일본을 추월, 2049년 미국을 초월하여 세계 1위의 첨단 제조국이 되는 것이다.[18] 미국은 '중국제조 2025'를 위해 중국이 강요해온 불공정 관행을 '외국 기업에 대한 기술이전 강요', '지식재산권 침해', '사이버 기술정보 탈취', '자국 기업에 대한 산업보조금'

등으로 규정했다. 미국은 향후 중국에 대한 지식재산권 및 보안 등 규제 강화, 제조업 및 핵심기술 분야를 지키기 위한 법적·제도적 장치 마련에 더욱 노력할 것이다.[19]

중국의 일대일로는 급속한 성장으로 부를 축적한 중국의 지역 패권에 대한 도전, 중화사상의 부활과 중국의 꿈의 실현, 중국경제의 활로 모색, 중국 특색 대국 외교 정립, 에너지 확보와 해상권 장악 등 2049년 사회주의 강국 실현을 위한 지정학적·지경학적 전략이다. 일대일로를 통해 중국이 얻으려는 실질적인 목표는 첫째, 경제성장의 새로운 동력 확보와 신규시장 개척, 둘째, 안정적인 에너지 수급, 셋째, 미국의 대중국 해상 봉쇄 전략인 인도·태평양 전략에 대응하는 해상 전략, 넷째, 경제협력을 통한 주변국과의 우호적 관계 형성이다. 중국은 에너지의 80%를 미국이 관리하는 해역을 통해 수급하는 문제인 말라카 딜레마(Malacca Dilemma)를 해결하려는 일환으로 중앙아시아·러시아와의 에너지 협력으로 육로 에너지 수송을 늘림으로써 에너지 공급처의 다변화와 안정적인 에너지 수급 정책을 마련하고 있다. 중국은 주변 국가와 7천 km에 달하는 국경을 맞대고 있기 때문에 접경국가와의 관계 안정화가 매우 중요하다. 중국은 강대국으로서의 정체성 확립을 위해 노력해왔으며, 우호적인 관계를 통해 주변국을 중국 친화적으로 만들려는 노력을 해왔다. 마지막으로 일대일로는 중국의 꿈을 실현할 메가프로젝트로써 새로운 중화질서를 창출하고 중국 중심의 경제질서를 새롭게 형성함으로써 세계 패권을 향한 도전의 수단이다. 일대일로는 고대 동서양의 교통로였던 실크로드 개념을 확장시켜 2049년까지 현대판 실크로드를 구축한다는 전략으로 137개국 및 30개 국제기구와 197건의 일대일로 협력문건을 체결했다.[20] 시진핑 주석이

2013년 중국의 새로운 개혁·개방 프로젝트로 제시한 일대일로는 전 세계의 도로·철도·수로·항공로·파이프라인·정보망·댐 등 사회기반시설(SOC)을 연결하여 중국 중심의 새로운 거대 통합 경제권을 형성하려는 전략이다.

그러나 사업 추진상 중국의 지정학적 주요 거점에 있는 항구들[21]에 항만을 건설하고 부채 미상환으로 항만운영권을 확보하거나, 담보로 했던 천연자원·토지 등을 중국 소유로 삼아 참여국의 핵심이익과 경제 주권을 침해하여 안보를 위협하고 있다. 중국은 경제발전의 청사진을 믿고 거대 경제프로젝트에 참여한 파키스탄, 라오스, 미얀마, 스리랑카 등 개도국에 무리한 빚을 지워 '채무 제국주의'라는 비난을 받고 있다.[22] 이미 시행 5년 차인 2017년에 계약 위반 및 이익 배분 등의 분쟁으로 일대일로 관련 소송이 20만 건을 넘었으며, 협력국들의 반중 감정 격화, 일대일로 사업 취소·중단이 속출하고 있다.[23] 그러나 이러한 우려에도 룩셈부르크, 이탈리아에 이어 스위스가 일대일로에 협력함으로써, 일대일로 전략은 동남아시아, 러시아와 중앙아시아, 아프리카를 거쳐 유럽으로 확대되고 있다. 일대일로는 중국의 영향력 확대와 세계경제 기여의 정당성을 부여하는 지정학·지경학적 수단으로 작용하고 있다.

중국 정부는 북핵 문제로 인한 동북아 안보 불안으로 일대일로 전략에 한반도를 포함하지 않았으나 2018년 9월 평양공동선언 직전 '랴오닝 일대일로 종합실험구 건설 총체방안'을 통해 북한과 중국 접경지역인 랴오닝성 단둥을 관문으로 일대일로를 한반도로 확장한다고 발표했다.[24] 중국은 이를 통해 침체된 동북 3성의 경제발전을 모색하고 중국 주도의 동북아 지역 개발과 경제권 통합, 러시아와 북한의 항구를 통한 차항출해(借港出海), 미국의 한반도 영향력 확대를 위한 전략으로 풀이된다. 이 계획은 단둥-평양-서울-부산을 연결하는 철도·도로·통신망 연결, 단둥-신의주-평양을 잇는 도로건설, 단둥-훈춘-블라디보스토크를 잇는 철도 건설 등이 구체적으로 명시되어 있다. 단둥항-블라디보스토크를 잇는 해상통로 추진의 경우 이 해상통로가 한반도의 서해-남해-동해를 통과함으로써 한국의 안보에 위협이 될 수 있어 가시화될 경우 면밀한 검토가 필요하다.

중국은 2020년 10월 공산당 제19기 제5차 중앙위원회 전체회의(5중전회)에서 '쌍순환(雙循環) 전략'을 새로운 국가발전 전략으로 채택했다. 중국은 대외적으로 미중패권경쟁 장기화, 글로벌 디커플링과 제조업의 탈중국화, 코로나19 팬데믹으로 인한 세계 경기 침체와 반중정서 고조, 대내적으로 중국의 경제성장률 하락, 생산 가능 인구 감소, 소득 불평등 확대, 지역 불균형 확대, 환경 문제 심화 등의 불안요소가 가중되고 있다. 중국 정부는 현 상황을 '백 년 만의 대격변', '심각하고 복잡하게 전환하는 발전환경'으로 정의하고, 이러한 상황을 타개하고자 '내수 위주의 쌍순환 전략'을 제시했다. 이는 불확실성이 증가하는 대내외적 환경과 세계경제 패러다임에 대응하는 중국의 '사회주의 현대화 국가전략'이다.

중국이 기존에 수출주도형 산업과 공격적인 해외투자를 중심으로 하는 큰 톱니바퀴를 국가 발전 동력으로 삼았다면, '쌍순환 전략'은 '내수 경제 활성화와 대외개방성 확대'라는 톱니바퀴를 제대로 기능하게 만들어, 기존의 톱니바퀴에 맞물리게 함으로써 두 개의 톱니바퀴가 상호 시너지 효과를 내도록 하겠다는 전략이다. 내순환 활성화는 도농간 격차 해소, 소득 재분배 구조 개선, 지역 간 균형발전, 공급 측 구조

개혁 심화, 디지털 경제 가속화, 첨단기술산업 육성과 산업 자주화, 금융 개혁, 녹색성장 등의 지향점을 설정하고 있다. 중국은 국내 경제의 질적 성장과 내적 역량 강화가 14억 인구를 세계 최대의 소비시장으로 활성화하여, 중국의 대외정책에 에너지를 공급하고 내순환과 외순환의 상호작용으로 중국의 미래 지속성장 가능성을 높이는 데 중점을 두고 있다. 이 전략의 성공 여부는 '중국이 직면한 국내외적 위험요인을 잘 관리하여 구조개혁에 성공하는가?' '미중 첨단산업 디커플링 상황에서 중국이 기술 혁신을 통한 과학기술 자립을 이루어낼 수 있는가?'의 여부에 달려 있다. 이 전략은 국가 발전 동력의 중심을 외순환에서 내순환으로 옮겨 외순환에 의존하던 중국 경제의 부담을 덜고, 외순환의 구조도 대규모 해외 인프라 투자에서 기술표준, 5G, 디지털 위안화 사용 확대 등 기술과 화폐 중심으로의 변경을 모색하는 것이다. '쌍순환 전략'을 통해 미중패권경쟁 장기전에 대비하여 '국제정치적·경제적 환경에 영향을 덜 받는' 국내 경제구조로 변경하려는 중국의 의도를 엿볼 수 있다.

2021년 시작될 미중패권경쟁의 2막을 위해 미국과 중국은 전열을 가다듬고 있다. 바이든 행정부는 세계적 이슈에 대한 민주주의 국가들의 국제공조, 동맹 강화, 글로벌 가치사슬 재편(GVC)을 주도하면서 글로벌 리더의 자리로 복귀하고 있다. 이제 미국은 '미국' 대 '중국'의 대결이 아니라 '미국과 민주주의 동맹국' 대 '공산주의 중국'의 대결로 중국을 포괄적으로 압박하려 한다. 동맹국들과 포위망(봉쇄정책)을 좁혀가겠다는 미국의 공성전(攻城戰)과 내수 활성화를 통해 현대화된 사회주의 강대국을 건설하겠다는 중국의 수성전(守城戰)으로 전략 경쟁이 본격화될 것이다.

미국의 대중 견제 전략, '인도·태평양 전략'

중국의 세계무역기구(World Trade Organization, 이하 WTO) 가입을 지지할 당시 미국은 중국이 민주국가가 되고 세계 자본주의 체제에 편입된다면 중국은 공격적으로 행동하지 않을 것이고, 동북아시아의 현상에 만족할 것이며, 미국의 개입정책이 성공한다면 미국은 부유하고 민주적인 중국과 함께 세계 평화를 위해 일할 것이라고 생각했다.[25] 그러나 미국의 이러한 희망은 2018년 미 의회에 제출된 '2017년 중국의 WTO 이행 보고서'의 결론에서 '미국이 중국의 WTO 가입을 지지한 것은 잘못된 것'이고, 이유는 'WTO 가입 후 17년이 지났지만, 가입 당시 약속과 달리 중국은 개방되고 시장지향적인 무역 제도로의 변환에 실패했다는 것'이었다.[26] 2차 세계대전 이후 미국이 재편한 국제질서는 미국 중심의 안보동맹을 형성하여 소련에 맞서기 위한 브레튼우즈(Bretton Woods) 체제에 기인한다. 미국 편에 선 국가들은 대양 항행의 자유와 미국 시장에 대한 자유로운 접근을 보장받아 경제개발과 수출에 집중하여 경제적 이익을 얻었고, 미국은 세계질서를 주도하는 대신 상대적으로 엄청난 적자를 감수했다. 셰일 혁명으로 에너지 자립을 이룬 후 취임한 트럼프 대통령은 '미국의 경제적 굴복의 시대'가 끝났다고 선언했고, 세계 각국은 '더 공정하고 호혜적인 무역관계 형성'을 중심으로 한 '새로운 미국의 시대'에 적응해야 했다.

중국의 부상을 억제해야 하는 미국은 대중국포위망을 형성하기 위해 '인도·태평양 전략'을 주도하고 있다. 이 전략은 서태평양과 동인도양의 해상 연속성에 기초하여 미국의 전략 공간의 지리적 중심축을 서쪽으로 이동시키고 환인도양(Indian Ocean Rim)을 포함함으로써 동중국해에서 인도양에 이르는 중국의 해양굴기(海洋崛起)를 견제하기 위한 지정학적 전략이자, 지경학적으로 중국의 일대일로 구상과의 경쟁을 의미한다.[27] 인도·태평양 전략은 인도양과 태평양, 아프리카, 아시아를 연결하는 미국의 새로운 전략 공간을 바탕으로 중국의 해양굴기로 발생하는 해상안보 위협에 공동 대응하고, 경제·안보 분야에서 중국의 영향력을 저지하기 위한 전략이다. 이를 위해 호주, 일본, 인도와 연대하고 궁극적으로 중국과 인도를 미국의 질서에 편입시키려는 의도다.[28]

트럼프 전 행정부는 한국에 '항행의 자유 작전', '반(反) 화웨이 전략', '인도·태평양 전략'에 참여할 것을 요구해왔으나 한국은 참여 결정을 유보하다 2019년 6월 30일 트럼프 전 대통령 방한으로 이루어진 한미정상회담을 계기로 '인도·태평양 전략'과 '신남방정책'의 협력을 공식화했다. 문재인 대통령은 한미정상회담 후 기자회견에서 "우리는 개방성, 포용성, 투명성이라는 역내 협력 원칙에 따라 한국의 신남방정책과 미국의 인도·태평양 전략과 조화로운 협력을 추진하기로 했다", "글로벌 지역 이슈에서도 한미 양국은 동맹국으로 적극 협력할 것"[29]이라고 밝혀, 한미동맹을 강화하고, 신남방정책 추진과 더불어 인도·태평양 지역에서 평화와 국제질서 수호를 위해 협력할 것임을 확인했다. 한국의 신남방정책과 인도태평양 전략의 협력은 거시적 관점에서 한국과 동 지역 국가의 경제협력 확대, 평화 수호에 대한 공감대 형성, 한미관계의 신뢰 강화에 긍정적이다. 그러나 한국은 쿼드 참여 국가들과 사안별로 협력 범위를 조절하여 선택적으로 협력하되 중국에 대한 봉쇄전략으로서의 군사훈련 참여는 한반도 정세와 한중관계의 특수성을 고려하여 반드시 경계해야 할 것이다.

지난 행정부와 마찬가지로 대중 강경책을 펴고 있는 바이든 행정부는 인도·태평양 전략의 기본 관점을 그대로 유지하고 있다. 바이든 행정부 차원에서 발표된 인도·태평양 보고서는 아직 발표된 것이 없기 때문에 2019년 6월 발표한 '인도·태평양 전략보고서(IPSR)'를 통해 미국의 전략을 파악하고자 한다. 이 보고서에서 미국은 인도·태평양 지역을 가장 중요한 지역으로 간주하고 있으며, 법치, 시민사회발전, 투명한 통치, 공정한 경쟁을 강조하고 어느 한 국가가 이 지역을 통제하는 것을 저지해야 한다고 주장한다. 이 보고서에서 동맹국들과의 협력을 최우선 가치로 상정하고, 미국은 가치를 공유하는 동맹국 및 파트너 국가와 협력하여 상호존중(mutual respect), 책임성(responsibility), 투명성(transparency), 책무성(accountability)에 기반한 자유롭고 열린 인도·태평양을 만들 것을 다짐하며, 미국은 이를 위해 주도적 역할을 수행할 것이지만 동맹국과 파트너 국가들의 책임분담을 강조하고 있다. 아시아의 위협인 중국을 막기 위해서 미국은 압도적 군사력을 확보해야 하고 동맹국 및 파트너 국가들과 힘을 합쳐야 한다는 것이다.[30] 미국은 한미동맹을 린치핀(linchpin)으로 언급하며 한국이 미국의 안보협력 파트너로서 인도·태평양 전략에서 중요한 역할을 해주길 기대한다. 이 보고서에서 미국의 동맹국(일본, 한국, 호주, 필리핀, 태국 + 영국, 프랑스, 캐나다) 및 파트너 국가들(싱가포르, 대만, 뉴질랜드, 몽골)과 관계를 강화하고 새로운 파트너 국가로 부상하는 인도·스리랑카·몰디브·방글라데시·네팔·베트남·인도네시아·말레이시아 등과 협력을 증진하고, 브루나이·라오스·캄보디아·파푸아뉴기니·피지·통가 등에 지속적으로 관여할 것임을 강조하면서 사실상 중국, 러시아, 북한을 제외한 인도·태평양 모든 국가를 협력 대상 국가로 규정했다.

또한 미국은 인도·태평양 지역에 경제적 원조도 약속하고 있다. 2019년 11월 4일 중국의 역내포괄적 경제동반자협정(Regional Comprehensive Economic Partnership, RCEP)문 타결을 발표한 날 미국 행정부는 인도·태평양 비즈니스 포럼을 주최하고 중국의 일대일로 구상에 맞서는 '푸른 점 네트워크(Blue Dot Network)'계획을 발표했다. 윌버 로스 상무장관은 미국은 일대일로에 맞서 인도·태평양 지역의 투자와 교육을 더 늘릴 것이며, 동 지역에서 군사적·지정학적 지위를 절대 포기하지 않는다면서 영구적으로 이곳에 있으며 앞으로 더 많은 투자를 하겠다고 밝혔다.[31] 미국은 중국이 중국식 세계화를 확산시키는 데 대응하여, 인도·태평양 국가들과 파트너십을 구축하고 경제블록을 만들어 중국을 압박하고자 한다. 트럼프 전 행정부는 반중(反中) 경제블록인 '경제번영네트워크(Economic Prosperity Network, EPN)'에 한국을 포함한 동맹국의 참여를 독려했다.[32]

바이든 행정부도 쿼드를 군사동맹보다는 가치동맹으로 발전시켜 민주주의 국가들과 중국을 제외한 새로운 글로벌 공급망을 구축하려 한다. 특히 첨단기술과 관련된 희토류와 반도체 공급에 대한 대중국의 존도를 낮추고 글로벌 공급망에서 중국과의 단절을 모색하고 있다.

2021년 5월 21일 백악관에서 열린 한미정상회담에서 양국은 한미동맹 강화 및 역할 확대, 북핵 문제 해결에 대한 한미 공조, 백신 협력 및 글로벌 보건 안보, 기후와 청정에너지 분야의 협력 강화 등에 합의했다. 양국 정상은 2018년 판문점 선언과 북미 싱가포르 공동성명을 기반으로 단계적 접근을 통한 한반도의 완전한 비핵화를 이룬다는 데 합의하여 한반도 평화 프로세스의 재가동을 위한 동력을 확보했다. 또한 코로나19 종식을 위해 '포괄적 한미 글로벌 백신 파트너십'을 구축하여 한국 기업이 모더나 백신과 노바백스 백신 개발 및 생산에 참여하여 한국이 '백신 생산 허브'로 도약할 수 있게 되었다. 양국은 반도체, 전기차 배터리, 의약품 생산 등 첨단기술 분야의 협력을 확대·강화하고 안정적인 세계 공급망 구축을 위해 협력하기로 합의했으며, 5G, 6G 네트워크, 바이오, 우주탐사 등에서도 협력하기로 하여 협력의 범위를 더욱 확대했다. 한국은 한미동맹 강화가 남북관계와 북미관계 개선으로 이어지도록 해야 하며, 한반도의 냉전 구도 확산, 중국의 핵심이익 침해 등 한중관계를 저해하는 위협요인을 관리하면서 전략적 모호성의 한계와 미중 간 선택의 딜레마를 극복해나가야 할 것이다.

점증하는 차이나 리스크와 한국의 대응전략

차이나 리스크의 요인

차이나 리스크의 내부적인 요인은 대표적으로 경제성장률 둔화와 생산공급 과잉, 국가부채를 들 수 있다. 개혁·개방 이후 중국의 투자주도 성장전략은 국가가 사회주의 체제를 유지하면서 시장규칙을 활용하여 자본의 이익을 국가에 종속시키는 비자본주의적 시장경제[33]를 확립했다. 중국은 세계경제에 미치는 영향력이 크며, 당이 최대한 경제위기를 막도록 관여하여, 전 세계는 중국의 발전을 실제보다 더 견고하게 인식해왔다. 2014년 시진핑 주석이 신창타이(新常態)[34]를 언급함으로써 중국경제가 30여 년간의 고도성장을 끝내고 중속성장을 맞아[35] 안정 속 발전을 지속하면서, 산업구조의 고도화와 개혁 추진, 내수주도형 경제 전환을 통한 새로운 성장을 모색할 것을 선언했다.[36] IMF는 2016년 5월 발표한 보고서 「격동의 시대 아시아의 강점 구축(Building on Asia's Strengths During Turbulent Times)」에서 급격한 성장 둔화를 막으면서 취약성을 개선하는 것과 구조적 개혁, 새로운 성장 모델 발굴이 중국이 당면한 과제라고 언급했다.[37] 중국의 경제성장률에 크게 기여한 과잉생산은 신도시 건설, 철도·도로 등의 인프라 확충, 도시화로 인한 소비 증가의 선순환 구조가 이루어짐으로써 지속되었다. 지난 30년 동안 연평균 9.7% 성장 중에서 3~4%는 도시화 효과에 의해 발생했고, 현 6%대 성장에서 도시화율의 성장을 제외하면 중국의 실제 성장률은 3~4%로 하락할 것이다.[38]

또한 기업과 지방정부의 천문학적인 부채 리스크 문제가 심각하다. 2008년 글로벌 금융위기에 중국은 부동산과 인프라에 대규모 재정을 투입하여 경제 규모는 세계 2위로 커졌으나 무분별한 투자와 과잉생산으로 부채가 급증했다. 2018년 2분기 기준 중국의 국내총생산(GDP) 대비 기업 부채 비율은 155.1%로 주요 신흥국에 비해 2~3배 높다. 국제결제은행(BIS)에 따르면 2018년 2분기 기준 중국의 총 부채는 219조 1,000억 위안(3경 7,800조 원)으로 GDP 대비 253.1%에 달해 2008년 138%의 2배에 육박했다.[39] 지방정부는 'LGFV(local government financing vehicles)'로 불리는 특수법인[40]을 만들어 그 법인이 인프라 건설사에 부채를 떠넘기는 방식으로 자금을 조달하여, 지방정부 부채를 실제 부채보다 현저히 축소했다.[41] 2018년 중국 기업의 채무불이행 규모는 160억 달러(약 18조 원)로 경제성장률 둔화에 따른 채무 레버리지 상승으로 채무불이행이 더욱 확대될 것으로 보인다.

2019년 4월 중앙정치국 회의에서 개혁·개방과 구조조정을 통한 새로운 경제사회발전, 제조업의 질적 발전과 신흥산업 강화와 함께 지속적인 부채 축소로 리스크를 예방해야 한다고 명시했다. 중국은 2015년 '구조적 문제', '공급 측 구조개혁'을, 2019년 '시스템 혁신'을 언급함으로써 경제구조 개혁이 필요한 현실을 절감한 듯 보이지만, 중국 정부는 구조적 위기 해소보다 여전히 단기 대응책에 주력하고 있다. 중국 정부는 4조 위안(약 689조 원) 이상의 감세 및 인프라 투자로 경제성장률을 떠받치기에 급급하다. 계속되는 재정확대 기반의 정부 주도 경기 부양은 중국의 재정건전성을 더욱 악화시킬 수 있다.[42] 국유기업 주도의 경제 운영, 시진핑 주석의 '경성 권위주의' 체제 확립[43]에 따른 정치적 불안요소, 부의 불균형과 실업 문제, 인구구조의 변화 등이 차이나 리스크를 심화시키는 내부요인으로 작용할 수 있다. 차이나 리스크의 외부요인은 앞에서 언급한 미중패권경쟁이 주요하다. 중국은 미국과 해상에서 대치하면서 러시아, 중앙아시아, 이란과 협력을 강화하고 유럽으로 일대일로를 확장하고 있다. 일대일로 사업으로 인한 피해가 여러 나라에서 지속적으로 발생함에도 불구하고 중국은 미중패권경쟁의 손해를 만회하며 성공적으로 새로운 협력 파트너십을 형성해가고 있다. 미중패권경쟁으로 중국의 경제성장률이 급격히 둔화하고 새로운 협력 파트너를 찾는 데 실패한다면 재정 악화로 인한 차이나 리스크는 더욱 커질 것이다.

차이나 리스크가 한국에 미치는 영향

한국은 2차 세계대전 후 세계경제의 고도성장과 무역 확대, GATT 체제에서 선진국-개도국 간 무역의 비대칭적 혜택, 중국·동유럽이 뒤늦게 세계무역체제에 편입된 데 따른 유리한 경쟁 환경 등 우호적 국제경제 환경을 활용했다. 지난 70년 동안 한국 경제는 오일쇼크, 아시아 외환위기, IT 버블 붕괴, 글로벌 금융위기 등의 경제위기 극복과 1970년대 노동집약적 공산품 수출에서 중화학공업육성정책으로의 전환, 1990년대 개방화와 2000년대 글로벌화에 효과적으로 대응·발전했다.[44] 1990년대부터 2005년 무렵까지 중국 경제가 수출과 투자 중심으로 급성장하면서 한국 경제에 특수를 가져왔으나 중국 경제의 성장 둔화와 내수·서비스업 중심으로의 구조변화, 미중패권경쟁, 한국 경제의 높은 대중국의존도 등은 세계보호무역 확대, 세계경제의 불확실성 증대와 더불어 한국이 직면한 가장 큰 위험이 되었다. 중국에 비해 기술력이 앞서 있던 한국은 중간재 수출을 통해 중국 성장에서 많은 이익을 취할 수 있었고, 일본-한국-중국의 기술력 차이를 바탕으로 한 수직적 분업체계를 통해 중국 수출증가와 한국의 대중 무역흑자가 연계되어 한국의 대중 경제의존도가 심화되었다.[45] 그러나 중국의 경제구조 변화로 한중 간 무역·투자 관계의 상호보완적 분업구조가 약화되면서 경쟁적 성격이 강화되고 한중 간 주력산업 중첩과 산업기술력 격차 축소로 중국의 세계시장 점유율이 꾸준히 상승하고, 우리나라 세계 점유율 1위 품목 중 상당수가 점유율 격차가 축소되고 있다.[46]

2018년 11월 '제8회 글로벌 금융리더포럼'에서 미국경제전문가들은 미중패권경쟁이 미국 경제에 미치는 영향은 제한적[47]이지만, 중국의 성장률 쇼크와 위안화 가치 급락 등 중국 경제의 불확실성 확대와 미중패권경쟁 장기화가 맞물리면 한국 경제에 초대형 경제위기를 일으킬 수 있다고 지적했다. 한국의 총수출에서 대중 수출비중은 점차 증가하여 2017년 24.8%에서 2018년 26.8%까지 높아졌다. 2015~2017년 연평균 한국의 대중 경상수지 흑자 규모는 443억 6000만 달러로 전체 경상수지 흑자 945억 5,000만 달러의 46.9%에 달하며, 한국의 외국인 여행 수입의 54.9%가 중국인 관광객에 의존한다.[48] 최근 보고서에 따르면 중국 경제성장률이 1%p 하락하면 한국 수출증가율은 1.6%p, 한국경제성장률은 0.5%p 하락할 것으로 추정하고, 한국의 높은 대중 경제의존도는 미중패권경쟁으로 인한 중국의 경제위기에 한국 경제가 큰 타격을 입을 것이라고 전망했다.[49] 2017년 기준 한국의 대중 중간재 수출비중은 78.9%로 중국 수입 중간재는 주로 수출용이기 때문에 미중 간 관세부과는 중국의 대미 수출 감소로 이어져 한국의 대중 수출에 타격이 될 것이다. 더욱이 중국이 대미흑자를 줄이기 위해 대미 수입을 늘리면 한국의 대중 수출이 잠식될 가능성이 높다.[50]

중국은 '중국제조 2025'로 5G · 고속철 · 전기차 등의 분야에서 외국 기업들과 합작해 선진기술을 인수하고 재혁신하면서 원천기술도 대거 보유하게 되었다. 독일의 저명 싱크탱크인 메르카토르중국학연구소(MERICS)가 제조업 의존도와 첨단산업 중요성 등을 기준으로 중국제조 2025로 인해 한국이 가장 큰 피해를 입을 것이라고 분석한 것 같이, 중국의 2018년 전기차 배터리 출하량 1위를 달성한 것은 우리나라 2차전지 생산업체들의 시장 진입을 어렵게 했고, 중국의 태양광 산업 공급 과잉으로 가격 하락을 초래하여 국내업체들이 가격경쟁력을 상실했다. 또한 중국제조 2025는 중국 제조업의 자급률을 높여 수입대체화를 촉진하므로 대중 수출의존도가 높은 한국에 위협요인이 되고 있다.[51] 따라서 한국은 산업구조의 변화, 기술발달, 고급기술력과 원천기술 유출 방지에 초점을 맞추어 한국 제조업의 경쟁력을 향상시켜야 함은 물론 북방경제협력의 핵심 파트너인 러시아와 협력을 확대하는 것이 한러에 상호 이익이 되며 차이나 리스크를 줄이는 길이 될 것이다.

중러관계의 최대 변수, 미국

중러관계의 긴밀화

중국과 러시아는 우리 역사의 고비마다 중요한 영향을 미쳤으며 현재에도 한반도의 평화와 번영을 위한 협력적 파트너십 유지가 반드시 필요한 인접국이다. 중러관계는 한반도를 둘러싼 미-중-일-러의 지정학적 전략에 의해 추동되고 있으며, 중러 대 미일의 대립구도를 형성함으로써 중러의 연대가 유라시아와 동북아 정세에 미치는 영향이 크다. 17세기 중국과 러시아가 처음 조우한 이래 제정러시아·소련 우위의 갈등관계를 이어오던 두 나라는 냉전 종식 후 비로소 대등한 관계를 정립했다. 이후, 중국의 급속한 경제성장, 유라시아대륙에서 중국의 정치적·경제적 영향력 확대로 대등한 중러관계가 점차 중국이 주도하는 관계로 역전되었다. 지난 30년간의 중러관계 긴밀화는 서방과 미국에 대항하기 위한 유라시아대륙 내 두 강대국 간의 전략적 협력관계로, 본질적으로 경쟁과 갈등 요소를 내포하고 있으며 항구성을 가지기 어렵다. 국경을 마주하고 있는 두 강대국은 외부세력에 효율적으로 대항하기 위해 국경분쟁을 종식하고 국경지대의 군사력 감축에 합의했지만, 상대국이 자국의 안보 이익을 저해한다면 언제든지 경쟁국이 될 가능성이 있다.

독일 통일 후 NATO의 동진에 위협을 느낀 러시아와 경제력을 기반으로 국제질서의 재편을 꾀하는 중국에 대한 미국의 압박은 앙숙 관계였던 유라시아의 두 강대국 중국과 러시아를 긴밀한 협력관계로 발전시켰다. 러시아는 NATO의 동진[52]에 대응하여 2014년 크림반도를 강제 병합하고 서방의 경제 제재로 동아시아와 적극적인 경제협력을 모색하는 신동방정책을 추진하고 있다. 미러관계는 '강한 러시아'를 표방하는 푸틴 집권 후 2008년 조지아 침공과 2014년 크림반도 병합으로 한계에 직면했으며 NATO가 동유럽에 군사력을 대폭 증강했고, 러시아도 NATO와의 충돌 가능성에 대비해 육군과 특수전 전략 위주로 군사력을 증강하고 있어 긴장 상태가 지속되고 있다. 2011년부터 시작된 미국의 아시아 재균형 정책에 대응하여 중국은 일대일로, 중국제조 2025, 강군전략을 펼치며 중화민족의 위대한 부흥, 중국의 꿈을 향해 전방위적인 발전 전략을 추진했다.

미중패권경쟁 장기화 국면에서 중러관계의 공고화는 중국에 더 중요한 의미를 갖게 됐다. 중국과 러시아는 유라시아 범위 내에서 상호 영향력 확대에 대한 견제와 갈등이 존재하면서도, 대외적으로 국제정치, 경제, 군사·안보 등에서 유례없는 전략적 협력관계를 유지함으로써 역외 공격에 공동 대응해왔다. 중국과 러시아는 일대일로의 유라시아경제연합(Eurasian Economic Union, 이하 EAEU) 연계, 중러연합군사훈련, 우크라이나 사태와 크림반도 병합, 이란 핵합의, 시리아 내전 개입, 북핵 문제 등 국제적 이슈에 대해 의견일치와 상호지지를 표명함으로써 공고한 관계를 과시하고 있다. 중러는 상호 대등한 관계에서 점차 중국이 주도권을 가지는 방향으로 이행하고 있지만, 러시아도 중국과의 협력에서 이익을 취하고 있으므로 당분간 중러의 긴밀한 관계는 지속될 것이다.

표 1. 중러 공동이익 추구

구분	내용
글로벌 수준	• 세계질서 변화에 따른 중러의 전략적 접근과 공동대응 • 미국 주도하 단일 패권체제에의 견제 • NATO의 동진과 MD 체제 구축에의 대응 • 대(對)테러전 수행 • UN의 역할 강화와 정책 공조
지역적 수준	• 국경 지역 정세 안정 • 체첸, 티벳, 신장 위구르 등 분리주의자들에 대한 공동 대처 • SCO 등 중앙아시아 지역 협력과 세력균형 도모 • APEC, ARF, CICA 등 지역 기구에서의 협력 • 동북아 미일동맹체제 강화에 대한 대응 • 한반도 비핵화, 북한 핵문제 해결에 대한 공조 등
양자적 수준	• 상호보완적 경제협력 강화 • 에너지 자원 수요·공급 확보 • 국경 문제의 완전한 해결 • 군사력 증강 협력과 무기 판매 및 구입

출처: 서동주, 2019, 「러중관계: 국제질서 재편에의 조응과 전략적 합주(合奏)」, 『2019 대러 외교 공동학술회의 자료』, 11쪽.

1960년대 말까지 적지 않은 군사적 충돌과 핵공격을 시사할 정도로 중국과 러시아의 관계는 악화되었다. 1989년 5월 고르바초프의 페레스트로이카 외교정책에 따라 소련 지도자 최초로 중국을 방문하여 중소 관계 정상화를 이루었고, 이후 양국 관계는 1994년 동반자관계, 1996년 전략적 동반자관계를 거쳐, 2011년 '전면적인 전략적 협력 동반자관계'로 격상시켰다. 2012년 푸틴 집권 3기 출범과 2013년 3월 시진핑 주석 취임 후 양국 관계가 확대·발전했으며, 2017년 5월 푸틴 집권 4기와 동년 10월 시진핑 체제 2기 출범 이후 더욱 공고화·제도화되었다. 2019년 6월 모스크바정상회담에서 중러는 "신시대 전면적 전략 동반자관계를 선언"하여 중러가 미중패권경쟁에 대해 확고한 공동전선을 펼치고 있음을 과시했다. 또한 30여 개의 경제협력 방안에 합의했으며, 미국의 제재를 받는 중국 통신장비업체 화웨이가 러시아 통신회사 '모바일 텔레시스템스(MTS)'와 러시아에서 5세대(5G) 통신망 시범사업을 진행하는 것도 포함했다.

중국과 러시아는 상하이협력기구(Shanghai Cooperation Organization, 이하 SCO), 브릭스(Brazil, Russia, India, China, Republic of South Africa, BRICs), G20 정상회의, 아시아·태평양경제협력체(Asia-Pacific Economic Cooperation, APEC), 동아시아정상회의(East Asia Summit, EAS), 아시아·유럽정상회의(Asia Europe Meeting, ASEM), 아시아교류 및 신뢰구축회의(Conference on Interaction and Confidence Building Measures in Asia, 이하 CICA) 등 다자협력체에서의 상호협력을 계기로 매년 수차례 정상회담을 열고 있으며, 1996년 이후 총리회담, 부총리와 각부 장관 주재 각 분과위원들이 참석하는 고위급 회담을 정기적으로 개최하고 있다. 러시아는 NATO, 유럽연합(EU) 등 서방의 다자협력체에 대응하여 SCO, 브릭스, EAEU 등 러시아 주도의 다자협력체를 강화하기 위해 노력해왔고, 중국도 미국의 보호주의와 양자주의에 맞서 다자협력체 중심의 합의, 통합, 상호주의를 강조함으로써 중국의 영향력을 확대하고 회원국의 지지를 얻어내는 데 공을 들여왔다. 양국은 다자협력체 내에서 국제적 이슈에 대한 회원국의 의견을 주도하고, 양국의 공동이익과 목표에 부합하는 방향으로 외교적 영향력을 확대하고 있다. SCO는 전 세계 인구의 44%(31억 명), 세계경제에 차지하는 비중은 25%이며, SCO 회원국은 지리적으로 중국에 인접해 있고 일대일로 사업에 모두 참여하고 있다. CICA는 아시아 지역 국가 간 상호 신뢰구축과 분쟁

표 2. 2017년과 2018년 러시아의 주요국 대외교역 규모 (단위: 억 달러)

구분	2017년			2018년		
	수출	수입	총계	수출	수입	총계
중국	389	480	869	551	519	1,070
한국	124	69	193	183	69	252
미국	110	127	237	130	129	259
일본	106	78	184	121	88	209

출처: 서동주, 2019, 「러중관계: 국제질서 재편에의 조응과 전략적 합주(合奏)」, 『2019 대러 외교 공동학술회의 자료』, 12쪽. (재인용)

표 3. 러시아의 대(對)중 교역 추이(1996~2018) (단위: 억 달러)

구분	1996	2000	2005	2010	2012	2013	2014	2015	2016	2017	2018
교역액	57	61	202	589	874	888	884	635	661	869	1,070

출처: 서동주, 2019, 「러중관계: 국제질서 재편에의 조응과 전략적 합주(合奏)」, 『2019 대러 외교 공동학술회의 자료』, 12쪽. (재인용)

예방을 위해 1992년 누르술탄 나자르바예프 카자흐스탄 대통령의 주도로 만든 지역안보협의체로 큰 존재감이 없었으나 중국이 의장국이 되면서, SCO와 함께 사실상 중국이 주도하는 안보협의체로 발전했다.

2019년 1월 러시아 주도로 독립국가연합에 속해 있는 러시아, 카자흐스탄, 벨라루스, 아르메니아, 키르기스스탄을 회원국으로 하는 EAEU가 출범했다. 러시아는 EAEU를 정치·경제·군사·문화 통합 국가연합으로 향후 상품·노동·자본의 자유로운 이동, 단일 경제정책과 단일 통화 도입을 목표로 유라시아연합(Eurasian Union)으로 발전시킬 계획이다. EAEU 가입국의 면적은 구소련의 약 91%, 인구 1억 8,000만 명, GDP는 2조 1,000억 달러에 달하며, 2015년 중러 정상회담 공동성명을 통해 중러 주도하에 EAEU와 일대일로의 연계를 추진하고 있다.

경제협력 분야에서 양국 간 교역 규모는 2000년 61억 달러에서 2010년 589억 달러로 급증했다. 2014년 크림반도 병합 이후 2015년 교역액이 급감했으나 2016년 다시 회복세로 돌아서 2017년 20.8%, 2018년에는 30%가 증가해 서방 제재 이전 교역액을 웃돌며 최초로 교역액 1,000억 달러를 돌파했다. 2019년 중러 무역은 1/4분기에 전년 동기대비 4.2% 증가한 241.7억 달러에 달하면서 양호한 성장세를 유지하고 있다. 러시아에 중국은 제1 교역국이지만 중국과 미국, 유럽, 한국, 일본 등 간의 교역과는 격차가 크며, 중국은 주로 소비재를, 러시아는 주로 석유와 천연가스 등 자원을 수출하는 형태다. 2019년 초 중국은 '무역을 기초로, 전략 대(大)프로젝트를 동력으로, 지방 간 협력을 지지대로, 일대일로 건설과 유라시아경제연합을 주선으로'라는 정책 구상을 제시하여 중러 경제협력 확대를 분명히 했다. 전략 대(大)프로젝트에는 중러 동쪽선 천연가스 수송관의 연내 가스공급 개시, 핵 영역 전면 협력, 중국 헤이룽장성과 러시아 지역 간 교각의 연내 완공을 이루고, 항공우주·디지털 경제·과학기술 혁신 등의 영역에서도 새로운 중요한 성과를 이룬다는 구상이다.[53]

중러의 군사·안보 분야의 협력은 러시아 첨단무기 판매·도입 및 기술이전, 연합군사훈련 두 가지로 크게 나누어볼 수 있다. 중러는 1992년 중러 군사기술협력협정을 체결하여 방산 협력을 강화했다. 소련 해체 후 러시아는 도산 직전의 방산산업을 위한 돌파구가 필요했으며, 중국도 미국과 서방에서의 군사기술 도입이 여의치 않고 군사력 증강과 무기 및 장기 현대화가 시급한 시점에서 양국의 이해관계가 맞아떨어졌다. 2006년까지 급속도로 이루어지던 양국의 방산협력은 러시아 첨단 군사기술 유출 우려와 중국의 방산기술 개발 진전이 맞물려 감소 추세로 들어섰으며, 이후 양국의 무기 및 군사기술 구매는 특정 분야에서 중국의 기술적 단점을 보완하는 형태로 신중하게 이루어져 왔다. 중국은 러시아 군사기술을 도입해 국산화에 성공하였고 일부는 러시아 수준을 초월하기도 했다. 중국의 무기산업이 성장하여 해외시장에서 러시아 무기와 중국제 저렴한 무기가 경쟁을 벌이게 됨에 따라 러시아는 중국의 군사기술 무단 도용을 경계하고 있다. 중국은 1999년 러시아와 전투기 Su(수호이)-27 도입 계약을 체결한 후 러시아의 동의를 얻지 않고 젠(J)-11B, 젠-11D, 젠-15 등 파생 기종을 연달아 개발 생산하여 러시아 군사기술 유출에 대한 우려를 키웠다. 2015년 중러 간 Su-35 판매 협상에서 중국이 Su-35를 모방 생산할 경우 거액의 위약금을 무는 조항을 포함했다.[54] 그러나 우크라이나 사태 이후 러시아의 대중국 무기 판매는 전략무기 분야로까지 확대되었다.

중러가 함께 참여하는 합동군사훈련은 SCO 차원에서 '평화의 사명(Peace Mission)'이라는 이름으로 시행되는 합동군사훈련과 중러 양국 연합군사훈련이 있다. 2003년부터 러시아와 중국은 여타 중앙아시아 국가들과 더불어 SCO의 틀 속에서 '평화의 사명'이라는 연례 합동군사훈련을 실시하고 있다. 합동군사훈련의 목적은 역내 테러주의, 극단주의와 분열주의에 공동 대응하는 것으로 주로 '불법 무장단체'에 대한 공동작전이나 아프가니스탄, 이라크 등지에서 중앙아시아, 중국으로의 국제테러 확산 방지를 위한 대테러 훈련을 중심으로 하고 있다. 중러는 2013년부터 매년 대규모 해상합동군사훈련을 실시하고 있다. 이 훈련의 목적은 첫째, 한미·한일 동맹에 맞서 중러 군사관계의 높은 수준을 역내외에 과시하고 세계평화와 지역 안정을 공동 수호한다는

표 4. 중러 해상합동군사훈련 추이와 내용

시기 및 장소	합동군사훈련명	내용 및 의미
2003~2018(현재) (SCO 국가 내)	평화의 사명	SCO 차원의 전략적 연합훈련-역내 테러주의, 극단주의, 분열주의에 공동대응 목적으로 대테러 훈련 중심으로 이루어짐
2013년 (블라디보스토크 인근 해역)	해상연합 (Joint Sea)-2013	중국이 제1도련선 이내 해역 통제를 위한 해양 패권 전략 내포, 중러 군사 관계의 전략적 상호신뢰 해상안보 공동대응
2014년 (센카쿠 열도 인근 해역)	해상연합-2014	중일 간 센카쿠 열도 문제에 관해 러시아가 중국 입장 지지
2015년 5월 (지중해)	해상연합-2015 Ⅰ	중국 해군 사상 가장 먼 거리에서 이루어진 해상훈련
2015년 8월 (블라디보스토크 인근 동해)	해상연합-2015 Ⅱ	상륙작전, 해상연락망 방어, 반잠수함 훈련, 대공방어 훈련 및 반함 대응훈련 포함. 미일 군사동맹 강화에 대한 맞대응 의미
2016년 (남중국해)	해상합동훈련-2016	중러 첫 대항방식으로 군사훈련. 대잠수함 작전, 대공·대함 방어, 도서 탈환 및 통제, 해병대 상륙훈련, 연합구조 훈련 진행
2017년 (1단계: 발트해/ 2단계: 오호츠크해)	해상연합-2017	오호츠크해는 미일에 의한 제1열도선 동북부에 위치. 전례 없이 높은 위도의 해역에서 군사훈련. 중국의 북극해 진출 가능성 시사
2018년 (동시베리아 바이칼 지역)	보스토크-2018	중국군 병력 3,200명 투입, 무기와 장비 900여 대, 전투기와 헬기 30대 투입. 작전 범위와 참가인원 최대
2019년 (산둥성 칭다오 해상)	해상연합-2019	러시아가 중국에 최첨단 미사일 방어 시스템인 S-400 두 번째 포대 운용을 위한 장비 인수준비와 운용 인력을 교육함

출처: 저자가 자료 수집 후 재구성함.

의지를 보여주고자 함이며, 둘째, 제3국을 겨냥하지 않는다는 점을 강조하여 미국의 대중·대러 봉쇄에 대응하려는 것이며, 궁극적으로 미국이 간섭하지 않는 동아시아 국가들에 의한 동아시아 역내 새로운 안보 질서 구축을 주장하기 위함이다. 매년 해상합동군사훈련 지역과 범위를 달리하고 훈련 규모가 증가하는 등 공동대응 능력을 함양하는 데 초점을 두고 있다.

중러 간 에너지 협력은 실질적인 에너지 동맹이라 불릴 정도로 양국의 긴밀화에 일조했다. 자원 강국인 러시아에 에너지는 국제정치에 영향을 미치는 수단으로써 중국과의 에너지 밀월, 유럽에 공급하는 천연가스로 자국의 입지를 강화해왔다. 크림반도 병합으로 인한 서방 제재, 유럽의 러시아 천연가스 의존 감소 정책으로 인한 고립 탈피를 위해 러시아는 아시아국가와의 협력이 더욱 절실해졌다. 푸틴 정부의 『에너지 전략 2035』에 따르면 아시아·태평양 지역으로 하루 석유 수출량을 220만 배럴로 증대하고, 동 지역의 석유 수출비중 목표를 40%로 설정하고 있다. 에너지 협력을 통해 중러의 전략적 파트너십이 더욱 강화됐다. 중러는 2004년 천연가스 공급 협상을 시작하여 2014년 합의한 '시베리아의 힘(Power of Siberia)' 가스관이 2019년 12월 2일 개통됐다. 러시아는 이 파이프라인을 통해 향후 30년간 천연가스 1조 m^3를 공급하고 중국은 러시아에 4,000억 달러(470조 원)를 지급하게 된다. 이는 러시아 최대 에너지 프로젝트로 유럽의 에너지 소비량 저하와 서방의 경제 제재에 맞서 아시아로 에너지 판로를 개척하려는 러시아와 천연가스 소비량이 급증하고 미국의 견제를 피해 안정적으로 에너지를 확보하려는 중국의 이해관계가 맞아떨어진 결과다. 두 나라는 총연장 6,700km에 이르는 시베리아의 힘2 가스관 건설도 협상 중이다. 중러는 동시베리아·태평양 송유관(Eastern Siberia Pacific Ocean oil pipeline, 이하 ESPO)을 통해 2011년부터 2030년까지 하루 30만 배럴의 원유를 공급하기로 하고(이 계약을 위해 중국은 러시아에 250억 달러의 차관 제공), 추가계약을 통해 2013년부터 2038년까지 총 26억 4,000만 배럴을 도입하기로 했다.

중러관계의 한계성

러시아와 중국은 초강대국인 미국의 독주를 견제하기 위한 비항구적인 협력관계이므로 중러 어느 한 국가에 미국보다 상대국이 더 위협적인 나라로 인식되면 이 관계는 경쟁관계로 전환될 가능성이 크다.[55] 러시아에 인접국이고 중장기적으로 다시 경쟁국이 될 가능성이 있는 중국의 국력 강화가 러시아의 영향력을 보완해주는 단계를 넘어, 이를 약화시키는 단계에 접어들고 있으므로 러시아는 이를 도전적인 위협으로 볼 수밖에 없다.[56] 중러의 전략적 협력은 역외 세력에 대한 공동대응 성격이 강하며 이러한 맥락에서 양국 관계를 '편의의 결합축(axis of convenience)' 또는 '전략적 동반자관계(strategic partnership)'라고 평가한다. 중러 양국은 국가주의, 권위주의, 반미 정서 등 국가 차원에서 공유 가치가 있지만, 대립과 긴장의 역사, 정서적 유대관계 부재, 가치관과 문화적 이질성 등 양국 관계의 친밀성을 저해하는 요인이 폭넓게 자리잡고 있다고 볼 수 있다. 중국의 현실주의 정치학자 옌쉐퉁(阎学通)은 저서 『2023, 세계사 불변의 법칙』에서 원유·천연가스 수출에 의존하는 러시아 경제가 저성장의 늪에 빠지면서 결국 러시아가 중국에 기대게 될 것이라고 예측했다. 자원의존형 경제구조를 가진 러시아는 국제 유가와 자원에 대한 외국인 투자가 러시아 경제에 큰 영향을 미친다. 계속되는 경제 제재와 저유가로 인해 러시아 경제 규모가 축소되고 국경을 마주한 중국의 영향력이 확대되는 것은 러시아에 주요한 위험요소다.

중러가 현재 서방과 미국의 압박으로 유례없이 친밀한 관계를 과시하고 있지만, 지난 30년간 연평균 9%의 고도성장을 이룬 중국의 정치적·군사적 영향력 확대는 러시아에 잠재적 위협이 증가함을 의미한다. 러시아는 중국과 협력하면서도 중국의 경제·군사·외교 등 다방면에서의 초고속 성장을 우려하지 않을 수 없다. 중국의 급속한 경제성장으로 세계 15위인 러시아와 경제적 격차가 점차 커지고, 중러의 지속적인 군사·안보 분야의 협력과 중국의 강군전략으로 군사적으로도 중국이 대등한 관계를 넘어서고 있다. 또한 러시아는 심각한 저출산과 인구감소로 현재 인구 1억 4,500만 명이지만, 2050년 러시아 인구는 9,000만 명에서 1억 2,500만 명으로 감소될 것으로 추산된다. 따라서 인구밀도가 낮은 극동 시베리아 지역의 중국에 대한 경제적 의존, 중국의 영향력 팽창에 대한 두려움이 항존해왔다. 중국의 급속한 성장은 중러의 대등한 협력 지속성에 대한 의구심을 갖게 한다. 실질적으로 러시아는 유럽 방면의 서방세력과의 대치에 전력투구하고 있으며, 동아시아 방면으로 독자적인 영향력을 투사할 여력이 부족하여 중국의 동아시아 정책에 편승하고 있는 것으로 보인다. 러시아는 중국 편중의 경제·외교 구도에 대해 균형과 견제의 목적으로 일본과 에너지 협력, 극동지역 개발 협력, 극동지역 개발 협력을 통해 경제적·외교적 협력을 도모하고 있으며, 인도와는 무기 교역, 에너지 협력 등을 통해 파트너십을 강화하고 있다.

SCO, CICA의 중국 주도

중러 간 SCO의 운영방식과 활동영역에 대해서도 이견이 있었다. 러시아는 SCO가 역내 안보 문제에 주력하길 원했고, 중국은 자유무역지대 설정, 개발은행 설립 등 경제협력까지 영향력을 확대하길 원했다. 그러나 2010년부터 SCO의 주도권이 러시아에서 중국으로 넘어가면서 일대일로 사업과 맞물려 회원국에 중국의 입김이 많이 작용하고 있다. 2019년 6월 15일 제18차 SCO 정상회의 기조연설에서 시진핑 주석은 SCO 회원국이 국제와 지역 문제에 적극적 역할을 발휘해 세계 평화, 공동 발전에 힘써야 한다고 주장하고, SCO 회원국이 단합하여 중국 편에 서서 미국에 대항해 싸우자고 요청했다.[57] 또한 '보호주의에 대항한다'는 취지의 공동선언을 채택하고, 미사일 방어체제(MD) 확대는 세계정세를 불안정하게 만든다고 언급했으며, 미국이 이탈한 이란 핵합의를 유지하기로 하는 등 미국의 국제전략에 반대 입장을 분명히 했다. 2019년 6월 15일 CICA 기조연설에서 시진핑 주석은 아시아국가들이 아시아 안보에 공동 대처하고 보호무역과 일방주의에 다자무역체제로 대응해야 함을 주장하고 인도, 러시아, 중앙아시아와의 연대를 강조했다.

SCO는 앞으로 러시아와 중국의 대결의 장으로 변모할 가능성이 높다. 중앙아시아에서 러시아와 중국의 중·장기적인 전략적 목표가 서로 다른 가운데 양국의 이익은 현재 SCO 안에서 불안한 균형을 유지하고 있다.[58] 중러가 함께 참여하는 SCO와 CICA가 유라시아 국가를 대상으로 중국 중심의 국제질서를 구축하는 통로로 사용되어 상대적으로 러시아의 영향력이 축소될 가능성이 높고 중러관계의 갈등요인으로 작용할 수 있다.

일대일로와 EAEU의 갈등

중국은 2017년 10월 2일 러시아가 주도하는 EAEU와 1년 반 동안의 협의를 마무리하고 통관, 무역 편리화, 지식재산권, 부문별 협력 및 정부구매, 전자상거래 등에 협력하기로 한 '경제무역협력 협정'을 체결했다. 중국 상무부는 이 협정으로 상호 비관세 무역장벽 감소, 무역 편리화 증진에 기여하고 산업발전을 위한 양호한 환경을 조성하게 될 것이며, 일대일로와 EAEU 간 접목으로 상호 간 무역관계가 더욱 긴밀해질 것이라고 내다봤다.[59] 2017년 7월 모스크바정상회담에서 양국은 이 두 경제전략의 연계를 위해 680억 위안(약 11조 5,000억 원) 규모의 공동기금을 조성하기로 합의했다. 이 두 경제권의 연계는 중국과 유럽으로 이어지는 유라시아대륙에 새로운 공동경제 공간의 출현을 의미한다. 그러나 다수의 논자들은 EAEU와 일대일로가 유라시아에서 서로 교차하는 것은 두 통합 프로젝트가 기본적으로 경쟁관계에 있고, 러시아와 중국이 국경을 공유하는 이웃 국가에서뿐만 아니라, 세계에서 충돌하는 경로에 위치한 것으로 보고 있다. 프린스턴대학교 길버트 로즈만(G. Rozman)에 따르면, 시진핑 주석이 2013년 9월 중앙아시아 순방 중 실크로드 경제벨트를 주창하면서 풍성한 선물을 내놓은 것은 EAEU에 대한 푸틴의 공세적인 추진과 충돌하는 것으로, 이러한 충돌은 '중화주의(Sinocentrism)'와 '러시아 중심주의(Russocentrism)'라는 국가 정체성에 관한 주제가 중요성을 갖게 되고, 이것이 양국 관계에 위협이 된다는 것을 나타낸다[60]고 주장한다.

중국의 중앙아시아 일대일로 사업은 교통 인프라 건설과 석유·천연가스 중심의 에너지 협력에 집중돼 있다. 러시아는 중앙아시아에서 중국의 영향력이 커지는 것을 경계하면서도 EAEU 창설 후 러시아 경기 침체로 주도적 역할을 하지 못하는 것에 대해 중국의 투자를 유도하는 방향에서 표면적으로 일대일로와 EAEU의 협력 가능 분야가 다양하다는 공동입장을 취하고 있다. 그러나 중앙아시아와 EAEU 국가들에 대한 일대일로 사업이 인프라 건설에서 경제통합으로 확장되면 중국의 경제·외교적 이익독점도 본격화될 것이다. 이는 EAEU를 주도적으로 발전시키고자 하는 러시아와 갈등을 유발할 것으로 예상된다.

극동지역에서 중국 영향력 확대에 대한 두려움

중국은 극동 시베리아의 자원 수입뿐만 아니라 국가발전개혁위원회의 개입과 양국 정부 간 대화 채널 강화, 교통 인프라와 농업에 대한 투자 확대를 통해 빠른 성과 창출을 시도하고 있다. 훈춘-마할리노 철로의 재개통, 쉐이펀허 신역사 개통으로 인한 러시아 광궤 열차의 진입, 하얼빈과 시베리아 지역을 연결하는 정기열차의 개통으로 중국 동북지역과 극동 시베리아를 연결하는 철도 교통 체계가 강화되는 추세다. 또한 헤이룽장성의 중국 로컬 기업 화신의 연해주 중러 현대화 농업지구, 중국의 러시아 농산물 수입 허용, 극동농업협력기금 조성은 양국의 농업 협력 강화에 촉매로 작용할 수 있다. 그러나 중국은 극동 러시아 지방정부와 주민이 중국에 대한 두려움을 해소하려고 노력하지 않고, 현지 지역경제를 실질적으로 활성화하는 데 더 큰 역할을 하지 못하고 있다. 이는 중국의 로컬 기업들이 극동 시베리아 지역 주민의 일자리 창출과 지역경제발전에 도움이 되는 투자를 하고 있지 않기 때문이다.[61]

러시아가 중국 자본에 종속되기 시작한 것은 2014년 크림반도 병합으로 인한 유럽연합의 경제 제재가 단행된 후부터다. 러시아 자원에 대한 외국인투자 급감, 루블화 폭락, 저유가가 겹쳐 러시아는 중국과의 협력이 절실했다. 중국의 대러시아 투자는 지난 10년간 약 9배가 증가해 2017년 138억 달러(약 16조 원)에 달했다. 중국 투자의 약 70%가량은 광업, 임업, 농업 등 러시아의 천연자원에 집중되었다. 이는 중국의 대다수 로컬 기업들이 극동 시베리아에서 에너지와 광물 자원, 농업을 제외하고는 단기적 수익을 내기 어렵다고 판단했기 때문이며, 천연자원에 대한 중국의 집중 투자는 러시아인에게 '중국의 자원 수탈'로 여겨지고 있다.

중국과 러시아는 냉전시대에도 중소지역 국경분쟁과 국지전으로 국경 수비에 많은 병력을 소모해야 했다. 1969년 전바오섬 사건으로 여러 차례 군사충돌이 있었고, 소련은 중국의 군사위협을 일소하기 위해 핵공격을 시사하기도 했다. 중소는 국경 문제 해결을 양국 관계의 최우선 과제로 정하고 1987년 2월부터 1989년 12월까지 10여 차례의 교섭 끝에 약 1,500km에 이르는 극동지역의 국경선 획정에 합의했다. 그러나 양국의 국경분쟁 완전 타결은 2004년 10월 14일 최종적인 '중러국경협정'을 체결하고, 2005년 6월 2일 비준서를 교환하면서 이루어졌다.[62]

그러나 연해주지역에서는 중국이 영토를 재탈환하려 할 것이라는 불안이 고조되고 있다. 국제정치 전문가인 로버트 카플란(R. Kaplan)은 "중국이 극동지역에 대한 지정학적·경제적 지배권을 행사할 것이라는 우려의 목소리가 커지고 있다"고 지적한다. 1858년 아이훈(愛琿)조약과 1860년 베이징조약으로 인해 중국 청 왕조가 100만 km^2 이상의 땅과 섬을 러시아에 넘겨주었고, 이로 인해 1960년대 국경분쟁을 겪었다. 무엇보다 이 지역이 러시아로 넘어가면서 중국의 동해쪽 출구가 완전히 봉쇄되었고, 현재까지도 동북 3성지역 경제발전의 저해요인이 되고 있다. 극동지역의 러시아 인구는 830만 명인 데 비해 동북 3성의 인구는 약 1억 명에 달하는 것도 위협요인이다. 더욱이 일부 관광객이 '이 땅은 중국 땅으로, 러시아가 훔쳐갔다'는 말을 서슴없이 하고 있다. 중국 전문가 알렉산더 루킨(Alexander Lukin)은 "중국 관료들이 말로는 윈윈(win-win)과 상호 존중을 외치지만, 실제로는 패권국가를 추구할 것이라는 우려가 러시아 내에서 커지고 있다"고 언급한다.[63]

중러관계의 최대 변수, 미국의 세계전략 변화 가능성

중러 모두 미국과의 관계를 중요하게 생각하며 자국의 핵심이익과 자존심을 지키면서 미국과의 관계 개선을 원하고 있다. 미국의 최종 목표는 중국과 러시아가 미국 중심의 세계질서에 순응하는 것이다. NATO의 동진으로 러시아도 하나의 유럽에 포함하려 했으나 러시아가 우크라이나 사태를 일으키면서 강력히 반발했고, 중국은 WTO 가입을 통해 세계 경제질서에 동화되게 함으로써 공산주의 체제 와해를 기대했으나 세계 2위의 경제대국으로 성장하여 사회주의 강대국 건설을 통한 중국 중심의 국제질서를 구축하고 있다.

지난 30년간 미국의 대중국·대러시아 전략은 국경을 접하고 있는 중러의 결속을 강화시키고 공동 반미전략을 폄으로써 미국의 세계전략에 부담이 되어왔다. 특히 시리아 내전, 이란 핵협상, 북한 비핵화, 북극해 개발 등 지정학적 이익을 놓고 중러가 연합하여 미국에 대항하는 것은 국제사회에서 미국의 영향력을 감소시킴과 동시에 국제적 이슈에 주요 변수로 작용함으로써 궁극적으로 미국의 전략이 무력화될 수 있음을 의미한다. 따라서 미국은 중러의 긴밀화가 큰 변수로 작용하지 않았던 과거와 달리 중러관계 와해를 위한 헤징 전략을 구사할 가능성이 높아졌다. 중국은 중화인민공화국 수립 100주년인 2049년까지 중국의 꿈의 실현과 사회주의 강국 건설이라는 국가적 목표를 위한 도전을 계속할 것이다. 중국은 미국에 신형대국관계를 요구하며 이미 미국과 대등한 위치를 상정했다.

중국은 미국과의 갈등관계를 극복하며 중국의 꿈을 이루어나가는 노정을 선택했으며, 현실주의에 입각한 공격적 외교로 영향력을 확대하고 있다. 미중패권경쟁이 해결되더라도 패권을 향한 중국의 도전이 계속되는 한 체제·군사·기술·경제·인권 부문에서 양국의 갈등은 계속될 것이다. 따라서, 중국의 패권 도전을 저지하는 완전한 봉쇄전략은 미국이 러시아와의 관계를 개선하여 중러 간 연합을 와해하고 중국을 고립시키는 방법을 완전히 배제할 수 없다.

미국은 소련 봉쇄를 위해 1972년 닉슨이 베이징 방문 시 상하이 코뮤니케(Shanghai Communique)를 발표하여 미중 간 20여 년에 걸친 적대관계 종식과 관계 정상화를 선언하였고, 1978년 중국의 개혁·개방과 1979년 미중 수교로 이어졌다. 헨리 키신저의 외교전략은 '힘의 균형'에 따른 확고한 미국의 지정학적 우위를 최우선으로 한다. 1971년 미국이 중국과 러시아 두 개의 적국을 상대해야 했지만, 키신저는 중국의 개혁·개방을 통해 중국을 서구 동맹으로 끌어들임으로써 소련과의 대치에 집중할 수 있었다. 이는 패권국 미국의 전략 변경이 국제관계에 지대한 영향을 미치고 있음을 단적으로 보여준다. 트럼프 행정부 초기 엑슨모빌 전직 CEO인 렉스 틸러슨(Rex Tillerson)을 국무장관으로 임명한 것은 수년간 심각하게 압박을 받아왔던 미국 석유산업을 지원하기 위한 것임은 공공연한 사실이다. 또한 헨리 키신저 전 국무장관이 비공식 핵심 외교자문으로 부상하면서 오바마 행정부가 폈던 반러시아 전략과 정반대되는 구상을 제안한 것으로 알려졌다. 2016년 12월 26일 독일 유력 일간지 『빌트(*Bild*)』는 "트럼프 인수위 위원들의 메모를 입수하여 '러시아와 미국이 협조적인 관계를 구축하는 방안'을 구상하고 있으며, 그 방안에는 '러시아의 크림반도 합병을 인정하는 한편, 오바마 행정부가 러시아에 부과한 경제 제재를 해제하는 내용'이 담겨 있다"고 보도했다.[64] 2016년 12월 독일 대중지 『빌트자이퉁(*Bildzeitung*)』은 "키신저가 러시아의 크림반도 병합을 인정하고 서방의 대러시아 경제 제재를 해제하자는 내용의 계획을 입안해 트럼프에게 보고했다"고 밝혔다. 트럼프 전 대통령이 2020년 G7정상회담 개최 의장국으로서 기존 G7에 한국, 러시아, 인도, 호주 등을 초청해 회원국을 확대하자는 제안에서 러시아의 복귀를 바라는 그의 의도를 읽을 수 있다.

2021년 6월 11일부터 13일까지 영국 콘월에서 열린 G7정상회담에 한국, 호주, 인도, 남아프리카공화국 정상이 초청국 지위로 참여하였고 러시아는 제외되었다. 그러나 6월 17일 스위스 제네바에서 열린 미러 정상회담 후 푸틴 대통령은 양국의 이견에도 불구하고 건설적이었다고 평가했으며, 바이든 대통령은 신뢰의 섬광을 보았다고 언급했다. 실제로 이 정상회담을 통해 양국은 전략핵 안정성에 대한 공동 선언문을 채택하고 사이버 안보에 협력하기로 하는 등 양국의 협력 가능성을 확인했다. 그러나 인권 문제와 정치범 탄압 문제, 우크라이나 문제 등에서 양국은 매우 큰 이견을 보이고 있어 빠른 시일 내에 양국의 관계 개선이 이루어지긴 쉽지 않아 보인다.

바이든 대통령 취임 6일 만에 이루어진 바이든 대통령과 푸틴 대통령의 정상통화에서 바이든 대통령은 미국과 동맹에 해가 되는 행동에 대해 국익 차원에서 단호히 대응할 것이라는 강경한 태도를 보였고, 우크라이나 주권에 대한 미국의 지원 의지, 2016년 러시아의 미국 대선 개입 의혹, 알렉세이 나발니에 대한 독극물 사건 등을 언급했다. 이번 통화로 트럼프 전 대통령이 연장을 거부해왔던 '신 전략무기감축협정(New START)'의 5년 연장에 합의한 것은 다행스러운 일이지만 동맹과 연대를 중시할 바이든 차기 행정부의 확장적 대외정책 기조와 CIS 국가들뿐만 아니라 중동 및 아프리카로 영향력을 확대하고 있는 러시아가 마찰을 일으킬 가능성도 높다. 바이든 후보는 대선 직전인 2020년 10월 말 CBS 방송과의 인터뷰에서 "우리의 안보와 동맹 훼손이라는 측면에서 현재 미국에 대한 가장 큰 위협은 러시아라고 생각한다"고 밝혔고, 트럼프 대통령이 친분을 과시했던 권위주의 지도자들을 폭력배(thug)로 지칭했다. 그러나 바이든 후보는 다자협력과 연대를 강조해왔고 국제질서 재편에 글로벌 리더로서 미국의 입지를 강화할 것이다. 따라서 이란 핵합의에 복귀해 러시아와 협력할 가능성이 있고, 군축 및 핵전력 통제 분야에서 미국과 러시아가 군사적 긴장을 고조시키지 않는 방향으로 협력할 가능성이 있다.[65]

미중패권경쟁이 더욱 첨예해지고 미국의 중국 견제가 어려워진다면 미국의 전략이 바뀔 수 있는 여지가 있다. 미국이 대러 제재를 완화한다면 유라시아대륙에서 '미국이 지향하는 역내 균형'의 회복을 목적으로 하는 지정학 전략이 될 것이며, 중러 연합이 느슨해지면서 미중패권경쟁에서 미국이 중국을 압도하는 모멘텀이 형성될 것이다. 러시아의 경제발전, 중앙아시아와의 협력 강화, EAEU 활성화는 유라시아에서 일대일로 전략의 확산을 저지하고 중국의 육상 실크로드를 약화시킬 것이다. 이는 미국에 대중국 해상 봉쇄에 더하여 대중국 육상 봉쇄를 의미한다.

미국의 대러 전략 변화 가능성은 중국, 러시아, 이란의 반미연합 형성을 막아야 하는 데서도 찾을 수 있다. 중국과 러시아는 이란과 전략적 관계를 유지하면서 미국의 중동전략, 군사력, 에너지 전략 등에 영향을 미치고 있다. 일방적으로 핵협정에서 탈퇴한 미국과 대립하고 있는 이란이 본격적으로 러시아, 중국과 반미연합 전선을 형성하려고 한다. 카젬 잘랄리 러시아 주재 이란 대사는 러시아 일간지 『코메르산트(*Коммерсантъ*)』와의 인터뷰에서 "미국의 제재 압박의 표적이 된 국가들이 미국의 정책에 공동 대응해야 한다면서 러시아, 중국, 이란을 비롯한 많은 강대국이 미국의 제재에 맞설 모임을 조직할 때가 되었다"고 말하면서 "어떤 국가도 단독으로 미국에 맞서는 것은 힘들다. 인구가 많고 광물 자원과 첨단기술을 보유하고 있는 이란은 러시아와 중국에 제공할 것이 많다. 이란은 러시아 신형무기 구입에 관심이 있으며 양국 정상의 의지에 힘입어 지역 안보와 세계 안보 분야에서 공통의 이익을 바탕으로 양국 관계가 강화되고 있다"고 강조했다.[66] 2019년 12월에는 인도양 북쪽과 오만해의 공해상에서 중국, 러시아, 이란 3국의 첫 해상합동군사훈련이 나흘간 진행됐다. 이란은 이 군사훈련을 중동지역의 국제 교역 안보 강화를 목적으로 이란, 러시아, 중국이 안보 경험을 교환하고, 테러와 해적 행위에 맞서는 게 목표라고 밝혔지만, 중국과 러시아가 미국의 중거리핵전략조약(INF) 탈퇴 및 경제 제재로 어려움을 겪는 이란을 지원하기 위한 것으로 미국의 '호르무즈 호위연합'에 반발하던 중러가 중동에서 미국에 대항하는 움직임으로 해석된다. 향후 파키스탄과 같이 반미 성향이 강한 국가들이 연합군사훈련에 참여할 가능성도 있다.

중국은 러시아에 이어 이란과 경제·에너지 협력을 강화하고 있다. 『뉴욕타임스(*NYT*)』는 중국과 이란이 앞으로 25년간 정치적·경제적 협력을 약속하는 협정 내용의 최종안을 입수했다고 밝혔다. 이 협정문은 시진핑 주석이 이란을 방문했던 2016년 1월부터 추진되었으며 이미 로하니 이란 대통령의 승인을 받았다고 전했다. 공개된 내용에는 중국은 앞으로 25년간 이란에 금융과 통신 등 사회기반시설과 신공항, 고속철도, 지하철 건설이 포함된 4,000억 달러 규모의 투자를 진행하기로 했으며 이란 내 자유무역지대 건설, 5세대(5G) 이동통신 사업도 포함되어 있다. 또한 무기 공동개발, 합동훈련, 첩보 공유에도 합의했다. 중국은 협력의 대가로 앞으로 25년 동안 이란산 석유를 대폭 할인된 가격에 수입할 예정이다.[67] 중국은 이로써 말라카 딜레마를 극복할 복안으로 파키스탄 남서부 과다르항에서 파이프라인으로 원유 공급, 러시아로부터 파이프라인으로 원유와 천연가스 공급, 이란에서 대규모 원유 수송으로 좀 더 안정적인 에너지 수급전략을 갖게 됐다.

이란 내에서 아프리카 사례와 같이 이란이 중국에 종속될지도 모른다는 우려가 팽배하지만 경제 제재 상황에서 이란이 나갈 수 있는 길은 중국과 협력하는 방법뿐이라는 의견이 우세하다. 미중패권경쟁에서 중국의 지속적인 발전을 위해서는 석유매장량 세계 4위, 천연가스 매장량 세계 2위의 에너지 강국, 인구 8,000만 명의 거대한 내수시장이 있는 이란과의 협력이 필요하며, 미국의 경제 제재로 어려움을 겪고 있는 이란도 중국과의 협력은 절실하다. 미국이 한발 물러선 중동의 공백을 러시아와 중국이 빠르게 채우고 있다. 중국은 러시아, 이란과 전략적 협력을 강화하면서 유럽과 중동으로 일대일로 사업을 확장하여 미중패권경쟁으로 인한 경제적 손실을 만회하면서 영향력을 확대하고 있다.

미국은 북극해·북극항로·천연자원 개발에 적극적으로 가담하여 러시아와 협력하면서 미국 주도의 북극항로 개척에 나설 가능성이 크다. 미 국방부가 2019년 5월 미 의회에 제출한 '2019 중화인민공화국의 군사와 안보 관련 현황'이라는 보고서에서 중국 인민해방군의 해군력 강화, 전력현대화, 사이버 전투력 확대를 지적하면서 현재 북극해에서 중국이 전개하는 민간연구 활동이 중국군 주둔을 뒷받침할 수 있으며, 핵 공격 억지를 명분으로 잠수함을 전개하는 등 중국이 북극에 군대를 보낼 우려도 보고서에 포함되어 있다. 미국은 중국의 북극해 개발 참여가 군사·안보 목적으로 사용될 경우 북극권 국가인 미국의 핵심이익을 침해당할 수 있다고 인식하고 있다.

푸틴 대통령은 2020년 7월 1일 실시된 국민투표에서 높은 득표율로 압도적인 지지를 받아 2024년 실시되는 대선부터 6년 임기의 대통령직을 두 번 연속 도전할 수 있게 되었다. 제도적 정당성을 확보하면서 37년간 집권할 수 있는 토대를 만든 푸틴 대통령이 장기 집권하기 위해서는 러시아가 과거의 번영을 회복하고 강한 러시아를 실현하기 위한 경제적 돌파구가 필요하다. 이를 위해 유럽의 에너지 시장에 대한 접근권, 서방 금융권이 좌우하는 신용등급 회복, 서방과의 기술력 공유, 국제적 이슈에 대한 결정권 등이 필요하며, 서방의 경제 제재 해제와 미러관계의 회복이 그 열쇠다. 러시아와 중국의 전략적 파트너십이 당장은 러시아의 국익에 도움이 될지 모르지만, 유라시아대륙에서 특히 러시아 극동지역과 중앙아시아 국가들에서의 중국의 영향력 확대, 대등한 중러관계에서 중국 우위의 관계로 역전되는 상황에서 러시아가 위협을 느끼는 것은 어쩌면 당연하다. 미국은 가시화되는 반미 연합을 막고, 중국과의 패권경쟁에서 확실한 승기를 잡기 위해서 러시아와의 관계 회복을 시도할 것이고, 러시아는 그 기회를 놓치지 않을 것이다. 미국과의 관계 회복은 유라시아대륙에서 강한 러시아를 재건하고 구소련 국가들을 규합하여 경제연합을 형성하려는 푸틴 대통령에게 러시아의 경제 부흥으로 계속 커지는 중국의 영향력을 제압하고 극동지역의 균형발전과 새로운 에너지 판로를 위한 아시아로의 진출을 실현할 수 있는 절호의 기회다. 물론 러시아는 미국과의 관계 회복을 위해 중국과의 관계를 단절하지는 않을 것이다. 중국과 에너지·경제 분야의 협력을 지속하면서 국제정치와 군사·안보 측면에서 서서히 거리두기를 하며 미국과 전략적 협력 폭을 넓혀나갈 것이다. 미중패권경쟁에 돌입한 중국에 러시아와의 협력은 절대적이다. 중국도 중앙아시아에서의 일대일로 사업, 러시아와의 에너지 협력, 경제적 이익 등을 고려하여 러시아와 최대한 전략적 관계를 유지하려고 노력할 것이다.

시진핑 집권 2기를 맞아 중국은 미국이 규정하고 만들어놓은 기존의 자유주의적 국제질서에 순응하고 적응하는 단계에서 벗어나 중국이 주도하는 새로운 규범과 제도를 만들어나가면서 중국 중심의 역내 질서를 구축해나간다는 구상을 밝히고 있다. 따라서 중국은 2049년까지 중국 특색 사회주의 강국 건설을 위해 모든 수단을 동원하여 일대일로와 중국식 세계화 전략을 적극적으로 추진하면서 글로벌 거버넌스를 통해 영향력을 확대하고, 미국의 인도·태평양 전략에 대응할 것이다. 또한 국가가 주도하는 시장 중심 경제개혁(국가 자본주의)을 적극 추진하여 미국식 신자유주의 모델에 대응하는 '신권위주의적 중국 특색 사회주의 모델'의 청사진을 제시하고 '강군의 꿈(强群夢)'을 추구하

는 한편, 인류문명공동체 추진을 통해 중국적 가치와 제도의 보편화를 시도할 것이다.[68]

미중패권경쟁과 인도·태평양 전략은 중국의 육상 실크로드 전략을 촉진할 것으로 예상된다. 미국과의 전면전은 지난 6년 동안 중국이 추진해온 일대일로가 새로운 국면을 맞이했음을 의미한다. 일대일로 1기에 해상 실크로드와 강군전략을 연계했다면, 일대일로 2기는 육상 실크로드 강화와 경제통합·기술표준화에 주력할 것이다. 육상 실크로드는 중국에 상대적으로 우호적인 인접국이고, 정치적·경제적 기반이 약한 중앙아시아가 될 것이며, 중러관계의 긴밀화를 이용해 러시아를 통해 유럽으로의 확장을 본격화할 것이다. 이미 헝가리·폴란드·그리스·포르투갈이 일대일로에 참여했으며, 일대일로 참여에 신중해야 한다는 여론에도 불구하고 최근 이탈리아가 G7 중 처음으로 일대일로와 양해각서(MOU)를 체결했다. 중국은 아시아 인프라 투자은행(AIIB), 신개발은행(NDB)의 자금력과 3조 달러가 넘는 외환보유고[69]를 바탕으로 위안화 중심의 경제통합을 추진하고, 인공지능, 5G, 4차 산업혁명, 나아가 우주 시대를 대비하여 중국 중심의 기술표준화를 적극적으로 추진할 것이다. 러시아는 그동안 우려해왔던 중앙아시아 경제의 중국 종속화가 가시화될 것이다. 따라서 중러관계가 유라시아대륙 내에서 구조적으로 안고 있는 경쟁과 갈등이 증폭될 것으로 예상된다. 중국이 육상 실크로드를 통해 현실화할 '중국식 세계화', '미국 없는 세계화'가 중앙아시아 국가와 CIS 국가를 교두보로 삼는다면 러시아는 이를 큰 위협으로 간주할 것이다.

트럼프 행정부 초기 러시아와의 관계 개선 시나리오는 러시아가 2016년 미 대통령 선거 당시 러시아에 우호적인 트럼프 후보를 당선시키기 위해 대통령 선거에 개입했다는 의혹이 불거지면서 수면 아래로 묻혔다. 현재 러시아와 중국의 전략적 파트너십은 매우 공고해 보이며, 에너지 협력으로 더욱 강화된 양국의 관계가 미국으로 인해 냉각되리라는 것은 쉽게 이해가 가지 않을 수 있다. 그러나 중러관계는 항미 성격의 전략적 관계라는 것을 잊지 말아야 한다. 영원한 적도, 영원한 친구도 없는 국제사회에서 앙숙 관계였던 러시아와 중국이 전략적 관계를 강화해온 것처럼, 러시아는 경제 부흥과 번영을 위해, 미국은 앞으로 30년은 지속될 미중패권경쟁에서 압도적으로 중국을 제압하기 위해 양국이 협력하는 것은 국익을 최우선으로 하는 현실주의적 관점에서 합리적인 선택이 될 수 있다.

코로나19 팬데믹 시대, 러시아의 외교전략

러시아의 코로나 확진자 수는 515만 명(2021년 6월 현재)을 넘어 러시아는 세계에서 여섯 번째로 많은 확진자가 발생했다. 러시아는 중국과의 국경 봉쇄, 코로나19 유급휴가 기간 공포 등 강력한 이동 제한 조치에도 불구하고 지역 감염이 확산되었다. 그러나 내부적 어려움에도 불구하고 러시아는 지금의 국제질서 상황을 기회로 포착한 듯하다.

러시아는 보건부 산하 가말레야 국립 전염병·미생물학센터가 러시아 국부펀드 러시아직접투자기금(Russian Direct Investment Fund, RDIF)의 지원을 받아 개발한 코로나19 백신 '스푸트니크V'를 세계 최초로 승인했다. 미국, 유럽 등 서구권의 불신에도 불구하고 동남아, 남미, 중동 등 비서구권 국가들은 서둘러 백신 구매를 신청하고 공동생산에 합의하며, 각국 대통령들이 먼저 백신을 접종하겠다고 나섰다. 2020년 9월 5일 이란이 '스푸트니크V'를 이란에서 생산하는 방안을 논의했으며 사우디아라비아도 러시아와 백신 공동생산을 논의했다. 필리핀, 베트남, 브라질, 베네수엘라, 멕시코 등도 구매를 희망하고 있으며, 인도의 제약회사들도 생산 제안을 받고 검토 중이다.[70]

2015년부터 지속된 러시아의 시리아 군사 개입은 중동에 대한 러시아의 지역적 영향력 확대의 기반이 되고 있다. 러시아는 2018년 12월 미국의 시리아 철군 이후 중동에서 생긴 미국의 공백을 빠르게 메우고 있다. 2020년 6월 17일 「카이사르법(Caesar Act: Caesar Syria Civilian Protection Act)」[71]이 발효됨에 따라 바샤르 알 아사드 시리아 대통령은 "미국의 새로운 제재에 대처하기 위해 러시아의 경제 핵심 분야에 대한 투자를 원하며, 양국은 교역관계 증진, 에너지, 광산, 전력 사업 협력을 재검토할 것"이라고 밝혔다. 러시아는 시리아 내전 개입으로 중동에 대한 러시아의 영향력 행사 거점으로서 시리아 타르투스 항구(Tartus Port)의 러시아 해군기지의 입지를 확고히 했다.[72] 또한 2020년 1월 3일 미국의 이란 장성 암살과 7일 이란의 보복 미사일 공격으로 인한 혼란에 대해 푸틴 대통령이 "미국과 이란 양측을 비난하면서 무력 사용은 중동의 새로운 악순환을 초래하고 모두의 이익을 해친다"는 성명을 발표하며 중동에서 '평화의 수호자'의 입지를 강화했다. 1월 8일에는 터키 이스탄불의 '투르크 스트림'[73] 개통행사에 참여한 푸틴 대통령은 "현재 불행하게도 중동의 긴장이 강화되고 있지만, 터키와 러시아는 양국과 모든 유럽을 위한 협력의 다른 표본을 보여주었다"라며 러시아 에너지 외교가 평화를 수호하는 데 기여함을 부각했다.

러시아는 중동에 이어 아프리카에도 영향력을 확대하기 위해 노력하고 있다. 2019년 10월 24일 러시아 남부도시 소치에 아프리카 43개국 정상 또는 정부 대표를 초청해 첫 '러시아·아프리카 경제회의'를 열고, 러시아와의 군사협력을 촉구했다. 러시아는 이미 아프리카 30여 개국과 군사협정을 맺고 각종 무기를 공급하고 있으며, 시리아에서의 대테러전 경험이 있어 러시아와의 군사협력이 내전과 국지전을 겪고 있는 아프리카 나라들에 많은 도움이 됨을 피력하고 있다. 러시아는 중국-러시아-이란의 군사협력을 강화하고 이란과 시리아를 지원하는 한편, 오랫동안 인도에 항공모함과 핵잠수함을 비롯한 최신 무기를 공급하고 있다.

코로나19 팬데믹이 미중패권경쟁을 무역, 기술, 군사 분야의 경쟁뿐만 아니라 이데올로기의 대립으로 확장한 것처럼 포스트 코로나 시대에 푸틴 대통령의 장기집권에 대한 정당성 확보와 백신, 에너지, 군사 협력으로 영향력을 넓히는 러시아의 행보가 국제질서의 지형에 변화를 주는 주요한 변수가 될 수 있다.

한러 협력과 한반도의 미래

한러 협력, 기회와 가능성

동북아시아는 경제발전, 에너지 협력, 4강의 지정학 전략으로 가장 역동적인 공간으로 변모했다. 한국은 지난 70년 동안 경제성장으로 아시아의 기적을 이루었지만, 분단의 아픔과 전쟁의 위협을 안고 지냈고, 북한이 생존을 위해 선택한 핵과 미사일 개발은 대규모 경제 제재와 외교적 고립을 야기했다. 결과적으로 한국은 해양진출을 통한 세계화를 추구해왔고, 대륙과의 연결을 꿈꿔왔다. 우리에게 발해와 옛 고구려 땅은 분단과 단절로 육로로 연결되지 못한 그리움의 땅이다. 분단을 극복할 수 없는 현 상황에서 휴전선을 두고도 대륙과 연결할 수 있다면 우리는 무엇보다 우선적으로 그것을 해야 한다. 21세기는 연결의 시대다. 섬과 대륙과의 연결, 에너지·물류의 연결, 항만 간의 연결, 대륙의 경계를 넘는 철도의 연결이 곧 경제발전, 평화정착의 길이다. 이러한 모든 연결이 나라의 경제발전과 생존, 국제적 영향력, 인류의 평화와 연결된다면 분단된 국가 한국이 해야 할 일은 러시아를 비롯한 북방지역 국가들과 철도·에너지·물류망을 연결하는 것이다. 현재 한국은 신북방정책과 신동방정책이 조응하는 북방경제협력의 최적기를 맞아 북방이 다시 우리의 활동 무대가 되고, 더 나아가 경제협력의 공간을 창출할 수 있는 시대가 도래했다.

북방경제협력을 통해 분단 이후 해양진출을 통한 경제성장으로 편중되었던 한국의 경제협력구조를 대륙으로 확장함으로써 한국은 첫째, 해륙국가로서의 위상을 정립하고, 러시아·중앙아시아와의 실질적인 경제협력을 통해 동아시아 중추국가로서 경제영토를 확장하여 신성장동력을 확보할 수 있다. 둘째, 한반도의 지정학을 뒷받침할 지경학적 요소를 갖춤으로써 전략적 지정학을 통한 한국의 영향력 확대를 모색할 수 있다. 셋째, 한반도 평화체제하에서 북방에서의 정치·경제·안보·문화의 다자협력공간 확보를 도모할 수 있다. 이러한 측면에서 북방경제협력은 한반도 전략적 지정학에 부합한다고 볼 수 있다. 신북방정책은 북방지역 국가들과의 경제협력과 동북아 내의 지정학적 긴장 해소, 한반도 평화체제에 대한 지지와 한국의 생존 및 번영에 우호적이고 협력적인 환경을 조성하려는 정치·외교적 전략도 포함되어 있다. 북방경제협력은 경제적으로 시장 다변화, 4차 산업혁명 기술협력,

대륙에너지, 물류망 구축 등 한국 경제에 신성장 동력을 창출, 러시아·중앙아시아 국가들과 우리나라의 발전 경험을 공유하여 호혜적 이익을 도모하는 데 목적이 있다. 외교·안보 측면에서 러시아가 동북아 협력과 통합, 한반도 평화체제 구축을 지지하는 중재자, 조력자임을 감안할 때, 러시아의 역할과 의미에 비해 한러관계의 발전은 이를 따라가지 못하고 있다. 한국과 러시아, 카자흐스탄·우즈베키스탄·몽골·중국 동북 3성은 역사적·문화적으로 밀접한 관계임에도 불구하고, 한국과 북방지역 사이의 인적·물적 교류는 지리적인 인접성과 경제적인 보완성에 기초한 잠재력에 크게 못 미친다. 특히 북한의 존재로 육로를 통한 교류가 불가능하다는 사실은 한국과 북방지역 간 교류에 결정적인 장애 요인으로 작용해왔다.[74] 한러는 2017년 9월 블라디보스토크 정상회담에서 한-EAEU 간 FTA 협상을 조속히 진행하기로 합의했다.[75] 러시아는 극동개발을 추진하면서 한국의 적극적인 진출을 원하고 있다. 러시아와 중앙아시아 국가는 중국의 대규모 노동력과 자본의 진출을 국가적 위협으로 느끼는 반면, 한국은 안보에 대한 위협요인이 없고 최첨단 기술을 보유한 제조업 강국으로서 러시아와 상호보완적 산업구조를 가지고 있기 때문이다.

동북아에 아직 형성되지 않은 지역협력체 구성을 위해서도 북방경제협력은 의미가 있다. 문재인 대통령은 북방경제협력이 모태가 되어 철도공동체, 에너지공동체 등의 경제공동체로, 더 나아가 동북아 다자평화안보협력체로 이어져 동북아공동체로 발전할 것이라는 비전을 제시했다. 한반도-유라시아-유럽을 잇는 교통·물류 인프라 구축은 동북아와 유라시아대륙 전체의 번영을 가져올 것이라고 강조했다. 한국 경제의 새로운 변화의 방향을 설정하고 대중국 경제의존도를 낮추는 경제전략 수립에 한국을 환영하는 큰 시장인 한러의 경제협력은 양국에 기회가 될 것이다.

북방경제협력과 신동방정책(New East Policy)

러시아는 저유가와 크림반도 병합으로 서방의 경제 제재로 어려움을 겪고 있지만, 원유매장량 세계 5위, 천연가스 매장량 세계 2위, 석탄매장량 세계 3위의 에너지 강국이다. 러시아는 20세기 산업화에 집중했으나 성공을 거두지 못했고, 21세기에 들어서면서 금속·곡물·에너지·천연자원 탐사 개발에 집중했다. 러시아 경제에서 석유와 천연가스 수출이 정부 재정수입의 50%를 웃돌며, 천연가스 수출의 약 70~80%가 파이프라인을 통해 유럽으로 수출된다. 유럽은 현재 러시아의 천연가스를 대체할 만한 대안이 없기 때문에 에너지 공급에 있어 러시아에 의지할 수밖에 없다. 미국의 정치학자 조지 프리드먼(G. Friedman)은 러시아의 이러한 지정학적 접근에 대해 러시아를 지탱하는 지속가능한 경제적 기반을 확보했다는 측면에서 탁월한 선택이라고 지적한다. 소련의 붕괴로 쇠락했던 러시아는 지역 패권국으로서의 위상을 상당 부분 회복하고 에너지와 자원으로 국제질서에 영향력을 행사할 수 있게 되었다. 에너지·천연자원·북극권 개발은 러시아의 경제만 책임지는 것이 아니라 외교·안보 측면에서 러시아 국가경쟁력의 핵심으로 작용하고 있다. 러시아는 에너지를 매개로 중국과의 협력을 강화하고, 북한과는 김정일 위원장의 세 차례 방러에 이어 2019년 4월 김정은 위원장이 푸틴 대통령과 정상회담을 하면서 우호적인 관계를 유지하고 있다. 일본과는 남쿠릴열도 분쟁에도 불구하고 극동지역 중심의 에너지·경제협력을 확대하면서 동북아시아 국가와의 관계 유지와 경제협력에 주력하고 있다. 러시아는 한반도 평화를 적극적으로 지지하며, 남-북-러 에너지 협력을 기대하고 있다. 러시아는 동북아 국가와의 경제·에너지 협력 촉진, 외국인 투자 유치를 위한 '동방경제포럼(Eastern Economic Forum)'을 2015년부터 매년 개최하고 있다.

러시아는 극동지역을 동아시아 경제의 블루오션으로 만들기 위해 총력을 기울이고 있고, 이미 중국과 일본의 경제협력이 일부 가시적 성과를 내고 있다. 정권 3기를 맞이한 푸틴 정부는 유럽과의 경제협력에 한계를 인식하고 자국 경제의 아태지역 편입을 통한 러시아의 미래를 새롭게 모색해보겠다는 의지가 확고하다. 푸틴 대통령은 자원의존형 경제구조를 탈피하기 위해 외자투자 유치, 경제 현대화와 수입대체산업 육성 및 극동지역 개발에 주력하고 있다. 주요 육성산업은 항공, 우주, 제약·의료, 전자, 농업 등이다. 러시아 극동개발정책은 전례없는 '과감한 개방' 및 '전담기구의 체계화·법제화'에 의한 안정적 투자 플랫폼을 구축했다. 푸틴 대통령은 2012년 5월 3기 출범과 함께 극동개발부를 신설하고 극동투자유치청, 극동개발펀드, 극동인력개발청, 극동개발공사 설치 및 선도개발구역법, 블라디보스토크 자유항법 등 연방 차원의 법적 기초를 마련했다. 선도개발구역법은 운영 주체, 입주사 혜택, 입주 신청절차, 입주계약 해지조건 등을 규정하고, 블라디보스토크 자유항법은 세제 혜택, 통관비자, 절차 간소화, 외국 의료진의 자유항 내 의료활동 허가 등을 규정하고 있다.[76] 2017년 2월 현재 극동 선도개발구역 입주기업은 118개, 자유항 입주기업은 143개로 집계되었다. 러시아 정부는 약 5억 5천만 달러, 입주기업은 약 85억 달러를 투자했고, 약 3만 개의 일자리를 창출했다. 2015년 10월 「블라디보스토크 자유항 지정에 관한 연방법」을 시행하여, 군사기지로 묶어두었던 블라디보스토크를 개방해 극동개발의 거점으로, 북극항로 개발의 전초 사업으로 중점 육성하고 있다. 블라디보스토크항은 연해주 15개 항만과 함께 러시아 최초로 70년간 자유항 지위를 유지한다. 러시아 정부는 블라디보스토크항을 홍콩, 싱가포르와 같은 세계적인 자유항이면서 아태지역 물류 중심지로 개발하는 목표를 설정하고 있다. 최근 극동개발정책이 기존 방식과 다른 점은 과거에는 러시아 정부가 주로 개발프로그램에 자체 예산을 배정하는 식이었으나, 지금은 연방법으로 투자환경 개선책을 주체적으로 보장하고 장기적인 사업투자 플랫폼을 구성하는 것이다. 러시아 정부는 2015년 3월 30일 「선도사회경제개발구역에 관한 연방법」을 시행하고 2017년 현재 극동지역에 15개의 선도개발구역을 지정했다. 이 법은 부가세 환급 기한을 10일로 규정하고, 극동개발부의 동의 없이 특별세무조사가 불가하도록 했으며, 입주기업에 대해 외국인 노동비자를 무제한으로 발급하겠다는 파격적인 내용을 담고 있다.

한국과 러시아는 항만자유경제지역으로 지정된 곳을 중심으로 항만 개발 및 터미널 확충 사업에 참여하고, 조선 분야에서는 러시아와의 합의를 기초로 극동지역의 조선소 현대화사업을 병행하여 러시아와의 전략적 협력 기반을 강화할 수 있다. 러시아는 해륙복합운송체계를 가지고 있으므로 항만과 연계된 철도 인프라의 현대화가 가속될 전망이므로, 이 분야로의 진출 가능성도 있다. 먼저 진출한 훈춘포스코현대 국제 물류단지와 자루비노항을 연계하여 중앙아시아, 중국 등에서 물류를 유치해 자루비노항을 한-중-러 물류 거점항으로 육성하며, 향후 남-북-중-러 물류망으로 활용하는 것을 고려해볼 수 있다. 한국은 북극항로 개발 참여를 적극적으로 검토하고 참여 기회를 확보해야 한다. 본격적인 상업화까지 많은 한계와 장애 요인이 존재하지만 그 잠재력은 무시할 수 없다. 현대경제연구원은 2017년 9월 발간한 보고서 「북방에서 찾는 기회, 유라시아 경제권」에서 한국과 EAEU의 FTA로 러시아의 한국산 제품 수입 관세가 1%p 인하되면 대러시아 수출은 약 3.3% 증가할 것으로 추정했다. 한-EAEU FTA 체결과 기업 활동을 저해하는 규제, 비관세장벽 완화 등을 위해 한국과 러시아가 공동 노력하고 가능한 분야에서부터 긴밀하게 협력해야 할 것이다.

러시아는 유럽과 미국의 경제 제재로 유럽 내에서 정치적·경제적 입지가 축소되었다. 원유와 천연가스 등 에너지 자원의 수출이 러시아 국가 수입의 약 70%로, 유럽으로의 수출물량이 줄어드는 것은 러시아 경제에 타격이 크다. 에너지·자원 강국인 러시아가 동방으로의 에너지 수출길을 여는 것이 현재 가장 중요한 이슈다.

러시아는 2016년 사우디아라비아를 제치고 중국의 최대 원유공급자가 되었다. 중국의 원유수입에서 러시아의 비중은 매년 급증했다(2013년 8.8%, 2015년 11.9%, 2016년 13.8%). 현재 러시아는 서시베리아의 원유를 ESPO를 통해 중국에 공급하고 있고, 유럽으로 가는 물량을 줄이고 있다. 동시베리아 유전에서의 생산량(원유 가채매장량 200억 배럴)이 여의치 않아 서시베리아(원유 가채매장량 1,800억 배럴)에서 생산된 원유를 카자흐스탄과 스왑거래를 통해 중국으로 수출을 늘리고 있다. 중국은 러시아와 극동 농업개발을 위한 대규모 농업펀드를 출범시켰고, 연해주의 5성급 호텔 건설, 수력발전사업 협력, 물류와 농업 분야까지 전면적으로 협력하고 있다. 일본도 농업과 에너지 분야에서의 협력을 강화하고 있다. 일본기업 JGC Evergreen의 하바롭스크 온실하우스 사업(투자액 5억 루블/ 약 100억 원, 인력 50명)이 일본 농업 성공사례로 러시아에 널리 홍보되었다. 실질적으로 2011년 후쿠시마 원자력발전소 사고 이후, 일본은 청정지역에서의 안정적인 농수산물 공급이 절실하다. 일본은 우리나라와 마찬가지로 중동 원유에 대한 의존도가 매우 높다(사우디아라비아 30%, UAE 25%, 쿠웨이트 8%, 카타르 8% 등 총 80% 상회). 이를 완화하기 위해 약 10%의 원유를 러시아에서 도입하고 있다. 2006년부터 사할린-1 프로젝트에서 생산된 원유를 도입하기 시작했고, 2008년부터는 사할린-2 프로젝트에서 그리고 2009년 말부터는 ESPO-2라인을 통해 도입하고 있다. 사할린에서 홋카이도를 경유, 혼슈로 연결하여 도쿄로 이어지는 것이다. 이 1,500km의 파이프라인을 통해 연간 최대 25bcm의 천연가스를 수송할 수 있다. 60억 달러 정도의 비용이 예상되며 2022년 완공을 목표로 추진되고 있다. 이 파이프라인이 연결되면 일본은 파이프라인을 통해 대륙과 연결되며, 안정적으로 천연가스를 공급받는다. 가스관이 연결되면 그 옆으로 송유관과 전력망도 연결될 수 있다. 러시아로서는 유럽의 창이 닫힌 만큼 동북아에서의 안정적인 천연가스 판매라인 확보가 절실히 필요하고 동북아 경제의 중심인 한-중-일은 해양을 통해 공급되는 중동산 석유에 대한 의존도를 낮추고 환경오염이 적은 천연가스 도입이 필요한 상황이다. 러시아와 한-중-일의 에너지 협력은 모든 경제 주체에게 이익이 되며, 동북아시아의 에너지 안보를 든든히 하고 정치적 대립을 완화하는 데 기여할 것이다.

대륙과의 연결, 한러, 남-북-러의 경제협력 방안

문재인 정부는 최초로 대통령 직속 '북방경제협력위원회'를 신설(2017년 6월 26일)했다. 위원회의 설립 목적은 "동북아시아를 포함한 유라시아 지역 국가와의 연계를 강화해 우리 경제의 미래 성장동력을 창출하고, 남북한 통일의 기반을 구축하기 위함"이다. 2017년 9월 7일 블라디보스토크에서 열린 제3차 동방경제포럼에서 문재인 대통령이 '9-브릿지 전략'(가스 · 철도 · 항만 · 전력 · 북극항로 · 조선 · 일자리 · 농업 · 수산)을 발표하면서 러시아의 극동개발에 적극적으로 참여할 의지를 밝히고, 남북 간의 어려움으로 진척시키지 못했던 사업을 포함하여 러시아와의 협력을 우선 목표로 삼을 것을 피력했다. 문재인 대통령이 동북아 국가들이 협력하여 극동개발을 성공시키는 일은 북핵 문제 해결의 또 하나의 근본적인 해법이라고 언급한 것은, 성공하는 경제모델을 보여줌으로써 비핵화 이후 북한이 경제협력으로 얻을 이익을 보여준다는 데 의미가 있다. 역대 정부의 한러 경제협력은 실질적인 진전 없이 흐지부지된 경우가 많았고 러시아에 신뢰를 주기 어려웠다.

북한에 대한 경제 제재가 유지되는 상황에서 러시아와의 경제협력은 북한을 포함한 사업과 한러 경제협력을 분리해서 접근해야 한다. 북한을 포함한 다자경제협력을 추진할 여건이 마련될 때 착수할 수 있도록 북한을 포함한 남-북-러 사업(철도 · 도로 · 가스관 · 송유관)을 준비하되, 현 상황에서 실현 가능한 한러 경제협력에 주력하는 실리적 접근이 필요하다. 북한이라는 심리적 · 지리적 제약을 넘어 한국과 러시아의 경제협력이 활성화되면 북한은 한국, 러시아와 경제협력을 더욱 원할 것이다. 한러 경제협력은 협력 가능한 분야부터 성공사례를 만들고 경험과 신뢰를 축적해야 한다. 그런 의미에서 2019년 2월 13일 한러 북방경제 분야별 협력 비전과 실행계획을 담은 '9-브릿지 행동계획'의 합의는 한러의 실제적인 경제협력 활성화에 크게 기여할 것으로 기대된다. 한국은 수산물류가공복합단지 건설사업, 쇄빙 액화천연가스

(LNG) 운반선 수주, 슬라비얀카항 현대화 등에 참여를 희망하며, 유럽행 급행화물열차 블록트레인(Block Train)을 이용한 물류 수송 정착을 위해 노력하고 있다. 한러 통합네트워크 구축을 통한 전략적 이익공유 방안으로는 유라시아 복합물류망 구축, 동북아 수퍼그리드 구축, 한러 천연가스 협력, 북극항로 진출로 해운, 조선 등 신시장 개척 등을 들 수 있고, 산업협력 고도화를 통한 신성장동력 창출 방안으로는 한러 혁신 플랫폼 구축, 4차 산업혁명 대응 산업혁명 강화, 보건의료 및 헬스케어 산업협력 확대, 농수산 분야 진출 활성화 등을 들 수 있다.[77] 최근 한국교통연구원에서 '철도공동체가 구축되면 동아시아 주요 도시의 일일 생활권 연결이 가능하고 세계 최대 규모의 경제권이 형성될 것'이라는 보고서를 발표했다. 문재인 대통령이 제안한 동북아 6개국과 미국이 참여하는 동아시아 철도공동체가 탄생하면 동북아공동체로 발전 가능할 것이다. 미국을 포함한 동아시아 철도공동체 국가들의 국내총생산(GDP)은 39조 6천억 달러로 전 세계 GDP의 49.8%에 달할 것으로 추산된다.[78]

분단국가인 한국에 상당히 오랜 기간 동안 대륙과의 연결은 통일을 제외하고 생각할 수 없었다. 70년 동안 섬처럼 존재해온 한국에 대륙과의 연결은 절실하다. 역대 정부들도 북방경제협력에 대해 정책적으로 다각적인 노력을 기울였지만, 그 협력들이 실효성이 없었던 이유는 북핵 문제, 국제정세와 더불어 북방경제협력 대상 국가인 러시아가 아시아와의 경제협력에 집중하지 않았다는 점, 한국이 중앙아시아의 잠재력을 염두에 두지 않았다는 점 등을 들 수 있다. 이제 북방경제협력은 거대담론에서 벗어나 구체적인 경제협력의 실제성을 갖추도록 노력해야 한다. 정부의 보여주기식 외교적 성과에 그쳐서는 안 되며,

경제협력을 통해 북방경제협력 국가들과의 신뢰를 쌓아야 한다. 러시아는 유럽으로 난 창이 닫히고 있고, 세계경제의 중심이 아시아로 이동함에 따라 아시아국가와의 협력을 통해 경제 발전의 동력을 얻고자 한다. 한국도 경제협력의 돌파구가 필요하다. 한국의 신북방정책과 러시아의 신동방정책의 조응은 양국이 바라는 북방경제협력과 극동지역 개발 현실화를 앞당길 것이다. 러시아의 극동지역 발전의 정책 지원에 힘입어, 한러 경제협력 방안을 적극적으로 모색하고, 가능한 분야에서부터 순차적으로 접근해야 한다. 21세기에 한반도는 지정학적 위치를 이용하여 에너지 흐름을 연결하고, 강대국과 공동이익을 창출하며, 한반도의 평화를 지켜나가야 한다. 한국은 러시아와의 연계성 강화, 상생 외교전략으로, 어느 때보다 명민한 외교와 전략적 경제협력이 요구된다.

남-북-미-러, 한반도 최상의 시나리오

한반도에 가장 좋은 시나리오는 남-북-미-러가 협력하는 것이다. 미국이 중국 견제를 위해 친러정책을 추진할 경우 중러관계가 약화되어 러시아의 중국 견제가 가능해지고, 남-북-미-러의 협력관계로 동북아의 평화와 번영, 한반도 신경제지도 완성, 중국·일본과의 대등한 외교관계 정립이 가능할 것으로 예상한다. 남-북-미-러가 협력하고 중국과 일본이 조력자 역할을 하는 구도에서 한반도의 평화와 번영을 위해 필요한 협력 계획을 실현할 수 있다. 북한의 완전한 비핵화와 시장경제로의 편입, 한반도 평화정착에 따른 남북한 주도의 경제협력, 한반도-유라시아 철도 연결, 송유관·가스관·전력망 등 메가프로젝트급 남-북-러 경제협력, 한반도의 항구적 평화를 위한 동아시아 안보협력체 구성 등이 실현되면 동북아는 군사적 긴장이 완화되고 항구적 평화가 정착되며 상호보완적 경제구조를 통한 평화경제를 이룰 수 있다.

이 구도에서는 미국의 동아시아 영향력 유지, 미국을 통한 중국·일본 견제, 러시아를 통한 중국 견제가 이루어짐으로써 역내 국가들은 갈등을 통한 영향력 확대보다 협력을 통해 발전적 관계를 형성하려 할 것이다. 반대로, 중국이 공세적으로 한반도에 영향력을 투사하게 되면 남-북-중 접경 지역의 경제협력이 일대일로 전략 내로 편입될 가능성이 높아지고 중국이 주도권을 가지게 될 것이다. 또한 중국은 일대일로를 한반도 내로 확장하고, 나진·청진항을 이용한 경제적·군사적 영향력 확대와 동해를 통한 북극해 진출을 모색할 것이다. 북한을 통한 중국의 영향력 확대는 남-북-미-일-러에 위협으로 인식될 것이다. 따라서 중국의 영향력 확대를 견제하지 않는다면 동북아시아의 군사적 긴장을 완화하기 어렵다. 결과적으로 미러에 의한 중국 견제가 이루어지지 않으면 미국은 지금과 같이 일본을 통한 중국 견제에 나설 것이고 일본의 군사력 강화는 한반도와 동북아시아의 평화를 저해하는 요인으로 작용할 것이다. 따라서 남-북-미-러의 협력이 한반도의 항구적 평화를 위해 가장 좋은 시나리오다.

한국의 중러관계에 대한 대응은 중국에 대한 경제의존도를 낮추고 러시아와의 협력을 확대하는 전략이 필요하다. 중국이 사드 배치로 인해 한국에 행한 경제보복을 교훈 삼아 중국의 강압적인 태도에 의연하게 대처해야 한다. 중국은 한국의 높은 대중 경제의존도를 지렛대로 한국을 압박하겠지만 차이나 리스크에 대비하고 중국과 대등한 파트너십을 유지하기 위해서는 한중 경제협력 구조를 조정해나가야 한다. 한중 경제협력 구조가 상호보완 구조에서 경쟁 구조로 바뀌고, 대중 수출에서 중간재 비율이 높아 중국 경제성장률과 수출 둔화에 큰 타격을 입을 수 있다. 한국은 중국과의 경제협력에 있어, 서비스산업 협력과 최종재 수출비중을 높이고, 새로운 경제협력 모델을 발굴해야 한다. 한국은 미중패권경쟁으로 중국의 급부상이 저지되는 상황을 이용하여, 한국이 한미동맹을 기반으로 한 중국과의 대등한 정치·경제·외교적 협력을 원함을 중국에 보여주는 것이 현재뿐만 아니라 미래 한반도 평화정착 후의 대등한 남-북-중 경제협력과 한중관계를 위해 반드시 필요하다.

남-북-미-러의 협력을 위해서 한국은 러시아와 적극적인 경제협력을 추진해야 한다. 역대 정부의 북방경제협력이 북핵 문제로 답보상태에 머물렀으나 한국의 신북방정책과 러시아의 신동방정책의 합일점을 찾아 상호보완적 경제구조의 이점을 살려 실행 가능한 협력부터 추진해 한러 간 경제협력의 신뢰를 구축해야 한다. 북한 비핵화 진전에 따라 북한 제재 완화 시 철도·가스관·송유관 등 대규모 남-북-러 경제협력을 준비하고, 한-EAEU FTA 체결 노력, 중앙아시아 국가들과 협력해 신성장동력을 확보해야 한다. 남북관계가 롤러코스터를 타고 있는 형국에서 한러의 협력과 번영은 북한의 개혁·개방을 견인하고 북한이 참여할 수 있는 경제협력의 바탕을 마련하는 것은 남북경협을 준비하는 또 다른 방편이다. 현 동아시아 정세를 도전과 기회로 생각하고 한반도 평화를 실현하고 한국의 위상을 높일 수 있는 기회로 만들어야 한다.

동북아는 미중패권경쟁, 중러관계 긴밀화, 한미동맹, 미일동맹, 일대일로와 인도·태평양 전략, 남중국해 영유권 분쟁과 항행의 자유 작전 등 지정학 전략에 의한 국가 간 연합과 갈등이 혼재해 있으며, 군사적 긴장도 높아지고 있다. 중국은 '일대일로', '강군전략', '중국제조 2025' 등의 전략으로 세계 일류를 위한 패권 도전에 나섰고, 미국도 미중패권경쟁과 인도·태평양 전략으로 정면 대응하고 있다. 최근 미국은 대만을 국가로 인정하고 대만을 인도·태평양 전략의 거점으로 삼을 것을 시사하면서, 일국양제를 추구하는 중국에 최대 압박 카드를 사용했고, 중국의 「홍콩보안법」 시행 강행으로 미국이 2020년 7월 홍콩의 특별지위를 박탈한 데 이어 8월 범죄인 인도, 국제수형자 이송, 선박의 국제운항 수입에 대한 상호 세금 면제 협정을 파기했다. 무역에서 시작된 갈등은 경제·군사·안보 분야로 확전되고 자유민주주의 대 사회주의의 이념 논쟁으로 확대되었다.

수교 70주년이 넘는 중러는 양자 수준, 지역 수준, 글로벌 수준에서 서방과 미국에 긴밀하게 대응하며 공동의 이익을 추구해왔다. 그러나 중러관계는 전략적 협력관계로 구조적 한계성을 가지고 있다. 중러의 긴밀화에 제약을 가하는 요인은 여러 가지가 있겠으나 가장 핵심은, 중러가 인식하는 위협이 더는 공동의 위험이 아닐 경우, 또는 유라시아대륙 내에 국경을 맞대고 있는 강대국들의 협력이 한 국가의 영향력 약화로 이어질 경우다. 미국의 견제로 해상 실크로드 구축이 어려운 상황에서 중국은 육상 실크로드에 집중할 것이다. 중국이 육상에서 전개하는 일대일로는 지금까지 구축해놓은 인프라를 바탕으로, 중국 특색 사회주의 강국 건설의 핵심인 경제통합으로 진행될 것이고, 그 중심 지역이 중앙아시아와 CIS 국가, 러시아가 될 것이다. 이는, 서방의 제재와 저유가로 인해 외국의 투자가 절실한 러시아에 경제성장에 필요한 동력 확보 수단으로 작용하겠지만, 장기적으로 유라시아 전체가 일대일로 사업장이 되며, 중국에 대한 참여국들의 경제종속이 심화될 것이다. 반대로 세계경제의 저성장 기조와 미중패권경쟁으로 경제성장률을 높이기 위해 총력을 기울이는 중국에 중국 중심의 경제질서를 구축하는 돌파구가 될 것이다.

일대일로 사업은 세계경제 성장에 기여한 바 있다. 그럼에도 국가발전의 청사진을 믿고 일대일로에 참여했던 많은 국가들이 부채에 허덕이고 있으며, 건설된 인프라가 중국의 전략적 요충지로 사용되거나 영토의 일부 또는 천연자원이 중국의 소유가 되는 국익 침해도 감내해야 했다. 인프라 건설의 시공사가 중국 회사이고 중국에서 조달된 건설 장비와 자재, 중국인 노동자까지 감안하면, 중국의 일대일로 투자가 협력국의 경제성장에 미치는 효과는 미미하고 오히려 경제침탈, 채무제국주의, 극한 반중감정 등 국민 정서와 협력국 경제에 악영향을 미치고 있다. 중국은 러시아와 협력하면서 중러가 공동으로 참여하는 글로벌 거버넌스인 SCO와 CICA를 통해 중국식 세계화의 기반을 닦았고, 포용적인 태도로 중앙아시아와 CIS 국가들이 중국의 세계화에 동참하도록 설득하고 있다. 그러나 극동지역 개발 등 중국의 경제적 이익독점이 가시화되고, 이에 따른 러시아의 두려움도 커지고 있다. 여기에 가장 중요한 변수는 미국이 될 수 있다. 중러의 전략적 관계의 근본적인 원인은 미국의 압박이며, 자존심을 지키면서 미국과 관계 개선을 할 수 있다면 중국이나 러시아도 그것을 원할 것이다. 미국이 러시아를 통해 중국의 육상 실크로드를 저지하려는 시도는 중국굴기(中國崛起)를 저지하는 데 큰 영향을 미칠 것이며, 미중패권경쟁에서 미국이 확실한 승기를 잡는 길이 될 것이다. 아직 미국과 러시아의 관계 개선의 기미는 보이지 않는다. 오히려 시리아 내전, 이란 핵문제, 중러 대미일 대립으로 미러 관계가 악화일로에 있는 것이 사실이다. 그러나 미국이 세계 패권을 지키기 위한 행보를 시작했고, 중국도 새로운 대장정을 시작한 만큼 미국은 장기전에서 승리할 새로운 방법을 모색해야 할 것이다.

1957년 중국이 타이완령 진먼다오(金門島)를 포격하면서 미국의 핵공격에 대비해 소련에 핵기술 제공을 요구했으나 아이젠하워와 흐루쇼프 간 캠프 데이비드 정상회담 후 소련은 중국에 핵기술 제공을 거부했다. 1979년 미국은 중앙정보국(CIA)을 동원하여 아프가니스탄에 반소련 무자헤딘 단체를 은밀히 지원하고 소련의 내전 개입이 불가피하도록 상황을 만들었다. 소련은 친소련 공산정권을 지원하기 위해 8만 5,000명의 대군을 파병함으로써 경제위기를 겪고 있던 러시아가 붕괴되는 결정적 계기가 되었다. '아시아인에 의한 아시아의 방위'를 주장한 닉슨 독트린(1969년)이나 '세계경제를 위한 자유무역체제 확산'과 같은 미국의 주장을 지금은 중국이 하고 있다. 국제정치에서 영원하고 불변인 것은 없다. 100년 전 3·1 운동을 외치던 일제강점기의 조선은 100년 후 헌법과 자유민주주의를 수호하는 세계경제 10위권, 군사력 7위의 국가가 되었다.

미국은 미중 무역관계를 기울어진 운동장을 평평하게 만들려 한다고 주장하지만 중국은 미국이 만든 것과 비슷하지만 중국이 만든 규칙을 준수하는 운동장을 새로 만들고 선수를 영입하기 바쁘다. 지금의 대한민국이 100년 전 조선이 아니듯이, 지금의 중국은 50년 전 닫혀 있던 죽(竹)의 장막이 아니다. 중국은 지난 40년간 축적한 부와 기술, 국제사회의 영향력을 바탕으로 2049년까지 중국의 꿈을 위해 사활을 걸었고 번영과 발전의 길을 결코 멈출 수 없다. 미국의 인도·태평양 전략은 미일동맹을 근간으로 하고 있으며 미국은 일본을 이용하여 동아시아에 군사력을 투사하고 일본은 이를 이용하여 평화헌법을 보통헌법으로 개헌하여 자위대가 아닌 정부군을 보유하고자 한다. 더욱이 한국에 '안보'를 이유로 반도체 소재 관련 제품에 대한 수출규제를 단행하면서 한국이 대북 수출규제를 제대로 이행하지 않는다는 억지를 쓰고 있다. 전범 국가이면서도 세계 6위의 군사대국이며, 미중패권경쟁을 통해 세계 2위의 경제대국의 지위도 다시 탈환하려 한다. 중국의 강군전략은 일본의 군사력 확대에 정당성을 부여하고 해양에서의 미중 대치는 일본이 태평양·인도양을 거쳐 아프리카까지 해상활동을 가능하도록 하는 수단이 되었다.

중러관계는 한국의 높은 대중 경제의존도, 북한 비핵화, 북방경제협력, 한미동맹과 맞물려 한국에 중요점을 시사한다. 그러나 중러관계 긴밀화에 침착할 것이 아니라 앞으로 전개될 중국의 일대일로와 중국식 세계화, 미국의 대러정책 측면에서 중러관계의 추이를 지켜봐야 할 것이다. 중러관계에 중국식 경제통합의 심화와 미국 대러 전략 변화가 영향을 미칠 가능성이 높기 때문이다.

한국은 미국과 중국의 압박에 직면해 있지만, 자유민주주의와 자유주의 국제질서, 국제법과 인권 등 인류 보편적 가치에 동의하면서 한미 동맹의 틀 위에 한중 협력을 도모하고 신북방·신남방지역으로 외교적·경제적·안보적 외연을 확장해야 한다. 이는 미중패권경쟁하에서 미중 간 선택의 딜레마에 빠지지 않고 국익에 부합한 자주적 의사결정을 내릴 수 있는 역량을 축적하는 길이 될 것이다. 러시아와의 정치적·경제적·사회적 이익 공유는 북방경제협력과 한반도 신경제지도 구상의 실현을 위해 대단히 중요하며 대륙과 연결될 미래 한반도를 위해 러시아와의 협력을 확대해야 한다.

한반도를 둘러싼 동북아의 상황이 호락호락한 때는 없었다. 그러나 지금의 상황은 역사의 한 페이지에 남을 만큼 쉽지 않다. 한국의 선택 하나하나가 신중해야 하는 이유다. 지금까지 한국은 높은 세계사적 파고에 잘 대응해왔으며, 오히려 그것은 정치적·경제적·군사적 발전의 동력으로 삼아왔다. 한반도는 분단 70여 년 만에 평화체제를 구축할 절호의 기회를 맞았다. 동북아의 역동성을 이용해 남-북-미가 합의한 한반도 평화를 위한 동력을 살리고 현실화해야 한다. 우리의 선택은 국익을 위한 전략적이고 자주적이어야 한다. 대한민국은 지금의 혼란에 차분하고 의연하게 대처하면서, 미중패권경쟁과 차이나 리스크에 대한 출구 전략 파트너로서 러시아와 협력을 강화하고 북방으로 연결의 길을 모색하여 한반도 미래 100년을 대비해야 한다.

PART

02

한국 미래산업의 자양분이 될 러시아의 에너지

1

동북아시아와 러시아 간 에너지 가교가 될 천연가스

박상철

천연가스 협력체제

국제 정치·경제체제하에서 국가 간 상호의존적인 관계를 형성한 이유는 매우 다양하다. 특히 주요 에너지자원 공급은 한 국가의 기본 인프라 건설과 같은 중요한 부문임에도 상호의존 관계를 형성하는 이유도 다양할 것이다. 동시에 국가통치 이념이 상이한 냉전체제하에서 정치 및 군사 부문에서 상당한 수준의 신뢰관계를 구축하고 이를 유지 관리할 수 있었던 방법이 존재했다는 사실은 아직도 분단된 한반도의 상황에 많은 시사점을 제공한다.

서독을 비롯한 서유럽 국가들이 구소련에서 천연가스를 수입하면서 주요 에너지자원 수입의존도는 냉전체제인 1960년대 중반부터 지속적으로 증가했다. 냉전체제하에서 구소련과 이탈리아, 오스트리아, 서독, 핀란드, 스웨덴 간 천연가스 무역 거래에 관한 협상이 1966년 시작되어 1968년에서 1970년에 다수의 중요한 협정이 체결되었다. 이처럼 적대적 관계인 냉전체제하에서 일부 서유럽 국가들이 구소련이 구축한 당시 사회주의 국가인 동유럽 국가 천연가스 파이프라인 공급시스템에 연결되어 있었다는 것은 경이적이다.

서유럽이 수입한 천연가스는 대규모 산업 부문, 발전 부문, 지방정부 및 자치단체 부문, 수백만 일반가정 소비용으로 사용되었다. 이처럼 광범위한 부문에서 구소련의 천연가스가 서유럽 국가에서 소비되고 있었기 때문에 서유럽과 구소련은 냉전체제하에서 거대 규모인 에너지공급 사회간접자본인 기본 인프라를 건설할 수 있었다. 천연가스 협력체제는 타 부문에서는 찾아볼 수 없는 매우 긴밀한 관계였으며, 이를 기초로 양측은 천연가스의 안정적인 공급을 위하여 대규모 천연가스 파이프라인 건설 등을 통하여 더욱 상호의존적인 관계로 발전했다.

냉전체제하에서 상이한 정치 및 경제 구조였음에도 불구하고 천연가스라는 에너지자원을 교역대상으로 상호의존적이며 보완적인 체제를 구축할 수 있었던 것은 21세기 현재도 냉전체제를 유지하고 있는 세계 유일의 분단국가인 한국 및 동북아시아에 많은 시사점을 제공한다. 즉, 러시아의 천연가스가 서유럽과 구소련이 추진했던 천연가스 무역을 어떻게 가능하게 할 수 있었는지 파악하는 것은 단순히 학문적인 호기심보다는 한반도뿐만이 아니라 동북아시아의 현실에서 평화를 정착시키고 지속적인 경제발전을 위하여 필수적인 것이다.

따라서 정치·경제·사회·이념적인 차이를 극복하고 냉전체제하에서 자본주의 국가와 사회주의 국가 간 경제협력의 근간을 이루는 천연가스 무역을 통하여 양 체제 간 협력체제 구축에 관한 사례를 살펴본다. 이는 현재 시도되고 있는 동북아시아 지역에서 상이한 정치·경제·사회 체제를 보유하고 있는 지역 내 국가 간 천연가스 파이프라인 설치 계획 및 액화천연가스(LNG) 형태의 천연가스 무역과 관련하여 많은 시사점을 제공할 수 있다.

냉전 시기 시베리아-서유럽 천연가스 파이프라인 건설 프로젝트

서유럽의 천연가스 시장은 구소련과 천연가스를 무역하기 이전까지는 비교적 단거리 파이프라인으로 연결된 다양한 공급원을 보유하고 환경보호에 적극적으로 대처할 수 있는 형태로 형성되었다. 그럼에도 국가 간 국경을 통과하는 과정에서 정책의 차이로 인하여 다양한 문제가 있었다. 이는 당시 서유럽 국가에 천연가스 시장을 형성하는 데 큰 장애요인이었다.

서유럽에서 대규모 천연가스 공급이 가능한 공급원이 발견된 것은 네덜란드 그로닝엔(Groningen) 지역이며 1959년부터 개발된 그로닝엔 천연가스가 서유럽 국가에 공급될 수 있는 전기를 맞게 되었다. 그로닝엔 천연가스는 네덜란드 국내 소비뿐만이 아니라 서유럽 국가에 수출할 수 있는 주요 에너지자원이었다. 동시에 네덜란드가 서유럽 중부에 위치한 지리적인 장점으로 인접 국가인 서독, 프랑스, 벨기에, 이탈리아 등에 수출이 용이했다. 이러한 이유로 그로닝엔 천연가스는 저칼로리 천연가스임에도 불구하고 석유와 경쟁할 수 있는 가격 수준을 보유하고 있었기 때문에 서유럽 국가에 수출상품으로 각광을 받게 되었다. 1960년대 후반에는 그로닝엔에서 생산된 천연가스가 주요 서유럽 국가에 수출되기 시작했다.

그 결과 1960년대 말 천연가스 생산 및 수입을 통하여 서유럽 주요 국가(서독, 프랑스, 영국, 이탈리아)는 천연가스 소비 국가가 되었다. 주요 서유럽 국가가 1960년대 이후 네덜란드 천연가스를 수입하게 된 배경은 특화된 에너지자원으로 간주된 천연가스를 근접 지역에서 수입할 수 있는 장점이 있었고, 무역을 통하여 국내 가공 제조가스와 제한된 국내 가스 공급을 지속적으로 증가시킬 수 있었기 때문이었다. 이후 1970년대 초에는 북해에 위치한 노르웨이 프릭 유전 및 가스전(Frigg Field)이 개발되면서 서유럽 국가는 노르웨이 천연가스 수입에 경쟁적으로 참여했다. 그 결과 노르웨이는 천연가스 수출 가격을 그로닝엔 수출 가격보다 높게 책정할 수 있었으며, 자국 경제의 물가상승 압박을 최소화하기 위하여 장기 수출계약을 선호했다.

동시에 1960년대 중반 서유럽 국가는 구소련 서부시베리아 지역에서 발견된 거대 천연가스 광구에도 관심을 보이기 시작했다. 그러나 서유럽 국가가 구소련에서 천연가스를 수입하는 것에 대해 미국은 매우 부정적이었다. 미국은 서유럽 국가가 구소련으로부터 천연가스를 수입하는 것이 에너지자원 공급 불안정으로 인하여 지역 불안정을 초래할 것으로 판단했다. 반면 서유럽 국가는 이를 구소련이 보유하고 있는 기술적 제한점, 부족한 장비 구비, 사회주의체제의 행정 비효율, 낮은 수준의 인프라 등으로 에너지 수송이 지연되고 있는 것으로 판단했다.

1968년 미국의 반대에도 불구하고 서유럽 국가인 오스트리아에 구소련의 천연가스가 최초로 수출되었으며, 이후 1973년 서독을 거쳐서 핀란드, 이탈리아, 프랑스 등으로 수출되었다. 1968년 서유럽 국가에 수출된 구소련 천연가스는 1,400만m^3에 불과했으나 1977년에는

표 1. 구소련 천연가스의 동유럽 및 서유럽 국경무역 가격 변화 (달러/ 1,000m³)

국가	1970	1974	1975	1976
오스트리아	40	51	119	125
핀란드	0	179	184	177
프랑스	0	0	0	96
이탈리아	0	29	64	62
서독	0	53	70	85
불가리아	0	57	115	125
체코슬로바키아	46	57	100	133
동독	0	56	59	104
헝가리	0	0	117	127
폴란드	43	52	110	120
평균가격	44	57	91	106

출처: L. C. Cox, 1986, "Western European Natural Gas Policy: Management or Markets?" in Massachusetts Technology Institute (MIT) (ed.), *Western Europe Natural Gas Trade*, Final Report, Massachusett 재인용.

11억 6,900만m^3로 동유럽 수출을 초과했다.

서유럽 국가가 구소련 천연가스 수입에 관심을 갖게 된 또 다른 이유는 1960년대 말부터 수입한 천연가스의 가격이 점진적으로 상승했고 서독과 이탈리아의 경우 동유럽 국가보다 더 저렴한 가격으로 수입이 가능했기 때문이다. 또한 알제리에서 수입하려던 액화천연가스 가격과 비교해도 구소련의 천연가스 가격은 서유럽 국가보다 경쟁력이 높았다(표 1 참조).

서유럽 국가가 제안하고 구소련이 실행한 시베리아-서유럽 천연가스 파이프라인 건설 프로젝트는 동서 간 무역에서 최대 무역규모였다. 이 천연가스 수출 프로젝트는 서시베리아에 위치한 얌부르크 가스

전(Yamburg Gas Field)에서 서독까지 약 5,000km를 수송하는 천연가스 공급 노선을 건설하는 것이다. 이 파이프라인은 천연가스 수출 전용으로 단선 혹은 복선으로 건설할 경우 하루 1.60~1.93Bcm 규모의 수송용량으로 계획되었다.

서시베리아 천연가스는 최소 서유럽 6개국(서독, 프랑스, 이탈리아, 네덜란드, 벨기에, 오스트리아)에 공급될 것으로 계획되었으며, 양측이 협의한 바에 따르면 공급계약은 20년간 체결되며 파이프라인 건설 공사 비용은 2년 내에 회수하는 것으로 결정되었다. 파이프라인이 서시베리아에서 서유럽 국가에 도달하기 위해서는 특정 동유럽 국가를 통과해야 하기 때문에 해당 통과국에는 수출량의 약 20%를 통과 비용으로 지불하게 되었다.

파이프라인이 동유럽을 경유하는 데는 다양한 경로가 가능하다. 구소련이 동유럽 국가 경유노선을 두 개의 노선으로 선정한다면 구소련이 천연가스를 서유럽에 수출하는 대가로 약 140억 달러를 확보할 수 있다. 파이프라인 프로젝트 수행에 필요한 신용융자에 관한 양측의 합의는 없었으나 구소련은 서유럽 국가로부터 공식 및 비공식 채널을 통하여 약 160억 달러를 지원받을 것으로 예상했다. 자금은 서유럽 6개국이 약 130억 달러를 지원하고 나머지 30억 달러는 일본의 지원이 예상되었다.

구소련에서 천연가스 파이프라인을 통하여 수입되는 천연가스는 서유럽 산업 및 가정에 중요한 에너지자원으로 사용되었다. 우선 산업부문에서 철강, 시멘트, 유리 생산에 천연가스가 연료로 사용되었으며, 가정용으로는 조리 및 난방, 에너지 부문으로는 난방 및 발전용으로 사용되었다. 또한 수송용으로 사용되는 것도 가능했다. 이 외에도 천연가스가 에너지자원으로 직접 사용되는 것 외에 화학산업 부문 중 특히 비료생산에 간접적으로 사용되었다. 이처럼 천연가스는 에너지자원만으로 그 가치를 보유하고 있는 것이 아니라 철강, 시멘트, 유리 생산 등과 같은 주요 산업의 원료로 사용되고, 동시에 화학산업에 간접적인 원료로 사용되는 주요 원자재의 성격을 보유하고 있다. 따라서 구소련의 안정적인 천연가스 공급은 당시 서유럽 및 동유럽 국가의 경제발전에 매우 중요한 역할을 수행했으며 이를 필수적으로 확보해야 할 필요가 있었다.

구소련 천연가스 무역과 이해당사자

구소련 천연가스 무역을 통하여 가장 큰 경제적 이익을 달성할 수 있는 주체는 구소련이었다. 구소련은 천연가스 파이프라인 구축을 통하여 1960년대 중반 이전에는 동유럽 국가에만 천연가스를 수출했으나 1960년대 중반 이후부터는 세계 최대 에너지 소비시장 중 하나인 서유럽 국가에 천연가스를 직접 수출할 수 있는 계기를 마련했다. 즉, 구소련에 직접 경제적 이익을 창출할 수 있는 자금 공급원을 확보하게 되었다. 이는 구소련 경제발전에 매우 중요한 역할을 했으며 당시 구소련의 원유수출은 하향세인 상황에서 천연가스 수출을 통하여 원유수출 감소분을 상쇄해야 하는 상황이었다.

구소련이 서유럽 국가에 천연가스를 수출하여 창출할 수 있는 경제적 이익의 규모는 지속적으로 증가하여 1980년도 유가를 기준으로 1985년에는 150억 달러에서 190억 달러에 이를 것으로 예측했다.

이는 1980년에 구소련이 원유 및 천연가스 수출을 합한 금액에 해당한다. 이러한 구소련의 서유럽 국가 천연가스 수출액은 1990년에는 190억 달러에서 240억 달러로 증가할 것으로 예측되었다.

이처럼 구소련은 서유럽 국가에 천연가스 수출을 통하여 막대한 경제적 이익을 달성할 수 있었으며, 이는 당시 석유수출이 감소하는 상황에서 외화를 획득할 수 있는 매우 중요한 수단이었다. 1970년대 후반부터 구소련의 석유수출이 감소한 이유는 국내 소비의 증가와 동유럽 국가에 제공하는 석유수출의 양이 지속적으로 증가하여 서유럽에 수출할 수 있는 원유의 양이 감소했기 때문이다. 이러한 상황이 1980년대 지속적으로 진행될 것으로 예상안 구소련 정부는 최악의 경우에는 천연가스를 수출해 확보한 외화로 원유를 수입해 주요 에너지 자원을 공급해야 하는 상황이었다.

따라서 구소련은 서유럽 국가에 수출하는 천연가스 파이프라인 건설 프로젝트가 자국의 이익에 매우 중요하다고 판단했다. 실제로 구소련은 천연가스 파이프라인 프로젝트가 자국경제 발전을 위한 매우 바람직한 사업 기회로 인식하고 있었으며 이를 부정하지 않았다. 천연가스 파이프라인 프로젝트는 서시베리아에 매장된 대규모 천연가스를 서유럽 국가의 자본을 활용하여 개발하고 주요 에너지자원을 필요로 하는 서유럽 국가에 수출할 수 있는 윈윈 프로젝트로 인식했다. 이러한 이유로 구소련은 서유럽 수출 천연가스 파이프라인 건설 프로젝트를 20세기의 프로젝트(Project of Century)로 간주했다.

구소련 천연가스 최대 수입지역이 될 서유럽 국가들도 중요한 이해 당사자였다. 우선 서시베리아에서 수입되는 천연가스는 서유럽 국가가 중동의 산유국에서 수입하는 원유수입 의존 비율을 감소시킬 수 있으며 주요 에너지 수입 노선을 다변화할 수 있었다. 또한 서유럽 국가는 5,000km에 달하는 장기 파이프라인을 건설하는 데 필요한 필수 장비 등을 공급할 수 있었기 때문에 서유럽 국가의 산업계가 획득할 수 있는 경제적 이익은 막대할 것으로 추정되었다.

이 외에도 서유럽 국가 정부가 예상한 것은 천연가스 수입에 대한 대금 지불은 구소련이 서유럽 국가의 제품 수입에 필요한 외화를 확보하는 데 필수적이라는 것을 명확하게 인식하고 있었다는 점이다. 즉, 구소련과 서유럽 국가의 천연가스 무역은 양측이 모두 경제적 이익과 에너지 안보를 확립하는 데 상호 이익을 극대화할 수 있는 윈윈 전략이었다.

서유럽 주요 6개국은 에너지 수입의존도가 매우 높은 편이며, 특히 원유수입은 총에너지 수입의 반을 차지하고 있는 실정이었다. 이처럼 원유가 가장 중요한 에너지자원으로 소비되고 있는 과정에 에너지 자원으로서의 천연가스의 중요도는 더욱 증가하고 있었다. 천연가스는 1970년대 초에는 전체 에너지 소비의 8%에 불과했으나 1980년에는 20%로 증가하여 단시간에 빠른 증가율을 나타내고 있었다.

구소련은 서유럽 주요 4개국인 서독, 프랑스, 이탈리아, 오스트리아에 1960년대 말부터 천연가스를 공급했으며 1970년대 말에는 공급량이 0.73Bcm에 이르렀다. 이후 1980년대 초 새로운 천연가스 공급협약을 진행하여 1990년에는 벨기에 및 네덜란드까지 포함하여 서유럽 6개국에 1.3Bcm을 공급할 예정이었다. 이 공급 계획은 서유럽 국가의 천연가스 소비비중이 10%에서 25%로 상승하는 것으로 기존의 계획보다 두 배 이상을 공급하는 것이다. 이처럼 구소련의 천연가스 공급이 증가하게 되면 1990년 주요 서유럽 국가의 천연가스 소비비중은 서독이 14%에서 29%, 프랑스가 28%, 벨기에는 32%로 증가하여 구소련 천연가스가 서유럽 국가의 주요 에너지공급에서 차지하는 비율이 6%에 달할 것으로 예측했다.

그러나 서유럽 국가 중 최대 경제국인 서독에서 구소련이 계약된 물량을 안정적으로 공급하지 못할 수도 있다는 의문이 제기되면서 구소련 이외에 네덜란드 및 노르웨이와 독일 북부지역에서 천연가스를 긴급하게 공급받을 수 있도록 새로운 파이프라인을 구축하기도 했다. 1973년 이후 서독은 구소련과 체코슬로바키아가 각각 건설한 파이프라인을 통해 구소련 천연가스를 공급받았다. 천연가스 인도 지점은 서독과 체코슬로바키아 국경인 봐이드하우스(Waidhaus)였다.

이처럼 서독은 천연가스를 구소련, 네덜란드, 노르웨이에서 수입하면서 수입원을 다변화했고 이를 기초로 안정적인 에너지 공급을 추구했다. 이로써 서독은 단순히 구소련, 네덜란드, 노르웨이에서 천연가스를 수입하는 서유럽 최대의 천연가스 수입국에서 천연가스 통과국의 지위를 확보하여 독일 남서부지역인 자부르켄(Saarbrucken) 지방을 거쳐서 프랑스로 천연가스를 공급하게 되었다. 구소련에서 서독으로 공급되던 천연가스 가격은 1979년까지는 네덜란드와 노르웨이에서 공급되던 천연가스 가격보다 낮았다. 그러나 서독과 구소련이 1979년 천연가스 공급 계약을 새롭게 체결하면서 구소련의 천연가스 가격은 지속적으로 상승해 1980년부터 1985년까지의 공급가격이 네덜란드 및 노르웨이 공급가격을 웃돌았다(그림 1 참조).

따라서 서독이 구소련에서 천연가스를 수입하게 된 배경과 이유는 단순히 천연가스 수입가격 비교우위에 의하여 결정된 것이 아니었다. 수입가격 이외에도 대규모 에너지자원을 장기적으로 안정적으로 공

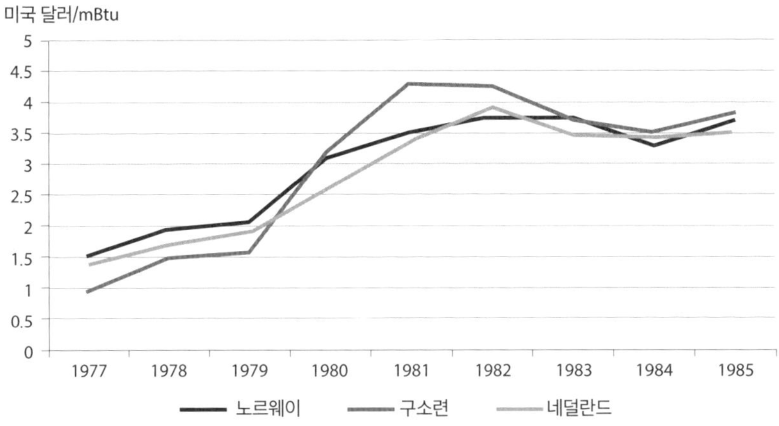

그림 1. 서독 천연가스 주요 수입국가별 가격 비교
출처: O. G. Austvik, 1987, "Political Gas Pricing Premiums: the Development in West Germany 1977-1985," *OPCE Review*, Summer.

급받아야 하는 서유럽 국가의 에너지 안보환경과 당시의 서유럽 국가 중 특히 서독과 구소련의 정치경제적인 특수한 상황에서 서독과 구소련의 천연가스 무역을 이해해야 한다. 즉, 천연가스 무역은 종전 후 적대관계 청산을 위한 서독 사회민주당(Social Democratic Party) 정부 수상인 빌리 브란트(Billy Brant)의 동방정책(East Policy)을 추진할 수 있는 원동력이었다. 이를 통해 서유럽과 구소련의 상호의존적 경제구조를 구축하여 냉전하에서도 극단적 충돌을 방지하고 긴장을 완화하는 완충 역할을 할 수 있었다. 이는 사회 및 문화적으로도 공공 및 민간 교류를 활성화하는 작용도 했다. 그 결과 1970년 8월 유럽의 평화와 안정을 위한 모스크바조약(Moscow Treaty)이 서독과 구소련 간 체결되었다.

동유럽 국가도 천연가스 파이프라인 건설을 통하여 경제적 이익을 실현할 수 있는 중요한 이해 당사자다. 1970년대 구소련의 동유럽 국가 천연가스 수출은 약 10억 Bcm이며, 이는 동유럽 국가 주요 에너지 소비의 약 6%에 달하며 구소련에서 수입하는 총에너지 수입의 약 20%에 달하는 막대한 양이다. 동유럽 국가의 천연가스 소비 증가로 1976년부터 1980년까지 구소련의 동유럽 국가 천연가스 수출은 세 배 증가했다. 이후에도 구소련의 동유럽 국가에 대한 천연가스 수출은 매년 5%씩 증가할 것으로 예상되었으며, 1985년에는 구소련의 천연가스 수출이 30%에 달하고 이는 동유럽 국가의 주요 에너지 소비의 9%에 이르게 되었다.

동유럽 국가 천연가스 파이프라인 경유는 폴란드, 동독, 체코슬로바키아가 가장 유력했으며, 이들 국가가 구소련 천연가스 파이프라인 수출에 가장 많은 수혜를 받을 것으로 간주되고 있었다. 특히 1980년대 초 발생한 노조의 민주화 운동으로 폴란드보다는 체코슬로바키아가 천연가스 파이프라인 경유지로 선택될 가능성이 매우 높았다. 실제로 동유럽 국가 중 1개국 또는 2개국이 구소련 천연가스 수출 할당량을 모두 받게 되면 1980년대 말까지 해당 국가는 에너지 의존도를 획기적으로 감소시킬 수 있었다.

미국은 구소련 및 서유럽 국가의 천연가스 무역을 가장 강력하게 반대한 국가다. 그 이유는 구소련과 서유럽 국가가 에너지 무역을 통하여 경제교류를 증대하면 서유럽 국가에 대한 미국의 정치 및 경제적 영향력이 축소되고, 서유럽 국가의 경제발전이 지속되면 세계시장에서 강력한 경쟁국으로 부상할 수 있기 때문이다. 또한 천연가스 무역을 통하여 서유럽 국가의 자본과 기술이 구소련으로 이전되고, 이를 기초로 구소련의 경제발전이 가속화되면 냉전체제하에서 미국이 구소련의 정치 및 군사적 팽창을 억제하는 데 어려움을 겪을 수 있다고 판단했다.

이러한 이유로 미국은 구소련과 서유럽 국가 간 천연가스 무역을 억제하기 위하여 1960년대 말과 1980년대 초 두 번에 걸쳐서 구소련에 대하여 경제 제재인 통상금지령(Embargo)을 내렸다. 이처럼 미국의 강력한 반대에도 불구하고 서독을 중심으로 하는 서유럽 국가는 구소련과 천연가스 무역을 적극적으로 추진하여 높은 경제성장을 지속하는 데 필수적인 에너지자원 확보에 전념했다. 특히 1960년대 말에는 서독에 사회민주당의 브란트 정부가 들어서면서 동방정책을 적극적으로 추진하여 이웃 국가인 폴란드와 2차 세계대전 중 독일 국가사회주의자(National Socialist)가 저지른 국가범죄에 깊이 사죄하면서 국가 간 화해를 시도하던 시기다. 이를 기초로 동방정책이 사회민주당의 핵심 정책으로 자리 잡으면서 이념과 체제가 상이한 동유럽 국가 및 구소련과의 자연스러운 협력관계를 설정할 수 있었다. 동시에 국가 재건과 경제성장을 지속하기 위해서는 안정적인 에너지 공급이 필수적이라는 것을 명확하게 이해하고 있던 브란트 정부는 미국의 압력에 굴하지 않고 구소련과 천연가스 무역에 적극적으로 참여하면서 미국의 구소련에 대한 통상금지령을 무력화했다. 그 결과 미국의 제1차 구소련 경제 제재는 실패로 끝나게 된다.

이후 서유럽 국가와 구소련이 1981년 천연가스 무역을 확대하기 위하여 파이프라인 건설 프로젝트를 실행에 옮기자 미국은 1981년 12월 구소련에 대하여 제2차 경제 제재를 위한 통상금지령을 발동했다. 이를 위하여 당시 미국 대통령인 레이건(Reagan)은 미국 기업에 구소련에서 석유 및 천연가스 채굴 및 수송을 위한 장비를 판매하는 것을 전면 금지했다. 미국 정부는 구소련이 폴란드 내에서 건설하는 천연가스 파이프라인 공사가 교도소 수용인력을 강제로 동원하여 건설하고 있으며, 서유럽에 천연가스를 수출해 받은 현금으로 구소련의 군사력을 현대화해서 유럽의 안보를 불안하게 할 것이라는 논리로 구소련에 대한 경제 제재를 추진했다.

미국의 강력한 경제 제재에도 불구하고 구소련의 천연가스 파이프라인 공사는 지속되었다. 이를 저지하기 위하여 미국 정부는 미국 기업의 외국 자회사에도 천연가스 채굴 및 수송을 위한 장비 수출을 금지하고 동시에 외국 라이센스 제공도 불허했다. 이처럼 구소련에 대한 미국 정부의 강력한 경제 제재에도 불구하고 천연가스 파이프라인 공사가 지속될 수 있었던 이유는 서유럽 국가가 구소련에 대한 신용거래 규제를 강화할 것을 요구하는 미국의 요청을 거부했기 때문이다.

미국이 구소련과 서유럽 국가 간 천연가스 파이프라인 건설 공사를 반대하여 구소련에 대한 강력한 경제 제재를 추진한 배경에는 다양한 의견이 존재한다. 그럼에도 명확한 것은 서유럽 국가와 구소련 간 천연가스 무역이 활성화되면 서유럽은 안정적인 에너지 공급으로 지속적인 경제성장이 가능하고 구소련도 경제적으로 이익이 크다. 이러한 상황이 발생하면 서유럽 국가에 대한 미국의 영향력이 감소하고 동시에 구소련의 경제력 강화가 군사력 강화와 직접적으로 연계되면 국제정치에서 미국의 영향력이 감소된다. 따라서 미국의 입장은 서유럽 국가와 구소련 간의 천연가스 무역이 당시 국제정치 및 경제적인 측면에서 미국의 이해관계에 반하게 되는 것으로 이해했다.

러시아의 동북아시아 국가 천연가스 수출전략

러시아의 동북아시아 천연가스 수출전략은 액화천연가스와 동시베리아 천연가스전의 천연가스(PNG)를 수출하는 것이다. 특히 동북아시아는 세계에서 가장 높은 경제성장률을 달성하고 향후 장기간 높은 경제성장이 예상되기 때문에 장기적인 시장 접근이 필수다. 러시아는 특히 중국, 한국, 일본의 천연가스 시장을 확보하지 못하면 시베리아에서 원유 및 천연가스전을 개발하는 것은 불가능하다고 판단하고 있다. 따라서 동북아시아와 긴밀한 협력관계를 구축하는 것은 러시아의 극동지역의 경제개발과도 밀접하게 연계되어 있다고 판단하고 있다. 이는 냉전 시기 서유럽과 구소련의 관계와 매우 유사하다.

특히 러시아는 사할린에서 개발하고 있는 천연가스전은 일본의 천연가스 시장을 목표로 하고 있다. 일본은 이미 1989년 홋카이도와 파이프라인을 연결하여 천연가스 수입을 구소련에 제안했으나 구소련은 이를 거부했다. 그 이유는 파이프라인을 연결하여 천연가스를 수출하면 일본 시장이라는 단일시장에 종속되어 동북아시아 시장 전체에 천연가스를 공급하는 것이 불가능하기 때문이다. 이를 해결할 수 있는 방법이 액화천연가스 기지를 건설하여 액화천연가스를 수출하면 동북아시아 시장 전체에 천연가스를 공급할 수 있게 된다. 따라서 러시아는 동북아시아 시장에서 천연가스뿐만 아니라 액화천연가스 수출에도 많은 관심을 보이고 있다.

러시아의 관점에서 보면 천연가스관 사업은 정치 및 경제적 측면에서 복합적인 이해관계를 대변하고 있다. 러시아와 동북아시아 국가들과의 경제협력은 지리적 인접성과 함께 지역경제 간 존재하는 경제구조 및 에너지자원 요소가 상호보완적이다. 따라서 당사국 간 문제점이 해결된다면 그 실현 가능성이 높다고 할 수 있다. 대표적인 것이 러시아 에너지 전략 2030(Energy Strategy 2030)이다. 특히 이 에너지 전략에서 주목되는 것은 네트워크 사업으로 석유 파이프라인, 통합가스공급시스템(United Gas Supply System, UGSS)을 포함하는 천연가스 파이프라인, 전략 파이프라인 연계 등이다. 장기에너지 전략을 기초로 러시아는 중국과의 천연가스 가격 협상력을 제고할 필요가 있었고 중국과의 가격협상에 유리한 레버리지로서 새로운 천연가스 수출노선의 확보도 필요했다. 즉, 한국에 대해서는 남한, 북한, 러시아 천연가스관 사업과 일본 측에는 블라디보스토크 액화천연가스 사업을 동시에 제안함으로써 중국을 포함한 동북아시아 소비국들의 러시아 천연가스 도입에 대한 경쟁구도를 확대했다.

동시에 천연가스관 사업은 러시아 극동 전략의 주요 내용과 부합한다. 러시아 극동지역은 유럽대륙 지역인 서부지역과 비교할 때 낙후된 곳이며 동시에 러시아가 태평양으로 진출할 수 있는 군사적 요충지다. 따라서 러시아가 보유하고 있는 유일한 부동항인 블라디보스토크를 중심으로 산업 발전을 통하여 경제력을 강화하고 서부지역과 균형 있는 발전을 추구하는 것이다. 또한 세계에서 가장 빠르게 성장하는 동북아시아 주변 국가들과 정치적으로 협력관계를 구축하는 것은 러시아의 장기발전 전략에 매우 중요하다.

이처럼 러시아가 남한, 북한, 러시아 천연가스관 구축과 동아시아 국가에 천연가스를 장기적으로 수출하는 것은 동북아시아 지역에서 자국의 정치 및 경제적 편익을 극대화하기 위한 에너지 전략의 일환인

표 2. 기간별 러시아의 동북아시아로의 에너지 수출 비중 계획(2008~2030년) (단위: %)

에너지자원	2008년 (실적치)	제1단계 (~2015년)	제2단계 (~2022년)	제3단계 (~2030년)
원유 및 석유제품	8	10~11	14~15	22~25
천연가스	0	11~12	16~17	19~20

출처: Institute of Energy Strategy, 2010, "Energy Strategy of Russia: For the Period Up To 2030," Moscow.

것이다. 이는 러시아가 추구하는 에너지전략 2030의 핵심 내용 중 하나다. 이를 통해 러시아는 동북아시아에서 정치 및 경제적 영향력 확대를 위한 에너지자원 개발, 양자 및 다자관계 구축, 동북아시아 국가 경제통합에 적극적 참여 등을 공식화했다. 이러한 전략을 실현하기 위해서는 다양한 교통망 건설, 에너지수송망 구축, 지역 내 자원개발이 동시에 이루어져야 한다.

따라서 러시아의 동북아시아 에너지시장 진출 이유는 명확하다. 2010년까지 러시아 천연가스 수출은 주로 유럽지역에 치중되어 있었으며 아시아·태평양 지역의 수출 비중은 1% 미만으로 매우 낮았다. 2009년부터 시작된 러시아 사할린-2 액화천연가스 수출량은 13.3 Bcm으로 주로 한국과 일본에 수출되고, 중국과 대만, 동남아시아 국가가 소량을 수입하고 있다. 러시아는 에너지전략 2030을 통해서 2030년까지 아시아·태평양 지역에 천연가스를 60~90Bcm을 수출하여 러시아 천연가스 수출 비중을 20%로 증가시킬 계획을 추진하고 있다(표 2 참조).

이처럼 러시아는 아시아·태평양 지역에 천연가스 수출량을 증가시키려 노력하고 있지만 동북아시아에서 핵심 국가인 중국과는

2019년 초에도 가격협상을 종료하지 못하고 있는 상황이다. 또한 한국과도 북한 문제로 에너지 협력이 본격적인 궤도에 이르지 못하고 있다. 이 외에도 러시아는 액화천연가스 수송 부문에서는 설치와 운영에 노하우가 부족하기 때문에 서유럽과 천연가스 무역을 통하여 축적된 장기간 운영 경험과 노하우를 기초로 하는 천연가스를 선호하고 있다. 따라서 남한, 북한, 러시아 천연가스관 프로젝트가 현실화될 수 있다면 이는 러시아에는 동아시아 천연가스 프로젝트 중 최대 시장인 중국, 남한, 북한, 일본 등을 연결할 수 있는 가장 최적의 프로젝트다.

러시아의 동북아시아 천연가스 수출전략은 그 정치 및 경제적 구도가 1960년대 구소련과 서유럽이 천연가스 무역을 추진하던 시기와 매우 유사하다. 정치적으로 동북아시아에 냉전체제와 유사한 환경이 조성되어 있으며, 경제적으로는 동북아시아의 장기 경제성장에 필수적인 에너지자원의 안정적인 공급이 필요한 상황이다. 따라서 러시아의 동북아시아 천연가스 수출이 현실화될 수 있다면 구소련과 서유럽이 창출한 상호 윈윈 결과를 도출할 수 있다. 그 이유는 한반도에서 남한과 북한 모두 에너지자원의 안정적인 공급이 절대적으로 필요하고 이를 인식하여 러시아의 천연가스가 파이프라인을 통하여 연결될 수 있다면 경색된 남북관계도 활성화될 가능성이 높다. 또한 천연가스관 건설사업은 단순히 천연가스만을 연결하는 것이 아니라 천연가스를 안정적으로 수송하기 위해서는 전력 공급과 통신시설 등과 같은 기본 인프라가 동시에 건설되어야 하기 때문에 전력 및 통신 부문에서도 긴밀한 협력관계를 구축할 수 있다.

또한 천연가스관은 한번 설치하면 대규모 공사이기 때문에 이를 단절시키기가 어렵고 특성상 지속적인 경제협력을 추진하는 동력으로 작용할 수 있다는 것이 서유럽과 구소련의 천연가스 무역에서 증명되었다. 그 결과 천연가스 생산국인 러시아와 수입국인 한국이 천연가스 파이프라인으로 연결되면 한국은 천연가스 생산국인 러시아와 직접 연결되어 천연가스 생산국과 유사한 장점을 보유하게 된다. 따라서 남한, 북한, 러시아 천연가스관 사업은 단기간의 경제적 이익보다는 러시아를 매개로 하여 경색된 남북관계 해소와 남북 경제협력사업 추진을 위한 동력으로 활용할 필요가 있다.

이 외에도 한국은 러시아 천연가스관 사업을 통하여 일본과 연결되면 단순한 천연가스 수입국이 아니라 독일과 동일하게 천연가스 경유국가의 역할을 할 수 있다. 이로써 에너지자원이 절대적으로 부족한 상황에서 에너지를 장기적이고 안정적으로 공급받을 수 있게 된다. 다만 독일과의 차이점은 미국이 러시아 천연가스 수입을 반대할 경우 독일은 EU 체제를 기초로 미국의 반대를 물리칠 수 있었으나 한국은 동북아시아에서 중국 및 일본과 정치 경제적 연대관계가 부족하고 독자적으로 미국의 압력을 지혜롭게 해결할 수 있는 수단이 상대적으로 부족하다. 따라서 러시아 천연가스관 한반도 연결사업은 한국에는 매우 중요한 기회이자 도전인 것이다. 이를 슬기롭게 극복한다면 한국만의 이해관계가 아닌 한반도 전체 그리고 동북아시아 역내의 안정적인 체제 구축에도 크게 기여할 수 있다.

2

더는 미룰 수 없는 천연가스 협력, 이렇게 해결하자

김진수

전 세계에서 세 번째로 LNG를 많이 수입하는 나라, 한국

한국은 연간 약 3,700만 톤(494억m^3)의 천연가스를 소비하는 국가로 곧 고갈될 예정인 동해가스전에서 생산하는 소량(일평균 약 700~800톤)을 제외하면 전량 해외에서 액화천연가스(Liquefied Natural Gas, 이하 LNG)의 형태로 수입하고 있다. 한국이 천연가스를 사용하게 된 역사는 그렇게 길지 않다. 도시가스의 첫 공급은 1972년이었는데 당시에는 원유에서 분리·정제된 액화석유가스를 공급했다. 이후 1973년과 1979년 두 차례의 석유파동을 겪으면서 석유의존도를 낮춰야 할 필요성이 높아졌고, 점차 소득이 늘어나면서 가정용 연료를 석탄보다 사용하기 편하고 깨끗한 연료로 전환하자는 목소리가 커지면서 1983년 한국가스공사를 설립하고 1986년 10월 인도네시아에서 LNG를 처음 도입하게 되었다.

메탄(CH_4)이 주성분인 천연가스는 주로 가정용(냉난방, 취사 등), 산업용(보일러, 수송, C1 화학[1] 등), 발전용으로 사용된다. 그런데 메탄은 상온·상압에서 기체 상태다. 따라서 천연가스를 운송하기 위해서는 파이프라인을 사용하거나 액화시켜 운반해야 한다. 전자를 파이프라인 천연가스(Pipeline Natural Gas, 이하 PNG)[2]라 하고, 후자가 앞서 언급한 LNG다. LNG는 천연가스를 -162℃로 냉각하여 부피를 600분의 1로 압축시킨 무색투명한 초저온액체이기 때문에 이를 운송하기 위해서는 특수선박(LNG船)이 필요하다. 또한 생산지에 냉각과 압축을 위한 액화설비가 필요하고 소비지에서는 운송한 LNG를 우선 인수기지 저장탱크에 저장했다가 기화설비로 재기화(re-gasification)하여 최종 소비자에게 공급한다.

이러한 LNG의 운송 특성으로 아주 먼 거리가 아니면 LNG보다 PNG, 즉 파이프라인을 건설하여 천연가스를 공급하는 것이 비용이 적게 든다. 그 결과 LNG 교역량이 점차 늘어나고는 있지만 아직까지는 전 세계 PNG 교역량이 LNG의 2배에 이른다(그림 1). 한편 한국은 삼면이 바다로 둘러싸여 있고 북한의 존재로 인하여 물류에 있어서 일종의 '섬'과 같은 상황이기 때문에 그 동안 PNG보다는 LNG를 선택해왔다. 경제성장에 따른 에너지 소비량 증가에 발맞추어 2016년까지는 전 세계에서 일본에 이어 두 번째로 LNG를 많이 수입하는 국가였으며, 2017년에는 중국이 석탄 소비를 억제하고 천연가스 소비를 급격하게 확대하면서 LNG 수입량이 크게 늘어나 한국은 일본, 중국에 이어 3위의 LNG 수입국이 되었다.

천연가스는 화석연료이기는 하지만 석탄이나 원유, 액화석유가스(LPG)보다 이산화탄소와 오염물질을 적게 배출해 상대적으로 깨끗

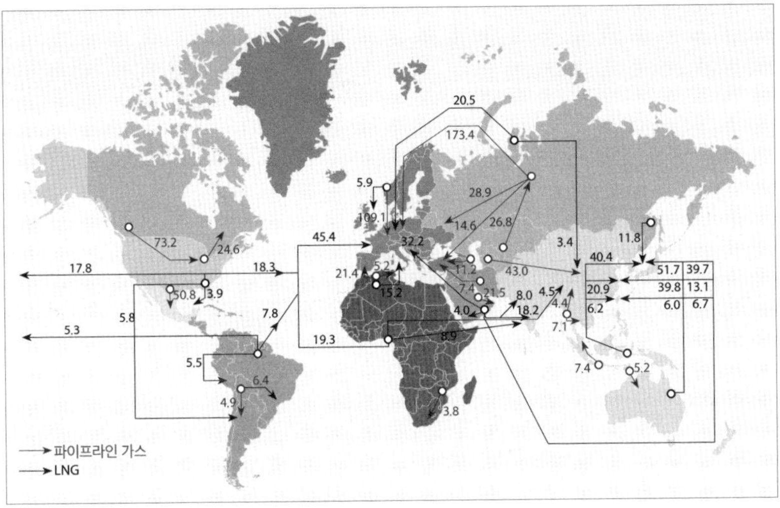

그림 1. 2019년 전 세계 천연가스 교역량(단위: 10억m^3)

출처: BP, 2020, "BP Statistical Review of World Energy 2020", p. 43.

한 에너지원이다. 따라서 안정적인 공급이 가능하고 수용할 만한 가격 수준이라면 천연가스는 난방과 취사를 위한 매우 바람직한 대안이라고 할 수 있다. 더욱이 깨끗하고 안전한 에너지로의 전환이 전 세계적인 화두가 되고 있는 상황에서 천연가스 발전은 재생에너지 중심의 저탄소 사회가 실현되기 전까지 우리가 선택할 수 있는 효과적인 가교(bridge) 에너지원으로서 각광받고 있다. 이에 우리나라도 천연가스 공급과 도시가스 보급 확대를 위해 노력해왔으며, 1990년에 전국을 대상으로 천연가스공급사업 기본계획을 확정한 이후 1993년에는 중부권, 1995년에는 영남권·호남권, 1996년에는 부산지역에 천연가스를 공급하게 되었다. 발전용 및 산업용 수요도 빠르게 증가해 2013년에 4,008만 톤으로 최대 사용량을 기록했으며, 이후 다소 하락하다 2016년이 지나면서 발전용 수요 증가와 동절기 기온 하락에 의한 효

표 1. 한국의 천연가스 소비 추이 (단위: 만 톤)

구분	1987	1997	2002	2009	2017	연평균 증가율(%)		
						1987~2017	1987~2002	2003~2017
도시가스	7	577	1,119	1,563	1,951	20.3	39.6	3.5
발전	154	538	651	1,041	1,730	8.4	10.1	7.3
합계	161	1,115	1,770	2,604	3,681	11.0	17.3	5.1

출처: 산업통상자원부, 2018, 『제13차 장기 천연가스 수급계획』, 2쪽.

과로 다시 증가세로 반전했다(표 1).

문재인 정부가 2017년 에너지 전환을 주요 국정 과제 중 하나로 설정하면서 한국의 에너지 정책은 중요한 전환기를 맞고 있다. 탈원전·탈석탄·태양광 및 풍력 확대로 대표되는 에너지 전환 정책은 깨끗하고 안전한 에너지로의 전환을 목표로 하는데, 문제는 실효용량 기준 2017년 석탄 발전 비중이 33.5%, 원자력 발전은 20.9%로 매우 높은 수준이기 때문에 전환에 상당한 시간과 노력이 소요된다는 점이다. 따라서 재생에너지를 통한 발전량이 충분히 늘어나기까지 천연가스의 역할이 중요할 수밖에 없다. 우리나라의 전력 분야 핵심 정책인 '제8차 전력수급기본계획'에서도 천연가스 발전 비중이 지속적으로 확대되어 2040년에는 48.2%에 이를 것으로 전망한다(그림 2).

이러한 상황을 종합해보았을 때 천연가스의 안정적인 확보와 공급은 우리에게 매우 중요한 문제라고 할 수 있다. 달걀을 한 바구니에 담지 말라는 오랜 격언을 인용하지 않더라도 공급선을 다변화하는 전략은 수급 안정에 많은 도움이 된다. 더욱이 PNG는 일반적으로 LNG보다 저렴한 운송수단이기 때문에 천연가스 도입 가격의 하락도 기대할

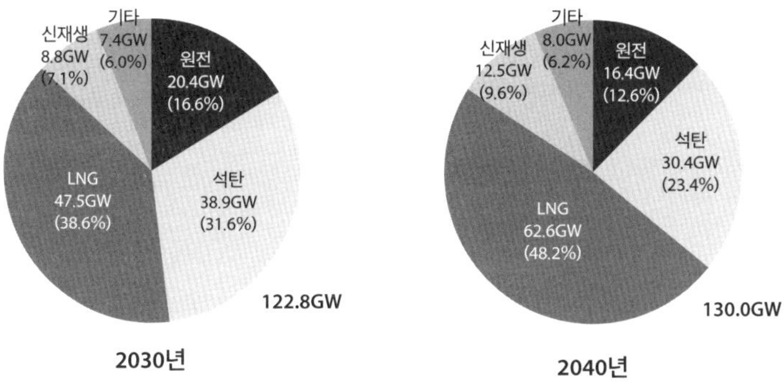

그림 2. 8차 전력수급기본계획의 전원구성 전망(실효용량)

출처: 산업통상자원부, 2017, 『제8차 전력수급기본계획(안)』, 46쪽.

수 있다. 그렇다면 과연 러시아 PNG의 도입은 우리가 선택할 수 있는 효과적인 대안 중 하나일까?

전 세계 최대 천연가스 보유국, 러시아

러시아는 2017년 기준 33.9조m^3의 확인된 천연가스 매장량을 보유한 국가로 전 세계 1위의 천연가스 보유국이다. 러시아 경제에서 에너지의 비중은 매우 크다. 전체 수출액 중 50% 이상이 석유와 천연가스이며, 귀금속과 광물자원까지 포함할 경우 70~80% 수준이다. 에너지·자원 수출은 냉전 이후 피폐해진 러시아 경제를 지탱하는 버팀목이며, 서방 국가를 비롯한 유라시아 국가들에 대한 영향력을 강화하는 무기로 활용되고 있다. 러시아의 에너지 산업은 블라디미르 푸틴이 대통령에 당선되면서 많은 변화를 맞이한다. 푸틴은 1990년대에 러시아 경

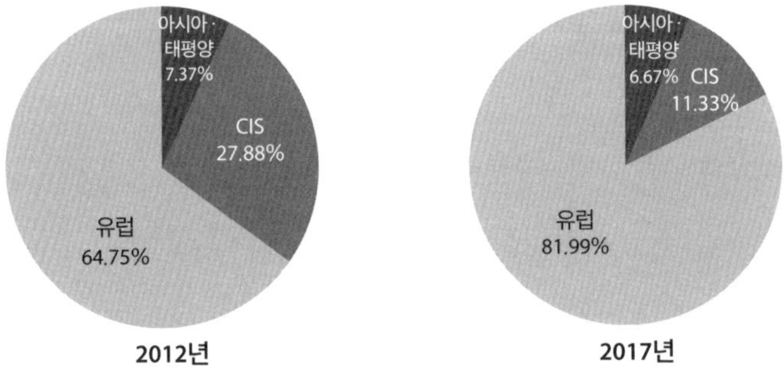

그림 3. 러시아 천연가스의 지역별 수출 비중
출처: BP, 2020, "BP Statistical Review of World Energy 2020" 통계로 저자 직접 계산.

제를 지배했던 올리가르히(oligarch)[3]를 국영기업 주도하에 활발하게 합병·해체하면서 자원의 국유화를 진행했다. 그 결과 에너지 부문은 가즈프롬(Gazprom), 로즈네프트(Rosneft), 트랜스네프트(Transneft)의 국영기업체제[4]로 개편되었다.

지금까지 러시아의 주요 에너지 교역 대상은 유럽 지역이었다. 그러나 유럽이 러시아 에너지 의존도가 높아지는 것에 경계심을 높여가는 가운데, 미국이 공격적인 셰일가스 개발로 천연가스 수출 시장에 본격적으로 나서고, 2014년 우크라이나 사태 이후 서방 세계가 러시아 경제를 제재하자 러시아는 보유 자원의 새로운 수요처인 동북아시아 지역에 더 많은 관심을 기울이게 된다. 우크라이나 사태 전후인 2012년과 2017년의 러시아 PNG 및 LNG 수출 비중 변화를 살펴보면 〈그림 3〉과 같다.

그림에서 확인할 수 있듯이 우크라이나 사태 이후 독립국가연합(Commonwealth of Independent States, CIS) 지역의 수출량이 크게 줄었으며 서방 국가들의 제재에도 불구하고 대유럽 수출은 오히려 늘어났다.

이는 유럽이 재생에너지 중심의 에너지 공급체계의 재편을 꾀하고 있지만 화석연료, 특히 천연가스 공급에서는 러시아 이외의 대안이 어렵다는 방증이기도 하다. 러시아의 2012년 천연가스 수출량은 2,007.3억 m^3이었으며, 2017년에는 2,309.8억m^3으로 약 15% 증가했다. 비중으로는 아시아·태평양 지역으로의 수출이 다소 감소한 것으로 나타났으나 절대량은 148억m^3에서 154억m^3으로 증가했다. 아시아·태평양 지역으로의 천연가스 수출은 2017년까지는 모두 LNG로 공급되었는데 2019년 말 가동을 시작한 시베리아 PNG 공급망으로 러시아의 동북아 지역 천연가스 공급량은 크게 늘어날 것으로 전망된다.

3기 임기가 시작된 2012년에 푸틴은 세계질서가 다극화(multipolar)하는 상황에서 러시아가 여러 축 가운데 하나를 담당해야 한다고 천명하며, 러시아 연방이 아시아·태평양 지역과 협력을 강화하고 그 협력을 통하여 낙후된 시베리아와 극동지역 발전의 원동력을 확보하는 이른바 '신동방정책'을 강조했다. 이러한 변화로 블라디보스토크의 지위가 격상되었는데, 푸틴은 러시아 지도자 중에서 유례 없이 자주 블라디보스토크를 방문하며 2015년부터는 매년 동방경제포럼을 개최하여 각국의 지도자들이 이 포럼에 참석하고 있다.

러시아의 신동방정책 추진 이유는 크게 두 가지로 생각해볼 수 있다. 첫째, 천연가스 수요구조의 변화다. 2000년대 들어와 아시아 지역이 유럽에 비해 경제성장률이 높았으며, 미래 천연가스 수요를 고려했을 때 유럽보다는 아시아, 특히 동북아 지역이 훨씬 매력적인 시장이다. 더욱이 한국의 에너지 전환 정책, 중국의 대기질 개선 및 기후변화 대응 정책에 따라 그 어느 때보다 동북아 지역의 천연가스 수요가 높은 상황이며, 일본은 전 세계 1위의 LNG 수입국이다. 또한 수요처 다변화라는 측면에서도 신동방정책은 러시아에 필요한 정책이다. 한국과 같은 자원 빈국이 공급선 다변화를 통하여 에너지 공급안정성을 확보하기 위해 노력하듯이 러시아와 같은 자원 부국도 수요처를 다변화하는 것이 안정적인 수요 창출에 도움이 된다.

다른 한 가지는 푸틴이 밝힌 시베리아와 극동지역의 발전과 전 세계 에너지시장에서 러시아의 위상을 유지·확대하는 것이다. 시베리아와 극동지역의 발전은 러시아의 오랜 숙원 중 하나지만 낙후된 인프라와 라스푸티차(rasputitsa)[5]와 같은 열악한 기후 조건으로 별다른 성과를 내지 못하고 있다. 이러한 상황에서 PNG나 송유관과 같은 에너지 인프라의 건설은 시베리아와 극동지역 개발 인프라 확충에 많은 도움이 될 것이다. 아울러 신동방정책은 국제무대에서 러시아의 위상을 유지하는 데도 도움이 된다. 주요 에너지 수입국 중 하나로 자원 패권을 유지하기 위하여 중동에 집중해왔던 미국은 자국 내의 셰일가스와 오일셰일의 생산량 증가로 원유와 천연가스 수출국이 되어 여유가 생기자, 전반적인 경제 규모뿐만 아니라 첨단산업 분야까지 급격하게 성장하고 있는 중국을 견제하기 위해 동북아 지역으로 관심을 돌리고 있다. 이러한 상황에서 러시아가 한-중-일 3국에 에너지를 공급하며 전략적 제휴를 강화할 경우 미국의 확장을 효과적으로 견제할 수 있으며, 세계 에너지시장에서의 영향력 확대 또한 기대할 수 있다. 시베리아의 힘 파이프라인 사업은 이러한 정책의 대표적인 결과라고 할 수 있다(그림 4).

시베리아의 힘(Power of Siberia) 파이프라인은 야쿠티아-하바롭스크-블라디보스토크를 연결하는 가스관 사업으로 가즈프롬과 중국 국영기업인 CNPC가 공동으로 건설하여 중국으로 천연가스를 수출하기

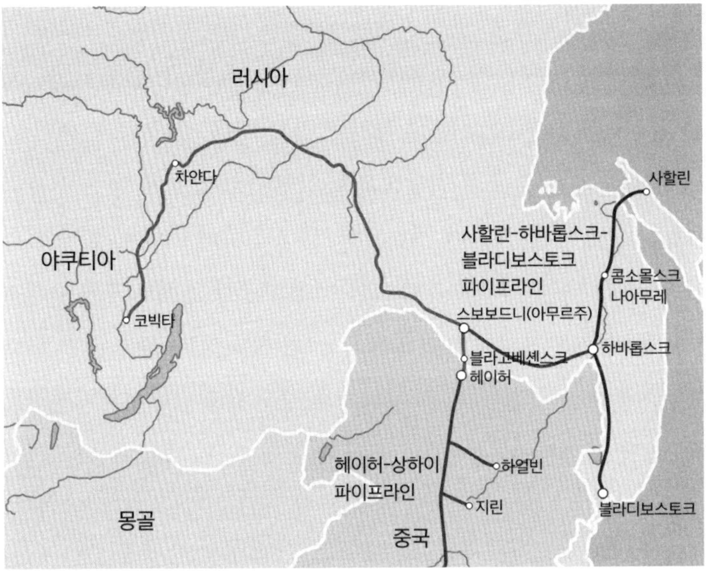

그림 4. 시베리아의 힘 파이프라인 경로
출처: Khu'hamgaba Kitap.

위한 사업이다. 러시아 극동지역 차얀다 가스전에서 렌스크, 스보보드니, 블라고베셴스크를 거쳐 하바롭스크를 통과해 블라디보스토크 액화 설비까지 연결하는 3,500km 길이의 파이프라인이며, 특히 중간 지점인 블라고베셴스크에서 중국의 선양, 베이징, 산둥 지역으로 공급되는 일명 '동부노선'이라 불리는 지선을 연결한다. 가즈프롬과 CNPC는 지난 2014년 5월에 10년 동안 협상해오던 PNG 공급 계약(30년 동안 연간 380억m^3의 천연가스를 시베리아의 힘 파이프라인을 통해 공급)을 체결했다.

러시아와 일본의 PNG 공급망 구축도 오랫동안 논의되온 사업이다. 특히 1974년부터 구상해온 사할린으로부터의 공급망은 1998년 일본파이프라인공사(Japan Pipeline Development & Operation Inc., JPDO)가 설립되고 1999년 사할린-1 프로젝트가 진행되면서 본격화되는 듯했다. 그러나 양국의 정치적인 입장 차이로 러일 PNG 사업은 번번이 무산되었다. 이후 2011년 후쿠시마 사고로 천연가스 발전에 대한 수요가 높아지고 2014년 양국 관계가 개선되면서 다시 사업이 탄력을 받고 있다. 2016년 푸틴 대통령과 아베 총리의 정상회담이 개최되면서 구체적으로 논의될 것으로 기대했으나 일본과 러시아가 영토 분쟁 중인 쿠릴열도 4개 섬에 대한 입장 차이로 논의가 진행되지 않았다. 다만 정상회담 이후 '러일 에너지 이니셔티브 협의회'를 만들고 2017년 3월 29일 개최된 국제북극포럼에서 러시아 에너지성 노박 장관이 사할린과 도쿄를 연결하는 가스관 프로젝트에 긍정적인 입장을 표명하는 등 러일 천연가스 협력을 실질적인 관계로 만들기 위해 노력하고 있다.

중국과 일본이 이렇게 적극적으로 나서는 배경 가운데 하나는 러시아 극동지역의 막대한 천연가스 매장량 때문이다. 아직까지는 6~7% 정도만 탐사된 상황이지만 러시아 동부지역의 천연가스 매장량은 육상 52.4兆m^3, 해상 14.9兆m^3의 총 67.3兆m^3 규모인 것으로 알려져 있다.[6] 게다가 2011년 완공된 사할린-하바롭스크-블라디보스토크 파이프라인, 이른바 S-K-V 라인과 함께 시베리아의 힘 파이프라인을 통한 중국으로의 PNG 공급이 본격화되면서 야쿠츠크(Yakutsk) 권역과 이르쿠츠크(Irkutsk) 권역, 크라스노야르스크(Krasnoyarsk) 권역, 사할린섬과 캄차카반도의 가스전 개발이 힘을 받고 있는 상황이다. 즉, 한-중-일 3국이 러시아의 천연가스를 도입하기 위해 치열하게 경쟁하고 있는 상황이지만, 러시아의 천연가스 공급 여력은 아직까지는 충분하다고 할 수 있다.

무산된 한러 천연가스 협력 시도들

한국과 러시아가 천연가스 협력을 시도한 역사는 결코 짧지 않다. 1994년 김영삼 대통령의 러시아 방문 때 양국이 사하 가스전 개발과 북한을 경유하는 배관망 사업의 타당성을 검토하기로 하면서 이듬해인 1995년과 1996년에 '사하 가스전 프로젝트'에 대한 한러 공동 타당성 검토를 진행했다. 사하 가스전 프로젝트는 사하공화국 야쿠츠크 차얀다 가스전에서 하바롭스크-블라디보스토크-원산-서울로 오는 4,800km의 PNG 프로젝트로 한국가스공사, 한국석유공사, 대우, LG 등 14개사가 참여하는 한국 컨소시엄과 가즈프롬 등 러시아 기업이 참여하는 러시아 컨소시엄이 175억~200억 달러 규모를 투자하는 사업으로 기획되었다. 그러나 북한 통과 문제가 해결되지 않고 막대한 투자비를 조달하기 위한 시장이 형성되지 않아 경제성 부족으로 한국 측에서 사업을 포기했다.

1999년에는 중국과 러시아가 추진했던 이르쿠츠크 PNG 사업에 우리도 참여하는 한-중-러 가스관 프로젝트 참여를 검토하기도 했다. 2003년 사업 타당성 조사가 종료되었는데 이르쿠츠크 코빅타(Kovykta) 가스전에서 중국 창춘-선양-다롄을 거쳐 한국 서해-평택으로 이어지는 4,300km 노선과 중국 선양-신의주-평양-서울 노선이 검토되었다. 시행사는 가스공사 등 한국 컨소시엄, 러시아 TNK-BP와 중국 CNPC가 참여했으며, 예상 투자비는 110억 달러로 중국에 200억 m^3을, 한국에 100억m^3을 공급하는 사업으로 계획되었다. 2003년 11월 북한을 거치지 않는 서해 노선으로 최종 결정(그림 5)하고 가격 협상을 진행했으나, 푸틴 집권 이후 추진된 러시아의 에너지 국유화 및 통합

사하 가스전 프로젝트

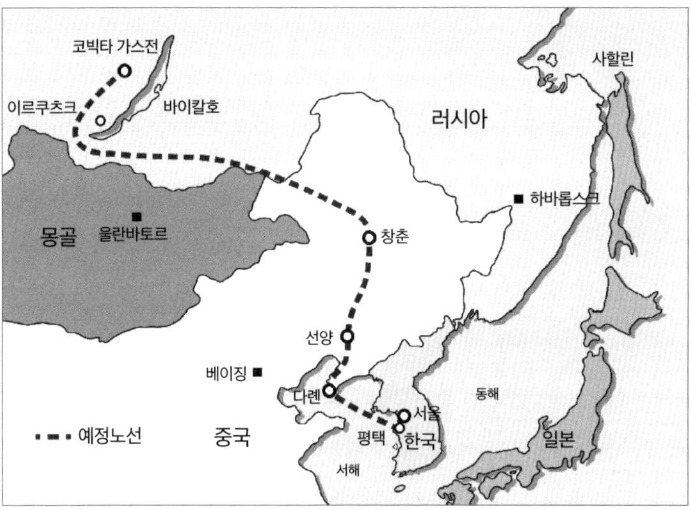

코빅타 가스전 프로젝트

그림 5. 사하와 코빅타 가스전 프로젝트

출처: 통일연구원, 2013, 『남북러 가스관과 동북아 에너지 협력의 지정학』, 34-35쪽.

그림 6. 남-북-러 가스관 계획(2012년)

출처: 통일연구원, 2013, 『남북러 가스관과 동북아 에너지 협력의 지정학』, 45쪽.

가스공급시스템(Unified Gas Supply System, UGSS) 구축정책으로 더는 협상이 진행되지 못한 채 무산되었다.

이후 2004년 노무현 대통령과 푸틴의 정상회담을 계기로 극동지역 유전·가스전 공동개발과 한러 가스관 건설에 합의하면서 다시 논의를 시작하였고, 2008년 이명박 대통령이 한러 정상회담에서 러시아 천연가스 도입에 합의하면서 한국가스공사와 가즈프롬 간 양해각서(MOU)를 체결했다. 이후 지속적인 논의를 통하여 러시아의 통합가스공급시스템 구축 이후의 한러 PNG 사업으로 블라디보스토크(150km)-북한(740km)-남한(232km)을 연결하여 사할린-3 가스전과 차얀다 가스전에서 25년간 연간 100억m^3(750만 톤)의 천연가스를 공급하는 사업으로 기획되었다(그림 6). 2011년 북한이 참여를 발표하고 당해 9월 한국가스공사와 가즈프롬이 장기 로드맵을 발표하는 등 사업 실현 가능성이 점차 높아졌으나 가격과 품질조건에 대한 이견이 존재하는 상황에서 2011년 12월 김정일이 사망하고 북한이 미사일 발사와 핵실험을 진행하면서 2013년 이후 논의가 전면 중단된다.

이후 2016년 12월 한국가스공사와 가즈프롬은 천연가스 협력에 관한 양해각서를 다시 체결하고 2017년 4월 양사 간 PNG 사업 재개 가능성에 관한 공동 연구를 추진하기로 합의했다. 이러한 상황에서 2017년 5월 문재인 정부 출범 이후 대북관계가 급격하게 개선되면서 한러 PNG 사업이 다시 주목받고 있다.

왜 한국은 러시아와 천연가스 협력을 추진해야 하는가?

앞서 무산된 시도들에서 살펴보았듯이 한러 천연가스 협력은 결코 쉬운 의제가 아니다. 그 때문에 그동안의 경험을 바탕으로 실효성 높은 대안을 전략적으로 만들어나갈 필요가 있다. 한러 천연가스 협력, 특히 남-북-러 가스관 사업이 실현되기 위해서는 "에너지 협력 사업의 탈정치화"와 가스 공급 가격, 통과료, 가스관 건설 주체 및 비용 분담에 따른 "당사국의 경제적 이해관계 충족", 미-중-일의 이해와 상충되는 부분을 협의하고 대북·대러 경제 제재를 해제해야 하는 "주변국의 이해관계 정리"의 세 가지 조건을 충족해야 한다.

조건1 호혜적 접근으로 에너지 협력 사업의 탈정치화 실현

러시아 PNG 도입의 가장 큰 장애물은 남북한의 정치적 리스크다. 에너지는 우리 생활에서 없어서는 안 되는 재화이기 때문에 안정적인 공급이 필수적이다. 750만 톤의 천연가스 공급이 갑자기 끊어진다면 전력 공급과 가정·산업용 도시가스 공급에 중대한 차질이 발생할 것이다. 따라서 남북한의 정치적 리스크를 최소화하지 않는 한 러시아 PNG 도입은 이론적인 논의에 그칠 수밖에 없다.

북한은 현재 에너지 최빈국이다. 2016년 기준 북한의 1인당 에너지 소비량은 0.4TOE[7]로 남한 1인당 소비량인 5.74TOE의 7% 수준이며, 전 세계적으로도 최하위권으로 네팔이나 캄보디아, 토고와 비슷한 수준이다. 북한에는 무연탄 41억 톤, 마그네사이트 70억 톤, 철광석 25억 톤 등 막대한 지하자원이 있는 것으로 알려져 있으나, 낙후된 개발 인프라와 설비의 부족으로 경제적으로 생산할 수 있는 매장량은 많지 않을 것으로 예상된다. 그나마 생산량을 유지하고 있던 석탄도 천안함 피격사건 이후 남북 간 일반교역과 물품 반출입을 금지한 5.24조치 이후 북한의 외화 확보 수단이 줄어들면서, 내수 공급량을 대폭 줄이고 외화 확보 수단으로 중국 수출량을 늘려 북한 주민의 에너지 소비량은 더욱 줄어들게 되었다. 따라서 인도적인 차원뿐만 아니라 미래의 통일 비용을 줄이기 위한 차원에서도 북한의 에너지·자원 개발이 꼭 필요한 상황이다.

이는 경제성장을 우선적인 목표로 설정한 김정은 정권의 이해와도 맞아떨어진다. 대규모 자본 투자와 기술 교류가 필요해 논의가 쉽지 않은 일종의 어려운 의제(hard agenda)인 에너지 협력이지만, 서로의 이해관계가 일치하는 현 시점이 남북한 에너지 협력의 탈정치화를 시도하기 위한 아주 좋은 기회다. 이러한 탈정치화 노력과 더불어 그동안 남-북-러 가스관 사업의 일종의 '안전장치'로 연구한 수단들(예를 들면 가스관 건설 및 운영에 러시아를 포함한 국제기구나 글로벌 기업이 참여하는 것)을 효과적으로 적용한다면 남북한의 정치적 리스크를 상당 부분 상쇄할 수 있을 것이다. 장기적으로 한중 배관을 포함한 동북아 PNG 네트워크와 통합 천연가스 시장을 구축한다면 동북아 에너지 협력의 탈정치화가 한결 강화될 것이다.

조건2 전략적 협상을 통한 남-북-러 경제적 이해관계의 상호 충족

PNG 사업은 LNG보다는 저렴하다고 하더라도 막대한 자본 투자가 필요한 에너지 인프라 사업이다. 따라서 경제성의 확보는 남북한의 정치적 리스크 해결과 같이 사업의 성패를 결정하는 매우 중요한 요인이다. 남-북-러 PNG 사업의 경제성에는 최종 노선 설계와 함께 북한 지역 통과료와 공급 가격이 중요한 영향을 미친다. 노선 설계는 기술적으로 최적 설계를 찾는 문제이고, 북한 통과료는 유럽 등 참고할 만한 사례(연간 1억~1.5억 달러)가 있기 때문에 북한의 수용 여부를 확인하면 되는데, 공급 가격은 협상의 문제로 쉽게 해결되지 않을 수 있다.

특히 미국, 호주, 아프리카 등 전 세계에서 새롭게 개발되고 있는 대규모 가스전들에서 원유와 연계된 가격이 아닌 좀 더 저렴한 독자적인 시장가격(예를 들면 미국의 Henry Hub 가격)을 적용하여 공급하려는 움직임이 활발하기 때문에 러시아 PNG 사업이 경쟁우위(비용우위)를 가지는 조건으로 협상하는 것이 매우 중요하다. 앞서 소개한 중국 CNPC의 러시아 PNG 도입 사업도 10년이라는 긴 시간이 소요되긴 했지만 결국 절충점을 찾아냈다.

한국은 2000년대 중반 이후 대규모 해외자원개발 사업을 추진하면서 쓰라린 실패를 경험했다. 굉장히 비싼 수업료를 지불한 셈이 되었지만, 이미 오랜 시간 많은 경험을 축적한 해외의 대형 사업 주체(자원 메이저)와 진행해야 하는 대규모 자원·인프라 사업의 리스크 관리 역량과 협상 능력, 자원개발 역량을 어느 정도 확보할 수 있었다. 러시아 PNG 도입 사업 또한 대규모 해외자원·인프라 사업이기 때문에 축적한 리스크 관리 역량과 협상 능력을 바탕으로 한국과 북한, 러시아의 경제적 이해관계를 모두 충족시킬 수 있는 절충점을 찾기 위한 협상에 나서야 한다. 앞선 중국의 사례에서도 그랬듯이 이러한 협상은 단기적으로 마무리되기 어렵다. 전략적·체계적 접근이 필요한 이유이며, 빠르게 협상을 시작해야 하는 이유다.

조건 3 외교적인 노력과 국제 정세를 활용한 주변국의 이해관계 정리

남-북-러 가스관 사업은 국제사회의 대북·대러 제재가 먼저 해결되어야 한다. 또한 미국은 자국 생산 천연가스의 주요 수요처 중 하나로 동북아 지역, 특히 한국과 일본을 염두에 두고 있으며 러시아의 동북아 지역 영향력 확대도 결코 반가워하지 않을 것이다. 일본도 우리와 같이 천연가스의 안정적인 공급을 중요한 에너지 정책 중 하나로 설정하고 있으며, 사할린에서 홋카이도-혼슈로 이어지는 비교적 간결한 PNG 노선 대안을 가지고 있다. 아울러 한국에 앞서 러시아와 PNG 공급 계약을 체결할 경우 한국과 경쟁하고 있는 여러 산업 분야에서 비교우위를 가져가기 용이해진다. 이런 상황에서 미국과 일본이 남-북-러 가스관 사업에 협조적일 이유가 없다. 중국도 앞서 살펴보았듯이 러시아의 에너지 및 광물자원을 확보하려는 노력을 지속해오고 있으며, 한국과 북한이 러시아와 좋은 관계를 형성하는 것을 달가워하지는 않을 것이다.

물론 미국이나 중국, 일본이 직접적으로 남-북-러 가스관 사업에 참여하는 것은 아니다. 그러나 한국이 주변국과의 관계를 고려하지 않고 북한, 러시아와 협력하는 것은 현명한 생각이 아니다. 즉, 미국과 중국, 일본이 원하는 최상의 조건—중국과 일본이 러시아 PNG 사업을 진행하고 한국은 미국의 LNG를 수입하며, 러시아와 협력하지 않는 조건—이 아니더라도 세 나라와의 관계 형성에 남-북-러 PNG 사업이 걸림돌이 되어서는 안 된다. 따라서 남-북-러 PNG 사업이 주변국의 이해관계에 별다른 영향을 미치지 않는다는 인식을 주지시키기 위한 외교적 노력이 필요하다. 아울러 협력과 갈등이 상존하는 동북아 지역의 국제 정세를 적극적으로 활용하는 방안도 강구할 필요가 있다. 마침 현재 각국의 정상은 북핵 문제, 영토 분쟁, 무역 갈등, 에너지 협력 등 여러 부문에서 협력하거나 갈등을 노출하고 있어 남-북-러 PNG 사업을 하나의 협상 카드로 활용하거나 아예 부차적인 문제로 설정하기 좋은 환경이다.

한국의 장기 천연가스 도입 계약 중에서 2024~2026년에 만기가 돌아오는 물량은 총 1,108만 톤에 달하며, 2028년까지는 추가로 420만 톤의 계약이 만료된다. 여기에 에너지 전환 정책에 따른 천연가스 수요 증가를 고려하면 앞으로 몇 년 동안 상당한 양의 천연가스 구매 계약을 체결해야 한다. 따라서 지금이 구매력(buying power)을 바탕으로 협상에 유리한 고지를 선점할 수 있는 매우 중요한 시기라고 할 수 있다.

만약 중러, 일러 천연가스 협력이 성공적으로 이루어지고 한러 천연가스 협력이 실패한 상황을 가정해보자. 그럴 경우 〈그림 7〉과 같이

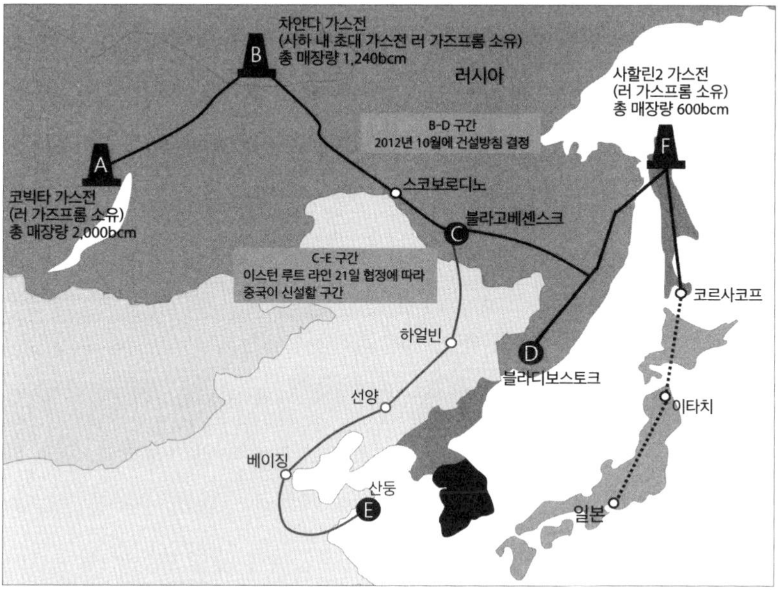

그림 7. 한국의 에너지 맹지 시나리오
출처: 김태유, 2018, 『북방경제와 4차 산업혁명: 셰일혁명에서 북극항로까지』, 37쪽.

한국은 일종의 '에너지 맹지'가 된다. 주변에 도로 인프라가 없는 맹지는 도로에 인접한 다른 대지에 비해 훨씬 싼 가격에 거래된다. 그만큼 도로(인프라) 접근성이 중요하기 때문이다. 에너지는 현대 생활과 산업에 없어서는 안 되는 필수적인 재화다. 대한민국이 에너지 맹지가 된다면 우리의 미래도 그만큼 암울할 수밖에 없다. 반대로 한러 천연가스 협력이 성공적으로 이루어진다면 그 결과를 발판으로 에너지 산업을 성장시키고 다른 산업 분야로의 파급효과까지 기대하며 전 세계 무대에서 상당한 경쟁력을 확보한 국가로 발돋움할 수 있을 것이다.

한러 천연가스 협력은 한국과 러시아, 북한 모두의 이익을 도모할 수 있는 방안이다. 한국은 러시아 PNG라는 천연가스 공급 대안을 추가로 확보함으로써 안정적인 천연가스 공급을 도모할 수 있으며, LNG보다 저렴한 천연가스 공급원을 바탕으로 향후 LNG 계약 협상에서 유리한 환경을 조성할 수 있다. 아울러 PNG 공급 인프라가 갖춰질 경우 PNG망을 따라 추가로 건설되는 설비는 비용을 크게 절감할 수 있기 때문에 전력이나 원유와 같은 다른 에너지원의 협력 방안도 모색해 볼 수 있다. 또한 이러한 인프라 건설사업 진행 시 철강, 건설 등 경쟁력 있는 국내 산업 분야의 동반 진출을 적극적으로 추진하여 추가적인 부가가치 창출에도 기여할 수 있으며, 저렴한 천연가스 공급원의 확보는 미래 에너지 체계로 각광받고 있는 수소경제의 실현에도 도움이 된다. 마지막으로 북한이 쉽게 결정을 번복하거나 일방적으로 공급을 중단하기 어렵게 설계한 남-북-러 PNG 공급망을 갖춤으로써 항구적인 평화를 향한 남북관계 구축에 이바지할 수 있다.

러시아 입장에서도 남-북-러 천연가스 사업은 매력적인 사업이다. 앞서 살펴보았듯이 러시아는 유럽 외에 추가적인 천연가스 수요자를 확보하기 위해 노력하고 있으며, 숙원사업 중 하나인 시베리아 및 극동 지역의 경제 발전을 추진하는 데 필요한 효과적인 수단을 가지게 되는 것이다. 아울러 한반도를 거점으로 아시아·태평양 지역의 영향력을 확대하여 미국의 주도권을 어느 정도 견제할 수 있을 것이며, 남-북-러 PNG 사업을 발판으로 다른 에너지·자원 사업이나 LNG 벙커링, 북러 철도 사업을 통한 북한의 항만 이용과 같이 러시아가 보유한 자원의 활용도를 높일 수 있는 추가적인 사업 기회를 모색할 수 있다.

북한에도 남-북-러 천연가스 협력은 분명한 이득이다. 다른 무엇보다도 천연가스 파이프라인이 북한을 통과하게 됨으로써 상당한 통과료 수입을 정기적으로 확보할 수 있다. 아울러 망 설계 방식에 따라 북한에도 천연가스를 공급하는 방안을 고려할 수 있으며, 파이프라인 건설 시 노동력 제공 등 사업의 직접적인 파트너로 참여하는 방안도 고려할 수 있다. 그리고 PNG 인프라와 연계한 발전소 건설사업 등 현재 북한에 절실한 에너지 인프라 구축에 힘을 실을 수 있다. 마지막으로 대치 상황보다는 상호 이익에 바탕을 둔 협력을 통하여 북한의 경제를 발전시키고자 하는 김정은 정권의 이해관계와도 일치하는 사업이다.

한러 천연가스 협력은 더는 미뤄서는 안 된다. 한국과 러시아는 이해관계가 상충되는 부분이 매우 적고 영토분쟁도 없으며 각국이 강점을 지닌 분야가 서로 달라 국제협력을 위한 최적의 전략적 파트너라고 할 수 있다. 천연가스 분야는 그러한 전략적 협력이 빛을 발할 수 있는 최고의 협력 대상이다. 더욱이 앞서 살펴보았듯이 한국 정부의 대북 정책 기조와 만기가 돌아오는 천연가스 계약 물량, 변화를 원하는 북한, 북한에 열린 자세를 가지고 있는 미국 정부, 새로운 천연가스 수요처를 찾고 싶은 러시아 등 남-북-러 천연가스 협력을 위한 최상의 대내외적 환경이 조성되고 있다. 북한이 가지고 있는 변수를 효과적으로 제어하면서 남-북-러 PNG 사업을 기반으로 궁극적으로 "한반도 통합 에너지·자원 시스템 구축"에 성공한다면, 우리는 또 한 번의 도약을 통하여 그토록 바라던 선진국 대열에 합류할 수 있을 것이다.

3

러시아의 전기가 한국의 에너지 도약을 앞당긴다

허성윤

한러 전력협력 모색

현대 사회에서 전기는 삶의 필수적인 요소이자 산업생산의 주동력이다. 일상생활에서 자주 또 가장 유용하게 사용하는 에너지가 무엇인지 사람들에게 물으면 십중팔구는 전기라고 대답할 것이다. 우리가 평소에 공기의 소중함을 잘 느끼지 못하듯이 우리 삶 곳곳에 스며든 전기에너지의 중요성 또한 평소에는 느끼기 쉽지 않다. 하지만 당장 정전으로 가정이나 직장에 전력공급이 사나흘만 중단되어도 우리 생활은 그야말로 마비가 될 것이다.

혹자는 러시아와의 협력가능성을 바탕으로 한 국가 대계(大計)를 논하는 본서에서 갑자기 정전 이슈가 등장하는 것에 어리둥절할지 모른다. 이는 국가산업과 국민생활에서 중추적인 에너지 공급원인 전기에너지 부문 또한 한러 협력과 밀접한 관련이 있다는 점을 주지시키기 위함이다. 이는 곧 러시아가 국내 전력 부문의 구조적 한계점 및 향후 발생가능한 문제점들에 대응하고 더 나은 전력 시스템으로 발전하는 데 기여할 수 있는 핵심 협력 파트너이기 때문이다. 요컨대 글자 그대로 러시아의 전기는 국내 에너지 공급 시스템을 한 차원 더 도약하게 해주는 촉매 역할을 할 것이다. 이 장에서는 이러한 주장의 실체를 점검하고 한국과 러시아의 전력 부문 협력가능성과 이를 통해 우리가 얻을 수 있는 득실을 개략적으로 살펴본다. 러시아와의 협력이 국내 전력 부문에 미칠 영향력을 점검하려면, 양국의 에너지·전력 부문의 현황과 특징을 이해해야 한다. 이를 통해 국내 전력 부문에서 향후 해결해야 할 과제를 규명할 수 있고, 또 러시아와의 협력이 왜 이러한 과제의 해결에 도움이 될 수 있는지를 이해할 수 있기 때문이다. 그러므로 이후의 내용에서는 먼저 국내 전력 부문의 현황(특징), 이슈(문제점)를 알아보고, 이어서 러시아의 자원 현황과 전력공급 잠재력을 살펴본다. 마지막으로 전력 부문 내 양국의 협력가능성을 검토해 본다.

국내 전력 시스템 특징과 과제

현재 국내 전력 시스템은 객관적인 지표상으로 전 세계 어느 국가와 비교해도 상당히 우수한 편이다. 표면적인 수치만을 보더라도 2016년 기준 호당 정전시간 9.6분/년, 주파수 유지율 99.9%, 송배전 손실율 3.7% 등 대부분의 기술적 지표에서 세계 최고 수준이다.[1] 최종 소비단의 전기요금 수준은 상당히 저렴한 편으로, 세계 최고 권위의 에너지 기구인 국제에너지기구(IEA)의 발표에 따르면 2018년 한국의 1인당 전기요금은 경제협력개발기구(OECD) 주요 28개국 가운데 두 번째로 저렴하다.[2] 설비 및 공급예비율의 경우, 지면관계상 구체적 수치는 생략하더라도 2011년 '9.15 순환정전' 이후 특별한 정전/수급 이슈가 없었다는 사실만으로도 비교적 안정적인 예비율이 확보되어 있음을 알 수 있다. 그러나 국내 전력 시스템이 급변하는 에너지시장 환경하에 거시적·장기적 관점에서 한 단계 더 도약하기 위해선 앞으로 해결해야 할 과제들이 여전히 남아 있다.

국내 전력산업이 당면한 과제 및 이에 대한 대응책을 규명하려면 우선 국내 전력산업의 주요 특징을 점검해야 하며, 이는 다음과 같은 네 가지로 정리된다. 첫째, 유라시아 대륙과의 지리적 연결에도 불구하고 분단이라는 특수한 상황으로 인해 전력 계통이 도서국가와 같은 고립계통 형태라는 점이다. 둘째, 그간 급격한 경제성장에 따라 전력수요 증가율이 비교적 빠른 편이었다. 김철현·박광수(2015)에 따르면 1981년에서 2014년 기간 동안 국내 전력소비의 연평균 증가율은 8.2%로 매우 빠르게 증가해왔다.[3] 기간별로 나누어보면 1980년대 11.5%, 1990년대 9.8%, 2000년대 6.1%로 수요의 증가속도 자체는 둔화되는 추세지만 여전히 총 전력수요는 증가하고 있다. 셋째, 에너지 자원의 해외의존도가 매우 높다. 우리나라가 자원 빈국임은 대부분의 사람들이 알고 있겠지만 1차 에너지 수입 비중이 95% 이상이라는 수치는 다시 한번 그 심각성을 상기시킨다. OECD 주요국 중 1차 에너지 수입이 90%를 넘는 국가는 한국, 일본, 프랑스 정도만을 꼽을 수 있다. 에너지 자원의 해외 의존도가 높다는 말은 곧 해외 에너지시장 상황 및 가격 변동에 따라 심한 부정적 영향을 받을 수 있고, 본질적인 에너지 안보가 취약함을 의미한다. 넷째, 경제규모 대비 좁은 국토면적으로 인해 전력설비 밀도가 매우 높다.

이와 같은 상황에서 우리나라가 추구해야 할 미래 전력 시스템의 방향과 이를 저해하는 장애요소 및 해결해야 할 과제는 무엇일까. 이는 앞서 논의한 국내 발전 부문의 특징에서 자연스럽게 도출되며, 다음의 다섯 가지를 핵심적인 미래 과제로 꼽을 수 있다.

첫째, 기후변화 및 환경 문제에 선제적으로 대응함으로써, 좀 더 친환경적이고 지속가능한 전력 시스템을 마련해야 한다. 기후변화 및 환경 이슈가 부각되면서 전 세계적으로 지속가능한 에너지 시스템을 마련하기 위해 노력하고 있다. 환경적·기후적으로 좀 더 온건한 전력 시스템 마련이 어느 정도로 시급한지에 대한 의견은 제각기 다를 수 있지만, 해당 방향은 거부하기 어려운 글로벌 메가트렌드임이 사실이다. 또한 이는 비단 전 세계적인 조류일 뿐만 아니라 국민의 생활과 건강에도 직접적인 영향력을 미친다는 점에서 향후 그 중요성이 점차 부각될 것이다. 따라서 전력생산의 환경적 영향에 대한 관심과, 주어진 제약조건에서 온실가스와 대기오염물질의 배출을 최소화하려는 국내외적 요구가 지속될 것이 자명하다. 정부도 환경과 조화를 이루는 전력생산을 국가 에너지 정책의 주요 목표 중 하나로 삼고 여러 방면으로 노력 중이다. 예로 국내 에너지 분야 최상위 행정계획인 3차 에너지 기본계획의 기본 방향에서도 친환경 수급구조 정착에 따른 미세먼지, 온실가스 저감이 핵심가치로 설정되어 있다.[4] 이에 앞서 8차 전력수급 기본계획에서도 안전하고 깨끗한 발전원 구성을 위해 원전/석탄의 단계적 감축과 재생/LNG의 비중 확대를 명시했다.[5]

둘째, 고립된 전력계통이라는 특징에서 발생가능한 문제들에 대한 대응책을 마련해야 한다. 유럽의 여러 국가와 같이 대륙으로 연결된 국가들은 많은 경우 주변국과 전력망을 연계하여 전력을 공유하는 반면, 우리나라와 같이 계통연계가 없는 독립계통은 전력을 자급자족해야 하는 부담이 있다. 이 경우 안정적인 전력예비율 확보를 위해서 상당한 규모의 설비투자가 필연적으로 발생한다. 이와 같은 한계점 인식을 바탕으로, 전력계통 연계를 통한 유라시아 대륙과의 연결은 우리나라 전력산업이 대륙으로 진출할 수 있는 교두보의 역할을 담당하는 동시에, 좀 더 효율적이고 안정적인 전력수급에 기여한다는 점에서 우리나라 전력업계의 오랜 숙제와도 같았다.

셋째, 증가하는 전력수요에 대한 장기적인 대비책 마련이 필요하다. 국내 중장기 전력수요에 대해서는 다양한 예측이 공존한다. 저출산으로 인한 인구감소, 기기효율화 등 에너지 사용 절감 노력, 선진국의 전력수요 감소 전례 등을 통해 전력수요가 곧 정점에 도달한 후 감소한다는 주장이 있는 반면, 에너지 사용의 전기화(electrification), 4차 산업혁명에 따른 추가적인 전력 소비, 기후변화 등을 이유로 수요가 지속적으로 증가할 것으로 보는 주장도 있다. 그러나 다양한 예측 결과에 대한 논의는 차치하고, 객관적인 수치로만 본다면 여전히 국내 전력수요는 증가 추세다. 물론 1980, 90년대와 같이 급속한 전력수요의 증가가 예상되지는 않지만, 국내 연간 전력소비량은 2007년 368.6 TWh에서 2016년 497.0 TWh에 이르기까지 꾸준히 증가하고 있다.[6] 특히 최대 사용전력의 경우, 최근 기온변동성 확대 등의 영향으로 전력소비량보다 상대적으로 증가세가 높다는 점에 주목할 필요가 있는데, 2007년 하계 62.3 GW, 동계 60.9 GW에서 2016년 하계 85.2 GW, 동계 83.7 GW로 큰 폭으로 증가했다. 정부도 2017년부터 전력수요는 연평균 2.1%, 최대전력은 하계 1.8%, 동계 2.1% 증가하여 2031년에는 각각 675.4 TWh, 111.3 GW, 114.9 GW에 이를 것으로 전망한다. 정부는 이같이 전반적으로 증가하는 국내 전력수요를 충족하기 위해 중장기적인 관점에서 전원 설비를 확충하고 수요억제정책을 펼칠 계획이다.

넷째, 에너지원 및 에너지도입선을 다변화하여 에너지 안보를 향상해야 한다. 이는 전력 부문보다는 전체 에너지 부문 차원의 문제다. 천연자원 부존량이 절대적으로 부족한 국내 현실에서 다량의 1차 에너지원 및 발전원을 수입해야 하는 것은 엄연한 현실이다. 우리나라는 총 에너지의 95.7%를 해외수입에 의존하고 있으며, 2013년 기준 에너지 수입액(1,787억 달러)은 국내 총 수입액(5,156억 달러)의 35%에 육박한다. 또한 2013년도 에너지수입액 196조 원은 반도체, 자동차, 선박 수출액을 모두 합친 157조 원을 훌쩍 넘어서는 금액이다. 이와 같은 에너지수입액의 절대량과 더불어 일부 지역에 대한 높은 수입의존도 또한 에너지 안보 관점에서 향후 문제가 될 가능성이 높다. 원유 수입의 중동의존도는 1990년 74.3%에서 2016년 85.9%로 증가하였고, 가스는 대부분 중동(47.2%) 및 아시아(24.9%)에서 수입하고 있다. 이와 같은 국내의 취약한 에너지 안보에 대해 세계은행은 에너지 안보 부문에서 103위로 평가해 그 심각성을 지적했다.[7] 따라서 수입선 다변화를 통해 에너지원 및 발전원의 특정 지역 수입의존도를 낮추는 방안이 마련되어야 할 것이다.

마지막으로 발전 및 송배전 설비 과밀화로 인한 추가설비 증설의 어려움이 향후 문제점으로 부각될 수 있다. 우리나라의 전력설비는 세계 최고수준으로 밀도가 높으며, 이는 전력계통 취약요인으로 작용하고 있다.[8] 구체적으로 우리나라의 발전설비 밀도는 946 kW/m^2으로 2012년 기준 전력소비량 상위 15개국 중 가장 높다.[9] 국토 면적이 좁은 조건에서 빠르게 증가하는 전력 수요를 감당하기 위해서 전국 각지에 다수의 발전 및 송배전 설비 건설은 불가피한 선택이다. 하지만 지역주민의 반대와 환경훼손 등의 문제와 맞물려 이후의 설비 증설은 난항을 겪을 가능성이 높다.

결국 위에서 논의한 국내 전력 부문의 당면과제를 요약하면, '부족한 천연자원 부존량 및 점차 어려워지는 신규 전력 설비 증설이라는 제약조건에서, 증가하는 국내 전력 수요를 좀 더 환경친화적이고 지속가능한 방식으로 생산된 전력으로 충족시키는 것'이라고 할 수 있다. 정부는 이와 같은 전력 부문의 현안을 해결하기 위한 다양한 중장기 비전을 마련하고 있다. 그중에서도 핵심 정책은 '에너지 전환'으로 대표되는 석탄/원자력 발전의 축소와 신재생/LNG 발전 비중의 확대이고, 또 하나의 중심축은 적극적인 수요관리를 통한 전력소비 감소다. 두 정책 모두 장기적으로 꾸준히 추진된다면 일정 수준의 성과를 달성할 수 있으나, 본질적으로 몇 가지 문제점을 내포하고 있다. 먼저 친환경 발전을 위한 석탄화력발전 비중의 감소를 대체할 만한 대안으로서 원자력, LNG, 신재생 중 전력 생산의 다양한 지표를 모두 만족시켜줄 대안은 현재의 기술 수준에서는 현실적으로 '없다'는 점이다.

우선 LNG 발전의 경우 발전원료의 수입의존도가 높은 편이며 가격경쟁력은 낮다는 단점이 있다. 또한 LNG도 결국은 재생에너지원이 아니라는 점에서 LNG에 대한 과도한 설비투자는 장기적으로는 문제의 소지가 될 수 있다. 원자력은 국민 수용성의 양극화, 대형 사고의 위험성, 방사성폐기물 처리 문제 및 초고압 송전탑 동반 등의 현실적인 문제가 있다. 신재생은 높은 발전단가와 자연조건에 따른 출력의 간헐성이라는 근본적인 한계가 있다. 정부의 원자력발전 감축 계획 또한 사회적으로 완전한 합의에 도달하지 못한 상태에서 추진하면 향후 다양한 측면에서 정치적·사회적 반발이 발생할 수 있다.

또 한 가지 생각해야 할 점은 근래 들어 국민의 재산권 의식 증가, 환경가치에 대한 선호 상승, 님비(NIMBY) 현상 만연 등의 이유로 신규 발전 및 송전선로에 대한 지역주민 수용성이 갈수록 낮아져 신규 전력 설비 건설이 점차 어려워진다는 점이다. 10여 년이 넘는 기간 동안 극심한 갈등을 보여준 밀양 송전탑 현장 또한 전력 시설에 대한 낮은 지역주민 수용성을 보여주는 단적인 예다. 이론적으로 사회적 수용성이 비교적 높다고 알려진 신재생 설비도 실제로 추진 중인 사업들을 돌아보면 지역주민과 갈등이 심화되고 있다. 이와 같은 낮은 주민 수용성으로 인해 전국 곳곳에서 신규 발전/송전 시설에 대한 민원이 다수 발생하고 있으며, 사업이 보류되거나 심하면 무산되는 경우도 종종 보고된다. 이는 향후 국내 신규 설비 증가가 점차 어려워질 수 있음을 짐작하게 해준다.

언급된 전력 부문 내 문제에 대한 포괄적인 대응이 어려운 것은 해당 문제를 국내 차원에서 해결하려고만 하기 때문이다. 이는 지금까지 전력계통이 고립되어 있다는 현실에서 어쩔 수 없는 선택이기도 하다. 그러나 국내외 전문가들이 지적했다시피 전력 문제를 국내 차원에서만 생각하는 고정관념을 탈피할 필요가 있다.[10] 시야를 넓혀 해외, 즉 타 국가에서 생산된 양질의 전력을 합리적인 가격에 도입하는 방안이 위와 같은 문제에 대해 더욱 현실적이고, 효과적이며, 장기적인 대안이 될 수 있기 때문이다. 러시아와의 전력 부문 협력, 더 구체적으로는 러시아 동북부에서 생산된 전력을 고압송전방식을 통해 국내로 들여와 사용하게 되면, 위에서 열거한 대부분의 국내 전력 부문의 근본적 문제를 해결하는 데 상당 부분 기여할 수 있다. 이후의 내용에서 그 가능성을 자세히 다루도록 한다.

러시아 전력공급 잠재력과 동북아 전력계통 연계

에너지 관점에서 러시아는 천연자원이 풍부한 자원 강대국이다. 러시아의 자원개발 잠재력은 무궁무진하다. 러시아는 향후 오랫동안 세계 1위 에너지 수출국의 지위를 유지할 것으로 예상되며, 2040년에는 러시아가 수출한 에너지 자원이 전 세계 에너지 수요의 5% 이상을 담당할 것으로 예상된다.[11] 전 세계 원유와 가스 생산량의 약 14%를 차지하고 있는 러시아는 전 세계에서 가장 큰 화석연료 생산국 중 하나로서, 2040년 기준으로 원유생산량은 13 Mb/d, 가스생산량은 72 Bcf/d에 이를 것으로 보인다.[12] 또한 추계에 따르면 2040년 기준 전 세계 에너지 소비의 6%를, 전 세계 에너지 생산의 9%를 러시아가 담당할 것이다.

한국과 러시아가 전력 부문 내 협력을 통해 상호이익을 취할 수 있을까? 이는 러시아 전력 부문이 한국의 전력 부문과 상호보완 관계인지 여부에 달려 있고, 이를 판단하려면 먼저 러시아의 전력산업 현황에 대해 알아보아야 한다. 러시아는 앞서 언급한 풍부한 천연자원을 바탕으로 전력 부문을 지속적으로 개선함으로써 상당 수준의 전력 공급 및 수출 능력을 확보하고 있다. 2015년을 기준으로 전체 러시아연방의 전력 설비용량은 255.6 GW 수준이며, 총 발전량은

2006~2015년 동안 연평균 1%씩 증가하여 2006년 990.6 TWh에서 2015년 1,074 TWh에 달한다.[13] 이는 한국의 약 2배에 해당하는 발전량과 발전용량이다. 한편 전원 구성의 경우, 2015년 러시아연방의 전체 발전설비용량 중 화력발전이 69.5%, 그다음으로 수력 20%, 원자력 10%, 재생에너지 0.5%의 비중을 차지하여, 화력과 수력 발전 위주의 전력 시스템을 갖추고 있다. 화력과 수력 위주인 것은 해당 발전자원이 풍부한 러시아의 자연환경이 그대로 반영된 것이다. 요약하면 러시아 전력산업은 풍부한 천연자원을 바탕으로 이를 최대한 활용할 수 있는 공급체계를 구축하고 있다.

러시아는 국토면적이 매우 광활한데, 그중에서도 한러 전력 부문 협력에 있어 핵심지역은 한반도와 인접한 동시베리아 및 극동지역이 될 것이다. 러시아는 전통적으로 유럽지역으로의 에너지 공급에 초점을 두어 자국의 서부지역을 중심으로 에너지 부문을 개발해온 반면, 동시베리아를 중심으로 한 동부지역은 상대적으로 관련 인프라 및 경제가 낙후된 상황이었다. 이러한 상황에서 푸틴 대통령은 신동방정책을 통해 극동지역의 발전을 도모하고, 극동지역의 막대한 에너지자원 잠재력을 발굴하여 아시아 지역에 에너지를 공급하고자 노력하고 있다. 앞서 보았듯이 러시아의 전력 생산은 주로 화력과 수력에 의존하고 있는데, 특히 극동 연해주 지역은 아무르, 우수리 부레야강 등의 풍부한 수력자원이 존재해 전력생산에 유리한 입지와 개발 잠재력을 갖추고 있다.[14] 해당 지역 내 수력발전의 기술적 잠재력은 1,347.7 TWh로 러시아 전체의 81%이고, 상업성 있는 잠재력은 644 TWh로 러시아 전체의 76%를 차지하는 것으로 평가된다.[15] 상대적으로 인구가 적고 개발이 덜 된 해당 지역의 자체 전력수요가 높지 않아 오랫동안 적극적인 개발이 이루어지지 않았으나, 2009년 러시아 최대 수력발전소인 부레야발전소(연간 전력생산량 71억 kWh)가 완공된 것을 계기로 현재는 충분한 전력 생산 능력을 확보한 상태다. 따라서 한러 전력 부문 협력을 통해 러시아 극동지역에서 생산된 전력을 국내로 공급한다면 즉각 활용할 수 있는 발전원은 수력이 될 가능성이 높다.

2016년 2월 기준, 러시아 전체 수력자원 개발은 21.5%로 낮은 수준인데, 유럽러시아의 통합전력시스템(Unified Energy System) 영향권에서는 수력의 상업성 있는 잠재력의 41% 이상이 개발되었지만, 아시아 지역의 통합전력시스템 영향권에서는 단 16% 미만이 개발된 상황이다. 미개발 수력발전 잠재력은 시베리아 연방관구(동시베리아) 및 극동연방관구에 집중되어 있으며, 동시베리아의 상업성 있는 잠재력 중 미개발 수력잠재력은 233TWh이고, 극동지역에는 270TWh이다. 러시아 정부가 발간한 『2030년 러시아 수력발전 프로그램 및 2050년 전망』에 따르면, 2050년경 극동지역의 상업성 있는 수력발전 잠재력 개발 수준이 2016년 8%에서 25%까지, 동시베리아에서는 2016년 33%에서 2050년경 61%로 증대될 것으로 전망된다.[16]

이와 같이 풍부한 천연자원과 전력 생산 능력을 갖춘 러시아는 동아시아 지역으로 자국의 전력을 수출하려는 의지를 보여왔으며, 특히 2014년 우크라이나 사태에 따른 서구국가들의 제재 이후 이를 적극적으로 실행하고 있다. 러시아는 2030~2050년까지 러시아와 인접한 유라시아 국가들에서 전력 수요가 크게 증가할 것으로 전망하고 있다. 특히 러시아는 동아시아 지역의 전력수요가 향후 크게 증가할 것으로 전망하고 있어 이들 시장을 적극적으로 개척하고자 한다. 러시아 정부는 전력계통 연결을 통한 전력 수출을 극동지역 경제 활성화와 동아시아 국가들과의 관계 강화에 핵심적인 사업으로 판단하고 이와 관련된 사업들을 적극적으로 추진하고 있다. 이러한 러시아의 의지를 단적으로 보여주는 것이 2016년 러시아 푸틴 대통령이 제시한 아시아 에너지 수퍼 링 전략으로, 해당 전략은 남-북-러 전력연계, 일본과의 에너지 사업 등의 세부사업을 통해 동북아 통합 전력망 구축을 러시아가 주도해나간다는 것을 골자로 하고 있다.

위 상황을 종합적으로 고려해볼 때 한러 전력협력은 향후 전 세계 에너지의 최대 공급자의 위치를 공고히 할 러시아의 발전자원을 선점한다는 측면에서도 그 의의를 찾을 수 있다. 지리적으로 러시아가 극동지역 에너지자원의 주요 공급 파트너로 선택할 수 있는 대안은 한국, 일본, 중국이 될 가능성이 높다. 또한 궁극적으로 한국과 러시아 전력 부문 협력은 동북아 슈퍼그리드라는 동북아 지역의 전력·에너지 분야 숙원 과제를 주도한다는 점에서도 의미가 크다. 국가 간 전력망을 연결해 전력자원을 상호 공유하는 슈퍼그리드 사업은 전력수급을 상호보완해주고 경제적으로도 참여국가에 이득이 되기 때문에 전 세계 곳곳에서 활발히 추진되고 있는데, 특히 동북아 지역은 자원보유 상황 및 발전원 구성이 국가마다 매우 상이하여 통합 전력망 운영을 통한 상호보완 효과가 높을 것으로 평가된다. 동북아 슈퍼그리드 개념이 최초로 공식화된 것은 1990년대 후반 러시아의 에너지시스템연구소(ESI)와 한국의 전기연구원이 공동연구를 통해 제안한 NEAREST(Northeast Asian Electrical System Ties)였다.[17] 이후 2011년 일본 후쿠시마 원자력 발전사고 이후 소프트뱅크 손정의 회장이 아시아 슈퍼그리드 사업을 제안하여 주목을 받았는데, 이때 손 회장의 계획은 몽골의 고비사막에서 태양광, 풍력을 통해 생산된 전력을 국가 간 전력망을 통해 러시아, 인도, 중국, 한국, 일본 등에서 사용한다는 것이었다. 이후 한국, 러시아, 중국, 일본 등은 자국의 이익과 지정학적 상황에 맞추어 다양한 방식으로 슈퍼그리드 추진 방식을 검토한 바 있다. 물론 동북아 슈퍼그리드 구축이 오히려 에너지 안보에 부정적 영향을 미칠 수 있다는 주장도 고려할 필요가 있으나, 국내 계통에 큰 영향을 주지 않는 적정 수준에서 해당 사업이 추진된다면 긍정적인 효과가 더 클 것이다. 실제 유사시 국내 발전설비가 전면 가동되는 상황에서는 전력이 수입된다고 하더라도 전체 전력수요의 2%에 불과할 전망이다.[18]

한러 전력협력의 기대효과

한러 전력협력, 구체적으로는 러시아 동시베리아 및 극동지역의 막대한 천연자원으로 생산된 전력을 국가 간 전력계통 연계를 통해 국내로 공급하는 사업은 다음과 같은 효과가 기대된다. 첫째, 국내 전력산업의 구조적 문제에 대한 장기적이고 근원적인 관점의 해결책이 될 수 있다. 앞서 논의했듯이 향후 국내 전력산업은 탄소배출 및 환경오염 감소, 늘어나는 전력수요 대응, 고립계통 탈피, 에너지 수입선 다변화, 발전설비 과밀화 해결 등의 과제를 안고 있다. 다시 한번 강조하지만, 러시아로부터의 전력 도입은 이 모든 문제에 대한 대응방안으로 활용이 가능하다. 먼저 러시아의 풍부한 천연자원(발전원)과 전력 생산 여유분은 국내 전력수요를 대응하기에 충분하며, 전력생산이 러시아라는 해외에서 주로 수력을 활용해 이루어지기 때문에 국내에 미치는 환경적 영향을 점차 줄여나가는 방안이기도 하다. 러시아와의 전력망 연결과 전력 교환 자체가 에너지 도입선 다변화와 고립계통 탈피에 기여함은 두말할 나위 없다. 전력망 연결을 통한 이웃나라와의 연결은 풍력, 태양광 발전 등 날씨에 따라 전력공급이 불안정한 재생에너지의 간헐성 문제를 보완할 수 있는 효율적인 해결책이기도 하므로 국내 에너지 전환 정책에도 기여할 수 있다. 국내에 추가적인 발전소 건설이 필요 없으므로 전력설비 과밀화에 대한 대응도 일부 가능하다.

둘째, 동북아 지역 내 슈퍼그리드 사업 및 에너지시장 개발의 주도권을 잡기 위한 교두보를 마련할 수 있다. 동북아시아 슈퍼그리드 협력은 국가 간 긴장 완화와 국내 전력수급 패러다임의 전환을 의미한다. 에너지 전환 정책의 꾸준한 추진으로 향후 국내에서 태양광, 풍력 등 재생에너지 비중이 높아질수록 전력공급의 안정성에 대한 리스크는 증가할 것이고, 이때 슈퍼그리드를 통한 전력망 연계가 전력공급의 안정성 확보에 도움이 될 수 있다. 근래 동북아 슈퍼그리드 실현을 위한 관련국들의 구체적인 움직임이 활성화되고 있다는 점도 선제적 한러 전력 협력 추진의 당위성을 뒷받침하고 있다. 2016년 러시아 푸틴 대통령이 극동개발 모델로서 에너지 슈퍼링 구상을 내놓았다는 점은 언급한 바 있으며, 문재인 대통령도 2017년 9월 러시아 동방경제포럼에서 한러 간 9개 부문 협력의 일환으로 동북아 슈퍼그리드 구축을 위해 협의하자고 제안했다. 이에 앞서 중국은 시진핑 국가주석이 2015년 9월 유엔 지속가능발전 정상회의에서 글로벌 전력망 연결 비전을 제시한 바 있으며, 이는 일대일로 전략의 일환으로 추진되고 있다. 우리나라 정부도 2017년 발효된 '제8차 전력수급기본계획'에서 독립계통 한계 극복을 위한 주요 수단으로서 동북아 슈퍼그리드의 중요성을 인지하고 있으며 이와 관련된 추진 절차를 최대한 신속하게 진행한다는 계획을 수립했다.[19] 구체적으로는 2019년까지 관련국 정부 및 민간과 협력채널을 구축, 기술적 가능성과 장애요인 분석, 사업모델과 비용 검증 등 실무작업을 진행하고, 2022년까지 일부 구간 착공 및 한러 간 공동연구 완료를 목표로 설정했다.

동북아 슈퍼그리드 사업에 접근하는 우리나라 주변국들의 방식을 비교해보면 세계전략 차원에서 접근하는 중국, 정부 차원의 낮은 관심도로 인해 민간기업이 주도 중인 일본에 비해 경제적인 관점에서 실리를 취하려는 러시아의 전략이 가장 구체적이고 실현가능하다.[20] 국내로 도입되는 전력 가격 등의 관점에서도 사업에 가장 적극적인 러시아와의 협상이 이득이 될 여지가 많을 것이다. 국가별로 우리나라와의 접점을 살펴보면, 우선 천연자원 부존량이 별로 없고 전력 부문 특성도 우리와 유사한 일본과의 협력은 실질적으로 한국과 일본 양국에 실질적인 도움이 되지 못한다. 결국 우리가 고립계통을 탈피하고 유라시아 대륙으로 연결되는 슈퍼그리드에 참여하려면 한반도와 대륙으로 연결되어 있는 중국 또는 러시아 중 한 국가가 계통연계의 첫 번째 파트너일 수밖에 없다. 우리나라 입장에서 전력 부문 협력과 그리드 통합 관점에서 볼 때 러시아는 중국에 비해 여러 가지 측면에서 나은 선택지다. 이는 우선 자연조건적인 관점에서 한반도와 인접한 중국 동북부 지역은 석탄 위주의 발전을 고수해 환경성 측면에서 아쉬운 반면, 러시아 동시베리아와 극동러시아에는 즉각 활용가능한 수력과 가스 발전 잠재력을 갖추고 있기 때문이다. 또한 러시아는 기존에 러일, 러북, 러중 등의 양자 간 전력 연결을 추진한 경험이 있고 현재에도 추진

중이기에 해당 사업에 대한 관심도 더 높다. 마지막으로 중국과 달리 러시아는 북한을 통과하는 남-북-러 전력 연결에도 긍정적인 점도 중요한 이점이다.[21]

한러 전력협력의 선제적 추진으로 인해 남-북-러 전력망이 연결되면 일본도 참여할 가능성이 높다. 일본은 지역별 전력 사업자에 해당 지역 전력공급을 거의 독점하는 체제로 인해 전력회사가 어느 정도 안정적인 수익을 보장받으므로 동북아 여타 국가들에 비해 상대적으로 슈퍼그리드에 큰 관심이 없었다. 그러나 북한을 포함한 동북아 대부분의 국가들이 슈퍼그리드 구축에 본격적으로 나서게 된다면 일본 역시 결국엔 참여할 수밖에 없을 것이다. 이 경우 선제적인 남-북-러 전력망 연계는 러시아 극동지역 전력자원을 일본에 비해 선점하는 효과도 있다. 남-북-러 전력망 연계가 진행되면 러시아 극동에서 일본으로 수출될 수 있는 여유전력이 크게 감소하게 된다. 따라서 일본 입장에서도 러시아 극동지역과 일본 동북지역 간 직접적 러일 계통연계보다는 전력 수요가 많은 일본 관서지역과 연결될 수 있는 한반도 남쪽과 전력망 연계가 더 현실적인 대안이 될 것이다. 이 경우 우리나라는 에너지 수입국이 아니라 수출국이 될 수도 있다.[22]

셋째, 한러 전력협력은 북한과의 관계개선 수단 및 외교적인 레버리지로 활용하는 등 남북 간 협력을 촉진하고 북한의 개방을 유도할 수 있다. 러시아와 전력망을 연계하기 위한 방법으로는 크게 동해상으로 해저 케이블을 통한 방법과 북한을 관통해 육상으로 연결하는 방법이 있다. 세부적인 경로 결정은 다양한 측면에서 비용 및 편익을 꼼꼼히 비교해본 후 결정해야겠지만, 순전히 경제적인 관점에서는 북한을 통한 육상 연결이 공사 기간과 비용을 크게 절감할 수 있다는 점에서 더 나은 선택이다. 더구나 최근 남북, 북미 관계가 개선되고 협력 분위기가 형성되면서 러시아와의 연계 시 북한을 관통하는 전력망 구축 가능성이 커지고 있다는 점도 긍정적인 배경이다. 북한에 대한 전력 지원은 향후 북한의 비핵화를 유도하기 위한 중요한 인센티브 역할을 할 수 있으며, 만성적인 전력 부족에 시달리고 있는 북한 또한 전력 통과에 대한 대가로 전력을 공급받을 수 있기 때문에 상당한 경제적 실익을 얻을 수 있다. 2018, 2019년에 걸쳐 개최된 남북정상회담, 1, 2차 북미정상회담 이후 남북, 북미 간 화해 분위기가 조성되었고, 이를 바탕으로 향후 북한의 비핵화 및 경제협력이 본격적으로 추진될 것으로 기대된다.

하지만 실질적으로 개성공단을 다시 가동하고 남북 간 철도를 연결하려 해도 충분한 전기 없이는 불가능하다. 따라서 향후 대북제재가 풀리고 북한의 개방 및 경제협력을 유도하려면 에너지, 특히 전력사업 교류가 가장 시급한 현안이 될 것이다. 이때 미러 간 견제와 같은 정치외교 측면의 문제 해결만 가능하다면, 남-북-러 전력 연결을 통해 러시아의 전력을 북한에 공급하는 방안이 효율적이고 실질적인 대안이 될 것이다. 일각에서는 한러 전력계통 연계에 북한을 포함할 경우, 정치적 이슈에 따른 전력공급 차단 가능성 등 에너지 안보에 미칠 부정적 영향을 우려한다. 물론 한러 전력협력에 북한을 포함하게 되면 사업 초기에는 이런저런 돌발변수가 발생할 가능성이 존재한다. 그러나 장기적인 관점에서 일단 남-북-러 전력망이 한번 형성되고 안정기에 접어든 이후에는, 전력공급을 차단할 경우 전력생산능력이 부족한 북한이 더 큰 타격을 입게 되므로 이와 같은 일이 발생할 가능성은 매우 낮다. 따라서 궁극적으로 북한을 포함한 한러 전력 연계는 동북아경제

공동체를 실현하고 동북아시아의 정치적 안정을 달성하는 데 기여할 것이다.

이 글에서는 한국과 러시아의 전력 부문의 협력 필요성 및 실현가능성과 협력을 통해 예상되는 긍정적 편익요소를 정리해보았다. 시간과 분량의 한계로 협력의 구체적인 방법론이나 사업추진 방식에 따른 세부적인 비용/편익 항목은 비교하지 못했으나, 한러 전력 부문 협력의 필요성과 기대효과를 조명한 것으로 만족하고자 한다. 러시아가 동북아 국가에 전력 판매를 통해 아시아 시장 개척과 극동지역 개발 촉진을 원하고, 우리나라가 미래 전력 시스템으로의 장기적인 전환을 시작하며, 남북관계가 개선되고 있는 지금, 한러 전력 부문 협력 추진 가능성은 어느 때보다 높아졌다. 물론 러시아와의 전력 부문 협력이 위에서 언급한 국내 전력산업이 직면한 모든 과제를 일거에 해결해주는 만병통치약이 될 수는 없겠지만, 국내 발전 부문이 해결해야 할 문제들에 실질적으로 기여하게 될 것이다. 에너지 부문의 시대적 요구를 놓쳐서는 안 될 것이다. 구체적인 방향 설정과 정교한 타당성 연구를 바탕으로 추진될 한러 전력 부문 협력 사업이 국내 전력 공급 시스템을 한 차원 진보시키는 데 기여하기 바란다.

PART 03

한국에 물류와 기술 패권을 안겨줄 파트너, 러시아

1

한러 해양협력,
제2의 장보고 시대 열린다

이민규

한러 항만물동량 현황

우리나라는 대외의존도[1]가 84%에 이르는 개방경제 국가로 수출을 통해서 경제가 발전하고 있다. 우리나라는 수출입 화물의 99.7%(중량 기준)가량이 항만을 통한 해상운송으로 처리되는 등 항만의 역할이 국가 경제발전에 중요한 역할을 담당하고 있다. 즉, 항만은 국가 물류 차원에서 수출입 제품의 신속하고 막힘없는 운송을 보장하는 핵심기반 시설이다.[2] 우리나라 항만물동량은 2017년 15억 7,434만 톤을 기록했으며, 최근 5년 동안 연평균 3.7% 증가하는 추세다. 또한 전체 항만물동량에서 약 30.6%의 비중(2017년 기준)을 차지하는 컨테이너 물동량은 최근 5년 동안 연평균 4.0% 증가하면서 2017년 2,745만TEU를 기록했다. 우리나라 항만물동량은 2017년 한진해운 파산이라는 국가적인 악재에도 불구하고 증가하고 있다.[3]

전 세계 컨테이너 물동량은 2017년 7억 5,271만TEU를 기록했으

표 1. 우리나라 연도별 항만물동량과 컨테이너 물동량 (단위: 천 톤, 천TEU, %)

구분	2013	2014	2015	2016	2017	연평균 증가율
항만물동량	1,358,925	1,415,904	1,463,054	1,509,479	1,574,341	3.7
컨테이너 물동량	23,469	24,798	25,681	26,005	27,468	4.0

출처: 해양수산부 PORT-MIS(new.portmis.go.kr).

표 2. 세계 주요국 컨테이너 물동량 (단위: 천TEU, %)

순위	국가	2013	2014	2015	2016	2017	연평균 증가율
1	중국	175,936	186,679	195,277	199,552	213,720	5.0
2	미국	44,427	47,850	49,527	50,182	51,425	3.7
3	싱가포르	33,388	34,688	31,710	32,668	33,600	0.2
4	한국	23,711	24,819	25,354	26,153	27,427	3.7
5	말레이시아	21,377	22,645	24,260	24,570	24,719	3.7
6	일본	21,050	21,139	20,577	20,785	21,904	1.0
7	아랍에미리트	18,693	20,224	21,233	20,613	21,281	3.3
8	홍콩	22,290	22,300	20,114	19,580	20,770	-1.8
9	독일	19,261	20,128	19,139	19,364	19,448	0.2
10	스페인	13,897	14,213	14,272	15,268	17,065	5.3
	전 세계	656,333	687,091	695,811	710,067	752,714	3.5

출처: UNCTAD 통계(unctadstat.unctad.org).

며, 2013년부터 2017년까지 연평균 3.5% 증가했다. 이는 전 세계 물동량 중 무려 28.4%로 중국 항만물동량의 증가세에 기인한 것이다. 주요 국가별 컨테이너 물동량을 비교해보면, 우리나라는 중국, 미국, 싱가포르에 이어 4위다. 한편 러시아는 2017년 항만물동량이 451만 5천TEU

표 3. 부산항의 러시아 컨테이너 물동량 (단위: 천TEU, %)

구분	2013	2014	2015	2016	2017	연평균 증가율
수출입	298	236	184	155	192	-10.4
환적	288	290	219	216	278	-0.8
합계	586	525	403	370	470	-5.3

출처: 부산항 항만물류정보시스템(www.bpa-net.com).

표 4. 부산항의 러시아 항만별 컨테이너 물동량 (단위: 천TEU, %)

항만	수출입		환적		합계	
	물동량	비중	물동량	비중	물동량	비중
블라디보스토크	84	43.5	171	61.4	254	54.1
보스토치니	79	41.3	84	30.1	163	34.7
상트페테르부르크	12	6.2	7	2.4	19	3.9
기타	17	9.0	17	6.1	34	7.3
합계	192	100.0	278	100.0	470	100.0

출처: 부산항 항만물류정보시스템(www.bpa-net.com).

에 이르며 최근 5년간 연평균 4.8% 감소하는 추세다.

우리나라의 대(對)러시아 컨테이너 물동량은 주로 부산항에서 처리되고 있으며, 2017년 기준 수출입 물동량 19만 2천TEU, 환적물동량 27만 8천TEU로 환적물동량[4]이 전체 물동량의 59.1%를 차지한다. 러시아 환적 컨테이너는 러시아-부산항-중국을 잇는 화물로부터 발생하며, 부산항이 러시아와 중국 사이의 무역 교두보 역할을 하는 셈이다.

부산항의 대러시아 항만별 컨테이너 물동량 실적을 살펴보면, 블라디보스토크, 보스토치니 등 극동지역 항만에서 대략 90%를 점유하고 있다.[5] 항만물동량 차원에서 우리나라-러시아의 교류는 주로 부산

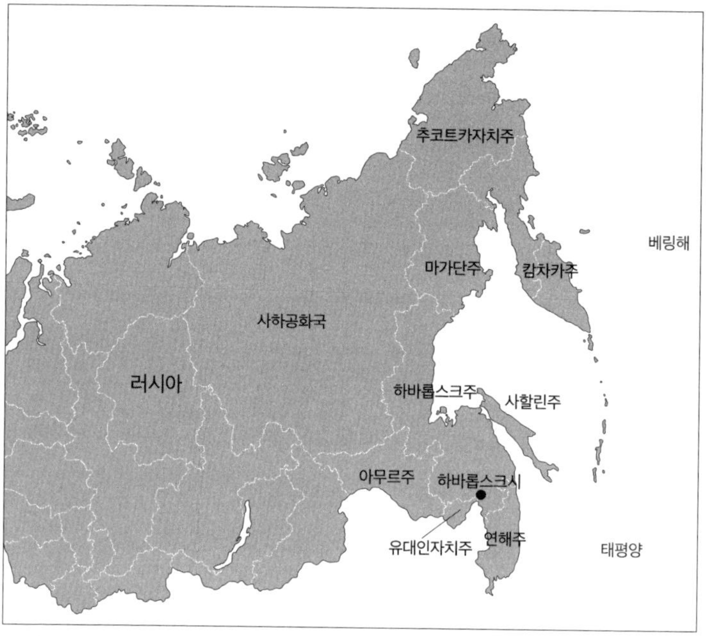

그림 1. 극동러시아 지리적 현황
출처: 한국수출입은행, 2016, 『극동러시아 항만 물류 인프라 개발과 한국의 협력 방안』, 1쪽.

항과 극동지역 항만 사이에서 진행되고 있다.

극동러시아 지역은 러시아 전체 면적의 36%를 차지하고 있으나 인구는 625만 명으로 러시아의 4.4%에 불과하다. 극동러시아 지역은 시베리아횡단철도와 아시아·태평양 지역과 연계한 물류가 가능하며, 이를 통해 아시아·태평양 지역으로 진출함과 동시에 동북아시아 지역과의 경제협력창구가 될 수 있다.

극동러시아는 11개 주이며, 이 중 항만을 보유한 주는 5개 주(연해주, 하바롭스크, 사할린, 마가단, 캄차카)다. 이들 5개 주에 소재한 항만은 모두 22개로 대부분 연해주와 하바롭스크주에 있다.

표 5. 극동러시아 항만의 종류

지역(항만 수)	항만
연해주(8)	포시예트, 보스토치니, 바니노, 블라디보스토크, 자루비노, 올가, 나홋카, 샤흐쵸르스크
하바롭스크주(7)	코르사코프, 니콜라옙스크나아무레, 드-카스트리, 소베츠카야가반, 라자레바, 포로나이스크, 오호츠크
사할린(5)	알렉산드롭스크사할린스키, 홀름스크, 모스칼보, 네벨스크, 프리고로드노예
마가단(1)	마가단
캄차카(1)	페트로파블롭스크-캄차카

출처: 한국수출입은행, 2016, 『극동러시아 항만 물류 인프라 개발과 한국의 협력 방안』, 1쪽.

우리나라의 대러시아 물동량은 전반적으로 증가 추세인 반면, 열악한 러시아 항만시설로 인해 물류비 부담이 가중됨에 따라 물류거점 확보의 필요성이 제기되고 있다. 즉, 유라시아 물류 네트워크의 관문인 극동러시아 항만에 대한 관심이 고조되고 있다. 극동러시아 항만의 물동량은 증가 추세이나 수출을 위한 인프라가 취약하며, 항만 배후물류단지가 미비하여 개선이 필요한 상황이다.

2017년 블라디보스토크에서 개최된 동방경제포럼에서 문재인 대통령은 러시아와의 경제협력을 체계화하는 '9-브릿지 전략'을 제안했다. 이 전략은 가스, 철도, 항만, 전력, 북극항로, 조선, 일자리, 농업, 수산 분야에서 러시아와 한국 사이에 9개의 다리를 놓아 동시다발적인 협력을 모색하고자 하는 것이다. 한국-러시아 간 극동지역 항만개발 협력사업은 우리나라의 새로운 경제성장 동력으로 활용될 수 있다. 즉, 한국-러시아 해양협력 방안을 통해 제2의 장보고 시대가 열릴 것으로 기대한다.

한러 극동러시아 항만개발 협력사업

한국-러시아 해양수산 협력 방안으로 우선 극동러시아 항만개발 협력사업을 고려할 수 있다.

극동러시아는 경제특구 형태인 자유항을 지정해 개발정책을 추진 중이다. 자유항은 자유무역지대 혹은 관세자유지역과 유사한 형태의 경제특구로 구역 내에서의 기업 활동에 일정한 특혜를 부여한다. 자유항 지정의 목적은 극동러시아 해안지역에 투자를 유치하여 교역을 확대하고 제조기업을 유치하여 산업 발전을 추진하는 데 있다. 2015년 연해주의 블라디보스토크를 비롯한 15개 지역이 지정되었으며, 2016년 극동러시아의 다른 항만(하바롭스크 바니노항, 사할린 코르사코프항, 캄차카 페트로파블롭스크-캄차카항, 추코트자치주 페벡항, 연해주 라좁스크 지역)들로 확대되었다.

우리나라는 한국-러시아 간 극동지역 항만개발 협력사업에 참여한 바 있다. 러시아 자루비노항 곡물터미널 개발사업[6]에 참여하여 총 2개 선석, 1000만 톤 규모 곡물터미널을 건설할 계획이며, '동북아 수은협의체'[7]에서 곡물터미널 개발사업 관련 MOU를 체결했다. 우리 기업의 터미널 개발사업 참여 여부를 파악하고, 진출 희망기업에는 타당성 조사를 지원했다. 그리고 IT 기반 항만운영시스템 도입 및 나홋카항·보스토치니항 석탄부두 장비 현대화를 러시아 측에 제안한 바 있다. 러시아의 경제상황 악화로 항만 현대화 사업 추진이 쉽지 않아 아직까지 제안 이후 진행된 사업은 없지만 국내 항만하역장비업체와 사업추진 여부를 협의했다. 또한 러시아 정부에서 우리 기업에 제안한 슬라반카 개발사업 관련 한러 6개 기업 간 업무협약이 체결되었으며,

북극항로 인근 LNG 취급 항만 개발사업도 추진했다.

앞으로 한국-러시아 항만개발 및 현대화 협력 실무위원회 구성·운영을 통해 양국 간 항만 분야에 대한 실질적이고 체계적인 협력 방안을 마련할 것을 기대한다. 이를 통해 항만 분야의 미래 성장동력이 창출될 수 있다. 또한 극동러시아 항만 및 내륙물류시설 개발사업을 통해 우리나라 국부를 창출할 수 있다. 그리고 이를 통해 북극해 인근 및 중앙아시아에 풍부하게 매장되어 있는 LNG의 확보를 통한 친환경 미래 에너지 정책 실현이 기대된다.

이와 같은 한국-러시아 항만개발 협력사업에 대해 러시아는 기본적으로 동의하는 입장이다. 하지만 중앙정부와 지방정부 간 의견 차로 사업 추진에 어려움이 존재하기 때문에 중앙정부와의 협력도 중요하나, 러시아 측 중앙정부가 지방정부의 협력을 요구·관리하는 것이 필요하다. 또한 해당 지역은 지정학적 이해 차가 큰 지역이기 때문에 이에 대한 범정부 차원의 적극적 해소 방안 마련이 선행될 필요성이 있다. 아울러 안정적인 항만물동량 확보를 위한 국가 간 통관물류 시스템 개선이 반드시 해결되어야 할 것이다.

북극항로 활성화

한국-러시아 해양수산 협력 방안으로는 북극항로 활성화를 제시할 수 있다. 오늘날 지구온난화 현상으로 인해 북극의 빙하가 녹으면서 열리고 있는 북극항로의 경제적 가치에 대한 논의가 활발하다. 북극항로를 이용하면 기존 수에즈운하를 이용한 한국-유럽 항로보다 운항일수를

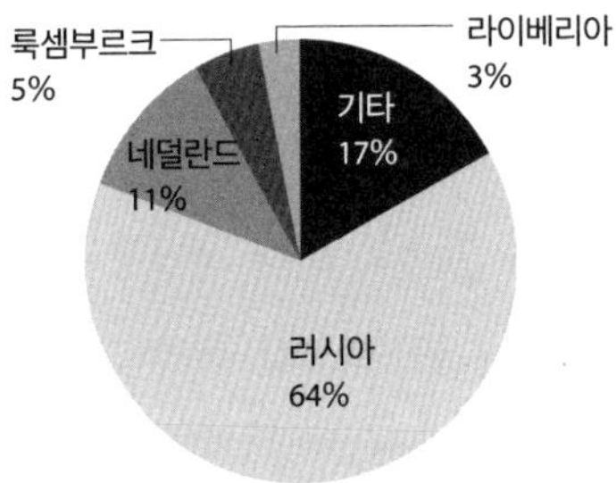

표 6. 2016년 국적별 북극항로 운항선박 수

국적	선박(척)
러시아	190
네덜란드	32
룩셈부르크	15
라이베리아	9
기타 국가	51
합계	297

출처: Sergey Balmasov, 2018, "Detailed Analysis of Ship Traffic on the NSR in 2017 Based on AIS Data," *Arctic Shipping Forum 2018*, April 17, 2018.

크게 줄일 수 있어서 시간적·경제적 경쟁력을 갖는다.

러시아는 북극항로에 대한 주도권을 확보하기 위해서 노력하고 있으며, 세계 최대 핵추진 쇄빙선 Artika의 공식 운항,[8] 세계 최초 쇄빙 LNG 운반선 운항 등으로 북극항로 상업화를 본격 추진하고 있다. 크리스토프 드 마르주리호의 운항, LNG(270억 달러) 첫 수출 등을 통해서 야말반도 LNG 사업은 상업화 단계에 진입했다.

2016년 북극해 물동량은 730만 톤으로 전년 대비 35% 증가했다. 러시아 정부는 2030년까지 북극해 물동량을 8천만 톤으로 전망하고, 이 중 러시아 물동량이 4,100만 톤을 점유할 수 있다고 예상한다. 2016년 국적별 북극해 운항선박 수를 살펴보면, 러시아 선박이 190척으로 전체 297척 중에서 약 64%를 점유했다.

한국은 북극항로 상용화에 필수적인 쇄빙 LNG 건조 분야에서 강점을 보유하고 있으며, 북극정책기본계획[9]을 수립하여 추진해왔으나 재원조달 등의 어려움에 직면한 상황이다. 부산항은 신북방과 신남방(ASEAN, 인도)을 잇는 북극항로 최단 거리상에 위치하여 러시아와 동남아를 연계하는 최상의 전략적 거점으로 부상할 수 있다. 또한 러시아-ASEAN 연계 강화 시 세계 3대 환적항인 부산항은 핵심 연결 노드로 기능할 수 있다. 러시아는 우리나라에 북극항로 활성화 필수 자산인 쇄빙 LNG 운반선 15척을 발주했으며, 이미 1척은 인도를 완료한 상황이다. 대우조선해양이 건조한 선박(크리스토프 드 마르주리호)은 2017년 8월 노르웨이-보령항 구간에서 북극항로를 통과하는 운항에 성공했다. 그리고 러시아 푸틴 대통령은 2017년 9월 한국-러시아 정상회담 공동언론발표에서 LNG 추진 유조선 15척 건조를 한국에 발주할 것을 약속한 바 있다. 러시아 정부가 북극항로상 선박의 국산화 정책을 실시하여 한국 조선사의 전략이 수출에서 현지 공동 생산으로 변화하고 있다.

북극항로 활성화는 한국-러시아 간 '9-브릿지' 제안의 핵심일 뿐만 아니라, 향후 한-EAEU FTA 체결 등 대 EAEU 경협 활성화의 대안 루트다. 신북방정책 범위를 유라시아 전체로 볼 때, 역내 통합 최대 장애물은 교통·물류의 단절, 기초 인프라 부족 등이며, 북극항로 활성화는 이를 보완함으로써 한국 제조업의 중앙아시아 및 EAEU 진출 촉진에 기여할 수 있다.

북극항로는 현재 개척 단계에 있으므로 화주기업과 물류기업의 적극 참여 유도 및 조기 활성화를 위해서는 한시적인 정부보조금 지급 등의 검토가 필요하다. 첫째, 극동러시아 및 상기 사업 권역의 투자를 통한 상품·제품의 북극항로 이용 시 보조금 또는 관세 인센티브 등을 검토할 수 있다. 이는 9-브릿지 로드맵 활성화를 기대하는 러시아 측에 대해서 북극항로 개발 및 조기 활성화에 대한 우리 정부의 의지를 보여주는 방법이다. 잠재적인 대상 기업 발굴 작업은 EAEU 진출 기업에 대한 설문조사를 통해 활용 가능하다. 둘째, 북극항로 시범 운송에 참여하는 선사, 종합물류기업, 포워더 등에 대해 일정 비율의 보조금이나 인센티브를 지원할 수 있다. 현재 북극항로를 통과하는 입출항 선박에 대해서는 항만시설 사용료 감면(50%) 등의 혜택이 있으나, 인센티브 범위를 확대해야 한다. 북극항로는 4차 산업혁명 기술이 적용될 수 있다. 북극항로 연안의 항만은 자율운항선박, 무인하역장비, 트럭, 인공지능을 통한 항만관리와 운영, 사물인터넷을 통한 화물과 배후단지의 관리 등이 가능한 스마트 항만으로의 개발이 필요하다.[10] 특히 즉시부두시설인 PPF(Prompt Port Facility)[11]는 기존 유휴 선박을 개조해 항만 관련 시설로 이용할 수 있으며, 설치 비용이 저렴하고 설비 자체가 친환경적이어서 북극항로 항만 물류 인프라 산업에 적용 가능한 기술로 주목받고 있다.[12]

북극항로 상용화는 석유·가스 등 에너지 자원의 개발 등에 의해 장기간·대규모 투자를 동반하고, 개발지연 기간도 장기간이다. 사업 추진 시 화물 부족, 운송기간 제한 등 여건을 고려하면서도 지속적인 화물 창출을 통해 북극항로 참여 및 활성화 여건에 대한 대비가 가능하다. 또한 이를 통해 장기적으로 북극항로 해운업, 북극항로 관련 항만산업 분야의 국제적 지위 약화 가능성이라는 약점의 보완이 가능하다. 한국은 대 EAEU FTA를 추진하고 있는바, 북극항로 구간 세분화에 따른 점진적인 진출, 화주기업과의 협력을 통한 비즈니스 구축 등은 EAEU와의 경제통합을 촉진하며, 한국형 글로벌 가치사슬 구축을 촉진할 것으로 기대된다. 북극항로는 그 자체로 존재하는 것이 아니라 동북아-유럽, 러시아 북극해-아시아·태평양(또는 인도양)으로의 국제 운송루트와 상호보완 관계라는 면에서 중요하다. 특히 부산항은 북극항로와 동북아-동남아 항로의 연결 노드로 북극항로 협력을 강화함으로써 향후 신남방 연계 환적화물 증가의 효과를 기대할 수 있다.

2

윈윈 전략의 환상적인 케이스, 과학기술협력

백철우

러시아 과학기술의 현주소

세계 최고 수준의 기초과학

우주에 대한 인류의 호기심을 풀어준 국가는 단연 러시아라 할 수 있다. 1957년 10월, 세계 최초로 인공위성 스푸트니크 1호를 발사하여 미국을 충격에 빠뜨렸고, 이후 러시아와 미국은 우주개발을 놓고 본격적인 경쟁을 벌이게 된다. 1961년 4월, 세계 최초의 유인우주선 보스토크 1호를 발사하여 유리 가가린(Yuri Gagarin)이 108분 동안 우주 나들이를 하기도 했다.

러시아는 로켓기술, 발사체기술 등에서 세계 최고 수준의 기술을 보유하고 있으며, 2013년 한국 최초의 우주발사체인 나로호도 핵심인 발사체 기술은 사실상 러시아의 기술이라 할 수 있다. 또한 러시아 연방우주국 로스코스모스(Roscosmos)가 EU와 공동으로 발사한 화성탐사선 ExoMars-2016이 화성 궤도에 무사히 진입하여 화성 대기를 탐사하고 있으며, 당시 화성 착륙에는 실패한 경험을 되살려 2023년에는 화성탐사선을 착륙시켜 생명체 탐사를 본격화할 예정이다. 탐사선에 탑재된 핵심 탐사장비인 ACS[1]와 FREND[2]도 러시아 과학아카데미에서 직접 개발했다.

러시아 기초과학의 높은 경쟁력은 여러 지표에서도 확인된다. 구소련을 포함하면 노벨과학상 수상자는 물리학 12명, 화학 3명, 생리학·의학 2명으로 총 17명에 달한다. 러시아는 미국(246명), 독일(84명), 프랑스(35명), 일본(22명), 스위스(20명)에 이어 세계 6위의 노벨과학상 수상자를 보유한 국가다. 4년마다 개최하는 세계 수학자대회(ICM)에서 40세 미만의 수학자에게 수여하는, 수학 분야의 노벨상이라고 일컫는 필즈상 수상자가 1936~2018년간 역대 수상자 58명에 불과한데 그 중에서 러시아가 9명이다. 네이처 인덱스(Nature Index)는 68개의 국제 유력 학술지에 논문을 발표한 연구자의 소속기관과 공동저자의 기여도를 평가해서 대학과 연구기관의 경쟁력을 평가하는데 2016년 러시아는 19위를 차지했으며, 특히 기초과학 분야에서 주목해야 할 라이징 스타(rising star)에 선정되기도 했다.

러시아는 원자력 기술 분야에서도 두각을 나타낸다. 1954년 세계 최초의 원자력발전소를 가동했고, 국영기업 로스아톰(Rosatom)사를 주축으로 전 세계 원전수주를 휩쓸고 있다. 2018년 기준 건설 중이거나 계획 중인 수출 원전이 39개로 원전 분야에서 중국과 프랑스를 월등히 앞서고 있다. 또한 로스아톰의 자회사 로스아톰플로트(Rosatomflot)사는 100,000시간을 초과하지 못했던 핵쇄빙선의 원자력 발전설비 수명을 최대 200,000시간까지 연장하는 기술을 2017년부터 개발했으며, 최근에는 177,205시간을 기록하면서 세계 신기록을 기록했다.[3]

러시아가 항공·우주, 원자력, 생화학 등의 기초·원천기술과 군수 분야에서 세계 최고 수준의 기술력을 보유할 수 있었던 것은 구소련 시절 군수기술의 발전기반을 위해 국가 차원에서 기초과학을 중점 지원했기 때문이다. 또한 사회주의 시절 평생 전공연구 전통으로 인해 특정 분야에서 매우 우수한 연구인력의 순도가 높은 편이다.[4]

과학기술 육성을 위한 국가전략

러시아는 2016년 12월, '과학기술발전 전략'을 발표하면서 '지식 잠재력을 확대하고 효과적인 시스템을 도입함으로써 '국가의 독립성과 경쟁력 확보'라는 발전목표를 제시했다. 〈표 1〉에 단계별 추진과제를 보면 세 가지 특징을 확인할 수 있다. 첫째, 1단계 기간(2017~2019)에 '새로운 기초지식 축적을 위한 과학사업 시작'을 제시하는 등 기초과학

표 1. 러시아 '과학기술발전 전략' 개요

단계	추진과제
1단계 (2017~2019)	• 과학, 기술, 혁신, 산업, 경제, 사회 정책의 조화를 위한 조직적·재정적·제도적 메커니즘 마련과 러시아의 주요 과제 준비 • 장기발전에 필수적이며, 인문학과 사회학 등 다양한 분야의 수렴 등에 기반하고, 새로운 기초지식 축적을 위한 과학 사업 시작 • 해당 전략이 정한 과학기술 개선과제에 해당하는 과학기술 사업 실행 • 지속적인 번영과 과학기술 발전, 인력 유치를 위한 총괄 시스템 구축 • 과학, 기술, 혁신 활동의 투자매력도 상승을 위한 환경 조성
2단계 (2020~2025)	• 환경기술 등 새로운 과학기술적 솔루션은 국가경제에 기여 • 연구결과 상용화 및 활성화, 당면과제에 대응하는 기술에 기반한 새로운 상품 및 서비스 개발을 확대하는 조치 실행 • 국가기술 이니셔티브 이행 및 국내 기업의 글로벌 시장 진출 지원책을 통한 기술 수출과 첨단기술제품 확대

출처: 대외정책연구원, 2018, 「푸틴 집권 4기 사회·경제 정책 방향과 시사점」, 『KIEP 오늘의 세계』, 18권 20호, 15쪽.

표 2. 러시아 '과학기술발전 국가 프로그램 2018~2025'의 목표 및 프로그램

목표	프로그램
지적잠재력 개발	• 지적자본 확대 • 장기발전과 경쟁력 확보를 위한 기초과학연구
과학기술과 지식을 통한 경제구조 변화, 삶의 질 향상, 국가안보 강화	• 연구자, 공학도, 기업가의 주도를 통한 과학, 기술의 광범위한 발전 및 혁신 • 복합 과학기술 프로그램 및 사업을 비롯한 과학기술 발전 우선과제를 목표로 하는 연구개발과 혁신
과학, 기술, 혁신 활동의 효과적인 조직	• 과학, 기술, 혁신 활동 인프라 구축 • 과학, 기술, 혁신 조직의 효과적이고 개방적인 시스템 구축

출처: 대외정책연구원, 2018, 「푸틴 집권 4기 사회 · 경제 정책 방향과 시사점」, 『KIEP 오늘의 세계』, 18권 20호, 16쪽.

부문에 여전히 방점을 찍고 있다. 둘째, 우수과학자들이 더 나은 처우를 위해 해외로 빠져나가는 두뇌유출을 심각하게 겪는 러시아가 인력유출 방지를 위한 방안을 1단계에 제시하고 있다. 마지막으로 1단계는 과학기술 고도화의 기틀을 마련한다면 2단계에는 이를 경제성장으로 전환하기 위한 노력을 담고 있다. 러시아도 과학기술을 경제성장의 주요 수단으로 인식하고 있음을 확인할 수 있다.

2017년 11월에는 '과학기술발전 국가 프로그램 2018~2025'를 수립하여 연구환경 조성을 위한 정부정책을 제시했다(표 2 참조). '과학기술발전 전략'과 맥을 같이하여 기초과학을 강조하며, 과학기술을 경제성장에 연계시키기 위한 목표와 프로그램을 제시하고 있다.

러시아 연구개발 투자의 특징[5]

러시아의 연구개발 투자규모는 2015년 기준 약 17조 원으로 GDP 대비 1.25%다(표 3 참조). 한국의 2015년 연구개발 투자규모가 약 66조

표 3. 러시아의 연구개발 투자 현황

연도	총 연구개발투자액	GDP 대비(%)	정부투자 : 민간투자
2013	749,797백만 루블 (한화 약 14조 원)	1.12	67 : 28
2014	847,526백만 루블 (한화 약 15조 원)	1.04	69 : 27
2015	914,669백만 루블 (한화 약 17조 원)	1.25	69 : 26

출처: 한러과학기술협력센터(KORUSTEC) 홈페이지.

원이고, GDP 대비 비중이 4.21%임을 감안하면 연구개발 투자의 절대 규모나 GDP 대비 상대규모가 한국의 1/4 수준임을 알 수 있다. 그렇지만 2006년에서 2015년에 투자규모가 6.27배가 될 정도로 연평균 약 22.6%로 빠르게 투자규모를 늘리고 있는 점은 주목할 만하다.

또 다른 특징은 정부의 연구개발 투자가 민간의 연구개발 투자보다 2.5배 정도 높아 정부 주도로 연구개발 투자가 이루어진다는 점이다. 한국이 정부 대 민간비율이 1:3 정도로 민간의 연구개발 투자가 압도적으로 높은 것과는 정반대다.

〈표 4〉의 기술 분야별 연구개발 투자 현황을 보면 운송 및 우주 부문에 총 연구개발 투자의 34.9%를 집중하고 있어 우주기술 강국의 면모를 보이고 있다. 러시아 연방우주국 로스코스모스의 2017년 예산규모가 85,560백만 루블로 러시아 전체 연구개발 투자의 13.6%인 것을 보면 러시아가 우주개발에 쏟는 열정을 짐작할 수 있다. 그다음으로는 큰 격차를 보이고 있긴 하지만 에너지, 정보통신기술(이하 ICT)이 각각 13.7%와 11.9%다. 러시아의 주력산업이 에너지이기 때문에 에너지에 대한 투자 비중도 높은 편이며, 미래 경제성장을 위해 ICT에도 상당

표 4. 기술 분야별 연구개발 투자 현황(2015년 기준)

구분	연구개발 투자규모(백만 루블)	비중(%)
ICT	74,556	11.9
나노	25,422	4.1
생명과학	43,776	7.0
천연자원	46,422	7.4
에너지	86,252	13.7
운송 및 우주	219,193	34.9
기타	131,784	21.0
합계	627,406	100.0

출처: 한러과학기술협력센터(KORUSTEC) 홈페이지.

부분 투자함을 확인할 수 있다.

러시아는 2012년 5월 제정된 대통령령에 따라 2018년까지 과학자들의 평균임금을 지역 평균임금 대비 200% 인상했다. 저유가로 인해 러시아 경제가 힘든 상황에서 2017년 러시아 교육과학 부문 예산은 총 5,449억 루블로 전년 대비 5% 줄였으나, 기초과학 연구 활동을 강화하고 과학자들의 임금상승 정책을 유지하는 점은 러시아의 과학기술에 대한 기조를 잘 보여준다.

한국 과학기술의 현주소

우주·항공, 핵융합 분야의 열악한 과학기술 수준

정부는 격년으로 '기술수준 평가'를 통해서 세계 최고기술국인 미국

표 5. 한국의 기술수준 및 기술격차

구분	기술수준(%)		기술격차(년)	
	2018	2020	2018	2020
건설·교통	79.0	84.0	3.1	2.6
재난안전	75.9	80.4	3.4	2.9
우주·항공·해양	65.1	68.4	8.4	8.6
국방	72.5	75.0	6.7	5.5
기계·제조	78.0	80.7	3.4	2.8
소재·나노	78.3	80.8	3.0	2.5
농림수산·식품	79.8	81.4	4.0	3.2
생명·보건의료	75.2	77.9	3.5	3.1
에너지·자원	76.8	80.2	4.0	3.7
환경·기상	76.6	81.1	4.1	3.7
ICT·SW	80.2	83.0	2.1	1.9
전체	76.9	80.1	3.8	3.3

출처: 한국과학기술기획평가원, 2020, 『2020년 기술수준 평가』, 31쪽.

대비 우리나라의 기술수준과 기술격차를 발표한다. 〈표 5〉를 보면 우리나라가 강한 ICT · SW 분야의 기술수준은 2020년 현재 미국 대비 83.0%이며, 기술격차도 1.9년에 불과하다. 그다음으로 소재 · 나노 분야의 기술수준도 80.8%로 미국과 2.5년의 기술격차를 보인다. 하지만 우주 · 항공 · 해양 분야를 보면 우리나라의 기술수준은 68.4%로 10대 분야 중에서 기술수준이 가장 낮고 기술격차도 무려 8.6년에 달한다.

〈그림 1〉에서 항공 · 우주 · 해양 분야만 상세히 보면, '유 · 무인 통합 자율비행체 기술'은 기술수준이 80.0%, 기술격차도 3.5년으로 상대적으로 양호한 반면, '우주발사체 개발 및 운용 기술'은 기술수준이 60.0%, 기술격차가 18.0년으로 한참 뒤처져 있다. 2009년, 2010년 두 번의 실패에 이어 2013년 마침내 나로호 발사에 성공했으나 러시아 발

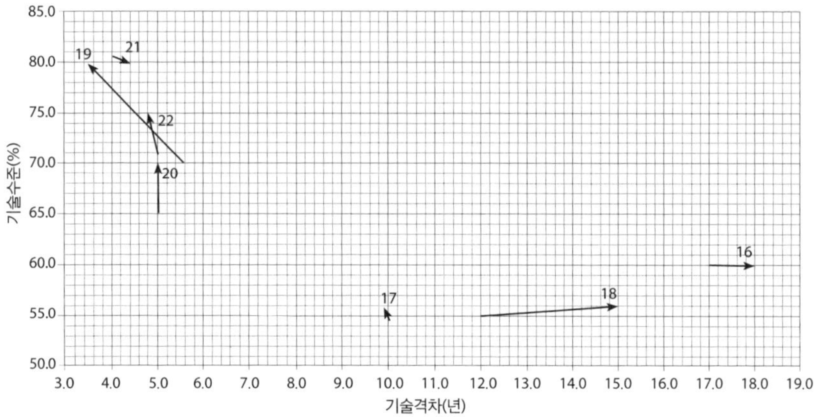

16. 우주발사체 개발 및 운용 기술
17. 우주환경 관측·감시·분석 기술
18. 우주 탐사 및 활용 기술
19. 유·무인 통합 자율비행체 기술
20. 유·무인 자율비행체 통합 관제시스템 기술
21. 지속가능한 해양공간 개발 기술
22. 극한공간 인프라 기술

그림 1. 한국의 항공·우주·해양 분야 기술수준 및 기술격차 변동(2018년 → 2020년)
출처: 한국과학기술기획평가원, 2020, 『2020년 기술수준 평가』, 67쪽.

사체에 지나치게 의존한 채 기술습득을 하지 못해 '우주발사체 개발 및 운용 기술'은 여전히 낙후되어 있다. 어렵게 우주궤도에 올려놓았던 나로과학위성이 2014년 4월부터 연락이 두절되어 사실상 위성 운영을 중단한 상태인데, 이는 '유·무인 자율비행체 통합 관제시스템 기술'의 열악한 수준을 잘 나타내고 있다.

원자력의 경우 '원자력 에너지 기술'은 비교적 양호하나, 차세대 기술에 속하는 '핵융합에너지 기술'의 기술수준은 2020년 현재 75.0%, 기술격차는 6.0년으로 상위 부문인 '에너지·자원'의 기술수준 80.2%, 기술격차 3.7년에 비해서도 한참 뒤처져 있다(표 6).

표 6. 한국의 원자력 분야 기술수준 및 기술격차

구분	기술수준(%)		기술격차(년)	
	2018	2020	2018	2020
원자력 에너지 기술	88.8	88.0	4.0	4.0
원자력 환경방호 기술	78.0	80.0	4.5	5.0
핵융합에너지 기술	75.0	75.0	7.0	6.0
에너지·자원 분야 전체	76.8	80.2	4.0	3.7

출처: 한국과학기술기획평가원, 2020, 『2020년 기술수준평가』, 102쪽.

한국의 과학기술 투자의 특징

〈그림 2〉에서 보듯이 우리나라 연구개발 투자 중 기초연구의 비중은 14.7%에 불과하다. 미국, 프랑스, 영국 등 주요국에 비해서 기초연구의 비중이 낮은 편이다. 물론 통계상으로 기초연구의 비중이 일본, 중국

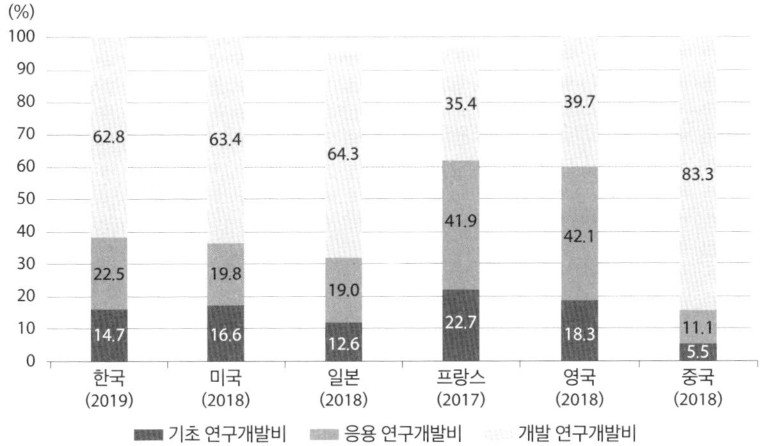

그림 2. 주요국의 기초/응용/개발 연구개발비 비중

출처: 과학기술정보통신부·한국과학기술기획평가원, 2020, 『2019년도 연구개발활동조사』, 10쪽.

표 7. 한국의 기술 분야별 연구개발투자비 사용 현황(2019년 기준) (단위: %)

분류	수학	물리학	화학	지구 과학	생명 과학	농림·수산	보건·의료	기계
투자 비중	0.2	1.2	5.9	0.6	2.8	2.1	4.6	15.3
분류	재료	화학 공정	전기·전자	정보·통신	에너지·자원	원자력	환경	건설·교통
투자 비중	5.0	2.8	26.0	18.9	2.3	1.0	1.2	5.7

출처: 과학기술정보통신부 · 한국과학기술기획평가원, 2020, 『2019년도 연구개발활동조사』, 18쪽.

보다는 높고, 그 규모도 13조 원에 달하지만, 이 중 순수연구개발비로 사용되는 비중은 높지 않고, 순수연구개발비도 대부분 '목적기초'라는 명목으로 정부 주도의 기획사업 예산을 포함하고 있어 우리가 생각하는 창의적인 기초연구와는 거리가 있다는 비판도 존재한다.[6]

「2019년도 연구개발활동조사」에서 제시하는 과학기술표준별 연구개발투자비 사용 현황을 보면 전기 · 전자(26.0%), 정보 · 통신(18.9%), 기계(15.3%)가 전체 기술 분야에서 60.2%를 차지하는 반면, 수학, 물리학, 화학, 지구과학 등 기초과학 부문에 대한 투자 비중은 7.9%에 불과하다.

러시아와의 과학기술 협력 방안

왜 러시아와의 과학기술 협력이 필요한가?

우리나라가 러시아와 과학기술 분야 협력은 미국이나 EU 등과 비교하면 범위나 강도 면에서 미미한 수준이다. 하지만 다음과 같은 이유로 러시아는 우리의 중요한 과학기술 협력 파트너가 될 수 있다.

첫째, 앞서 살펴본 양국 과학기술의 현주소에 따르면 두 국가는 과학기술에 있어 서로 보완적인 관계이기 때문에 협력을 통해서 시너지를 창출할 수 있는 가능성이 매우 높다. 러시아는 우주·항공, 기초과학 분야에 강점이 있는 반면, 우리는 ICT, 기계, 제조 등에 강점이 있다. 특히 우리가 나로호 발사를 통해 경험했던 우주·항공 분야의 열세는 러시아를 우리의 협력 파트너로 삼기에 충분한 유인을 제공한다. 또한 우리가 개발연구에 치중하여 기초·원천 연구가 충분하지 못해 글로벌 기술장벽에 번번이 좌절하고 막대한 기술료를 지불하는 상황을 고려한다면 러시아의 높은 기초과학 경쟁력은 우리에게 충분히 매력적이다.

둘째, 러시아는 대규모 고급 연구인력을 보유하고 있다. 러시아는 세계 최고 수준의 과학자를 상당수 보유하고 있음에도 자국에서 충분한 대우를 받지 못함에 따라 심각한 두뇌유출을 겪고 있다. 이들 대부분이 EU 국가 내 대학, 연구소, 기업 등으로 빠져나가고 있는데, 이들을 한국으로 초빙하거나 한러 공동연구를 통해 활용할 수 있다면 우리의 취약점인 기초과학 분야를 빠르게 발전시켜나갈 수 있을 것이다.

셋째, 기술선진국 대비 저렴한 기술료와 우호적인 협력조건으로 러시아의 우수한 기술을 활용할 수 있다. 러시아의 원천기술은 미국, 독일, 일본 등 기술 선진국에 뒤처지지 않는 수준임에도 불구하고 기술도입가격이 상대적으로 낮기 때문에 한국 중소기업의 기술접근성을 높일 수 있다. 2016년 기준으로 러시아로부터 기술도입은 187건, 31,069천 달러로 건당 166천 달러였으나, 미국은 9,637건에 대해 7,100,469천 달러를 지급하여 건당 737천 달러였다.[7] 물론 기술의 내용과 수준을 감안해야 하지만 도입건당 평균 금액으로만 비교하면 러시아로부터의 기술도입 단가는 미국의 22.5%에 불과하다. 또한 기술선진국과 비교하면 러시아는 기술소유권이 불명확하고, 법률체계가 미흡하며, 개발자에 대한 충분한 보상이 이루어지지 않다 보니 우리가 도입조건을 유리하게 협상할 수 있는 여지가 있다.[8]

마지막으로 미국, 일본 등 기술선진국의 견제로 해외기술 도입이 점차 어려워지는 상황에서 러시아와의 기술협력은 돌파구가 될 수 있다. 미국, 일본 등의 기술선진국이 수출시장에서 한국과 치열하게 경쟁하고, 최근 미국을 중심으로 M&A를 통한 기술유출에 대한 저항감이 크다 보니 예전보다 선진 기술을 도입하기 어려운 상황이다. 하지만 러시아는 한국과 수출시장에서 서로 경쟁하는 대상이 아니고, 기술유출에 대해서 아주 민감하지는 않기 때문에 우리로서는 훌륭한 기술공급처가 될 수 있다.

러시아와 어떻게 협력할 것인가?

2018년 6월 22일, 과학기술정보통신부는 러시아 경제개발부와 '한러 혁신 플랫폼 구축 MOU'를 체결했는데, 그 내용을 토대로 과학기술 협력에 대한 청사진을 그려볼 수 있다. 이 MOU는 러시아의 원천기술과 한국의 ICT · 응용기술을 결합하여 새로운 비즈니스를 창출하고, 스타트업 · 벤처 · 중소기업 성장을 위한 혁신 생태계를 조성하기 위한 협력체계를 구축하는 것으로, 러시아 원천기술 상용화 지원을 위한 공동 R&D, 전문가 교류 등 기술협력, 스타트업 교류 활성화, 공동창업 촉진 등 스타트업 · 벤처기업 육성 협력, 시장진출 지원 등을 통한 양국 중소기업 성장을 지원하는 내용을 담고 있다.

위의 MOU 내용을 토대로 해서 이 글에서는 세 가지 협력 방안을 제시하고자 한다. 첫째, 거대과학 분야 공동 국가연구개발사업 추진이 필요하다. 항공·우주, 에너지 등 대규모 예산이 소요되면서 러시아의 기술수준이 높은 분야에 대해 러시아와의 국제공동연구를 추진함으로써 기술을 내재화하는 노력이 필요하다. 나로호 발사 때의 경험을 보더라도 구매나 위탁의 형태로 협력을 하는 경우, 러시아는 우리에게 핵심 기술을 넘겨주지 않으려 하기 때문에 우리는 막대한 비용만 치르고 기술수준은 개선되기 어렵다. 하지만 러시아의 원천기술을 상용화하는 국제공동연구사업의 형태를 취한다면 러시아의 기술이 한국에 스며들 수 있는 계기를 만들 수 있다. 러시아는 원천기술이 있고, 한국은 우수한 ICT에 기반한 상용화 경험이 풍부하며 충분한 투자 여력이 있기 때문에 서로 전략적 동반자가 될 수 있다. 2018년 과학기술정보통신부에서 '한-러시아 과학기술 공동연구사업'이라는 형태로 과제당 연간 1.5억 원 이내로 2년간 4개 과제를 지원하는데, 이러한 소규모 상향식 사업도 중요하지만, 항공·우주, 에너지 등의 거대과학 분야는 두 국가가 하향식으로 대규모 국가연구개발사업을 동시에 기획하고 운영하는 것이 필요하다.

둘째, 국내 중소·중견기업이 러시아의 원천기술을 도입하여 상용화하는 데 지원이 필요하다. 국내의 상당수 중소·중견기업이 차세대 성장동력을 위한 기술개발에 어려움을 겪고 있다. 러시아가 보유한 우수한 원천기술과 연구인력을 한국의 중소·중견기업이 활용할 수 있다면 이러한 어려움 극복에 큰 힘이 될 수 있다. 하지만 양국 간 언어장벽, 문화나 생활방식에 대한 이해 부족, 경제체제 및 제도의 차이로 인해 한국의 중소·중견기업이 러시아에서 원하는 기술과 연구인력을 발

표 8. 해외 박사학위 취득자 분포(2015~2020년)

순위	국가	박사학위자 수(명)	비중(%)
1	미국	3,371	59.44
2	일본	483	12.11
3	영국	325	8.15
4	중국	287	7.19
5	독일	203	5.09
6	프랑스	115	2.88
7	캐나다	91	2.28
8	호주	72	1.8
9	홍콩	21	0.53
9	러시아	21	0.53

출처: 한국연구재단 외국박사학위 종합시스템.

견하고 활용하는 것이 쉽지 않다. 이는 모스크바나 블라디보스토크에 있는 대한무역투자진흥공사(KOTRA) 무역관의 역할만으로 한계가 있다. 한국생산기술연구원 같은 공공연구기관이 각 기술 분야 연구인력을 러시아 현지에 파견하여 중소·중견기업의 애로기술을 해결할 수 있는 러시아 파트너를 물색하는 등 기술이전 및 기술협력의 중개기능을 수행할 수 있다. 이 과정에서 러시아 산업 및 시장에 대한 정보를 보유한 KOTRA 무역관과의 협력도 중요하다.

셋째, 러시아로의 아웃바운드(outbound)형 과학기술인력교류사업의 확대가 필요하다. 그간 국내 기업들은 러시아의 산업기술을 확보하기 위해 러시아의 과학기술 인력을 초빙하는 방식을 선호했다. 하지만 이제는 인식을 바꿔 러시아에 국내 인력을 파견하여 산업기술을 습득하고 현지 네트워크를 확보하는 방식으로 전환할 필요가 있다. 〈표 8〉

에 따르면 2015~2020년 간 박사학위 취득국가 중에서 미국이 59.44%로 압도적으로 높은 반면, 러시아는 0.53%로 미미한 수준이다. 미국에서 박사학위를 취득한 비중이 지나치게 높으면 자연스럽게 미국식 표준에 익숙해지고, 미국과의 협력에만 치중할 가능성이 높다. 젊은 과학자들이 러시아의 과학기술을 경험할 수 있도록 이공계 국비 유학생에서 러시아의 비중을 현재보다 높일 필요가 있고, 학위 후 국책연구기관에서 이들을 우선적으로 채용하는 방안도 고려할 수 있다.[9]

3

한러 정보통신산업 협력 방안

이대호

러시아 정보통신산업의 현주소

국가 주도의 정보통신산업 육성

러시아 정보통신기술의 발전은 2차 세계대전 당시 군사용 기술을 기반으로 시작되었다. 그러나 오늘날의 정보통신기술은 국가의 주력 산업이나 경제 상황과 무관하게 모든 산업의 혁신에 영향을 미치는 가장 중요한 요소 중 하나이며, 국가의 경쟁력 강화의 핵심 원천으로 인식되고 있다. 특히 최근 5년간 융합의 활성화와 사물인터넷(Internet of Things)[1]의 등장으로 정보통신기술의 영향 범위와 그 중요도가 더욱 강화되고 있다. 따라서 러시아 정부 역시, 2010년 스콜코보(Skolkovo) 혁신센터를 중심으로 정보통신 분야 혁신 기업의 육성을 정부가 적극적으로 지원해왔으며, 2013년 이후 전자문서화 서비스, 전자 예산 시스템 등 다양한 정보통신산업 시스템 구축에 있어서 정부가 수요자 역할을 하는 등, 정보통신산업 지원에 상당한 의지를 보여왔다.

세부 산업별 현황과 향후 예상

그러나 2008년 세계 금융위기, 2011년 유럽 재정위기, 2014년 유가급락 등 대외 환경의 악재들이 겹치면서 러시아 경기는 감소세를 보였고, 2000년대에 고도성장을 거듭하던 정보통신 분야 역시 세계 금융위기 이후 성장세가 둔화되고 있다. 그러나 BMI 리서치(Research)[2]를 포함하는 많은 평가기관들이 러시아 정보통신산업은 2016년을 저점으로, 향후 지속적인 성장을 거듭할 것으로 예상하고 있다. 이러한 러시아의 정보통신산업의 성장에서는 정보통신 제조 부문보다 서비스 부문의 성장세가 더 크다(표 1 참고). 러시아는 높은 소프트웨어 개발 기술에 기반하여 정보통신 서비스 부문의 많은 발전이 예상되는데, 정보통신 서비스 산업에 대한 중소기업의 참여 역시 활발한 편이다.

이렇게 정보통신 서비스 부문의 발전가능성이 높은 데에는 러시아 정보통신산업이 가지고 있는 시장구조의 영향도 있다. 러시아의 정보통신 서비스산업은 2012년을 기준으로 매출액은 정보통신 분야 전체 매출액의 10.6%이며 기업 수는 전체 기업 수의 50%에 달하는 반면,

표 1. 러시아 정보통신시장 부가가치 규모 추이 (단위: 십억 루블)

구분	2011	2012	2013	2014	2015	2016	2017	2018	2019
하드웨어	256.3	298.9	347.3	432.1	528.2	487.5	509.9	524.2	543.2
통신 서비스	832.1	951.0	939.6	1,010.5	948.1	913.6	922.3	945.3	967.9
IT서비스/소프트웨어	308.2	419.4	482.6	498.8	677.5	772.2	924.5	1,059.2	1,206.8
ICT 총합	1,396.6	1,669.3	1,769.4	1,941.4	2,153.9	2,173.3	2,356.7	2,528.7	2,717.9
GDP 비중	2.7%	2.8%	2.8%	2.8%	2.9%	2.8%	2.8%	2.7%	2.8%

출처: 정민형 · 민지영 · 정동연 · 김상환, 2020, 「러시아 IT 산업발전과 한러협력: 러시아의 경제구조 전환을 중심으로」, 『전략지역심층연구』 20-02.

통신 부문은 정보통신산업 전체 매출액의 48.1%에 해당하는 매출액을 15.5%의 기업이 장악하고 있다.[3] 즉, 정보통신 서비스 부문은 경쟁적 구조를 띠고 있는 반면, 통신 부문은 독과점적 구조를 띠고 있는데, 서비스 부문의 기업들은 치열한 경쟁에서 살아남기 위하여 R&D에 투자하고 지속적으로 혁신함으로써, 러시아 정보통신 서비스 부문의 발전을 견인하고 있다.

러시아 정보통신산업을 세부 산업별로 살펴보면, 여전히 하드웨어 산업의 비중이 큰 것을 알 수 있다. 러시아의 정보통신 하드웨어산업은 대부분 수입에 의존하고 있는 상황이고, 특히 완제품의 수입 비중이 높은 편이다. 그러나 2014년부터 대(對)서방 대응정책으로 러시아 정부가 수입대체화정책(Import-Substitution Strategy)을 추진함에 따라 러시아 국내 생산이 확대되고 있는 추세다. 소프트웨어산업 역시 마이크로소프트사와 같은 북미권 기업이 러시아 내 소프트웨어 부문에서 절대적인 우위를 점하고 있다. 정민형 · 민지영 · 정동연 · 김상환에 따르면 러시아의 IT서비스/소프트웨어 시장은 2011년부터 2019년까지 연평균 18.6%의 성장을 지속해왔다.[4] 러시아의 정보통신시장은 2019년 2조 7,170억 루블 규모로 성장했으며, 특히 향후 클라우드 컴퓨팅(Cloud Computing)[5]과 같은 새로운 정보통신 서비스들이 정보통신 하드웨어, 소프트웨어보다 빠른 속도로 성장할 것으로 분석된다.

한국 정보통신산업의 현주소

정보통신 강국으로의 발돋움

우리나라의 정보통신산업이 두각을 나타내기 시작한 것은 1990년대 후반부터다. 우리나라는 1994년 정보통신산업을 총괄하는 정보통신부를 출범시킴으로써 정보통신과 관련한 정부 조직체계를 단일화했으며, 1996년 GSM[6]을 사용하던 다른 나라들과는 달리 CDMA[7]를 상용화했다. 이와 함께 1998년, 초고속 인터넷 서비스를 개시했는데 이동통신망과 초고속 인터넷망은 우리나라가 정보통신 강국으로 발돋움하는데 핵심 인프라다. 이후 우리나라는 2001년 무선인터넷 단말기 보급에서 2,000만 명을 돌파하고, 2002년 초고속 인터넷 가입자 1,000만 명을 돌파하는 등 정보통신 강국으로서 입지를 다지게 된다. 〈그림 1〉은 1998년 2분기부터 2018년 2분기까지 20년간 우리나라의 실질 국내총

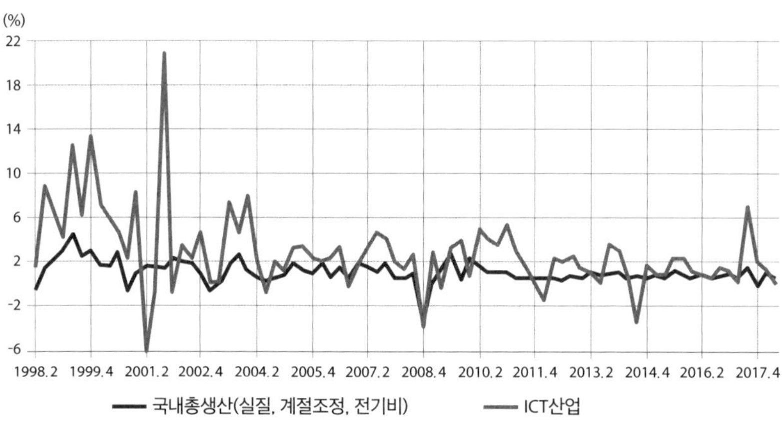

그림 1. 실질 국내총생산 성장률과 ICT산업 실질 국내총생산 성장률

출처: 한국은행경제통계시스템(http://ecos.bok.or.kr/).

생산(GDP) 성장률과 정보통신산업의 실질 GDP 성장률을 보여준다. 그림에서 확인할 수 있듯이 우리나라의 정보통신산업은 지난 20년간 대부분 전체 GDP 성장보다 더 높은 성장을 해왔다.

지수로 살펴본 정보통신산업 경쟁력

실제로 우리나라의 정보통신산업은 다양한 국제기구에서 발표하는 지수들에서도 상위권을 차지해왔다. 국제전기통신연합(International Telecommunication Union, ITU)에서 발표하는 정보통신발전지수(ICT Development Index)[8]에서는 2011년부터 2017년까지 1-1-1-2-1-1-2위를 차지했으며, 세계경제포럼(World Economic Forum)의 네트워크준비지수(Network Readiness Index)[9]에서는 2011년부터 2016년까지 10-12-11-10-12-10위를 차지하는 등 꾸준히 상위권을 지켜왔다.

특히 네트워크준비지수를 보면 우리나라 정보통신산업의 장점과 단점을 세부적으로 살펴볼 수 있다. 우리나라는 세부적으로 사용자지

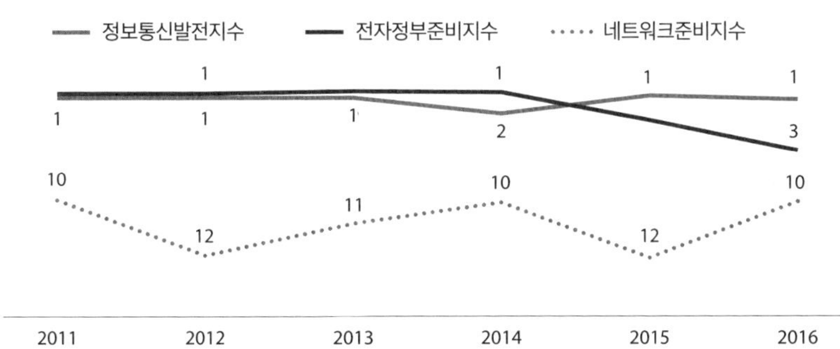

그림 2. 정보통신산업 관련 국제 평가지수 한국 순위

출처: 과학기술정보통신부, 2017, 『정보통신산업의 진흥에 관한 2017 연차보고서』, 39쪽.

수(people pillar)에서 높은 점수를 받아 134개국 중 14위를 차지했으며, 반대로 기술지수(technology pillar)와 정부지수(government pillar)에서는 가장 낮은 점수를 받아 22위와 17위에 그쳤다.[10] 즉, 기반시설 측면과 개인, 기업 및 정부의 정보통신 이용률은 매우 높으나 기술적 측면과 정치적·규제적·사업적 환경은 우리나라 정보통신산업이 발전하는 데 걸림돌이 되고 있는 것으로 나타났다.

러시아와의 협력 필요성

생태계로서의 정보통신산업

인터넷의 발전은 인간의 삶의 많은 부분을 변화시키고 있다. 특히 최근에 발생하고 있는 '융합(convergence)' 현상은 디지털화(digitization)가 가능한 모든 정보를 인터넷 안으로 흡수시키고 있으며, 이로 인해 기존에는 서로 다른 산업으로 분류되던 방송, 통신, 인터넷 등의 네트워크, PC상의 플랫폼이라고만 여겨왔던 OS 플랫폼, 게임을 포함한 각종 어플리케이션 혹은 콘텐츠 등 다양한 계층이 하나의 ICT 생태계를 이루어 발전하고 있다.

정보통신기술 생태계의 구축은 스마트폰의 등장으로 본격화되었는데, 스마트폰의 경우 이른바 CPND, 즉 콘텐츠(content), 플랫폼(platform), 네트워크(network), 하드웨어(hardware)의 네 계층 모두에서 기술력을 갖추었을 때 하나의 경쟁력 있는 제품이 완성되는 것이며, 하나의 계층에서만 경쟁력이 떨어져도 소비자들은 전체 제품의 경쟁력 저하로 받아들인다. 우리나라는 국제전기통신연합에서 발표하는 정보통신발전지수[11]에 기반했을 때 지속적으로 1~2위권을 유지해 왔다.

국내 정보통신산업의 그늘

국제전기통신연합의 정보통신발전지수나 세계경제포럼의 네트워크준비지수 등 우리나라가 상위권을 차지하고 있는 ICT 관련 지수들은 인프라 및 가입률 등에 많은 가중을 두고 있으며, 우리나라가 상대적으로 비교열위에 있는 소프트웨어 기술력 등은 지표에 많이 반영되어 있지 않은 것이 사실이다. 그뿐만 아니라 과학기술정보통신부의 자료를 보면[12] 2016년 정보통신기술 세계시장은 전년 대비 소폭 성장했으며, 2021년까지도 지속적으로 성장할 것으로 예측된다. 세부 내용을 보면 하드웨어와 통신 서비스는 2015년부터 2017년까지 오히려 감소했으며, 그 이후로도 증가폭이 크지 않을 것으로 예측된다. 즉, 향후 세계 ICT 시장은 하드웨어와 통신 서비스를 제외한 나머지[소프트웨어(패키지), ICT서비스]가 주도할 것으로 예상되나 우리나라의 정보통신산업은 하드웨어와 통신 서비스에 경쟁력을 가지고 있는 반면, 소프트웨어와 정보통신 서비스에서는 상대적으로 글로벌 경쟁력이 부족한 것이 현실이다.

실제로 우리나라의 정보통신산업 수출실적은 2014년 5,726억 달러에서 2015년 5,267억 달러, 2016년 4,954억 달러로 계속 감소하는 추세다. 따라서 향후 정보통신산업에서 글로벌 경쟁력을 강화하기 위해서는 하드웨어와 통신 서비스의 기술적 우위를 지속함과 동시에 소프트웨어와 정보통신 서비스 경쟁력을 강화함으로써 생태계 경쟁에서도 앞서나갈 수 있어야 한다. 그러나 우리나라의 기존 시장의 포화와 규제로 인한 혁신의 저하 등으로 발전의 속도는 오히려 저하되고 있는 실정이다. 우리나라 정보통신 하드웨어의 최대 수출국이었던 중국의 경우 중국 정부의 적극적인 지원에 힘입어 화웨이(Huawei), 샤오미(Xiaomi) 등 많은 중국 기업이 빠른 속도로 성장하고 있으며, 중국 정부의 기술굴기 정책으로 인하여 우리나라 정보통신기업들의 현지 시장 점유율은 지속적으로 하락하는 추세다.

또한 정보통신 서비스의 경우 규제에 묶여 있는 경우가 많다. 예를 들어 세계시장에서는 에어비앤비, 우버와 같은 기업을 필두로, 공유경제가 대세로 자리 잡아가고 있다. 그러나 우리나라는 규제로 인하여 공유경제 서비스를 시행조차 하지 못하고 있는 실정이다. 숙박공유의 경우 외국인 관광객을 대상으로 하는 도시민박업, 한옥체험업, 농어촌민박업 등에만 제한적으로 허용이 되어 있는 관광진흥법으로 인하여 내국인을 상대로 하는 숙박공유 서비스를 시행하지 못하고 있으며, 온라인 중고차 거래 플랫폼, 로보어드바이저(Robo-advisor),[13] 원격의료 서비스 등 다양한 신규 서비스가 자동차관리법, 자본시장법, 의료법 등의 규제에 묶여 시행되지 못하거나 운영 중단되고 있는 것이 우리나라 정보통신 서비스산업의 현실이다.

보완재로서의 러시아 정보통신산업

이러한 측면에서 러시아는 우리나라 정보통신기업들이 진출하기에 최적의 조건을 가지고 있다. 러시아는 2018년 통계청 기준으로 약 1억 4,400만 명의 대규모 소비시장이며 현대화가 필요한 기업 및 정부를 중심으로 정보통신기술에 대한 수요가 지속적으로 증가하는 추세다. 2014년 서방의 제재로 미국 및 유럽 정보통신기업들이 철수함에 따라 아직 국내 사업자들의 진출 가능성이 열려 있는 상태다. 게다가 러시아는 우리나라에 비해 정보통신 서비스에 대한 규제 강도가 낮기 때문에 신규 서비스를 출시하고 테스트하기에 매우 적합한 조건을 가지고 있다. 또한 러시아 정부가 2011년 발표한 '러시아연방 혁신발전전략'의 5대 우선 분야에 정보통신 분야가 포함되면서 러시아의 정보통신산업은 빠른 속도로 발전함과 동시에 국제협력도 활발하게 진행되고 있기 때문에 한국 기업들은 러시아로의 진로 확대를 적극적으로 고려할 필요가 있다.

한러 정보통신 협력 방안

러시아의 소프트웨어 기술 흡수

우리나라의 정보통신산업 약점 보완을 위한 한러 정보통신 협력 방안으로 첫째, 소프트웨어 개발과 정보통신 서비스 부문에서 공동 R&D 등을 통해 협력을 강화해야 한다. 우리나라 정보통신산업의 약점으로 지적받고 있는 두 부문에서 오히려 러시아는 상대적으로 높은 경쟁력을 보유하고 있기 때문이다. 특히 러시아의 소프트웨어 역량을 적극 활용해야 한다. 소프트웨어는 4차 산업혁명 시대에 가장 중요한 기술 요소임과 동시에 우리나라가 가장 취약한 분야 가운데 하나다. 정보통신기술진흥센터의 보고서에 따르면 2017년 우리나라의 소프트웨어 기술력은 선진국 대비 80.5% 수준으로 1.8년의 기술격차가 있는 것으로 나타난다.[14]

특히 우리나라는 미들웨어나 응용 소프트웨어에서는 기술수준이

표 2. 선진국 대비 한국의 소프트웨어 기술격차

소프트웨어			중분류			상대수준 및 기술격차		
			시스템 SW	미들웨어	응용 SW	평균	2017년	2016년
상대수준(100%)	한국	기초	76.7	82.6	80.6	79.8	80.5	77.2
		응용	77.6	83.2	81.6	80.7		
		사업화	79.1	84.2	81.0	81.1		
	미국	기초	100	100	100	100	100	100
		응용	100	100	100	100		
		사업화	100	100	100	100		
	일본	기초	77.7	80.6	83.0	80.9	81.2	80.1
		응용	80.0	80.6	83.3	81.8		
		사업화	78.2	78.4	83.8	81.0		
	중국	기초	75.6	73.2	74.2	74.4	76.6	72.5
		응용	77.9	80.2	75.1	76.9		
		사업화	81.2	83.6	74.7	78.4		
	유럽	기초	84.4	86.1	89.4	87.2	86.5	85.5
		응용	81.6	86.3	89.6	86.5		
		사업화	79.5	86.7	89.3	85.8		
기술격차(년)	한국		2.3	1.7	1.5		1.8	1.9
	미국		0.0	0.0	0.0		0.0	0.0
	일본		2.3	1.9	1.4		1.7	1.5
	중국		1.6	1.4	2.0		1.8	2.2
	유럽		1.8	1.3	0.9		1.2	1.1

출처: 정보통신기술진흥센터, 2017, 『ICT 기술수준조사보고서』, 112쪽.

높은 반면, 시스템 소프트웨어, 특히 운영체제에서는 경쟁력이 매우 약한 상태다. 반면, 러시아는 운영체제에서 미국과 비슷한 기술을 보유하고 있는 것으로 평가받고 있기 때문에 러시아와의 기술협력은 우리나라 정보통신 소프트웨어 기술을 한층 더 끌어올릴 수 있는 기회가 될 것이다.

러시아의 빅데이터 활용

둘째, 러시아의 빅데이터를 적극적으로 활용해야 한다. 4차 산업혁명 시대의 '석유'로 비유되고 있는 빅데이터는 데이터의 양(volume)과 다양성(variety)이 확보되었을 때 그 가치가 더욱 커진다는 특성이 있다.

따라서 빅데이터 기술에서 앞서기 위해서는 다양하고 많은 데이터의 확보가 우선되어야 한다. 그러나 우리나라가 보유하고 있는 5천만 명이라는 인구는 중국, 미국 등 다른 정보통신 선진국들과 경쟁하기에는 절대적으로 부족한 수치다. 물론 가장 많은 데이터를 확보할 수 있는 나라는 세계 최대 인구를 갖고 있는 중국이지만, 중국은 네트워크를 언제든지 차단할 수 있는 법적·제도적 장치를 가지고 있기 때문에 우리나라 기업 입장에서는 진출하기에 리스크가 크다. 러시아는 우리나라에서는 각종 규제로 시행되지 못하는 다양한 정보통신 서비스를 제공하고 있고 세계 9위의 인구를 보유하고 있기 때문에 많은 데이터를 확보할 수 있는 대안이 될 수 있다.

정보통신 인력 교류

셋째, 정보통신 인력 교류가 필요하다. 이 분야에서 기업이나 국가 차원의 협력도 가능하겠지만 장기적인 관점에서 인력 교류 프로그램을 신설해 러시아의 젊은 인재들을 국내 대학으로 초청하고 국내의 ICT 관련 인재들의 러시아 유학을 장려할 필요가 있다. 한국연구재단에서 제공하는 통계정보에 따르면,[15] 현재 국내 박사학위 취득자의 취득 국가는 미국이 58.79%로 압도적인 반면, 러시아는 지리적 근접성에도 불구하고 1.28%에 그친다. 반면 일본은 양 국가 간 협력하에 매년 100명 내외의 학생을 선발하여 일본 국립대학 이공계 학부과정에 러시아의 대학에 국비 유학을 보내주는 프로그램을 시행하고 있고, 그 결과 전공취득국가 순위에서 일본이 16.6%로 2위에 올라 있는 것을 확인할 수 있다. 소프트웨어 개발과 ICT 서비스 부문에서의 장학 인력 교류는 장기적 차원에서 한국과 러시아의 협력을 공고히 할 수 있는 방안이 될 것이다.

러시아의 소프트웨어 파워가 한국 정보통신기술의 보약

이경선, 박유리와 이대호의 연구에서는 ICT 산업의 글로벌 리딩 국가들인 한국, 중국, 미국, 일본 4개국의 ICT 산업을 비교 분석하였다.[16] 그 결과 첫 번째로 우리나라의 ICT 산업은 〈그림 3〉과 같이 지나치게 하드웨어 산업에 치중되어 있었으며, 두 번째로 이 연구는 생태계의 형태로 발전하고 있는 지금의 ICT 산업에서는 특정 산업으로의 집중보다는 세부 산업들 간의 균형, 특히 하드웨어 산업과 소프트웨어 산업의 균형이 ICT 산업 전체의 발전에 중요하다는 것을 밝혀냈다.

우리나라의 ICT 산업은 정부의 정책적 주도에 따른 통신산업의

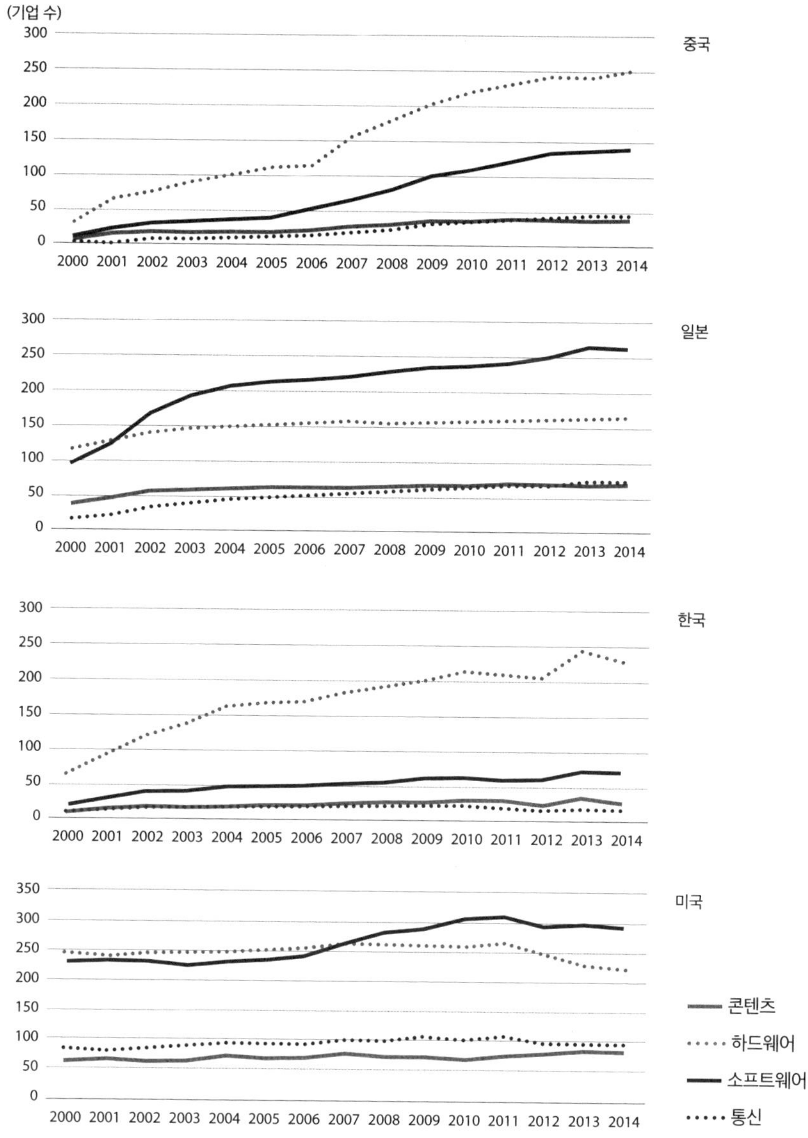

그림 3. 한-중-미-일의 연도별 ICT 기업 수

출처: Lee, Kyoungsun, Yuri Park, and Daeho Lee, 2018, "Measuring Efficiency and ICT Eco-system Impact: Hardware vs. Software Industry," *Telecommunications Policy* 42, p. 111.

발전과 대기업 중심의 하드웨어 산업이 ICT 산업 전체를 견인하는 형태였다. 그러나 생태계 경쟁으로 진화하고 있는 지금의 ICT 산업은 특정 세부 산업의 경쟁력만으로는 구글, 애플, 화웨이와 같은 글로벌 기업들과 경쟁하기 쉽지 않은 상황이며, 특히 빅데이터, 인공지능의 발전과 함께 소프트웨어의 파워가 어느 때보다도 강조되고 있다. 최근 우리나라에서는 소프트웨어 중심대학 사업 등 정부와 대학을 중심으로 소프트웨어 역량을 강화하기 위해 노력하고 있으며 이는 장기적으로 올바른 전략인 것으로 판단된다. 그러나 ICT 산업은 선점자의 우위(first-mover advantage)가 크게 작용하는 산업이기 때문에 글로벌 ICT 경쟁에서 살아남기 위해서는 단기적인 대응도 반드시 필요하다. 따라서 러시아와의 ICT 산업 협력을 통한 러시아의 소프트웨어 파워를 내재화하는 것은 국내 수출의 버팀목이 되고 있는 ICT 산업이 세계 최고를 유지할 수 있는 보약이 될 수 있을 것이다.

4

한러 정보통신기술 기업

신정우, 홍아름

한러 정보통신기술 개요

러시아 산업 현황

러시아의 경제구조는 에너지 산업에 편중되어 있으나 국제 유가 하락 등으로 제조업 산업을 육성하여 경제구조를 다각화하려 노력하고 있다. 러시아 산업에서 제조업의 비중은 15%로 경제규모 대비 상대적으로 낮은 수준이고, 제조 분야의 수입의존도는 적게는 56%에서 많게는 92%로 매우 높은 수준이다(그림 1 참고). 이렇듯 에너지 산업을 제외한 모든 산업이 수입에 의존하고 있어 러시아의 에너지 중심의 산업들이 향후 큰 문제로 발생할 가능성이 높다.

또한 러시아의 제조업 자립비율은 20%이며, 이를 60%까지 올리기 위한 정책을 추진하고 있다. 러시아의 제조업 육성정책으로는 3억 달러 수준의 산업개발펀드를 조성하여 신규 제조설비 투자기업을 지원하고, 특별투자협약을 체결해 세제혜택과 같은 인센티브를 제공하

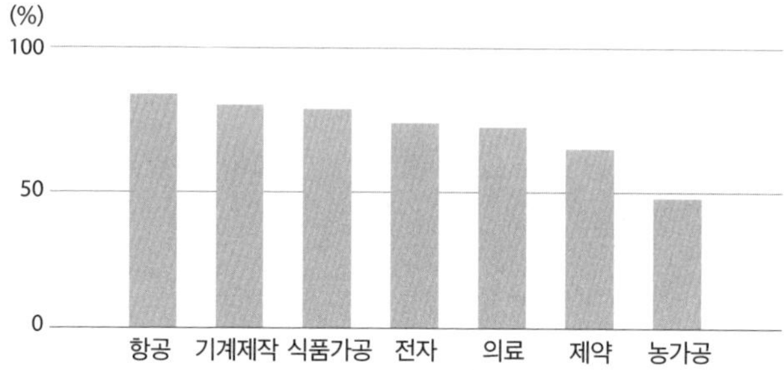

그림 1. 러시아의 제조 분야 수입의존도

출처: 러 대외무역분석센터(2014년 기준)(Kotra, 2016 재인용)

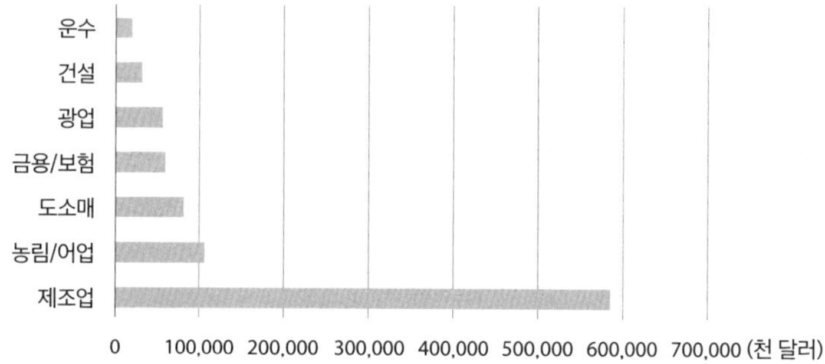

그림 2. 분야별 한국의 러시아 투자 규모(2010~2016)

출처: 수출입은행 (Kotra, 2016 재인용)

고 있다.

2011년 러시아 통계청 자료에 따르면 장비 및 설비의 49%가 노후되고, 최신 기술과 전문인력이 부족한 상태다. 노후 장비 및 설비 교체 수요와 기술 및 전문인력 수급 강화로 인해 국내 기업들의 러시아 진출 기회는 확대될 것으로 예상된다. 2010년부터 2016년까지 한국의 분야별 러시아 투자 현황을 살펴보면 제조업 분야가 63%(586,941천 달러)로 가장 높게 나타난다(그림 2 참고). 이렇듯 러시아의 산업 다각화 노력, 노후 장비/설비 교체 및 기술/전문인력 수급 수요는 한국 정보통신기술(Information and Communication Technology, 이하 ICT) 기업의 협력, 제조업 분야의 스마트 공장 산업 협력을 통해 러시아와 한국 기업들 간의 긍정적인 효과 도출이 가능할 것으로 보인다.

정보통신기술 기업에 대한 한러 협력 필요성

한국이 포함된 동북아시아 국가는 미국, 중국, 러시아, 일본 4강과 정치, 경제, 외교 측면에서 전략적 파트너십을 가지는 중간국가의 역할을 하고 있다. 미국과 중국의 패권경쟁, 일본의 경제보복이 심화되는 가운데 새로운 한국의 역할을 제시하기 위한 신'대한책략'에 대한 제시가 필요하다. 신'대한책략'의 큰 줄기에는 러시아의 신동방정책의 기조와 함께 우리나라의 신북방정책[1]에 선제적으로 대응하는 데 이 글의 목적이 있다. 러시아의 경제 상황은 에너지 자원 가격 상승으로 인해 좋은 기조를 거치면서, 푸틴 대통령은 2000년 집권하여 제조업 분야에서의 러시아의 경쟁력을 강화하는 정책을 펴기 위해 과학기술체계 개편과 더불어 과학기술 분야의 역량 강화를 위해서 연구성과물의 우수성 검증과 기술의 사업화를 위해 산학연 협력지원체계 구축과 지원 프로그램을 활성화하고 있다. 미국 및 EU 국가의 러시아 진출과 투자 확대와 협력 프로그램의 구체화가 러시를 이루고 있다. 따라서 유라시아 시장의 활성화와 더불어 러시아의 기초기술 및 응용기술을 통한 과학기술의 잠재력은 원천기술에 더 집중하고 신성장산업을 추진하려는 국내 기업에 신기술에 의한 기술협력의 가능성과 조인트벤처(Joint Venture) 등을 통한 공동개발에 관심이 증대되고 있다. 우리나라와 러시아 및 유라시아의 지정학적 역학관계는 변화를 기대할 만한 남북관계 개선 등으로 한반도종단철도(Trans-Korea Railway, TKR)[2] 실현 기대감이 높아지는 등 그 어느 때보다 교류 확대 가능성이 높다.

한러 스마트 공장 기술기업 협력

한러 스마트 공장 현황

최근 제조업 분야는 스마트 공장(Smart Factory)을 통해 제조 분야의 혁신을 주도하고 있다. 스마트 공장이란 사물인터넷(IoT),[3] 인공지능(AI) 등 ICT를 활용하여 제조 전 과정을 자동화, 지능화하여 제조에 필요한 비용과 시간을 최적화하여 제품을 생산하는 미래형 공장을 의미하며, 스마트 팩토리라고도 한다. 다시 말해, 스마트 공장은 공장 설비에 설치된 사물인터넷을 통해 기기 간 동작을 실시간으로 인지하고, 인공지능을 통해 제조과정에서의 비효율성과 제품의 불량 등을 예측하여 개선한다.

한국 정부는 2015년 산업통장자원부 주관으로 스마트 공장 추진단을 수립하고, '제조업 3.0'을 발표했으며, 4차 산업 혁명위원회를 통해 국가 차원에서 로드맵을 구축하고 관련 어젠다를 수립했다. 한국은 러시아에 비해 ICT 응용기술을 다수 보유하고 있고, 관련 기술기업들이 스마트 공장 산업에 적극적으로 진출하고 있다. 삼성, SK, 포스코 그룹을 중심으로 스마트 공장 구축을 진행하고 있으며, LS산전, 현대위아, 한신기계 등도 스마트 공장 관련 IT기술을 개발하고 있다. 특히 LS산전은 수요예측 시스템(APS)을 활용하여 스마트 공장 체계를 구축하고, 이를 통해 생산성 향상(60%), 에너지 사용량 절감(60%), 불량

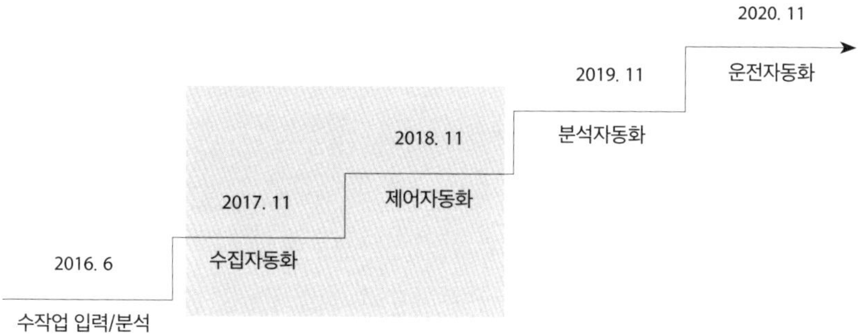

그림 3. 신성이엔지 스마트 공장 로드맵(용인사업장)

출처: 신성이엔지 홈페이지(www.shinsungeng.com).

률 감소, 설비 대기시간 절감 등의 성과를 이루었다.[4] 포스코는 자회사인 포스코 ICT 주관으로 광양제철소 후판 공장 등 주요 공장에 스마트 공장을 도입하고, 제품 생산 과정에서 발생하는 데이터 분석을 통해 원가 절감 및 불량률을 낮추는 등 공장 최적화에 중점을 두고 있다. 또한 국내 대표적인 스마트 공장인 신성이엔지는 스마트 공장 도입을 통해 생산능력을 두 배 증가시켰다. 신성이엔지는 2020년 11월 기준 수율 예측, 자동운전/물류 표준 정착 등으로 운전자동화가 운영 중이다(그림 3 참고).

반면 러시아의 스마트 공장은 초기단계에 있다. 러시아 UEC (United Engine Corporation)[5]에 2017년 말에 스마트 공장을 시작하였다. 한국도 독일, 미국, 일본 등 선진국에 비해 아직 초기단계지만 ICT를 기반으로 빠르게 선진국을 추격하고 성장하고 있다.

한러 스마트 공장 기술기업 협력

한러 스마트 공장 기술기업 협력에 대한 논의에 앞서 '한러 스마트 공장 현황'에서 논의한 스마트 공장의 긍정적인 측면과 함께 부정적인 측면을 살펴보자. 스마트 공장 도입은 생산성 향상, 제조비용 및 시간 감소 등 긍정적인 측면이 있지만 고용 측면에서는 논란의 여지가 있다. 일반적으로 제조기술 발전이 고용에 미치는 영향은 크게 네 가지로 구분된다. 와해적 기술[6]로 인해 고용이 대체되는 대체효과, 와해적 기술의 효용성을 높이기 위해 고용이 증가되는 보완효과, 기술발전으로 인한 생산성 향상과 생산성 향상으로 인한 가격하락으로 생산되는 상품의 수요 증가와 고용이 증가되는 생산효과, 발전된 기술이 다른 산업으로 확산되어 발전하게 됨으로써 고용이 증가되는 확산효과(spill-over effects)가 여기에 포함된다. 대체효과보다 보완효과, 생산효과, 확산효과가 크다면 스마트 공장 도입으로 인해 고용이 증가하고, 대체효과가 보완효과, 생산효과, 확산효과보다 크다면 반대로 스마트 공장 도입으로 고용이 감소한다. 스마트 공장 자동화 수준별 고용 증가 동인은 〈표 1〉과 같다.

기술발전이 고용에 미치는 영향에 대한 지난 30년간의 연구를 살

표 1. 스마트 공장 자동화 수준별 고용 증가 동인

구분	기초	중간 1	중간 2	고도화
자동화 수준	실적 집계 자동화	설비데이터 자동집계	설비제어 자동화	고객맞춤형 생산체계
순고용 증가 조건	대체효과 < (보완효과 + 생산효과)		대체효과 < (생산효과 + 확산효과)	
순고용 증가의 동인	1. 스마트 공장 운영인력 증가 2. 스마트 공장 지원기업의 성장 3. 스마트 공장 설비생산 증가		1. 스마트 공장 지원기업의 성장 2. 신산업 창출	

출처: 양혁승 외, 2017, 『스마트공장 도입이 고용에 미치는 효과 연구: 해외 사례를 중심으로』, 국회예산정책처 연구용역사업, 1-121.

펴보면, 자동화와 로봇 도입으로 인해 제조업의 고용은 감소했지만, 기술발전으로 인한 생산성 향상과 확산효과로 인해서 경제 전체의 고용이 증가할 수 있음을 보였다.[7] 특히 스마트 공장을 도입한 사례로 아마존, 아디다스, 파낙 등의 사례에서는 로봇으로 인해 고용이 대체되었다기보다는 로봇은 단순한 작업을 수행하고, 로봇을 관리하는 등의 숙련된 일에 고용이 필요하게 되었다. 다시 말해, 스마트 공장과 고용관계에서는 고숙련된(high-skilled) 작업에 대한 고용(A)은 스마트 공장 관리를 위해 고용이 늘고, 단순 작업인 중간 및 저숙련(middle & low-skilled) 작업에 대한 고용(B)은 감소한다. 따라서 A가 B보다 크면 스마트 공장으로 인한 고용이 증가하고, B가 A보다 크면 감소한다. 하지만 전체 고용자 수는 앞서 논의했던 생산효과, 확산효과에 따라 고용이 결정된다.

기존 연구들을 살펴보면 프레이와 오스본(Frey and Osborne)[8]은, 세계경제포럼(WEF) 등에서는 인공지능 등의 기술발전으로 인해 미국 일자리의 47%가 자동화로 대체될 수 있는 고위험군에 속하고, 평균적으로 선진국과 신흥경제국에서 202만 개의 일자리가 창출되지만 717만 개의 일자리가 감소할 것으로 예측했다. 반면 오토 등(Autor et al.),[9] 아른츠 등(Arntz et al.)[10]에서는 기술발전으로 인해 계획에 따라 반복적으로 수행되는 정형적 직무는 일자리가 감소하거나 대체될 것으로 보고, 완전히 대체될 수 있는 직업은 9% 수준으로, 기술발전으로 인한 고용 감소가 크지 않다고 보는 연구도 있다.

공통적으로 스마트 공장 도입으로 인해 정형적 직무, 즉 중간 및 저숙련 일자리는 감소할 것으로 보인다. 한국은 지속적으로 실업률 증가, 고용 불안 등으로 일자리 창출에 많은 예산을 투자하지만 그 효과는 미미한 실정이다. 더욱이 4차 산업혁명으로 인해 고숙련 고용은 증가하더라도 중간 및 저숙련 일자리는 감소하여 한국 경제에 부정적인 영향을 끼칠 가능성이 있다. 반면 러시아는 국토 면적이 세계에서 가장 넓은 나라지만 면적당 인구밀도는 178위로 면적 대비 인구 수가 매우 적은 편이다. 특히 러시아는 산업 다각화를 위해 적극적으로 전문인력을 유치하고 있다.

산업 측면에서 한국은 ICT 경쟁력은 최근 순위가 다소 떨어지긴 했지만, 2010년 이후 여섯 차례나 1위를 차지하는 등 높은 경쟁력을 지니고 있다. 반면 러시아는 에너지 중심 산업에 편향되어 있고, 제조업은 수입에 의존하는 산업구조를 가지고 있다. 따라서 한국은 고용 측면에서 스마트 공장과 관련된 기술과 인력을 러시아와 협력하여 수출함으로써 일자리 창출에 긍정적인 영향을 받을 수 있고, 러시아는 상대적으로 전문인력 부족과 ICT 부족 부분을 스마트 공장을 통해 보완할 수 있는 긍정적인 부분이 있다. 다시 말해, 러시아 측면에서는 적은 인구로 제조산업을 효율화·활성화할 수 있게 된다. 반면에 국내 스마트 공장은 장기적으로 고용감소에 대한 의문을 해소하고, 스마트 공장 기술 개발과 기업들을 러시아로 수출하면 국내 스마트 공장 기술 수요처가 발생하는 등 긍정적인 영향이 발생한다.

한러 정신통신기술 기업 협력 방안

4차 산업혁명 한러 협력 분야

한국과 러시아는 양국의 경제발전을 위해 기술 고도화를 통한 산업 간 융복합 부문의 근간산업으로 부상하는 인공지능, 사물인터넷, 블록체인과 같은 4차 산업혁명 기술 개발과 함께 향후 해외 유력 기업과의 기술협력, 합작투자 등도 병행할 필요가 있다. 응용 및 기초 기술의 상용화 측면에서 기술협력과 합작투자의 노하우와 경험이 풍부하고, 우수한 인터넷 환경 등 테스트베드의 조건을 갖춘 우리나라로서는 러시아의 우수한 소프트웨어 기업 및 연구기관과 함께 공동으로 4차 산업혁명 분야의 기술협력과 비즈니스를 추진하는 방안을 검토할 필요가 있다.

특히 양국 스타트업 간 기술 교류 컨퍼런스, 연구기관 간 세미나 등 기술협력 플랫폼 확대를 적극 검토해야 할 것이다. 많은 글로벌 ICT 기업과 유력 벤처캐피털이 러시아의 ICT 기업에 투자하는 상황에서 러시아와 함께 합작회사 형태로 러시아 인공지능시장에 진출하는 방안도 검토할 필요가 있다. 〈표 2〉는 인공지능 분야 러시아 투자펀드에 대한 자료를 요약해서 그 개요를 정리한 것이다.

한러의 4차 산업혁명 기술을 통한 비즈니스 창출 플랫폼 제안

국내 기술기반 기업이 향후 10년 이내에 러시아로의 수출 확대에 필요한 기술개발, 구매, 제조, 물류, 마케팅, 판매, 서비스뿐만 아니라 기술제품에 대한 시험인증 지원체계를 갖추려면 선제적인 준비가 필요하다. 따라서 러시아의 경영관리, 기업문화 등을 이해하는 것이 중요하다.

한국과 러시아가 양국의 스마트 공장을 포함한 4차 산업혁명 기술을 결합해 새로운 비즈니스를 창출하기 위한 협력체계를 구축하기로 계획하는 단계에 있다. 한국의 ICT와 러시아의 원천 기술을 결합하기 위한 공동 연구와 전문가 교류 등을 추진하고, 앞으로 국내에는 한러 혁신센터를 신설하고, 러시아에는 혁신 플랫폼을 전담하는 기관이 지

표 2. 인공지능 분야 러시아 투자 펀드와 개요

펀드명	개요
Foundation of Internet Initiatives	• Actually a venture fund, established in 2013 at the initiative of President Putin by the Agency of Strategic Initiatives, a self-governed non-commercial organization, set up the government to promote the implementation of economic and social policy • Financed by Sberbank and Russian oligarchs • Tasked with business acceleration of promising start-ups by investments and organizational support (business incubators, etc.) • Planned to invest about RUR 6 billion in 400 Russian start-ups within 3 years
Sistema Venture Capital	• Venture capital firm focused on investments in the growth-stage technological companies worldwide • Set up by JFSC Sistema, which has been investing in various technology segments for over twenty years • Focused on cognitive technologies (computer vision, natural language processing), SaaS, PaaS, marketplaces, virtual and augmented reality (VR·AR), Internet of Things, software defined networking, network function virtualization
Larnabel Enterprises	• Set up by Mr. Michael Gutseriev, a Russian billionaire • Investment fields: IT
VP Capital	• Set up Mr. Victor Prokopenya, a Byelorussian businessman • Investment fields: technologies • Known as the founder of Viaden Media, a leading developer of online mobile apps
STB Venture Capital II	• Established by Sberbank of Russia • Investment focus: AI, Big Data analysis, etc.
Almaz Capital	• Investment in promising technologies that will serve global markets • Investment focus: enterprise software & IT services, digital media, eCommerce, mobile & consumer applications, communications & networking, data storage & management
Impulse VC	• Established by Billionaire Roman Abramovich • Investment focus: Technology Projects • Impulse includes an accelerator and a business incubator for technological internet companies

출처: KOTRA 모스크바 무역관 및 KOTRA Global Window 자료 발췌.

정돼 양국 간 혁신 협력 활동을 지원해야 한다.

한러 기술기업 협력의 미래 모습에서 예측해보건대, 우선 한러 기술기업의 ICT 및 통신 분야에서의 교두보 마련 및 한러 기술기업 협력 모델로 가능한 특허개발, 공동 R&D, M&A나 조인트벤처 관점에서의 시사점을 도출해야 하는 것이 선행사업이 될 것이다. 따라서, 대한민국 과학기술정보통신부는 러시아 디지털 개발·통신언론부와 ICT 업무 협약을 체결하고 초고속 인터넷과 5G 이동통신 등의 분야에 대해 전문가 교류와 공동연구 등을 추진하고, 이를 토대로 스마트 공장을 포함한 4차 산업혁명 기술협력도 함께 추진해야 한다.

나아가 현지 기반을 활용해 직접 진출하거나 로컬기업과 제휴를 통한 공동사업을 추진해야 한다. 직접 진출을 위해서는 산업 및 기술·혁신경제특구를 마련하여 기반 시설을 확보하고 과학기술혁신센터와 같이 직접적인 협력을 꾀하는 부분을 공고히하여 제2의 얀덱스(Yandex) 스타트업을 육성하는 정책을 활용하는 방안도 고려해야 한다. 또한 러시아 내에 기술 진출 및 협력에 대한 기반 시설과 인프라가 확보된다면 앞으로 진출을 희망하는 기업은 클러스터 내에서 인프라 지원을 기대할 수 있을 것이다. 기업 관련자들의 인터뷰를 진행한 결과 상당수의 로컬기업들에서 한국 기업과의 협업 수요로 소프트웨어를 현지화하거나 러시아산 하드웨어 제품에 접목하는 방식이 진출에 도움이 될 것으로 판단된다.

대표적인 기업 혁신 사례로 러시아의 ICT 기업 가운데 전 세계 다국적기업의 지위를 차지하고 있는 얀덱스는 러시아에서 시장점유율이 60%인 러시아 최대의 검색 엔진을 운영하는 인터넷 기업이다. Yandex.ru 페이지는 러시아의 대표적인 방문 웹사이트로 우크라이나,

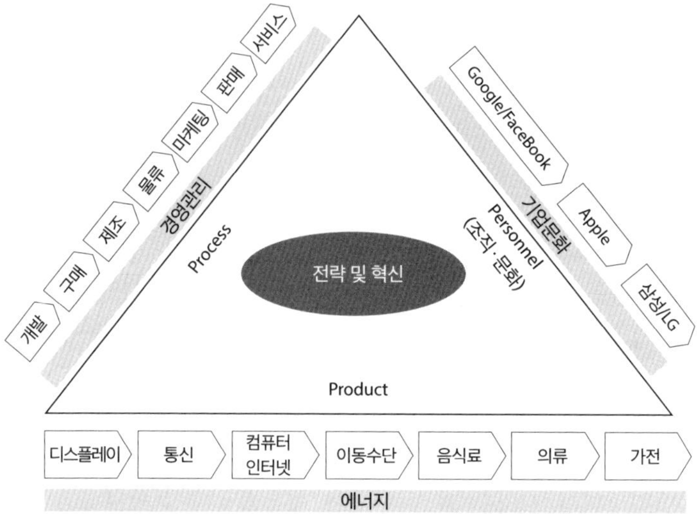

그림 4. 기업의 경영 전략 및 혁신 프로세스

카자흐스탄, 벨라루스, 터키에서 운영하고 사용되고 있다. 국내 네이버와의 협력을 고려해온 얀덱스는 전 세계 검색 엔진에서 4위를 차지하고 있으며 샌프란시스코에 얀덱스연구소를 두고 있다. 또한 유럽으로의 진출을 위해 독일에 연구개발 사무소를 두고 다국적 발판을 마련하고 있다. 러시아의 ICT 기업은 그 잠재력이 우크라이나와 카자흐스탄에서도 크고 해당 국가의 시장에서 30~40%의 검색 결과치를 차지하고 있으며, 벨라루스에서는 전체 검색 결과의 43%를 차지하고 있어서 앞으로 국내 기업의 러시아 진출을 위해 파악해야 할 인터넷 기업의 성격과 혁신 문화를 공유해야 할 것이다.

얀덱스는 플랫폼 업체로서의 네트워크 효과를 택시, 내비게이션 분야에서 음성인식 인공지능을 적용하여 비즈니스 수익모델 개발에 성공했다. 현재 러시아어, 영어, 불어, 우크라이나어, 터키어의 음성인식 서비스를 제공하고 있으며, 러시아어 인식의 경우 구글보다 정확도가 높다는 평가를 받고 있다. 얀덱스가 중점적으로 개발하고 있는 기술로는 음성인식, 자연어 이해(natural language understanding), 대화관리, 음성합성 등의 기술이 있다. 음성인식 인공지능 기술의 경우 한러 양국이 추진하고 있는 신북방·신동방 정책이 시너지 효과를 발휘하는 것에 초점을 두고 혁신적인 ICT 기업들의 플랫폼 협력모델을 구축함으로써 북방과 유라시아 전반에 혁신 물결을 일으키는 시작이 될 것이다.

러시아가 국내 중소기업의 수출시장 및 기술도입 파트너가 되기 위한 전략이 필요한 시점이다. 러시아의 원천기술과 국내의 양산기술을 접목해 사업화하는 기업들로 생명공학기술(Bio Technology, BT) 분야에는 러시아의 자생물 수축제를 생산하는 살루스바이오텍, 광학 분야에는 러시아의 홀로그램 관련 광학전문회사인 웨이텍과 러시아의 3차원 형상가인식기술을 이전받은 유성 글로벌이 있다. 또한 이동통신장비업체인 케이엠더블유(KMW), 멀티미디어 영상장비 개발업체인 다림비전, 전기통신 케이블 트레이시스템을 개발한 파이오니아메탈 등이 러시아의 원천기술을 사업화하고 있다. 한러 협력을 위한 러시아 상위 ICT 기업을 정리하여 공유하고자 한다(표 3 참조).

표 3. 러시아 상위 ICT 기업

회사명	사업 분야	홈페이지
Rostec	• Informatization of state functions • Smart cities • R&D	www. rostechnologii. ru
National Computer Corporation (NCC)	• Implementation of ERP system • Distribution of computer hardware, telecommunications equipment and measuring instruments • System integration and IT infrastructure solutions	http://www.ncc. ru/eng/home/
Lanit	Implementation and support of ICT based: • banking systems • corporate systems • software development • solutions in the field of health and medicine • digital solutions • document management systems • computer aided design Systems	https://www. lanit.ru/en/ about/
Softline	• IT-training, testing, certification • Business Solutions • Software assess management (SAM) systems • Information Security • Cloud Services	https://softline. com/en/about
Technoserv	• Consulting • Cloud-based services • Information security • Big data management and analytics • Production automation • Development and monitoring IT infrastructure	http://www. technoserv. com/en
Kaspersky lab	• Information security • Support for innovative IT start-ups	https://www. kaspersky.ru/
1C	• 1C: Enterprise 8 system include various business tasks of economic and management activity, such as management accounting, business accounting, HR management, CRM, SRM, MRP, MRP, etc. • 1C is the official distributor of such world-famous vendors as Microsoft, Novell, Borland, Symantec, ABBYY • 1C education, entertainment and game software • Consulting, education and testing services	http://1c.ru/ eng/title.htm

표 3. 러시아 상위 ICT 기업(계속)

회사명	사업 분야	홈페이지
SAP Labs	• Localization and adaptation of global SAP solutions to the requirements of local legislation, taking into account the peculiarities and best practices of local markets • Support of entrepreneurs and business development of start-up companies, whose products and ideas are based on SAP HANA platform, through SAP HANA Startup Focus business accelerator • Research and development in the field of cloud technologies, large data and calculations in real time	https://www.sap.com/cis/about.html
RRC	• RRC Infrastructure - servers, storage systems and uninterruptible power systems • RRC Networking - network equipment and IP-technologies • RRC Security - information security • RRC Software - software • RRC Identification - data collection technologies	http://rrc.ru

5

세계 수준의 러시아 방산기술, 한국도 활용할 수 있다*

장원준

러시아는 미국에 버금가는 군사 강대국이다

러시아는 2021년 현재 군사력 세계 2위, 무기수출 2위,[1] 국방과학기술력 2위의 군사강국으로 평가된다. 러시아는 미국과 함께 최대 핵보유국이며, 극초음속 전략무기, 핵잠수함, 대공방어체계 등에서 세계 최고 수준의 기술력을 보유하고 있다. 마크 밀리(Mark Milley) 미 합참의장이 "러시아는 지구상에서 미국을 멸망시킬 수 있는 유일한 나라"라고 언급한 점을 보더라도[2] 러시아 군사력은 그 위력을 더해가고 있다.

러시아는 1920년대부터 본격적으로 방위산업을 육성했다. 1차 세계대전 당시부터 정부 내 '방위산업 특별위원회'를 설치했으며, 2차 세계대전 이후에는 각료회의 내 250명 규모의 '방산위원회'를 설치하여 무기획득 소요 및 연구개발 방향 결정, 무기생산 통제, 각 군별 무기획득 경쟁 시 의견 조정 등의 역할을 담당했다.[3] 1950년대에는 핵무기 및 미사일 전력을 강화하여 무제한 핵전쟁에 대비했으며, 1970년대부터 1980년대까지는 미국과 대등한 군사력을 보유하여 양극체제에서 대결했으나, 1991년 소련 붕괴 이후 신생 러시아는 상당한 혼란과 정체기를 보내야 했다. 이후 러시아는 푸틴 대통령이 집권한 2010년대부터 본격적으로 방위산업을 재건한 결과, 2021년 현재 1,360여 개 방산업체와 200여만 명의 방위산업 종사인력을 갖추고 자체 기술과 자원으로 대부분의 무기체계 및 장비를 생산할 역량을 보유하게 되었다.

러시아는 군사력을 '국익 수호를 위한 유용한 수단'으로 인식하고 있다. 이에 따라 자국의 영토 보전과 강대국으로서의 정체성 유지, 지정학적 상황, 현대전 양상을 고려하여 군사력을 효율적으로 유지하기 위해 노력하고 있다. 아울러, 전방위적인 국익 실현을 위해 외부의 군사적 위협에 대응해 적극적으로 군사력을 투입하고 있는 점이 특징이다. 러시아 군 병력은 2021년 현재 약 100만 명의 상비군을 유지하고 있으며, 육군, 해군, 항공우주군의 '3군종'과 전략미사일부대 및 공수부대의 '2병종'으로 구성되어 있다. 병역제도는 징병제와 모병제 혼용이며, 징병제 의무복무기간은 12개월이다. 러시아군은 2008년 대규모 국방개혁을 단행하여 주로 여단급 위주 상비부대를 편성, 유사시 즉각 출동할 수 있는 준비태세를 갖추고 있다.

러시아의 군사력 건설 목표는 '강대국'으로서의 정체성을 유지하는 가운데, 급변하는 지정학적 상황에 즉각 대응하여 국익을 보장하며, 첨단무기 사용 및 우주전 등 미래전 양상과 다국적 세계에서의 각종 군사적 위협에 대응하는 것이다. 2014년 3월 러시아의 크림반도 합병 이후 북대서양조약기구(NATO)는 2017년까지 발트국가 및 폴란드에 사단본부 및 5,000여 명의 병력을 배치했다. 2012년 대비 약 3배 증

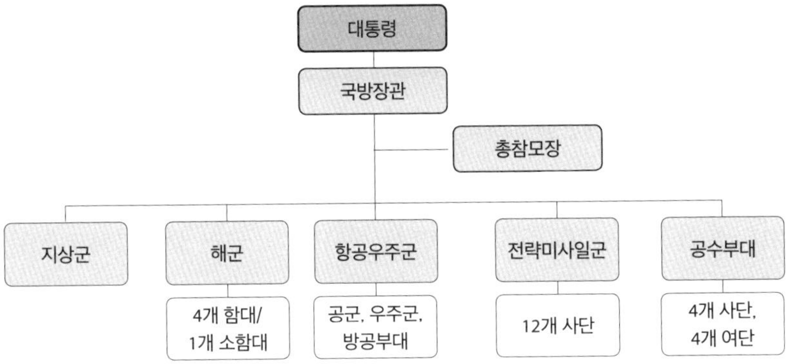

그림 1. 러시아 국방부 조직도
출처: 러시아 국방부 홈페이지(2020) 참조.

강된 규모다. 또한 NATO는 같은 기간 항공력 3.5배, 해군력 1.5배 이상을 증강해 러시아에 대한 정보활동 강화와 함께 연 30회 이상의 가상 전쟁훈련을 실시하고 있다.

러시아는 이러한 NATO의 동진 확대와 군사력 증강 활동, 그리고 미국의 유럽 핵전력 확대를 심각한 안보위협으로 인식하고 있다. 추가적으로, 국제 테러리즘 및 기타 미해결 분쟁지역 상존으로 시리아 일대 IS(Islamic State) 반군 잔류세력 활동, 중동 및 러시아로의 유입 우려, 우크라이나 남동부 지역에서의 분쟁, 기타 지역 테러 및 극단주의자 활동 등을 경계하고 있다. 러시아는 이러한 위협에 대응하기 위해 핵무기와 첨단정밀무기를 기반으로 억제력을 유지함과 아울러, 변화무쌍한 국제정세에 신속 대응하여 국익을 보장할 수 있도록 재래식 전력의 현대화와 군사력의 즉각 투입태세를 강화하고 있다.

러시아군의 특징을 살펴보면 첫째, 편성 면에서 국방부(총참모부)-군관구-여단급으로 지휘통제가 일원화되어 있다는 점이다. 2008년 국방개혁 이전에는 군관구와 각군 사령부의 이중통제, 그리고 군-군단-사단-연대/여단 등 다층적 지휘체계로 편성되어 있어 작전반응시간이 느리다는 문제점을 보완했다. 또한 전시에 군·관·경찰 예하부대들의 정보와 작전, 무기 획득을 통합적으로 중앙에서 통제하고 있다는 점도 특징적이다. 군관구는 2010년 서부, 남부, 중부, 동부의 4개 군관구로 통합되었으며, 기후변화로 인한 북극해의 중요성이 대두되면서 2014년 북해함대 군관구를 추가하여 '5개 군관구'로 편성되어 있다. 각 군관구는 지역 내 육·해·공군 병력을 통합 지휘한다. 둘째, 전략, 전술 측면에서 방어 위주의 군사독트린을 유지하지만, 적의 공격을 받을 경우 이를 응징하기 위해 강력한 반격으로 종결하는 전략을 강조하고 있다는 점이다. 셋째, 소총, 전차, 장갑차, 화포 등 모든 무기체계를 최대한 단순하게 제작하여 사용하기 쉽고, 고장 시에도 부품 교환이 간단하도록 개발한다는 점이다. 아울러, 다양한 전쟁 상황을 고려하여 이에 적합한 무기체계를 개발하며, 수중, 혹한 등 악조건에서도 사용이 가능한 무기를 개발한다. 넷째, 실전 훈련과 실사격을 강조하여 여단급 부대의 기동훈련 시 작전계획대로 탄약 전량을 사격하거나 매년 전체 부대를 대상으로 불시 점검훈련을 하는 등 훈련을 실전처럼 실시한다는 점이다. 마지막으로, 복지와 사기 측면에서 군인에 대한 높은 수준의 사회적 보장을 통하여 우수 인력의 군 유입을 유도하고 있으며, 전 국민이 군에 대한 높은 자부심과 애국심을 견지하고 있다는 점이다. 이에 따라, 러시아 전역에서 군 박물관과 전쟁기념관을 쉽게 접할 수 있다.

러시아 국방예산은 2019년 641억 달러 수준으로 2010년(492억 달러)보다 30% 이상 증가했다.[4] 러시아 GDP와 대비해서는 약 3.9% 수준이다.[5] 그러나 러시아 국방예산에 대해 외국의 일부 전문가들은 숨겨진 예산이 많다는 점, 물가와 환율 수준 등을 고려한 구매력 평가지수(purchasing power parity)가 높다는 점, 대부분의 무기를 자급자족한다는 점 등을 고려하면 공식적으로 알려진 액수의 2배 이상이라고 추정한다.[6] 러시아는 국방예산 운용에 있어 전력증강과 전력유지 비중을 6대4 수준으로 유지하고 있다. 러시아는 2011년 이후 군 현대화를 위해 국방예산을 지속적으로 증액하고 대통령이 방위산업을 주도적으로 관리하면서 각종 군사력 증강계획을 추진하고 있다.

러시아는 무기 현대화를 위해 과거 옐친 대통령 때부터 '국가무장계획'을 수립했으나 경제 사정으로 중단되거나 성과가 미흡했다. 그러나 2011년부터 시행된 '무장계획 2011~2020'부터는 실제적인 예산 투입과 지도부의 강력한 의지로 상당한 결실을 맺고 있다. '무장계획 2011~2020'은 2020년까지 육·해·공군 및 전략군을 포함한 모든 군 조직의 무기와 장비의 70%를 현대화하는 계획이었으며, 2018년부터는 '국가무장계획 2018~2027'을 추진 중이다. 총 예산은 과거와 유사한 20조 루블(약 2,670억 달러)을 책정했으며, 이 중 95%는 무기 구매 및 개발, 그리고 5%는 군사 인프라 건설에 할당했다.[7] 무장계획의 주요 내용은 핵 억제력을 강화하고 각군 무기체계의 신형 교체 및 성능 개량, 항공 및 우주방어, 통신, 전자전 장비, 드론, 로봇, 정밀타격무기, 수송기, 개인보호장비 등 전반적인 무기체계를 현대화하는 것이다. 전체적인 무기 현대화 실적을 보면, 2013년 19%였으나 2019년 68.2%를 달성했으며, 2021년 현재 목표치의 70%를 달성한 것으로 추정된다.

러시아는 대통령이 '방위산업위원회(이하 방산위원회)'의 위원장이 되어 방위산업 전반을 직접 관리하고 있는 점이 특징이다. 방산위원회

그림 2. 러시아 푸틴 대통령 주관 무기수령의 날 행사 장면(2019)

출처: 러시아 국방부 홈페이지(2019).

는 1999년 설립 후 2014년에 대통령 직속으로 변경되어 실질적인 국가 방위산업 컨트롤 타워(control tower) 역할을 담당하고 있다.[8] 방산위원회는 방위산업과 군사기술, 국가안보활동 분야의 정책 수립과 시행을 담당하는 상설기구다. 러시아의 방산체제에서 무기획득 소요 결정 및 주문은 국방부, 군사기술협력청, 로스아톰(Rosatom), 로스코스모스(Roscosmos) 등이 담당하며, 그 실행은 로스테크(Rostec)와 무기 생산업체가, 시행업체 감독은 군사 대표가 맡고 있다. 특히 러시아는 무기 획득 및 군 전력화를 체계적으로 관리하기 위하여 대통령 또는 국방장관 주관으로 반기 1회 '무기수령의 날' 행사를 실시하여 무장계획 진도 확인, 무기생산 독려, 대국민 자긍심 고취, 대외 무기선전 등의 효과를 얻고 있다.

러시아는 방위산업을 군사력 발전뿐만 아니라 경제발전의 핵심 동력으로 삼고 체질 개선을 위해 노력하고 있다. 지난 20여년간 러시아 방산업체들은 주로 대외 무기수출을 통해 명맥을 유지해왔다. 2000년대 초반에는 방산업체의 비효율적 경영, 기술 및 전문인력 부족, 가격 책정 시스템 미흡, 부패 등으로 '국가무장계획'은 상당한 시행착오를 겪어야 했다. 초기에는 러시아 군의 무기개발 주문에 대해 선금을 받고도 지정된 기간 내 납품하지 못하는 방산업체가 빈번했다.[9] 이를 개선하기 위해 푸틴 대통령의 독려하에 국방부 및 관련 부처에서는 방산업체의 기술 향상과 전문인력 보강, 외국과의 협력 생산, 신기술 연구 등을 적극 추진했다. 2012년에는 방위산업 발전계획, 무기획득 절차, 계약시스템, 신기술 연구 등에 관한 연방법령을 채택하여 방위산업 관련 제도 및 법령을 정비했다.[10] 특히 쇼이구 국방장관 취임 이후 국방부에 '학술·군사기술연구국'을 설치하여 신무기 개발과 이를 위한 군사학 연구를 담당하고 있으며, 무인항공기 운용을 위한 '군통합 무인항공기센터'와 함께 국방기술 활성화를 위한 '연구개발재단'도 신설했다.

러시아군은 선진 군사기술 개발을 위해 '군사혁신도시'와 '과학중대'를 운용하고 있다. 2018년 러시아 남부지역 크라스노다르주에 17헥타르(약 5만 평) 규모의 군사혁신도시인 '에라(Era, Elite of Russian Army)'를 조성하여 신형 무기 연구개발과 생산을 수행하고 있으며, 이곳에서 개발된 무기를 군부대에서 시범 운용하여 상당한 효과를 보고 있다. '에라'에서 연구하고 있는 첨단 군사기술은 지휘 자동화, 로봇, 보안, 관측, 생존성, 디지털, 생물학, 나노기술 등이다. 또한 징집 인원 중 유능한 수재들을 과학중대로 편입시켜 군사 교육기관에서 연구개발 활동을 수행케 하고 있다. 2020년 기준 러시아군은 총 17개 과학중대를 보유하고 있으며, 2019년 국방부는 과학중대에서 제안한 1,584개 프로젝트 중 135개를 채택했다. 과학중대에서 복무를 마친 인원들은 대부분 군 장교로 임관되거나 방산업체에 취업하고 있는데, 2019년 장교 임관 인원은 912명이다.[11]

이러한 노력에 따라 러시아의 방위산업은 호전되기 시작했다. 러시아 정부는 2020년까지 연방목표계획인 방산업체 발전계획 예산으로 3조 루블(약 400억 달러)을 배정했다. 아울러, 방산업체 지원을 위해 매년 정부 예산에서 480억 루블(약 5.7억 달러)을 사용하고 있다.[12] 2013년 이후에는 '국가무장계획 2020'에 따른 주문 증가로 방산업체들의 매출액이 크게 증가했다. 러시아 방산업체는 2014년 초 1,340여 개였으나, 2014년 3월 크림 지역 내 합병으로 해당 지역 내 위치한 23개 방산업체가 추가되었다. 크림 지역 내 기업체는 주로 조선, 통신, 광학장비 생산기업이며 생산시설이 노후화되어 있다.[13] 러시아는 방산업체 중 유사 업종을 통합한 지주회사를 설립하여 현재 총 65개의 지주회사가 지역 균형발전을 위해 각 행정주체에 고루 분포되어 있다. 이러한 지주회사들은 통합구조를 형성하여 전체 무기 생산량의 80%를 생산하고 있다.[14] 스톡홀름국제평화연구소(SIPRI)에 따르면, 글로벌 100대 방산업체(중국업체 제외)에 러시아 방산기업은 알마즈-안테이 콘체른사(96.4억 달러, 세계 9위)를 포함하여 10개로 미국에 이어 세계 2위를 기록하고 있다.[15]

러시아의 무기수출을 살펴보면, 2018년에는 약 100개국을 대상으로 137억 달러 물량을 수출했다. 최근 5년(2016~2020)간 전 세계 무기수출 시장에서 미국(37%) 다음으로 러시아가 20%를 점유했다. 3위는

표 1. 러시아 주요 방산업체 현황(2018)

국내 순위	글로벌 순위	업체명	생산품목	생산규모
1	9	알마즈-안테이 (Almaz-Antey)	방공무기, 전자전장비, 자동화지휘통신체제, 무선항법장치 등	96.4억 달러
2	15	연합항공기제작사 (United Aircraft Corp.)	전투기(Su/Mig 계열) 훈련기(Yak-130 등)	54.2억 달러
3	18	연합조선회사 (United Shipbuilding Corp.)	함정/잠수함 등	47억 달러
4	26	전술미사일무기 회사 (Tactical Missile Corp.)	순항미사일, 정밀유도폭탄 등	36억 달러
5	33	연합엔진제작사 (United Engine Corp.)	우주선/항공기/선박 엔진 등	29.5억 달러
6	40	초정밀무기시스템 (High Precision System)	단거리 대공미사일 '판치르' 등	26.3억 달러
7	45	러시아 전자 회사 (Russian Electronics)	전자장비 등	23.3억 달러
8	52	러시아 헬기 홀딩스 (Russian Helicopters)	헬기(Mi/Ka 계열) 등	18.1억 달러
9	53	무선전자기술 (KRET)	항공기 장비, 전자전장비 등	17.7억 달러
10	64	우랄바곤자보드 (Uralvagonzabod)	전차, 군용차량 등	13.7억 달러

출처: SIPRI, 2019, "The SIPRI Top 100 Arms-Producing and Military Services Companies 2019"를 기초로 재작성.

프랑스로 격차가 벌어진 8.2%를 보였다.[16] 2018년 기준 누적수출계약 총액은 약 550억 달러다. 최근 러시아 무기는 시리아 개입 효과와 함께 냉전과 테러가 확대되는 국제 안보정세에서 여러 국가로부터 주문

과 문의가 증가하고 있다.[17]

러시아의 주요 수출 무기는 전투기, 방공무기, 소화기 등이다. 최근 주요 수입국은 인도, 중국, 베트남, 알제리, 베네수엘라이며, 중동지역 영향력 확대에 따라 터키, 사우디아라비아, 이집트 등에 수출하고 있으며, 동남아 지역으로도 그 범위를 확대하고 있다.[18] 무기 공급 우선순위는 아시아(인도, 중국, 베트남), 중동, 북아프리카, 라틴 아메리카, 동유럽, 기타 국가들이다.

우리나라도 러시아 무기를 사용하고 있다

러시아는 우리나라와 1995년부터 현재까지 세 차례 불곰사업을 통해 전차(T-80U), 장갑차(BMP-3), 공기부양정(MURENA) 등 국방기술 및 무기이전 협력을 수행했다. 이를 자세히 살펴보면, 양국 수교 이후인 1991년 1월 총 30억 달러의 차관공여에 합의했다. 이후 1991년 5월부터 11월까지 은행단 현금차관 10억 달러, 소비재 차관 4.7억 달러 등 총 14.7억 달러의 차관을 제공했으나, 구소련연방의 갑작스런 해체로 남은 차관 제공은 중단되었다. 러시아의 대한국 부채 상환을 위한 1, 2차 불곰사업은 비교적 순조롭게 진행되었으나, 3차 불곰사업은 러시아가 완성장비 구매를, 한국은 기술 도입을 요구하면서 양국 간 이견이 커 합의에 이르지 못했다. 한국과 러시아 간 두 차례의 무기도입 협력사업을 통해 T-80U 전차, BMP-3 장갑차, METIS-M 대전차유도탄, MURENA 공기부양정 등 러시아 무기를 한국군이 구매하여 활용하고 있다.

러시아 방위산업의 강점은 양호한 무기 성능, 사용의 편리성, 정비 용이성, 저렴한 가격으로 무기 경쟁력을 보유하고 있다는 점이다. 그중에서 기초과학기술, 우주항공기술, 잠수함, 유도무기, 방공무기, 전자전장비, 레이저무기, 레이더 기술, 우주영상정보 및 우주통신, 로봇무기, 화생방무기, 미래전 기술 등이 손꼽힌다. 또한 지도부의 강한 의지와 추진력, 지역 및 경제 발전과 연계된 방산업체 운용으로 국민의 높은 호응도, 방산 부문의 연구개발, 설계, 무기시험, 생산의 통합성 유지로 비용 절감 및 노력 통합, '국가무장계획' 추진으로 방산업체 생산 추세가 활성화되고 있다는 점도 강점이다.

반면 지속적인 전문인력 충원 미흡과 전반적인 고령화 추세, 무장계획 목표 달성 이후 생산소요 감소 우려, 무장계획에 포함되지 않은 무기산업의 재정적 제약, 국가주도 방산업체 운용으로 개별 기업의 창의성 발휘를 기대하기 어렵다는 등의 약점도 있다.

러시아 방위산업의 기회요인을 보면, 최근 시리아 작전으로 중동지역에서 무기 홍보 효과가 크고, 그리스, 터키, 사우디아라비아, 중국, 인도 등에서 러시아 방공무기 S-400 구매 국가가 확대되는 추세다. 러시아는 강력한 군사력을 바탕으로 중동 일대에서 이란, 이라크, 이스라엘, 사우디아라비아 등과 대외협력을 통해 지역 내 영향력을 강화하고 있다. 또한 러시아와 중국이 주도하는 상하이협력기구(SCO)에 인도와 파키스탄을 회원국으로 영입하는 등 유라시아 내 세력 확장을 통해 미국 주도 국제정치에 제동을 걸면서 다극화를 유도하고 있다. 특히 북대서양조약기구(NATO) 회원국인 터키와 협력 강화, 친미 국가인 이스라엘, 사우디아라비아, 이집트와 군사협력 강화를 통해 서방세력의 결속력을 일정 부분 약화시키는 데 성공하여 자국에 유리한 안보환경을 조성하고 있다.

마지막으로, 위기요인은 2014년 크림반도 합병 이후 지속되고 있는 서방국가의 대러 경제 제재로 타격이 크다는 사실이다. 러시아의 무기부품 수입은 제재 이전부터 수입대체에 관심을 가지고 추진하여 연간 3억 달러 이하를 유지해왔다. 러시아의 주요 수입품목은 열상무기, 전자부품, 전차 및 포병 원격조정장비, 선반기계 등이었으나 경제 제재로 인해 부품 구매에 상당한 어려움을 겪고 있다.[19] 특히 우크라이나는 2015년 이후 과거에 러시아로 수출했던 헬기 엔진, 일부 함정 엔진, 미사일 부품의 공급을 중단해 러시아는 해당 부품을 자체 생산해야만 했다. 또한 러시아는 루블화의 급격한 평가절하로 인한 수입품 구매 제약, 대외무역 및 대외투자 제한으로 인한 신뢰성 저하, 수출경쟁력 저하 등으로 수입 대체를 위한 자체 조달역량 제고에 매진하고 있다.[20] 게다가 최근 한국, 터키, 인도 등 주요 국가들의 무기수출 활성화 노력은 세계 무기시장에서 러시아 업체들을 긴장시키고 있다.

러시아는 경쟁이 심화되고 있는 세계 무기시장에서 양호한 무기성능, 사용의 편리성, 정비 용이성, 저렴한 가격 등을 주로 홍보하는 등 경쟁력 강화를 위해 노력하고 있다. 또한 2014년부터 푸틴 대통령이 '방위산업위원회' 위원장을 맡으면서 방위산업 발전과 무기수출 확대를 적극 추진하고 있다. 특히 러시아는 무기 홍보를 위해 대규모 국제군사기술포럼을 매년 개최하고 있다. 2019년에도 국방부 주최 최대 행사인 'Army-2019'를 6월 25일부터 30일까지 개최하여 약 120개국에서 공식·비공식 대표단이 방문하였고, 1,300여 개 방산기업이 2만 7천여 종의 무기를 전시했다. 행사는 무기 전시 및 위력 시범, 해당 주제에 대한 전문가 토론, 무기 판매 행사 등 170여 개 행사가 진행된 가운데 푸틴 대통령이 행사를 참관했으며, 국방장관과 고위급 관리들은 외국 사절단과 군사협력을 위한 양자 회담을 진행했다.[21] 러시아는 서방의 경제 제재 타개를 위해 무기수입 대체역량 제고와 새로운 무기시장 개척 등에 집중하여 상황을 호전시키기 위해 노력하고 있다.[22]

한반도 평화를 위해 러시아와의 방산협력을 강화해나가야 한다

우리나라는 앞으로 동북아 및 한반도에 직접적 영향력을 가지고 있는 러시아와 안보협력의 일환으로 방산협력(군사기술협력)을 심화할 필요가 있다. 방산협력은 러시아 사례를 통해서도 쉽게 알 수 있듯이, 정부 주도의 국방협력의 일부로서 진행되어야만 가장 효과적으로 이루어질 수 있다. 냉전 이후 국제사회에서 러시아의 입지가 약해졌던 1990년대에 비해 최근 러시아의 대외 무기수출과 안보협력은 큰 차이를 보이고 있다. 이는 푸틴 대통령과 쇼이구 국방부장관, 라브로프 외무부장관 등이 적극적이고 활발한 외교와 안보협력 활동을 펼치고 있고, 그 틀 속에서 무기수출과 방산협력이 이루어지고 있기 때문이다. 러시아와 협력을 강화하기 위해서 관련 분야별 고위급 또는 실무급 회의, 컨퍼런스, 세미나 등의 학술 교류를 더욱 활성화할 필요가 있다.

방산협력은 중장기적이고 지속적인 시각을 가지고 접근해야 한다. 단기적으로 이익이 되는 일부 핵심기술만을 확보하려고 해서는 협력하기 어렵다. 군사선진국인 러시아의 미래 세계정세를 고려한 국가안보전략 수립, 군사력건설 방향 설정, 이에 따른 신개념 무기개발에 대한 전반적인 사항을 벤치마킹할 수 있도록 우리 정부가 다양한 방법을 강구할 필요가 있다. 이를 통해 군사선진국의 미래 무기체계 개발 동향을 조기에 파악할 수 있고, 그들과 어깨를 나란히 할 수 있는 기초를 마련할 수 있다.

러시아는 핵, 미사일, 대공방어체계 등 세계 최고 수준의 군사기술력을 보유하고 있어 우리나라가 개발하고자 하는 첨단 국방기술 분야에서 큰 도움이 될 수 있는 국가다. 러시아도 최근 세계 방산시장 진출 확대를 도모하고 있어 무기도입선 다변화를 모색하고 있는 우리나라와 향후 국방기술 및 방위산업 분야에서 상호보완적 관계를 도모할 필요가 있다.

러시아는 방산협력(군사기술협력)을 안보정책의 일부로서 전반적인 글로벌 세력균형을 고려하여 추진하되, 자국의 경제적 이익에 부합하도록 대외정책의 일환으로 병행하여 추진하고 있다. 러시아는 한국에 대해 미국 및 서방국가의 무기를 도입하면서 최근에는 경제력과 기술력을 바탕으로 세계시장에서 중요한 '무기수출국가'로 성장하고 있다고 판단하고 있다. 러시아는 한국이 러시아 무기를 구매할 의도는 없이 오직 기술만 요구하고 있으며, 아시아 무기시장에서 러시아와 경쟁하고 있다고 평가한다. 이와 동시에, 한국에 기술을 제공하면 수년 후 러시아가 설 땅이 없어질 수도 있다고 우려하면서도[23] 한국과의 방산협력을 위해 서울에 러시아 기술공사인 로스테크(ROSTEC) 지부를 운영하고 있다.

이에 따라, 향후 한국과 러시아 간 국방 및 방위산업 협력을 강화하기 위해서는 먼저, 러시아를 '협력 가능한 인접 국가'로 접근할 필요가 있다. 러시아의 '국익 위주 실용주의' 또는 '현실주의' 경향을 고려

표 2. 한국과 러시아 간 군사협력 가능 분야

구분	내용
우주항공무기	극초음속 미사일, 우주영상정보, 우주통신, 방공무기, 무인기 등
해군무기	잠수함, 수중무기(수중 드론) 등
공통	전자전장비, 레이저무기, 레이더 기술, 로봇무기(지뢰제거, 재난구조) 등
미래전 무기	화생방무기, 방호장비, 기타 미래전 무기 등

할 때 한반도의 안정을 원하는 러시아와 협력하여 지역 안보 및 상호 이익이 되는 경제협력 추진이 필요하다. 특히 러시아의 첨단기술과 한국의 상용화 기술 및 IT 능력 통합 등에 대한 상호보완적인 협력, 더 나아가 미래전을 고려한 무기체계의 지속적 개발을 위해 러시아와 협력할 필요성이 증대하고 있다.

둘째, 무기 첨단기술 이전 등 일방적 요구보다는 전반적인 안보협력체제를 구축하면서 기술이전이 자연스럽게 되도록 하는 '간접적 접근방식'을 고려해야 한다. 군사안보협력을 우선하는 방산협력 소요의 탐색, 지역안보 향상을 위한 공동 학술연구, 기술협력(공동연구 또는 생산) 유망 분야에서 협력하여 양국의 기술수준을 고려한 상호 윈윈 효과를 달성해나가야 한다. 양국 간 상호 군사기술협력이 필요한 분야로는 우주항공무기, 해군무기, 레이저무기 등이 가능할 것으로 보인다.

셋째, 향후 한국은 지속적으로 러시아의 안보정책과 무기개발 추세를 관찰하고 러시아가 보유한 '첨단기술 목록'을 작성해 유지할 필요가 있다. 그리고 국방부, 국방과학연구소(ADD), 해외파견무관, 기업 등 각계각층이 대러시아 접촉 결과 입수한 정보를 체계적으로 통합 운용할 필요가 있으며, 국가 차원에서 대러시아 정책을 실천하는 입체적인 시각을 유지해나가야 할 것이다.

넷째, 러시아와 무기 관련 협력 시 용어사용에 유의할 필요가 있다. 러시아에서 무기수출은 군사기술협력(방산협력)의 일환으로 간주된다. 러시아는 무기 공급, 구매, 군용품 생산, 연구개발 등에서 국가 간 협력활동을 군사기술협력(방산협력)으로 정의한다. 따라서 러시아 정부와 협상 시 군사기술협력(방산협력)은 군사기술 제공을 의미하는 것이 아니라 무기수출을 의미하는 경우가 더 많다는 점을 유념해야 한다.[24] 우리는 과거 정부에서 이러한 용어 이해가 상이하여 대러시아 협상에 혼선을 초래한 경우가 있었다. 외국과 무기 또는 기술협력 시에는 상대국의 문화와 용어 개념, 관련 제도 등에 대한 상세한 이해가 필요하다.

마지막으로, 인식의 전환이 필요하다. 러시아로부터 무기수입, 기술도입 등 수입 위주의 사고에서 벗어나야 한다. 공격용이 아닌 방어용 무기나 부대 운영용 장비에 대한 기술협력과 공동개발을 통해 동남아시아, 남미, 아프리카 등의 시장에 공동 진출하는 것도 가능한 방안이 될 수 있을 것이다. 그뿐만 아니라, 우리나라의 높은 자동차 생산기술을 바탕으로 개발된 차륜형 장갑차량, 소형전술차량 그리고 전투식량이나 피복 등을 러시아로 수출할 수도 있을 것이다. 또한 기술도입과 무기 수입 시에 절충교역(산업협력) 등을 통해서 우리나라의 군용장비나 물자가 자연스럽게 러시아군에서 사용하도록 하는 방안도 고려할 수 있을 것이다.

PART

04

한국과 인적·문화적 교류가 가능한 최적의 파트너, 러시아

1

창의적인 러시아 인재를 활용하라

이대식

창의성의 나라, 러시아

자원 부국인 러시아의 자원은 천연자원에 한정되지 않는다. 러시아의 인적 자원 또한 세계 어느 나라와 비교해도 떨어지지 않는다. 사실 러시아인의 창의성은 가히 세계 최고 수준이라고 할 만하다. 흔히 러시아의 위대한 천재라고 하면 제일 먼저 톨스토이와 도스토옙스키 같은 세계 문학계의 거성들을 떠올린다. 그러나 이는 러시아의 천재적인 인력 풀에 대한 너무나 협소한 이해에 불과하다. 러시아 문학의 거성들은 이 두 사람에 한정되지 않는다. 러시아인은 이들보다 한 세대 앞선 푸시킨을 더 높이 추앙하고 아낀다. 유럽 철학사가 플라톤 철학에 대한 각주라면 톨스토이와 도스토옙스키는 푸시킨에 대한 각주다. 2011년 세대별로 진행된 인기투표에서 러시아의 대표적인 작가 중 2세대에 걸쳐 1위를 차지한 유일한 작가가 푸시킨이다.

러시아 내에서뿐만 아니라 세계 문학계에서 손꼽히는 러시아 문

표 1. 러시아 문호 선호도 조사 (단위: %)

러시아 문호	~20세	20대	30대	40대	50대
푸시킨	18	13	13	9	10
불가코프	10	15	12	11	7
도스토옙스키	14	16	10	8	7
톨스토이	5	5	58	9	11
체호프	5	5	7	11	13

출처: 러시아 기사 내용을 토대로 저자 작성.
Литературные предпочтения зависят от возраста, 2011. 9. 29. SuperJob. https://www.superjob.ru/community/literary/59290/

호는 푸시킨, 톨스토이, 도스토옙스키 외에도 「죽은 혼」, 「외투」의 작가 고골, 「아버지와 아들」, 「첫사랑」의 작가 투르게네프, 「세 자매」 등 희곡과 단편소설의 대가 체호프, 「거장」과 「마르가리타」의 작가 불가코프 등이 있다. 2017년 기준으로 노벨문학상을 받은 러시아 작가는 5명으로 세계 7위 수준이다. 그러나 이 다섯 문호들은 부닌, 파스테르나크, 숄로호프, 솔제니친, 브로드스키 등으로 위에서 거론한 대문호는 단 한 명도 포함되지 않았다. 그만큼 러시아 문학의 수준이 높다는 것을 반증한다.

러시아인의 우수성은 문학에 국한되지 않는다. 우선 클래식 음악에서는 〈백조의 호수〉를 작곡한 차이콥스키 외에도 러시아 클래식의 아버지인 글린카, 〈전람회의 그림〉의 무소륵스키, 〈세헤라자데〉의 림스키코르사코프, 피아노곡의 거장 라흐마니노프, 〈불새〉의 스트라빈스키, 교향곡의 거장 쇼스타코비치 등 무수한 천재 작곡가들이 양산되었다. 이 외에도 리히터, 길렐스, 키신, 루빈스타인, 오이스트라흐, 코간, 메뉴인, 크레머, 샤프란, 로스트로포비치 등의 위대한 연주자와 므라빈

그림 1. 러시아 음악의 거장들

스키, 로제스트벤스키 등 기라성 같은 지휘자들이 모두 러시아인이다. 튼튼한 클래식 음악의 전통은 세계적인 수준의 러시아의 발레와 맞닿아 있다. 세계 5대 발레단 중에 2개인 볼쇼이발레단과 마린스키발레단이 러시아에 있으며 5대 발레단 중 영국의 로열발레단은 러시아 발레의 전통을 이은 '올드 빅 오페라 발레'가 발전한 것이고, 세계에서 가장 오래된 프랑스 파리오페라발레단은 러시아의 루돌프 누레예프가, 미국의 뉴욕시티발레단은 러시아의 안무가 조지 발란신이 장기간 예술감독으로 있으면서 현재의 수준으로 자리잡게 되었다. 한마디로 러시아 발레가 현대 세계 발레의 근간이 되고 있다고 볼 수 있다.

음악계에 이어 미술계에서도 러시아인의 자취는 프랑스 못지않게 뚜렷하다. 우리에게 익숙한 마르크 샤갈, 바실리 칸딘스키 등이 모두 러시아인이다. 그러나 2017년 11월 기준으로 가장 비싸게 팔린 러시아 화가들의 작품 목록에서 이들은 1, 2위를 차지하지 못했다. 1위는

8,688만 달러를 기록한 마크 로스코의 1961년 작 〈오렌지, 레드, 옐로우〉, 2위는 6천만 달러에 팔린 카지미르 말레비치의 1916년 작 〈절대주의 구성〉이다. 칸딘스키는 4,180만 달러에 팔린 1923년 작 〈흰 선이 있는 그림〉으로 3위를, 샤갈은 1,485만 달러를 기록한 1923년 작 〈생일〉로 겨우 6위를 차지하는 데 그쳤다. 칸딘스키와 샤갈 사이에 4, 5위를 차지한 작가는 카임 수틴과 알렉세이 야블렌스키로 각각 2,816만 달러, 1,859만 달러를 기록했다. 20세기 외에도 〈볼가강의 배 끄는 인부〉를 그린 일리야 레핀, 〈예수의 출현〉의 알렉산드르 이바노프, 바다의 화가로 유명한 이반 아이바좁스키, 〈폼페이의 최후〉로 유명한 카를 브률로프 등 19세기 러시아의 많은 화가가 당대에 유럽에서 최고의 수준을 인정받았다.

글로벌 경쟁력에서 러시아의 위세를 드높인 것은 문화계보다는 학계라고 보는 것이 더 정확하다. Statista.com의 통계에 따르면 2017년 기준으로 노벨상 수상자 배출 순위에서 러시아는 17명으로 이탈리아와 함께 8위를 차지했다.[1] 그러나 실제 출생지 순으로 면밀하게 파악해보면 러시아가 배출한 노벨상 수상자는 총 29명으로 노벨상 수여국인 스웨덴과 함께 5위 수준이다. 실제로 러시아가 이념 문제 및 지정학적 갈등으로 인해 노벨상에서 정치적으로 소외된 국가라는 것을 감안한다면 이는 놀랄만한 수준이다. 그런데 노벨상 수상자 29명 중에서 문학상과 평화상을 받은 5명과 2명을 제외할 경우 22명이 기초과학 부문에서 배출되었으며 이 중 물리학이 12명으로 압도적으로 많다. 이는 과학을 비롯한 러시아 학계의 수준이 세계 최고라는 것을 반증한다. 그러나 노벨상 수상자만으로 러시아 과학의 수준을 정확하게 평가했다고 보는 것은 어불성설이다. 원소주기율표를 만든 드미트리 멘델

레예프나 조건반사이론을 정립한 이반 파블로프는 빙산의 일각에 지나지 않는다. 수면 아래에 감춰지거나 일반인에게 잘 알려지지 않은 러시아의 세계적인 학자들이 알려진 학자들보다 훨씬 더 많다. 이러한 저평가는 제정러시아 황실과 학계의 보수성과 소련 정부의 폐쇄성에 기인한다.

세계 과학사에서 유럽과 미국의 과학자들이 이룬 혁명적인 발명들 중 많은 것이 사실은 러시아에서 먼저 이루어진 경우가 많다. 라부아지에의 질량보존의 법칙은 18세기 러시아의 '걸어다니는 백과사전'이자 모스크바국립대학을 설립한 로모노소프가 먼저 발견했다. 19세기 말 야블로츠코프는 에디슨보다 전깃불을 먼저 발명했고, 포포프는 세계 최초로 무선전신을 보내어 마르코니보다 앞서 라디오를 발명했다. 또한 학계에서는 세계적인 지명도가 있으나 일반인에게는 알려지지 않은 학자들도 많다. 아인슈타인은 자신의 특수상대성 이론은 중력을 제대로 설명하지 못하는 치명적인 약점을 자인했다. 이 약점을 보완하여 상대성 이론이 완성될 수 있도록 한 것이 바로 휘어진 시공간을 증명한 비유클리드 기하학이었고 이를 주도한 학자가 러시아인 로바쳅스키였다. 비유클리드 기하학은 로바쳅스키-볼리아이-가우스 이론이라고도 불린다. 장기 경기 변동 주기를 발견한 소련의 콘트라티예프도 경제학에서는 세계적인 거성이다. 1939년 조지프 슘페터는 '콘드라티예프 파동'에 근거하여 그의 기술 혁신 이론을 정립하였고, 21세기 들어서도 2008년 세계 금융위기가 닥치면서 콘트라티예프 파동 이론이 다시 주목받고 있다.

또한 현재 세계 산업의 핵심인 휴대전화와 위성통신의 핵심 기술도 바로 2000년 노벨물리학상을 수상한 러시아의 조레스 알표로프

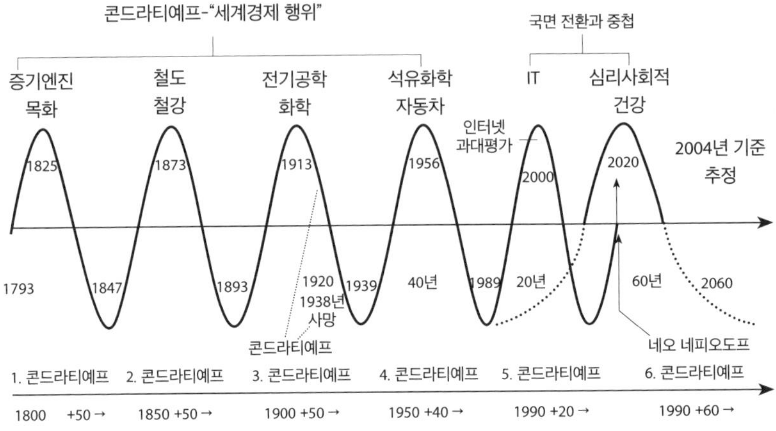

그림 2. 콘드라티예프 파동

출처: https://commons.wikimedia.org/wiki/File:Kondratiev-waves_IT_and_Health_with_phase_shift_acc_to_Goldschmidt-AJW_2004.jpg

가 개발한 '반도체 고속 광전자 이소중합전달체' 덕분이다. 노벨상 스웨덴 왕립학술원의 허만 그리미스는 "알표로프가 없었다면 위성통신을 통한 도시 간의 통화는 불가능했다"[2]고 언급했다. 2011년 수학의 100년 난제라 불리던 푸앙카레의 추측을 증명했으나 수학계의 노벨상인 필즈상을 거부하고 홀연히 사라져 세계를 떠들썩하게 했던 학자도 러시아의 그리고리 페렐만이다. 러시아 과학자의 영향은 현재 세계 에너지계의 핵심 화두인 신재생에너지 부문의 혁신에서도 뚜렷하게 나타나고 있다. 2017년 성균관대학교 박남규 교수가 영국 옥스퍼드대학교의 헨리 스네이스(Henry Snaith) 교수 등과 함께 노벨화학상 후보로 거론되었다. 그 근거가 된 업적이 페로브스카이트 태양전지의 개발이었다. 메틸암모늄요오드화납이라는 유무기 화합물로 구성된 페로브스카이트는 실리콘 태양전지의 약점을 보완하여 태양광 에너지 산업 발

그림 3. 토카막 내부 모습

전을 가속화하는 획기적인 역할을 할 것으로 기대된다. 기존의 실리콘 태양전지는 제조 공정이 복잡하고 비용도 높지만 페로브스카이트 태양전지는 구부릴 수도 있고 가벼운 필름 형태로 만들 수 있어 제조 비용도 단순하고 싸며, 실리콘 태양전지로는 설치가 불가능했던 빌딩 벽면, 자동차 지붕 등에도 설치할 수 있다. 이 페로브스카이트는 1839년 우랄산맥에서 러시아 광물학자 페로브스키가 발견한 광물에서 유래한 것이다.

현재 전 세계에서 태양광, 풍력 등 신재생에너지의 개발이 활발하게 진행되고 있지만 사실 대체 에너지 부문의 꽃은 '인공 태양'이라 불리는 핵융합 발전이다. 개발에 성공할 경우 지구 안에 태양과 같은 무궁무진한 에너지원을 갖게 되는 핵융합 발전은 핵분열에 기반한 원자력 발전과는 달리 방사선 누출의 위험이나 폭발의 위험은 없지만, 핵융합이 일어나는 1억 5천도의 플라즈마 상태를 아직 만들어내지 못하고 있어 개발이 지연되고 있는 상황이다. 그러나 성공의 1차 관건인 고온의 플라즈마를 자기장을 이용해 가두는 장치 개발에 성공했으며, 현재 전 세계 대부분의 핵융합 실험실에서 사용하고 있는 토카막이라는 장치를 개발한 것도 바로 소련 과학자들이다. 토카막은 1950년대에 탬과 사하로프가 발명하고 1968년에 아치모비치가 발표한 후 세계적인 우수성을 인정받아 핵융합 발전기의 개발을 주도하고 있다.

러시아의 우수한 두뇌는 디지털 기술에 바탕한 4차 산업혁명 분야에서도 두각을 나타낼 것으로 보인다. 비근한 예로 글로벌 디지털 산업을 이끌고 있는 구글의 창업자가 바로 러시아인 세르게이 브린이다. 그러나 세르게이 브린은 러시아의 우수하고 풍부한 IT 인력 풀의 한 예에 불과하다. 실제로 전 세계 프로그래머들이 참여하는 프로그래머 월드컵인 'Top Coder Challenge'의 2006년에서 2015년 우승자 중 5명이 러시아인이며, 특히 2012년부터 2015년까지는 러시아인들이 우승을 독점했다. 그뿐만 아니라 Google Code Jam, Facebook Hacker Cup, TopCoder Open 등 최근 진행되고 있는 글로벌 프로그래밍 대회들을 러시아인들이 석권하고 있다고 해도 과언이 아니다. 미국 개러지 테크놀로지 벤처스 전무는 러시아의 컴퓨터공학과 재료공학은 세계 최고 수준이라고 언급한 바 있다. 이 창의적이고 풍부한 인력 풀 덕분에 러시아는 글로벌 IT 아웃소싱 부문을 주도하고 있다. 2011년 유럽 IT 아웃소싱협회 선정 최고의 기업이 러시아의 Luxoft였고, 국제아웃소싱전문가협회(IAOP)가 선정한 100대 아웃소싱 기업 중 8개가 러시아 기업이었다. 이 부문 글로벌 업계에서는 러시아의 강력한 경쟁자인 인도의 IT 인력들이 정형화된 일을 처리하는 데는 월등하지만 한 번도 제기된 적이 없는 새로운 문제를 풀어가는 창의력에서는 러시아 인력을 따라갈 수 없는 것으로 정평이 나 있다.

러시아의 인력 풀은 이렇듯 창의적일 뿐만 아니라 미국 등 선진국보다 훨씬 젊은 인력을 훨씬 낮은 임금에 훨씬 빠른 속도로 공급 가능하다는 장점도 있어 그 발전 잠재력이 무궁무진하다. 러시아의 스타트업 에코시스템에 대한 조사 결과 2015년 기준으로 실리콘밸리보다는 평균 나이가 6살 이상 적고 연봉은 3분의 1 수준(36,600달러), 고용에 드는 시간은 10시간 짧은 것(30시간)으로 드러났다. 2016년 기준으로 7천여 개에 달하는 러시아 전체 하이테크 부문 스타트업은 뛰어난 비교우위 덕분에 세계시장의 핫이슈가 되고 있다. 러시아의 실리콘밸리인 스콜코보의 스타트업 중 세계시장에 진출한 기업의 수가 2013년 10개에 불과했으나 2016년에는 149개로 급증한 점은 이를 잘 대변한다.

덕분에 최근 뒤늦게 자원 의존 경제구조에서 벗어나고자 4차 산업혁명에 뛰어들고 있는 러시아의 상승세가 흥미롭다. 2016년 이후 러시아의 IoT 시장성장률은 연평균 19.6%, 빅데이터 성장률은 글로벌 평균의 40% 이상, 클라우드 서비스 시장은 연평균 50%씩 성장할 것으로 예상된다. 예를 들어 러시아의 로컬 서버 제조업체인 BitBlaz는 2013년에서 2015년까지 매출이 200% 이상 늘어났고, 2015년 9월부터 시행되고 있는 러시아 소비자 개인정보를 러시아 국내 서버에만 저장하는 법 제정 이후 러시아 서버 내수시장이 약 50%까지 성장하여 이 기업의 매출 상승세가 가속화될 것으로 전망된다. 4차 산업혁명에서 러시아가 가장 앞서는 부문은 인공지능(AI)다. 푸틴은 'AI 부문을 주도하는 자가 세계를 지배할 것이다'라고 언급했고, 엘런 머스크는 이를 두고 2017년 9월 러시아가 AI 경쟁에 뛰어들면서 3차 세계대전을 촉발시키고 있다고 우려한 바 있다. 러시아 정부의 AI 부문에 대한 투자 의지는 브릭스 개발은행의 최초의 대출이 음성인식으로 자동으로 법정 기록을 정리하는 러시아의 AI 프로젝트라는 점에서 잘 드러나고 있다. 러시아 스타트업 중 세계시장의 가장 큰 호응을 얻고 있는 부분도 AI 프로젝트다. 2010년 일리야 겔펜베인 등이 캘리포니아에 창업한 Api.ai가 그 대표적인 예다. 이 기업이 개발한 보이스 인터페이스 기술은 페이스북 등 세계 6만 명 이상의 개발자들이 사용하고 있으며, 세계 최초로 개발한 비스 보이스 어시스턴트는 스마트폰 등 다양한 기기를 통해 세계 2천만 명이 사용 중이다. 결국 이 기업은 2016년 9월 머신러닝 기술개발을 위해 구글이 2천만 달러에 인수했다. 또 다른 예로 드미트리 악쇼노프와 미하일 나우모프가 창업한 DigitalGenius는 인공지능을 활용하여 고객관리 프로그램인 'Human+AI customer Service Platform'을 개발하여 2015년에는 뉴욕의 테크크런치 혁신경진대회에서 결선에 진출했으며, 악쇼노프와 나우모프는 2016년 포브스 선정 30세 이하 가장 주목받는 인물 600명에 포함되기도 했다. DigitalGenius에 2015년에는 Lerer-Hippeau Ventures 등 4개의 글로벌 투자자가 300만 달러를 투자했고 2016년에는 블룸버그베타 등 5개 투자자가 660만 달러를 투자했다.

러시아 인력의 창의성은 매우 오래된 러시아만의 토양에서 비롯되기 때문에 세계 4차 산업혁명의 발전에 장기적으로 기여할 화수분이 될 수 있을 것으로 보인다. 우선 소련 시대 이후 러시아 교육체제의 경쟁력은 세계 2위 수준으로 매우 높다. 또한 세계에서 가장 넓은 땅, 수많은 주변국과의 지리적·역사적 접촉으로 인해 독일계, 유대계 등 다양한 민족 출신의 인재들이 혼종하고 있다는 점도 창의성의 주요한 원인이 되고 있다. 다양성과 함께 계절과 기후의 극단적인 양극성도 창의적인 성향에 일조하고 있는 것으로 보인다. 극단적으로 긴 겨울에는 밤이 극단적으로 길고, 극단적으로 짧은 여름에는 낮이 극단적으로 길다. 러시아인은 아주 긴 밤이 아니면 아주 긴 낮에 적응되어 있어 무엇을 하든지 끝까지 밀고가는 맥시멀리즘적 성향이 있다. 세계에서 전제주의를 가장 오래 유지했던 러시아는 그 전제주의를 가장 철저하게 무너뜨린 사회주의 혁명을 성공시켰고 그 사회주의 혁명을 가장 철저하게 무너뜨리기도 했다. 다양성과 맥시멀리즘은 새로운 것을 개발하는 러시아인의 창의성의 두 개의 큰 뿌리라고 볼 수 있다. 이 두 성향은 러시아의 그림에서 무엇보다 잘 나타나고 있다.

러시아 성화에서 찾는 창의력의 비밀: 두 개의 시점, 원근법의 파괴[3]

창의력이 같은 사물을 남들과 다르게 볼 수 있는 능력이라면, 러시아인은 바로 '다르게 보기' 능력이 뛰어나다고 할 수 있다. 러시아인의 정신적 뿌리가 되는 고대 러시아 정교의 성화를 살펴보면 창의력의 기원을 일부나마 짐작할 수 있다. 우선 15, 16세기 성화 〈수태고지〉를 살펴보자.

〈그림 4〉의 왼쪽 그림은 16세기 러시아 야로슬라블 지역 교회에 소장된 성화이고, 오른쪽 그림은 15세기 말 이탈리아 피렌체의 화가 프라 바르톨로메오의 작품이다. 러시아의 그림은 마치 아이들의 그림처럼 거칠다는 느낌이, 이탈리아의 그림은 보다 세련되 보이는데, 그 원인은 무엇일까? 두 그림의 가장 큰 차이는 이탈리아의 그림은 원근법이 지켜지지만 러시아 성화는 원근법이 지켜지지 않는 것에 있다. 러시아 성화에서 특히 성모마리아가 밟고 있는 발판을 보면 앞부분이 좁고 작게 묘사되어 있고 뒷부분은 오히려 더 크게 묘사되어 있다. 가

그림 4. 〈수태고지〉

그림 5. 사도 마테

장 전면에 있는 사람도 뒤의 두 사람에 비해 너무 작게 그려져 있다. 가까운 것은 크고 먼 것은 작다는 원근법이 파괴되고 있는 것이다. 이런 원근법 파괴는 모든 러시아 성화에서 발견할 수 있다. 〈그림 5〉는 발판의 앞쪽이 뒤쪽보다 작게 그려진 것이 전형적인 역원근법의 사례다.

원근법에서 가장 중요한 원칙은 '고정된 하나의 시점에서 보이는 사물의 모습을 평면에 옮겨 그린다'는 것이다. 이 하나의 시점은 대상을 바라볼 수 있도록 대상의 바깥쪽, 즉 그림의 앞에 고정되어 있다. 따라서 소실점이 그림 제일 안쪽 뒤에 위치하여 뒤로 갈수록 피사체가 작아진다. 그러나 러시아 성화에서는 하

그림 6. 원근법과 역원근법 예시

나의 시점이 아니라 두 개의 시점이 사용된다. 피사체의 표면은 그림의 바깥 앞에서 본 시점에서 묘사되지만 크기는 반대로 그림 안 뒷면에서 그림 바깥 앞을 바라보는 시점에서 결정되는데, 이것을 미술사에서는 '역원근법'이라고 부른다. 소실점이 오히려 화가의 시점에 있다 보니 피사체는 후경에서 전경으로 올수록 점점 작아지게 된다.

한마디로 이탈리아의 성화는 앞에서 보는 하나의 시점을 사용한다면, 러시아의 성화는 앞에서도 보고 뒤에서도 보는 이중 시점을 사용한다는 것이다. 물론 여기에는 심오한 종교적 의미가 내재되어 있다. 러시아 정교에서 성화는 말씀(성경)의 시각적 버전이다. 성화는 글을 모르는 이들이 성경을 이해하기 쉽도록 돕는 수단인 동시에 그 자체가 말씀의 육화 과정이다. 따라서 한편으로는 인간이 이해할 수 있도록 피사체의 기본 형상은 말씀 밖에 있는 인간의 시점에서 묘사한다. 다른 한편으로는, 신의 말씀을 보여주는 성화의 중심 시점이 말씀 밖에 있는 인간이 아니라 말씀의 근원인 신에서 비롯되어야 한다는 점을 피사체의 크기 비율로 나타낸다.

두 개에 국한되지 않는 다시점의 향연

그런데 〈그림 7〉을 자세히 보면 러시아 성화의 시점이 전후 이중 시점에 그치는 것이 아니라는 것을 알 수 있다. 이 그림에 등장하는 테이블이 반원형이란 것이 매우 부자연스러워 보인다. 그러나 이 테이블은 본래는 반원형이 아니라 넓은 오발형이다. 반원형으로 보이게 그린 이유는 테이블을 좌우 양쪽에서 본 다음 두 시점에서 본 모양을 하나로 합쳤기 때문이다. 이 경우 그림에서 보는 것처럼 오발형의 위의 반원은 더욱 안으로 휘어지게 되지만 아래 반원은 직선에 가깝게 펴지게 되는 것이다. 동시에 테이블의 중심이 앞으로 이동하게 되는데, 테이블 위의 잔이나 접시 등 식기들이 불안하게 테이블 끝쪽으로 몰려 있는 이유가 바로 이 때문이다. 이중 시점인 역원근법에 좌우대칭적인 또 다른 두 개의 시점이 합쳐져 네 개의 시점이 하나의 그림에 존재하

그림 7. 〈성삼위일체〉

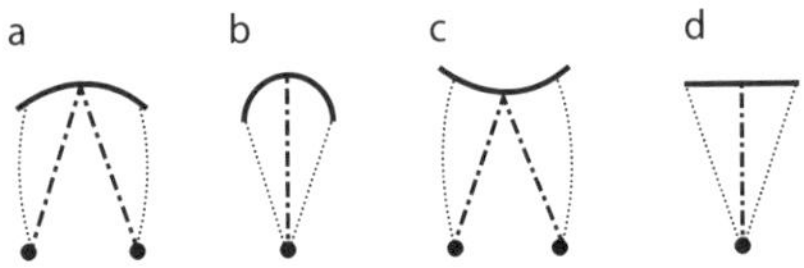

a: 테이블의 상단 반원을 좌우에서 바라보는 시점
b: a의 좌우시점이 하나로 결합되면서 상단 반원이 더 뾰족해지는 모습
c: 테이블의 하단 반원을 좌우에서 바라보는 시점
d: c의 좌우시점이 하나로 결합되면서 하단 반원이 직선이 되는 모습

는 것이다.

게다가 시점의 다각화는 여기서 끝나지 않는다. 자세히 보면 세 천사의 뒤에서 음식을 대접하는 아브라함과 사라의 모습은 다시 작아지는데, 마치 이 부분에서만 르네상스식 원근법이 적용되고 있는 듯하다. 이들은 세 천사보다 의미상으로 비중이 떨어지기 때문인데, 화가는 그림의 대상 하나하나를 다른 시각으로 보고 있는 것이다. 배경이 되고 있는 집, 나무, 산도 모두 각기 다른 각도와 시점에서 그려, 마치 별도의 그림에서 이식해온 듯한 느낌을 준다.

이처럼 러시아 고대 성화에서는 하나의 풍경, 하나의 대상을 그릴 때 고정된 하나의 시점이 아니라 수많은 시점을 사용하여 대상 하나하나를 살려내고 동시에 수많은 새로운 의미를 창출해낸다. 서유럽에서 이러한 다시점(多視點)적인 그림이 등장한 것은 수백 년이 지난 19세기 말, 바로 세잔의 정물화들이다. 세잔에 의해서 유럽의 회화는 겨우 단시점적인 원근법에서 벗어날 수 있었고 덕분에 피카소도 마티스도 등장할 수 있었다.

야수파의 창시자 마티스가 뒤늦게 러시아의 성화를 접한 뒤 한 행동과 말은 러시아 성화의 이런 창조적 독창성을 잘 대변한다. 1911년 10월 마티스 그림의 최대 고객인 러시아인 슈킨이 러시아의 모스크바로 작가를 초청한다. 모스크바에 도착한 지 이틀째 되는 날 마티스는 생애 처음으로 러시아의 성화를 접한다. 그는 너무 흥분한 나머지 하룻밤을 꼬박 새우고는 주변 사람에게 "러시아는 이미 모든 것을 가졌다. 러시아의 성화는 미술이 무엇인가를 가르쳐준다"라고 말했다. 마티스는 20세기 초에 이룬 서양미술의 혁명이 이미 러시아에서 그것도 수백 년 전에 이루어진 것을 발견하고는 경악을 금치 못한 것이다.

2014년 우크라이나 사태가 극단으로 치닫자 독일과 프랑스가 발 벗고 중재에 나섰다. 서방의 온갖 제재와 협박에도 러시아는 아랑곳하지 않고 갈 데까지 가보자는 태도였다. 돌아보면 인류 역사에서 러시아는 항상 가장 천천히 그리고 가장 나중에 변했지만, 일단 변하기 시작하면 누구도 가지 못하는 곳까지 끝내 밀어붙여 결국 자신뿐 아니라 전 인류의 역사를 송두리째 바꾸어놓고는 했다. 이를테면, 유럽에서 가장 오랫동안 버텨오던 러시아의 봉건 전제주의를 무너뜨린 사회주의 혁명, 그리고 이후 약 한 세기 동안 세계를 혹독한 냉전으로 옥죄던 소련체제를 무너뜨린 페레스트로이카는 그야말로 세계사에 전무후무한 지각변동을 일으켰다.

러시아인의 극단성, 맥시멀리즘

문화사에서는 러시아인의 극단적 성격을 '맥시멀리즘(maximalism)'이라 부른다. 뭐든지 한번 하면 중간이 없고 모든 것을 쏟아부어 맥시멈(maximum), 즉 최대치까지 가고야 마는 성격을 이르는 말이다. 러시아인의 이러한 특성은 개인의 성격에서부터 사회, 정부, 국가 차원까지 다양하게 나타난다. 러시아인과 개인적으로 교제하거나 기업 간 비즈니스를 할 때, 나아가 국가 간 외교에서도 반드시 참조해야 할 특성이다.

흥미롭게도 러시아인의 맥시멀리즘은 세계적 수준을 자랑하는 러시아 미술에서도 잘 드러난다. 즉 러시아의 대표적인 미술 작품에는 너무나 치명적이어서 더욱더 매력적인 러시아인의 맥시멀리즘이 예술적으로 승화되어 있다. 학창시절 미술 교과서에서 처음 접하고는 너무도

황당해했던 그림, 1915년 러시아 화가 말레비치(Kazimir Severinovich Malevich)가 그린 〈검은 사각형(Black Square)〉이 바로 대표적 예다. 어린아이도 쉽게 그릴 수 있을 것 같은 이 그림이 세계에서 가장 비싼 가격을 자랑하는 명작이라니! 말레비치는 모두 네 개의 '검은 사각형'을 그렸는데, 그중 세 개는 바로 혁명 후 소련의 국립박물관에 소장되어 미술시장에서 거래된 적이 없고 가장 마지막(1932)에 그린 것으로 크기가 가장 작은(53.5×53.5cm) 〈검은 사각형〉이 유일하게 거래된 것이다.

그림 8. 〈검은 사각형〉

1932년 그려진 말레비치의 마지막 〈검은 사각형〉은 말레비치의 처형의 손녀가 보관하고 있다가 1993년에야 대출 담보물로 은행에 맡기면서 세상에 그 존재가 알려졌고, 이 은행이 도산하면서 2002년 처음으로 경매시장에 나왔다.

당시 경매시장에서 이 작품의 추정 가격은 5,000만~8,000만 달러에 이르렀다. 그러나 러시아 정부가 그림의 해외 반출과 경매 거래를 즉각 중단시킨 후 그림은 러시아박물관에 기증되었다. 이 기증을 위해 한 러시아 갑부가 은행에 지불한 지극히 상징적인 가격은 '100만 달러'였다. 한편 말레비치가 최초의 〈검은 사각형〉 이후 그 아류작으로 그린 1916년 작 〈절대주의 구성(Suprematist Composition)〉이 2008년 11월 뉴욕 소더비 경매에서 약 6,000만 달러(약 730억 원)에 낙찰된 것으로 보아 〈검은 사각형〉의 가격이 얼마일지는 미루어 짐작할 수 있을 것이다.

〈검은 사각형〉으로 구현된 러시아의 맥시멀리즘

이 단순한 그림이 이렇게 엄청난 가치를 호가하는 이유는 무엇일까? 미술 전문가들은 한마디로 이렇게 말한다. "이 단순한 그림을 그리기는 쉬우나 아무도 그것을 생각해내지는 못했다." 다시 말하자면 말레비치의 〈검은 사각형〉은 일종의 '콜럼버스의 달걀'이다. 15세기 콜럼버스에게 손을 대지 않고 달걀을 세우는 과제가 주어졌다면, 20세기 초 말레비치에게는 어떤 과제가 주어진 것일까? 대체 어떤 과제에 대한 대답이기에 이 단순한 '검은 사각형'에 무려 6,000만 달러라는 가치가 매겨진 것일까?

잠시 서양미술사 여행을 떠나보자. 14세기부터 본격화된 르네상스 미술의 최대 과제는 원근법을 무기로 우리 눈에 보이는 대상을 화폭에 최대한 똑같은 모습으로 담아내는 것이었다. 이후 5세기 동안 서양미술은 대상의 재현이라는 과제에 매달렸다. 이것을 최초로 깬 것은 19세기 후반에 등장한 인상파 화가였다. 튜브 물감의 등장으로 오랜 시간 야외에서도 그림을 그릴 수 있게 되면서 빛의 강도와 각도에 따라 색깔이 시시각각 바뀌는 것을 보고 대상의 고유한 성질, 나아가 대상 자체에 대해 의심하기 시작한 것이다.

곧이어 등장한 세잔은 그 유명한 정물화를 통해 화가의 다양한 시각에 따라 비틀리고 왜곡되는 대상의 모습을 담아냈고, 세잔의 다시점에서 영감을 얻은 피카소는 대상을 수많은 큐빅, 즉 입방체로 분해하고 다시 임의로 종합하는 큐비즘(cubism)을 창시했다. 칸딘스키는 더 나아가 대상을 직접적으로 표현하기보다는 대상에 대한 인간 영혼의 정서적 반응을 색깔과 형태로만 나타냄으로써 최초의 추상화 작가라는 명성을 얻었다. 한편 몬드리안은 다양한 크기와 색깔의 사각형을 통해 수직과 수평의 만남으로 구성된 대상세계의 보편적 원리를 새롭게 구현했다. 한마디로 말해, 현대미술의 발전은 대상으로부터 점점 멀어지는 과정이라고 할 수 있다.

인상파에서 몬드리안에 이르는 현대 화가들 모두 이렇듯 대상으로부터 거리를 두려 했으나 결코 대상으로부터 완전히 자유로워지지는 못했다. 르네상스의 큰 틀, 대상의 재현에 대한 미련에서 여전히 벗어나지 못한 것이다. 그런데 대상으로부터의 탈출을 극단까지 몰고 간 사람이 바로 말레비치다. 그는 모든 대상을 불태워 검은 사각형 안에 매장시키고, 동시에 모든 과거의 미술과 문화를 전적으로 부정하고 그 순수한 무(無) 위에서 출발해야만 진정한 창조가 가능하다고 말한다. 그는 자신의 〈검은 사각형〉이야말로 세계 미술사 최초의 '순수한 창조'라고 주장한다. 대상으로부터 자유롭지 못한 기존의 미술이 대상을 베끼는 '기술'이고 그 주체인 화가가 '장인'에 불과했다면, 모든 대상을 부정하고 그 위에 서는 것, 이것을 말레비치는 쉬프레마티슴(suprematism, 절대주의)이라고 선언한다. 라틴어로 'supre'는 '모든 것을 압도하는', '모든 것 위에 있는'이라는 뜻이다. 〈검은 사각형〉을 통해 말레비치는 "나는 모든 것의 시작이며 그 속에 존재하는 어떤 것도 없는 최고의 예술이다"[4]라고 말한다.

대상에 대한 거리 두기를 극단으로 밀어붙여 대상을 전적으로 부정하는 '맥시멀리즘'. 말레비치의 맥시멀리즘에 의해 현대미술이 본격적으로 시작되었다. 미술사에서 이러한 혁명이 일어난 때가 1915년이며, 그로부터 2년 뒤 전 세계를 뒤흔든 사회주의 혁명이 또한 성공을 거두었다.

이렇듯 러시아 미술, 정확히는 러시아 미술에 드러난 맥시멀리즘을 통해 러시아인과 러시아 역사, 나아가 인류 역사의 중요한 변곡점을 읽어낼 수 있다. 러시아 현대미술사에는 말레비치 이후 샤갈, 수틴, 필로노프 등 수많은 러시아 태생 화가가 나름의 독자적 영역에서 러시아 정신의 맥시멀리즘을 구현하고 있다.

행복의 맥시멀리즘을 구현하는 샤갈

1915년 벨라는 샤갈에게 소박하지만 정성이 담뿍 담긴 꽃다발을 생일선물로 준다. 샤갈은 이 순간의 행복을 영원히 남기기 위해 즉석에서 그 유명한 〈생일〉이라는 그림을 그렸다. 그리고 바로 이 그림에서 처음으로 온전하게 행복한 공중부양이 등장한다. 후일 벨라는 회고록 『타오르는 빛(*Lumières allumées*)』[5]에서 이 순간을 다음과 같이 기록한다.

> 나는 아직 꽃을 들고 서 있었다. …… 당신은 붉은색, 파란색, 흰색, 검은색 물감으로 날아다녔고 나를 색채의 회오리 속에 춤추게 하더니 갑자기 발을 박차고 땅에서 솟구쳐올랐다. …… 고개를 젖히고는 내 머리를 당신 쪽으로 돌렸다. 당신의 입술이 내 귀를 스쳤고……. 우리는 하나가 되어 방안을 날아다닌다. 함께 위로 비상한다. 유리창을 통해 푸른 하늘과 구름이 부르는 곳으로 자유롭게 날아가고 싶다.

벨라는 마치 그림 속 이야기가 실제 현실인 것처럼 회고한다. 또 좁은 방안을 날아다니는 것이 당연한 현실이며 이제 여기서 나가 더 넓은 하늘로 날아가고 싶다는 소망을 피력한다. 이 소망은 다시 전작 못지않게 유명세를 얻은 1918년 작 〈도시 위로〉라는 그림에서 실현된다. 샤갈의 세계에서는 마치 비유법의 접사가 사라진 듯하다. "너무나 행복해서 날아갈 것 같다"라는 표현에서 '같다'가 생략되고 "너무 행복해서 날아간다"라고 말하는 것이다. 현실과 내면의 구분이 사라져 현실은 내면이 되고 내면이 현실이 되면서 서로 다른 차원의 공간이 하나로 중첩된다. 현대 물리학의 거장 휴 에버렛(Hugh Everett)의 다중세계 이론, 실제로 전자는 동시에 하나 이상의 장소를 점유하고 있다는 '중첩(superposition)' 상태를 샤갈이 백 년도 전에 그림으로 구현한 것이다.

이 중첩을 통해 현실은 비현실과 하나가 되고 삶은 꿈과 그리고 현실주의는 초현실주의와 하나가 된다. 그 결과 샤갈의 작품세계에서 현실의 작은 행복은 최대치로 무한 확장된다. 특히 1918년 작 〈산책〉이 이를 직접적으로 표현한다. 행복한 미소를 머금은 샤갈이 지상에 붙박고 서서 한 손으로 날아가는 벨라를 꼭 붙잡고 있다. 그런데 자세히 보면 샤갈은 다른 한 손에 '박새'를 붙잡고 있고 벨라는 '학'의 날갯짓을 하고 있다. 러시아인들은 이 모습에서 자연스럽게 "하늘에 있는 학보다 손 안의 박새가 낫다"라는 러시아 속담을 떠올리게 된다. 불가능한 큰 행복보다는 현실의 작은 행복을 즐기라는 뜻이다. 그러나 샤갈은 손 안의 박새도 잡고 하늘의 학도 잡을 수 있다는 '행복의 맥시멀리즘'을 보여준다. 샤갈 특유의 현실적 공중부양, 즉 '중첩의 철학'은 러시아인 특유의 '맥시멀리즘'을 자기만의 방식으로 구현하고 있다.

이렇듯 러시아인의 정신적·문화적 뿌리에 있는 다시점적 사고와 맥시멀리즘적 경향은 새로운 것을 발견하고 그 발견의 효과를 최대치로 끌어올리는 능력, 즉 혁신으로 이어진다. 이것이 위대한 문학가, 과학자, 예술가를 낳는 원동력이 되었다. 러시아인의 혈관 속에 깊이 흐르는 이 혁신의 DNA는 지금까지와는 완전히 다른 패러다임을 만들어내는 4차 산업혁명을 주도할 수 있는 무궁무진한 잠재력이다. 그리고 이것이 4차 산업혁명의 신입이지만 선도자를 꿈꾸는 한국이 러시아와의 협력을 강화해야 하는 가장 큰 이유이기도 하다.

2

다민족 국가 러시아*

김혜진

세계화시대에 다민족, 다문화라는 말은 더는 특별하지 않다. 자발적 이주부터 난민, 망명 등 세계에서 일어나고 있는 다양한 형태의 이주로 다양한 민족의 교류는 날로 활발해지고 있다. 우리나라에서도 어느덧 다문화가정, 다문화사회라는 말이 자리 잡게 되었다. 그러나 서로 다른 민족과의 공존은 어찌 보면 당장, 또는 언제든 불거질지 모르는 문제를 안고 있다는 것을 뜻하기도 한다. 세계 전역에서 지속적으로 발생하고 있는 이러한 문제들은 다른 민족과의 공존이 얼마나 어려운 것인지 보여준다. 다민족사회를 오래 전부터 형성했던 국가라고 해서 이러한 문제가 없는 것은 아니다. 한때 '인종의 용광로'라 불렸던 미국이나 '톨레랑스'를 중요한 사회적 가치로 내세웠던 프랑스를 비롯한 서유럽 국가에서도 인종차별은 심각한 사회문제 중 하나다. 그렇다면 또 다른 다민족 국가인 러시아는 어떠한가?

러시아의 다민족사회는 주변의 영토를 점령하며 토착민족들을 자국민으로 흡수하는 긴 과정을 거쳐 형성되었다. 러시아에 존재하는 민족의 수는 인류학적으로 세분화할 경우 180여 개에 달한다. 러시아는 다양한 인종과 민족, 수많은 언어, 여러 종교, 정주민부터 유목민까지 생활방식과 다채로운 문화가 공존하는 곳이다. 각 민족의 수 역시 각기 달라, 인구 5만 명이 채 안 되는 소수민족이 있는 반면, 타타르인처럼 인구 수가 몇 백만 명에 달하는 민족도 있다.

끊임없는 영토 확장과 다양한 민족의 편입

러시아가 여러 민족을 구성원으로 끌어들인 것은 어쩌면 러시아의 국가형성과 그 시기를 함께한다고 볼 수 있다. 9세기에 스칸디나비아반도에서 러시아 땅으로 건너온 바랴그인(바이킹족의 일파, 또는 노르만인)들이 슬라브계, 핀-우그르계, 투르크계 등 다양한 종족을 통합하며 국가형태를 키워나갔기 때문이다. 러시아는 전방위로 영토를 확장해나가면서 그 지역의 토착민족들을 흡수하였고, 점차 거대한 국가의 모습을 갖추기 시작했다.

가장 먼저 러시아에 편입된 민족들은 러시아 북서부 지역에 거주하던 사람들이다. 러시아 북서부는 북유럽과 이웃하고 있는 콜라반도에서 우랄산맥의 북서부 경계까지 이어지는 넓은 영토를 이야기한다. 862년 바랴그인들이 슬라브 땅에 처음 정착한 곳이 러시아 북서부에 위치한 노브고로드였기 때문에, 북서부의 민족들(핀계, 발트계)과의 문화교류와 교역은 일찍부터 이루어졌다. 13세기부터 이들은 노브고로드 공국, 이후 수즈달, 로스토프 공국 등 러시아에 조공을 바치게 되었고, 14세기 모스크바 공국이 새로운 중심이 되면서, 이들도 자연스럽게 모스크바 공국의 영향권에 놓이게 되었다. 14세기 후반 모스크바 공국의 지배를 받으며 북서 민족들이 거주하던 지역은 본격적으로 러시아의 영토가 되어갔다.

이를 시작으로 러시아는 지속적으로 영토를 넓혀갔다. 특히 16세기 러시아는 몽골 타타르 점령 이후 생겨난 여러 한국(汗國)을 러시아 땅으로 통합하는 데 성공했을 뿐만 아니라, 우랄산맥을 넘어 시베리아로 진출했다. 이는 곧 더욱 다양한 민족이 러시아의 구성원이 됐음을 뜻한다.

볼가강 유역은 오랫동안 투르크계 유목민족의 땅이었다. 10~13세기에 볼가강 유역에서 초기 봉건국가를 형성했던 볼가-불가르 왕국에 이 지역의 많은 종족이 종속됐으며, 이러한 지배구조는 몽골이 서쪽으로 진출하며 세운 킵차크한국(금장한국), 그 이후 카잔한국으로까지 이어졌다. 1552년 폭군 이반으로도 불렸던 이반 4세의 원정으로 카잔한국이 러시아에 복속되었고, 이 지역의 많은 투르크계, 핀-우그르계 민족들이 러시아의 일원이 되었다.

다른 한편, 이반 4세는 우랄 근처에서 염전 등으로 부를 축적하던 스트로가노프 가문에 우랄 동부로의 원정을 지시했다. 1581년 스트로가노프 가문은 용맹한 카자크(코사크 Cossack) 수장인 예르마크를 고용하여 시베리아로 진입했다. 러시아인의 동진은 계속되어 17~18세기에는 러시아 동북 끝인 추코트카, 캄차카까지 러시아의 땅이 되었다. 러시아가 우리나라와 가까운 극동지역을 손에 넣은 것은 이로부터 1세기 후였다. 이 지역은 청나라의 영토였으나, 청나라가 쇠락하면서 1858년과 1860년 아이훈 조약, 북경조약에 의해 러시아의 소유가 되었다. 이 지역이 러시아로 할양되면서, 니브히, 나나이, 오로치, 오로키, 울치 등이 지역의 토착소수민족들도 러시아로 흡수되었다. 화력을 앞세운 러시아 군대에 맞서 시베리아의 많은 민족이 창, 활, 칼을 들고 끈질기게 저항했다. 오랜 저항 끝에 결국 이들도 러시아에 종속되었으나, 특유의 험한 자연환경과 혹독한 기후 탓으로 토착민족을 대상으로 한 체계적인 국가적 통제는 오랫동안 이루어지지 못했다. 모피를 구하는 상인들의 왕래는 계속되었지만, 시베리아로의 러시아인 이주 역시 더디게 진행됐다.

동진과 더불어 러시아는 남서 지역으로도 진출했다. 캅카스 지역은 중세 아랍학자들이 '언어들의 산'이라고 불렀을 만큼, 수많은 언어와 민족이 뒤엉켜 있는 곳이었다. 이러한 다양성은 캅카스 지역의 지리적 특성에서 기인한다. 카스피해와 흑해 사이에 위치한 이 지역은 기원전부터 많은 민족이 오가던 곳이었기 때문이다. 토착민들과 이곳을 점령하고 지나온 많은 외부인의 접촉을 통해 다양한 민족이 탄생했다. 1556년 이반 4세가 카스피해 북서쪽의 아스트라한한국을 점령함으로써 러시아가 이 지역에 개입하기 시작했다. 이후 러시아는 지속적인 남하정책을 펼쳤으며 이 과정에서 터키와 러시아의 잦은 충돌이 일어났다. 캅카스 전쟁(1817~1864)이 일어났으며, 토착민족들의 끈질긴 저항 끝에 이 지역도 결국 러시아에 병합됐다.

러시아 문화로의 동화와 상호 문화 교류

이처럼 러시아의 서로 다른 민족이 조우하는 과정은 다양한 시기에 걸쳐 일어났다. 이들은 러시아에 편입되던 순간부터 동화와 통합의 긴

과정을 지나왔다. 민족별, 지역별, 편입 시기별로 다르게 나타날 수 있지만, 이들이 러시아의 사회문화적 일원으로 통합되는 과정은 대체로 유사하다. 러시아의 구성원이 된 순간, 이들은 정교로의 개종을 비롯한 러시아 문화의 영향을 받게 됐으며 러시아어를 익히게 됐다. 정부가 주도한 동화 과정은 하나의 '소비에트 민족' 창조를 꿈꿨던 소비에트 시기에 집중적으로 진행됐다. 1930년대 이후부터 본격적으로 진행된 러시아어와 러시아 문화 중심의 소비에트화 정책으로 많은 민족이 러시아어 교육을 의무적으로 받게 되었다. 소련 국민 모두 러시아어를 구사하게 되었지만, 반대로 민족어 교육은 제한되었고, 그 결과 자신의 민족어를 구사하는 사람들의 수는 점점 줄어들었다. 또한 소련 전역에서 진행된 집단농장(콜호스) 정책은 이들의 다양한 경제활동을 일괄적으로 엄격하게 통제했으며, 유목민 정착유도 정책은 유목민들의 생활 패턴을 바꾸어놓았다.

정부 정책 외에도 다양한 민족이 함께 살아가는 과정에서 자연스러운 민족 간의 교류도 일어났다. 이러한 교류는 다양한 민족이 모여 사는 대도시 중심으로 이루어졌지만, 차츰 러시아 문화를 비롯한 다양한 문화요소가 농촌으로 확산되었다. 러시아의 전통 통나무가옥인 이즈바, 이즈바에서 가장 중요한 벽난로(페치), 러시아 의상의 기본인 헐렁하고 긴 셔츠인 루바하, 러시아식 얇은 팬케이크 블린, 이콘(성화)을 모셔 두는 집안 모퉁이인 성소 등 많은 러시아 문화 요소가 다른 민족에도 퍼졌다. 역으로 토착민족들의 문화가 러시아 문화에도 영향을 주었다. 붉은 무와 양배추 등을 넣어 만든 우크라이나 수프 보르시나, 볼가 연안의 토착민족인 우드무르트인이 작은 만두처럼 빚어 만든 펠멘은 어느새 러시아 음식으로 알려지게 됐다. 타타르인, 바시키르인 등 투르크계 민족이 즐겨먹는 전통과자인 차크카츠나 바우르사크도 러시아 전역에 퍼지게 되었다. 핀-우그르계 민족인 베세르만인은 투르크인과 유사한 문화를 영유하고 있으며, 투르크 민족이지만 이슬람이 아닌 정교를 받아들인 추바시인의 문화에는 투르크, 핀-우그르, 그리고 러시아적인 문화 요소가 녹아 있다.

이처럼 러시아의 민족들은 다른 민족들과 접촉하는 과정에서 자연스러운 문화변용을 겪었으며, 여기에 국가정책 등과 같은 특수한 요인이 더해지며 러시아 문화에 동화됐다.

공존 속 갈등과 저항

낯선 민족과의 만남은 갈등을 동반하기도 한다. 러시아가 영토를 확장하는 과정에서 많은 토착민족이 저항했다. 그러나 군사력과 화기를 앞세운 러시아에 굴복할 수밖에 없었다. 시간이 지나면서 러시아와 공존의 길을 걷게 됐지만, 국가 정세와 정치적 환경으로 불공정한 처사를 받게 되는 경우도 발생했다. 대표적인 예로 일부 민족의 강제유형을 들 수 있다. 소비에트 시기 고려인을 비롯한 여러 민족이 중앙아시아와 시베리아 등지로 이주됐다. 1863년 러시아로 건너간 한인들은 러시아의 미개척지로 남아 있던 극동지역에 정착하며 지역 발전에 공헌했다. 그렇지만 일본의 세력 확장을 경계한 러시아는 한인들이 일본에 협력할 가능성을 우려하여 1937년에 이들을 중앙아시아로 이주시키는 결정을 내렸다. 러시아의 지배에 저항하여 일으킨 캅카스 전쟁으로 가까운 중동지역으로 대거 이주했던 캅카스 민족들도 강제유형이라는 또 한 번의 시련을 겪게 된다. 체첸인, 인구시인 등을 비롯한 대다수 캅카스 민족들은 2차 세계대전 나치 독일과 연합했다는 혐의를 쓰고 중앙아시아와 시베리아 등지로 떠나게 되었다. 이들은 이주하는 과정에서 혹독한 날씨와 굶주림, 질병 등으로 상당한 인명 피해를 입었다.

강제이주는 이들의 또 다른 이주와 영토분쟁 등 많은 문제로 이어졌다. 1950년대에 이들은 유형지에서 고향으로 돌아올 수 있게 되었지만, 그 사이 자신의 땅이 다른 민족들에 의해 점거되면서 영토 갈등을 겪게 된다. 인구시인과 오세트인의 영토분쟁이 바로 그 예다. 캅카스 민족 대부분이 나치 독일에 협력했다는 혐의를 받고 강제이주를 당했던 반면, 오세트인은 나치에 격렬하게 대항했다고 인정받았으며, 소련 정부는 오세트인과 이웃한 인구시인의 땅을 오세트인에게 나눠주었다. 스탈린 사후 인구시인은 고향으로 돌아올 수 있었지만, 오세트인이 자신의 땅을 차지하고 있는 상황과 마주해야 했다. 소련 붕괴 이후 인구시인들 사이에서 옛 땅을 되찾자는 운동이 일어났으며, 1992~1994년 두 민족 간의 무력 충돌이 발생했다. 양측의 갈등은 체첸인이 인구시인의 편에 가세하면서 더욱 첨예해졌다. 이는 2004년 9월 베슬란 사태와 같은 비극적인 사건을 낳기도 했다. 북오세티야의 베슬란 제1학교가 체첸 강경주의자들에게 3일간 점령당했고, 건물에 설치한 폭탄이 터지며 입학식에 참석한 학부모와 학생 300명 이상이 사망하는 참사를 낳았다.

이들이 받은 불평등과 탄압은 현재에 와서 독립운동으로 발전되기도 했다. 1980년대 말부터 소련 전역을 휩쓸었던 민족주의 운동과 소련 붕괴 이후 정치적 혼란기 속에서 체첸공화국은 독립을 선언하고 이츠케리야공화국 수립을 선포했다. 러시아는 이를 저지하기 위해 체첸을 상대로 두 번에 걸쳐 전쟁을 벌였다. 이 과정에서 체첸공화국은 초토화되고 많은 체첸인이 목숨을 잃었다. 이에 굴하지 않고 체첸 독립주의자들이 모스크바 등지에서 지하철 테러, 인질극 등을 벌이며 많은 민간인 피해자가 속출했다. 이러한 움직임은 러시아의 강력한 진압과 친러시아적인 인물이 체첸공화국 대통령이 되면서 가라앉았다.

이처럼 비러시아 민족들이 러시아의 구성원이 되는 과정에서 많은 저항과 갈등이 수반되었지만, 이 과정을 단순히 러시아의 영토 확장 야욕으로 단순화하기에는 무리가 있다. 남부 시베리아에 사는 민족들의 경우, 몽골제국의 와해 후 이 지역과 국경을 접하고 있었던 만주족 등 여러 이웃 민족들로부터 공격과 약탈의 대상이 되어왔다. 17세기 러시아로의 편입은 이들의 생존을 위한 결정이었으며, 실제로 이들의 공동체 유지에 큰 이익이 되었다고 평가되기도 한다. 북캅카스 민족의 경우, 16세기 중엽 크림 타타르의 세력이 팽창하면서 이 지역을 둘러싼 외부 세력들의 힘겨루기가 시작되었고, 이 과정에서 북캅카스 일부 민족들은 러시아의 구성원이 되기를 희망했다. 귀족층을 중심으로 이들은 자치권과 종교의 자유 보장, 전통 생활양식 보존 등을 조건으로 러시아에 합류하는 것을 결정했다. 이처럼 러시아의 편입 과정은 길고 복잡한 역사만큼이나 다면적인 성격을 띠고 있다.

'러시아와 영원히'

많은 민족이 국가구성원으로 들어오면서 러시아 정부는 이 민족들의 고유영토를 하나의 행정단위로 정했다. 제정러시아 시기부터 향(鄉)이

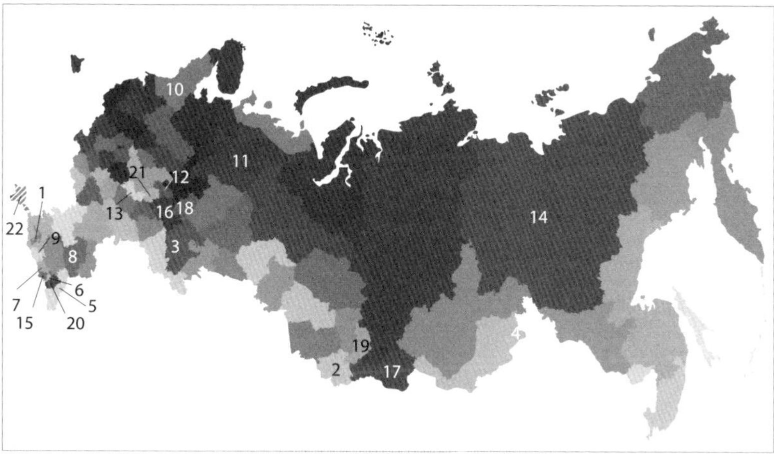

1. 아디게야
2. 알타이
3. 바시코르토스탄
4. 부랴티야
5. 다게스탄
6. 인구세티야
7. 카바르디노-발카리야
8. 칼미키야
9. 카라차예보-체르케시야
10. 카렐리야
11. 코미
12. 마리-엘
13. 모르도비야
14. 사하(야쿠티야)
15. 북오세티야-알라니야
16. 타타르스탄
17. 투바
18. 우드무르티야
19. 하카시야
20. 체첸
21. 추바시야
22. 크림

그림 1. 러시아연방 내 공화국

나 관구로 민족영토를 행정단위로 구분했으며, 소비에트 시기에는 민족영토에 자치주, 자치공화국의 지위를 부여했다. 과거 연방주체를 나누었던 민족적 원칙은 소련 해체 이후에도 이어져, 현재 러시아 연방에는 총 21개의 민족공화국(공화국은 총 22개지만, 최근 편입된 크림공화국은 민족공화국이라 할 수 없다)과 4개의 자치구(네네츠, 야말-네네츠, 한티-만시, 추코트카), 1개의 자치주(유대인)가 있다. 물론 이러한 행정구역을 갖지 못한 소수민족도 많다.

소련 해체 이후 민족공화국을 중심으로 민족정체성을 강화하고 민족영토임을 강조하는 분위기가 짙어졌다. 고르바초프의 글라스노스티 정책으로 1980년대 말 소련사회에서 공개적이고 자유로운 논쟁의 장이 형성되었고, 오랫동안 묻혀 있던 과거를 다시 꺼낼 수 있게 되었다. '소비에트 민족'이라는 슬로건 아래 민족성을 표출할 기회가 없었던 많은 민족이 저마다의 목소리를 내기 시작했다. 과거사 진상규명을 요구하는 사회적 분위기에 힘입어, 문서보관소에 '특급비밀'이라는 스탬프 아래 그간 접근할 수 없었던 수많은 문서가 공개되었다. 각종 민족단체들이 생겨났고, 스탈린 시기 탄압받은 민족들 사이에서는 그동안 잃어버린 권리와 명예회복을 요구하는 분위기가 거세졌다. 그러나 다른 한편에서는 이러한 움직임을 부정적으로 보기도 했다. 민족적 구분이나 민족성을 강조하는 분위기가 러시아의 통합이나 평화로운 민족 공존을 방해하고, 과거에는 없었던 민족 갈등을 야기할 수 있다고 본 것이다.

이와 같은 분위기 속에서 민족공화국 정부는 소비에트식의 국가문장과 국기를 버리고 새로운 국가문장을 만들었으며 민족어를 러시아어와 함께 공화국의 공식어로 지정했다. 러시아인이 자신을 불렀던 이름이 아닌 자민족 명칭을 되찾는 시도도 했다. 대표적인 사례로 야쿠트에서 사하로 이름을 바꾼 시베리아의 사하공화국을 들 수 있다. 이러한 정책으로 민족어 과목이 공화국의 교과과정에 도입됐으며, 도로명과 각종 이정표 등이 러시아어와 함께 민족어로 병기되기 시작했다. 민족어 확산을 위해 민족어로 된 신문과 방송 프로그램이 제작됐다.

그러나 이것을 분리주의를 목적으로 둔 움직임으로 보기는 어렵다. 이들은 어디까지나 공화국이 러시아연방의 일원이라는 것을 자각하고 있으며, 현실적으로도 지난 70여 년간 러시아어와 문화가 지배해온 사회 전반적인 구조를 단숨에 버리는 것은 쉬운 일이 아니었다. 또한 민족의 고유영토라는 말이 무색하게도, 오늘날 토착민족은 공화국 인구에서 다수를 차지하지 못하고 있다. 체첸공화국처럼 토착민족이 공화국 인구의 90% 이상을 차지하는 예외적인 경우도 있지만, 대부분의 민족은 해당 공화국 인구의 소수(20~30%)에 불과하다. 21개 민족공화국 중에서 토착민족이 공화국 인구의 절반을 넘는 경우는 북캅카스 일부 공화국과 타타르스탄, 투바공화국 정도다. 이러한 인구비율의 전복은 1930년대 스탈린 정부의 산업화 정책과 이에 따른 많은 러시아인의 지방 이주에 기인한다. 토착민족이 공화국 인구의 절대 다수가 아닌 상황에서 토착민족 중심의 정책은 러시아인을 비롯한 타 민족들의 반대에 부딪치기 마련이다.

현실적인 정책적 한계를 차치하더라도, 오늘날 러시아의 대부분 민족들은 러시아와 운명공동체라 생각하며 평화로운 공존을 지향한다. 오랜 시간 러시아어로 소통하며 하나의 문화를 공유해왔으며, 1812년 조국전쟁(나폴레옹 전쟁), 대조국전쟁(2차 세계대전), 소련 해체 등 역사적 굴곡을 함께 하고 고난을 이겨왔던 이들은 러시아 국민이라는, 민족 상위의 정체성을 갖고 있다. 이들의 러시아 편입을 기리는 기념비가 대부분의 민족공화국에서 볼 수 있다는 것은 우연이 아닐 것이다. 많은 공화국에서 '러시아와 영원히', 혹은 '러시아와의 자발적인 통합' 기념비, '민족들의 우정' 기념비 등 민족의 화합을 강조하는 거대한 조형물을 흔히 찾아볼 수 있다.

1980년대 말부터 1990년대 중엽까지 민족공화국에서 가장 큰 이슈 중 하나였던 민족정체성은 오늘날에는 그 화제성을 잃은 것처럼 보인다. 물론 여전히 '민족'은 이들 공화국의 존재 이유지만, 전반적으로 민족에 대한 관심은 점차 시들해졌고, 민족정체성은 공화국 시민이라는 정체성이나 러시아 국민으로서의 정체성에 자리를 내주게 되었다. 푸틴 정부의 중앙집권적인 정책, 그리고 민족공화국이 독립국가로서의 주권을 갖지 않는다는 사실, 민족 중심의 정책이 실제로 실현되기에는 여러 현실적인 어려움에 당착했다는 점 등에서 그 원인을 찾을 수 있을 것이다. 그뿐만 아니라, 다른 민족들과 오랫동안 살아오면서 다양한 민족 간의 결혼이 많아졌고, 어떤 민족들이 자신의 조상이었는지 그 자신도 잘 모르는 상황에서 민족정체성의 자리는 좁을 수밖에 없다. 러시아인과의 오랜 동화 과정으로 자신의 민족성을 주 민족인 러시아인으로 정의하는 경우도 적지 않다. 1억 4천만 명의 러시아 인구에서 러시아인으로 자신의 민족성을 정의하는 비율이 80%나 된다는 것은 이를 방증한다.

민족공화국 정부도 민족성만을 강조하는 정책은 공화국 내부의 통합뿐만 아니라, 토착민족의 자리마저 위태롭게 만들 수 있다는 것을 자각하고 있다. 오늘날 러시아연방에 속한 공화국들은 공화국에 거주하는 다양한 민족의 조화로운 공존을 강조하며 민족영토와 러시아연방의 일원이라는 위치 사이에서 균형점을 찾는 데 주력하고 있다.

제노포비아와 인종주의

앞서 보았듯이, 서로 다른 민족들이 함께 살아오는 과정에서 문화적 교류가 활발히 진행됐으며, 다른 한편으로는 특정 민족에 대한 불공정한 처사나 탄압이 있어왔다. 이것이 주로 정치적인 결정에 의한 민족 갈등의 한 형태라면, 소련 붕괴 이후에는 이와는 다른 양상, 즉 정부가 주도한 것이 아닌, 사회에서 자연발생적으로 등장한 민족 간의 긴장감이 확산됐다. 유색인 이주민에 대한 혐오와 막연한 거부감, 즉 제노포비아 현상이 폭력사태와 같은 과격한 형태로 발전하면서 심각한 사회문제로 떠올랐다.

소련 해체로 '철의 장막'이 무너지면서, 러시아로 외국인들의 유입이 증가했으며, 경제적인 상황이 러시아보다 더 좋지 않았던 중앙아시아나 캅카스 국가들로부터 대규모 노동이주자가 들어왔다. 낯선 이들에 대한 막연한 부정적인 시각부터 극우적 민족주의자들, 그리고 체제 전환기에 주변부로 밀려나 갈 곳 없는 청년들이 모여 형성한 스킨헤드 집단까지 외국인, 그중에서도 특히 유색인에 대한 혐오가 확산됐다. 한국 유학생들도 이러한 분위기의 희생자가 되었다. 한때 국내에서 러시아 스킨헤드와 한국인 피해 사례를 다루는 다큐멘터리가 방영되어 큰 화제가 되기도 했다. 4월은 외국인 유학생들이 긴장해야 하는 달이 되었다. 최근에는 사라졌지만, 한때 4월 20일이 되면 히틀러의 생일을 축하하는 스킨헤드들이 '히틀러 만세'와 '러시아인만을 위한 러시아'를 외치며 활보했다. 나치 세력에 맞서 2차 세계대전에 참가하여 세계에서 가장 많은 희생자를 냈던 러시아가 히틀러를 찬양하는 모습은 좀처럼 이해하기 어렵다. 도저히 함께 할 수 없어 보이는 나치 찬양과 러시아 민족주의를 동시에 외치는 이들의 모습은 러시아 스킨헤드가 뚜렷한 사상이나 이념이 없는, 반사회적인 단체에 가깝다는 것을 말해준다.

스킨헤드의 등장과 외국인 혐오 확산은 특정 민족들과의 실질적인 교류에서 기인한 것이라기보다는 외부 요인에 의해, 예를 들면 사회경제적인 혼란기로 인해 등장한 하나의 사회적 현상이라고 할 수 있다. 1990년대 사회주의 이데올로기가 무너지면서 그것을 대신할 만한 강력한 이데올로기의 공백, 1998년 모라토리움을 선언할 정도로 최악으로 치달았던 경제위기, 실업과 범죄의 악화, 그리고 사회 양극화의 심화 등 러시아에는 여러 문제가 산적해 있었고 이에 대한 해결방법이 좀처럼 보이지 않았다. 정치적으로나 사회경제적으로나 패닉 상태에 빠졌던 대중은 이러한 상황에 대한 책임을 '타인'에게 돌렸다. 그들에게는 하나의 희생양이 필요했던 것이다. 실질적으로 외국인 대상 범죄는 경제위기가 심각한 때일수록 증가하는 경향이 있다. 일자리를 찾으러 온 옛 소련 국가(중앙아시아, 남캅카스) 출신의 노동이주자들이 빈번히 러시아 스킨헤드의 공격 대상이 되었다. 이와 함께 이 시기 비러시아 민족들의 민족의식이 강해지고 불공평한 처우에 대한 보상, 복권 등을 요구하는 이들의 목소리가 커지면서, 이에 대한 반대급부로 러시아인 중심의 민족주의도 형성되었다. 체첸 독립주의자들의 테러 역시 이와 같은 상황을 악화시켰고, 캅카스 출신의 사람들에 대한 적대감이 사회 전반으로 확산됐다.

이러한 반외국인 정서를 인종주의의 시작으로 볼 수 있지만, 서구에서 흔히 말하는 인종주의와는 조금 다르다. 인종주의는 어떤 사람의 인종적 특징, 예를 들면 피부색, 눈, 코, 입의 형태 등에 근거하여 멸시하고 차별하는 태도를 말한다. 정확히 말하자면, 러시아에서는 특정 인종이 아닌, 특정 민족에 대한 선입견이 확산되어 있다. 어떤 학자는 이 점을 들어 인종주의라는 말을 러시아의 상황에 적용하는 것은 무리가 있으며, 제노포비아 현상이라는 말이 더 정확하다고 지적한다. 다양한 민족과 살아왔던 러시아에서조차 종교적·경제적 이유로 인해 유대인에 대한 부정적인 시각이 깊은데, 유대인은 인종적으로 볼 때 흔히 차별의 대상이 되어왔던 흑인종이나 황인종에 해당되지 않는다. 반면 러시아에서 가장 사랑받고 존경받는 대문호인 푸시킨의 외증조부는 에티오피아 출신의 흑인이다. 1990년대 이후 캅카스 민족에 대한 반감이 퍼지기는 했으나, 이는 이들과의 개인적인 교류 경험에서 비롯된 것이라기보다는 소련 해체 이후 일어난 일련의 사건에서 기인한 것이다. 스킨헤드 중에서도 무작정 모든 유색인을 공격하는 것이 아닌, 러시아 국적이 아닌 유색인 외국인을 구별하여 타깃으로 삼는 스킨헤드 집단이 파생했다는 사실에도 주목할 만하다. 이는 이들도 러시아가 역사 깊은 다민족 국가이며, 러시아를 구성하는 여러 인종과 민족이 인종적으로는 러시아인이 아니지만 모두 러시아인임을 인정한다는 것을 뜻한다.

반외국인 정서가 과거와 달리 강해진 것은 사실이지만, 러시아인들이 이에 동조하는 것은 아니다. 대부분의 러시아 사람들은 극우주의적 행동, 이에 근거한 과격한 폭력사태를 도덕적으로 옳지 않은 범죄행위라고 생각한다. 물론 외국인의 대거 이주, 이로 인한 문화적인 이질감, 일자리를 사이에 둔 이들과의 경쟁 등으로 일상생활에서 생기는 불편함이나 부정적인 시각은 존재하지만, 이는 사실 오늘날 어느 사회에서나 볼 수 있는 현상이다. 우리나라에서도 외국인 노동자나 특정 국가로부터 온 관광객이 급속히 증가하면서 이들에 대한 부정적인 시선이 확산되고 있다는 것만 보아도 알 수 있다.

2000년대 들어 러시아 사회가 점차 정치경제적 안정기를 찾으면서 이러한 갈등 양상도 잦아들었다. 외국인 혐오를 촉발했던 정치경제적·사회적 환경이 개선되었기 때문이다. 더불어 이와 같은 극우주의적 행위는 국제무대에서 강자의 자리를 되찾기 시작한 러시아에 수치스러운 일이라는 자성의 목소리가 흘러나왔다. 극우 민족주의를 경계하고 외국인을 보호하는 안티-스킨헤드 단체도 등장했다. 2006년에는 극단주의 단체 척결에 대한 연방법이 채택되었으며, 민족, 종교 간 갈등을 조장하는 시위나 행동은 처벌의 대상이 되었다. 제노포비아 현상과 러시아 민족주의가 완전히 사라진 것은 아니지만, 이러한 성격의 집단들은 군소 범죄조직이나 지하조직으로 전락했으며, 이들의 공격적인 행동과 발언이 지지를 받지 못하고 오히려 공포를 일으키며 대중에게서 멀어지고 있는 것은 분명해 보인다.

우리와의 연결고리, 고려인

러시아에는 우리와 밀접한 관계가 있는 민족이 있다. 바로 고려인이다. 한인들이 처음 러시아 땅을 밟은 것은 1860년대 초반으로 추정된다. 주로 한반도 북부에 거주하던 한인들이 가난과 흉년으로 인한 기근, 양반과 탐관오리의 억압을 피해, 그리고 경작할 수 있는 땅을 찾아 중국과 러시아 쪽으로 이주하기 시작했다. 초반에는 계절농들이 주였으나, 정착을 목적에 둔 가족단위의 이주가 시작되었다. 초기 이주민 대부분은 농민이었으나, 그중에는 양반계층도 있었으며, 일제강점기에는 독립운동을 위해 많은 지식인이 러시아로 건너왔다. 한인들이 주로 모여 자리를 잡은 곳은 블라디보스토크 남부의 포시에트 지역이다. 1884년 러시아와 조선 간의 국경조약이 체결되면서 1884년 이전에 이주한 한인들은 러시아인과 동등한 공민의 자격을 얻게 되었다. 한인들은 러시아어와 문화를 받아들이며 러시아 사회에 통합되려고 노력하는 한편, 조선어로 된 신문, 책 등을 출판하고 한인학교와 극장 등을 세우며 한인으로서의 정체성을 이어나가려 했다. 그러나 소비에트 시민으로 지역사회 발전에 적극 참여했던 170,000여 명의 한인들은 1937년 스탈린에 의해 중앙아시아로 이주되는 비극을 겪게 되었다. 중앙아시아로 이주한 이들은 특유의 근면함으로 소련 전역에 알려지게 되었다. 이들의 집단농장(콜호스)은 월등히 높은 생산량을 기록했으며, 소비에트 정부가 인정한 '노동영웅'들도 배출했다.

중앙아시아와 멀리 떨어진 사할린에도 이들과는 다른 역사를 가진 한인들이 산다. 러일전쟁 이후 사할린 남부는 일본 영토가 됐으며, 일본 정부는 이곳을 개척하기 위해 식민지였던 조선(주로 중남부 지방)으로부터 노동력을 수혈했다. 2차 세계대전 종료와 함께 남사할린은 다시 소련의 영토가 됐으며, 한인들은 모국 귀환을 기다리며 오랜 시간 무국적자로 남게 된다. 그러나 무국적자로서의 불평등, 교육 및 취업의 제한 등으로 서서히 러시아 국적을 취득하거나 북한으로 일부 이주하기도 했다. 끝없는 한인사회의 노력, 적십자와 같은 여러 기관의 협조로 1945년 8월 15일 이전 출생자들은 한국 국적을 회복했으며 한국으로의 귀환이 진행됐다. 그렇지만 여전히 사할린에는 3만 명 정도의 한인이 살고 있다.

러시아에서 한인들은 긍정적인 이미지를 쌓아왔다. 근면함은 물론이고, 학식 있고 교육수준이 높은 민족으로도 알려져 있어 현지 사회에서 존경받는다. 특히 1980년대 활동한 가수 빅토르 최는 한인 혼혈로, 아직까지 러시아 청년들의 아이콘으로 남아있다. 한때 빅토르 최가 그려진 티셔츠를 입고 다니면 스킨헤드가 공격하지 않는다는 농담이 한국 유학생들 사이에 오갔을 만큼 한인들에 대한 러시아 사회의 시선은 굉장히 호의적이다. 고려인에 대한 러시아 사회의 우호적인 태도는 최근 러시아 청년층을 중심으로 떠오르고 있는 한류와 함께 한국, 그리고 한국인에 대한 좋은 인상으로 이어지고 있다.

러시아는 다양한 인종과 민족, 문화, 종교가 혼재된 탓에 반목과 갈등의 시간을 겪어왔다. 그러나 이는 다른 한편으로 상호 문화가 발전하는 계기를 마련했고, 러시아 사람들은 다양한 문화와 가치를 존중하는 법을 체화했다. 러시아 국민에게 다른 민족들과의 공존은 일상화되어 있다고 할 수 있다. 이제 러시아는 하나의 국가를 이루었던 민족들과의 공존을 넘어 더 낯선 민족들과 조우해야 하는 새로운 단계에 들어서게 됐다. 글로벌 시대에 더 낮아진 국경을 넘어 러시아로 건너오는 중국인 노동자나 중동지역에서 들어오는 난민, 혹은 외국인 관광객 등 익숙하지 않은 민족들과 대면하게 되었다. 러시아는 그동안 쌓아온 민족 교류와 협력, 갈등과 화해의 경험을 바탕으로 또 다른 민족들을 맞이하고 평화로운 공존의 길을 모색할 수 있을 것이다.

3

성공적인 한러 문화교류를 위하여

이지연

러시아, 가장 가까운 유럽

2018년 러시아를 방문한 한국인 관광객 수가 전년 대비 42% 증가한 36만 1천 명에 이르렀다고 한다. 이는 언젠가부터 유행처럼 번지기 시작한 블라디보스토크 관광 붐과 무관하지 않다. 러시아 극동지역을 방문한 한국인 관광객 수만도 2018년 22만 명을 넘어섰고 2019년에는 30만 명에 육박했다. 블라디보스토크는 시베리아횡단철도의 꿈이 시작되는 도시이자 구한말 우리 민족의 한과 삶의 흔적이 남아 있는 애수 어린 공간이기도 하지만, 이러한 러시아 극동 관광 열풍을 주도하는 젊은 여행자들에게 무엇보다 중요한 것은 그곳이 "2시간 만에 만나는 유럽"의 도시, 우리가 갈 수 있는 가장 가까운 서양이라는 사실이다.

러시아는 두만강을 경계로 한반도와 접하고 있는 이웃 국가이자 비행기로 2시간 남짓, 동해항에서 페리를 타면 하루면 도착할 수 있을 만큼 가까운 나라다. 2014년부터는 한러 양국 간 단기체류비자 면제협정이 발효되어 양국 간의 거리는 더 가까워졌다. 그러나 사실 오래 전, 1884년 조선과 러시아가 조로수호통상조약을 체결한 이래 20세기 초반까지 러시아는 조선 땅에 활발히 서구의 문물을 전한 가장 가까운 서양의 나라였다. 조선 왕실은 커피와 같은 기호품이나 서양식 의복을 러시아를 통해 접했다. 고종은 1885년에서 1897년까지 12년간 조선 주재 러시아 대리공사 겸 총영사로 근무했던 카를 베베르(Carl von Waeber)를 절대적으로 신뢰했다. 베베르는 이러한 고종의 지지를 등에 업고 조선 최초의 현대식 우편국을 설립하고 청일전쟁 중 파괴된 전신선을 복구하는 등 조선에 러시아식 문물을 도입하고 이를 바탕으로 조선의 근대화를 추진하는 데 중요한 역할을 했다. 이 시기 조선에서는 본격적으로 서양식 건축물들이 지어지기 시작했는데, 그 대표적인 건축가 중 한 명이 바로 한국명 살파정(薩巴丁), 살파진(薩巴珍), 살파령(薩巴玲)으로 불린 러시아인 아파나시 사바틴(Afanasy Ivanovich Seredin-Sabatin)이었다. 1883년 9월 18일 23세에 인천을 통해 조선에 입국한 사바틴은 처음에는 인천에서 인천해관 청사와 세창양행 사택 등을 건축하면서 이름을 알리기 시작했고, 후일 한성의 신왕궁 축조 계획에 참여하면서 조선의 서양식 건축가로서 본격적인 성공가도를 달리기 시작한다. 그는 특히 1896년 서재필의 독립협회가 발주한 독립문 설계를 맡았고 러시아 공사관과 덕수궁 중명전 및 정관헌, 손탁호텔 등을 연이어 건축하면서 한성의 풍경을 바꾸어놓았다.

러시아를 통해 조선에 등장한 새로운 문화는 이뿐만이 아니었다. 평론가 박용구는 1917년 서울 종로의 우미관에서 영화 상영 막간에 흰옷을 입고 나비춤을 춘 러시아 소녀를 국내에서 처음 공연한 발레리나로 간주한다. 조선에서 서양 무용은 외교사절단이 개최하는 무

그림 1. 사바틴이 지은 러시아 공사관 탑신
출처: 한국외대 러시아연구소.

도회나, 근대식 학교에서 실시되던 체조나 무용 등의 교육, 그리고 백군 러시아인과 러시아 교포학생들의 내한 공연에서 주로 소개되었다. 1921년 4월에는 '해삼위(블라디보스토크) 조선학생음악단'의 고국 방문 공연이 서울 YMCA에서 개최되었고, 기록에 따르면 여기에는 러시아 민속춤 등의 무용 프로그램이 포함되어 있었다. 1922년 블라디보스토크 동포예술단을 이끌고 방한, 순회공연을 한 김동한은 러시아 페테르부르크대학 예술과를 졸업하고 그해 8월 귀국해 조선예술학원에서 러시아 민속춤과 사교무용을 가르쳤다. 러시아 음악과 무용, 그리고 발레 기법이 이 학원을 통해 처음으로 학생들에게 교육된 것이다. 이처럼 우리나라에 전해진 초기의 서양 춤은 다름 아닌 러시아에서 온 것이다.

한국 연극의 성립 단계에서도 러시아의 영향은 지대했다. 처음 한국에서 현대적 연극이 공연될 당시 최고의 레퍼토리는 러시아 작가 고리키와 체호프의 작품이었고, 결국 이후 한국의 신극 운동은 러시아의 대표적 리얼리즘 연출가 스타니슬랍스키의 스튜디오 운동을 일본에서 배워 온 조선의 연극인들로부터 시작되었다. 이는 한국 근대 문학 확립에 있어 러시아 문학이 담당했던 역할과도 무관하지 않다. 한국 최초의 자유 시집을 발표한 김억이 프랑스 상징주의 시인들과 함께 투르게네프의 산문시를 번역하면서 자유시라는 형식의 기틀을 마련했다는 사실은 놀랍다. 1920년대 러시아 문학은 가장 많이 번역된 외국 문학 중 하나였다. 가장 먼저 번역된 톨스토이의 문학은 이광수를 비롯한 조선의 문인들에게 문학적 전범이 되었고, 식민지 조선 지식인들의 실존적 위기는 도스토옙스키의 인기로 이어졌다. 3.1운동 이후 20년대 초반 조선에서는 계급문학론, 민중문학론 등 러시아의 새로운 문학 이론이 활발히 소개되었고 이는 조선프롤레타리아예술가동맹, 즉 카프(Korea Artista Proleta Federatio, KAPF)의 결성을 낳았다. 심지어 이러한 영향은 1980년대 민중문학에서까지 계속되었다. 도스토옙스키, 톨스토이, 체호프를 비롯한 러시아 작가들은 다른 어떤 나라 문학보다 많은 흔적을 우리 문단에 남겼다.

이처럼 한국의 근대화에 있어 러시아 문화의 역할은 매우 컸다. 전쟁 이후 한국과 소련의 국교가 단절된 중에도 러시아 고전문학과 고전음악에 대한 우리의 동경이 식지 않았던 것은 이와 무관하지 않을 것이다. 분단 상황에서 러시아에 대한 우리의 태도는 자연히 이원화되었다. 소련이라는 '위험한' 공산주의 국가이자 적성 국가는 아름다운 문화적 전통의 보고와도 같은 러시아와 마치 별개인 듯 인식되었다. 한소수교와 소연방의 해체 직후, 무섭지만 위대할 것이라 생각했던 러시아는 알고 보니 형편없이 가난한 나라, 동대문시장의 보따리 장사와 유흥업소 여성들의 조국이자 마피아가 설치는 치안이 불안한 나라라는 불명예를 떠안으며 사회주의 이데올로기의 실패에 대한 증거로 전락했지만, 그럼에도 러시아의 문화 유산에 대한 한국인의 열광은 지속되었다. 지금도 과거 냉전시대의 기억을 간직하고 있는 우리 사회 중장년층에게 러시아는 공산주의 국가 소련인 동시에 가장 매력적인 미지의 땅이다. 아마도 이러한 러시아 문화에 대한 동경이 있었기에 1988년 서울올림픽에 즈음하여 러시아 문화 예술과 관련된 풍성한 행사들이 어렵지 않게 우리 문화 속으로 침투할 수 있었을 것이고, 이는 결국 한러수교 이후 양국의 본격적인 문화 교류의 초석이 되었다.

다시 러시아 예술과 만나다

한국과 러시아의 문화 교류에 대한 구체적인 법안이 마련된 것은 1992년 11월 러시아연방과 대한민국 간의 문화 교류 협정을 통해서다. 그러나 서울올림픽이 개막하기도 전 이미 문화예술 분야에서만큼은 본격적인 협력이 시작되었고, 그 결과 볼쇼이발레단과 모스크바 필하모니의 내한 공연이 성사되었다. 이는 서울올림픽 문화예술축전행사를 위한 것으로서, 소련 공연단의 첫 내한이었다. 동아일보의 보도를 인용하자면, 당시 국교도 맺지 않은 소련의 볼쇼이발레단을 초청한다는 것은 꿈도 꾸지 못할 때였다. 문화계에서는 볼쇼이발레단의 한국 공연을 '광복 후 최대의 문화적 사건'으로 평가했다.

볼쇼이발레단의 한국 공연에는 발레단의 주역들은 물론 세계적인 발레 콩쿠르에서 입상한 뒤 소련의 각 발레단에서 활약하고 있는 발레스타 40명이 총출동했다. 소련 정부는 세계적인 안무가 유리 그리고로비치(Yuri Grigorovich)를 특별히 파견해 총지휘하게 했고, 당시 소련 최고의 발레리나 중 한 명인 한국계 발레리나 스베틀라나 최(Svetlana Choi)가 공연단에 합류하게 했다. 볼쇼이발레단은 첫 내한 공연에서 〈백조의 호수〉, 〈돈키호테〉, 〈레이몬다〉, 〈잠자는 숲속의 미녀〉, 〈지젤〉 등 발레단의 대표 레퍼토리를 국내 관객들에게 선보였고, 이후 유리 그리고로비치는 국립발레단에 초빙되어 한국 발레의 급속한 성장과 세계 수준으로의 도약에 있어 지대한 역할을 하게 된다. 1988년 첫 공연에 이어 1992년 볼쇼이발레단이 〈스파르타쿠스〉를 들고 내한했을 때 관객들은 이 작품이 내뿜는 힘과 에너지에 굉장한 충격을 받았다. 이는 지금까지 보아왔던 여성적인 가늘고 아름다운 선의 예술로서의 발레라는 통념을 깨는, 수십 명의 남성 무용수들이 무대를 가득 채우고 역동적으로 움직이는, 자유를 얻기 위한 투쟁과 사랑, 죽음 같은 강렬하고 비극적인 드라마가 반란군 지도자 스파르타쿠스를 중심으로 펼쳐지는 작품이었다. 남성 무용수의 숫자가 절대적으로 부족한 한국 발레단으로서는 꿈도 꿀 수 없는 작품이기도 했다. 내한한 볼쇼이발레단의 멋진 무대를 보면서 관객들은 우리 발레와의 격차를 실감해야 했다.

그러나 채 10년도 지나지 않아 2001년 국립발레단은 유리 그리고로비치의 지도로 이 작품을 무대에 올리게 된다. 당시 국립발레단을 이끌던 최태지 단장은 2000년 유리 그리고로비치를 초빙하여 〈호두까기 인형〉과 〈백조의 호수〉를 국립발레단의 대표적인 레퍼토리로 갖춘 데 이어, 불가능할 것 같았던 국립발레단의 〈스파르타쿠스〉 공연을

그림 2. 국립발레단의 〈호두까기 인형〉 공연 장면
출처: 국립발레단.

성공시켰다. 국내 무용수들의 체격 조건이 좋아지고 테크닉이 향상된 데 더해, 유리 그리고로비치의 지도력과 러시아 무용수들의 협력이 더해져 이루어낸 우리 발레 역사에 있어 기념비적인 사건이었다. 실제로 이후 국립발레단은 세계 수준의 발레단으로 도약할 수 있었다.

1977년부터 23년이나 마린스키발레단의 예술감독으로 재직하다 1998년 문훈숙 단장의 초청으로 유니버설발레단의 5대 예술감독으로 취임한 올레그 비노그라도프(Oleg Vinogradov) 감독도 한국의 발레 예술 발전에 크게 이바지했다. 심지어 그는 1999년 한국이라는 변방의 발레단을 이끌고 유럽 순회공연을 했고, 2000년에는 우리 고유의 창작 발레 〈심청〉을 대대적으로 수정하여 완성도를 높이고 한국 발레를 기술뿐만 아니라 내용 면에서도 한 단계 높은 수준으로 끌어올렸다. 그는 2007년 퇴임할 때까지 무용수의 기술과 안무는 물론 무대 세트 디자인과 의상 등 발레의 모든 영역에서 한국 발레의 성장을 이끌었다.

지금도 매년 연말을 장식하는 국립발레단의 인기 레퍼토리는 차이콥스키의 〈호두까기 인형〉이다. 현재 국립발레단의 대표적 클래식 발레 레퍼토리는 유리 그리고로비치의 3대 발레 〈호두까기 인형〉, 〈백조의 호수〉, 〈스파르타쿠스〉와 누레예프의 〈잠자는 숲속의 미녀〉, 콘드라체바의 〈돈키호테〉, 〈해적〉 등으로 모두 소련 출신 안무가들의 작품이다.

서울올림픽 당시 볼쇼이발레단에 이어 내한한 모스크바방송합창단과 모스크바필하모니의 공연 역시 전국의 음악 애호가들에게 큰 파장을 일으켰다. 국민음악파 5인조로부터 차이콥스키와 라흐마니노프, 프로코피예프에 이르는 거장들을 배출한 러시아 음악이야 이미 전 세계 음악가들의 명연주를 통해 잘 알려져 있었고, 특히 세계 각국으로 망명한 소련 출신 연주자들의 개성 있고 완성도 높은 연주를 접하면서 국내 클래식 음악 애호가들은 러시아 음악에 대한 환상을 갖고 있었다. 지금껏 한 번도 직접 접할 수 없었던 소련 오케스트라의 연주를 눈앞에서 본다는 것은 놀라운 일이었다.

1988년 9월 12일부터 22일까지 계속된 모스크바 방송합창단의 공연은 단순한 공연 이상의 의미가 있었다. 그것은 양국 간 문화 교류의 본격적인 시작을 알리는 사건이었다. 동년 9월 14일부터 22일까지는 모스크바 필하모니가 내한해 예술의전당과 부산시민회관에서 연주회를 열고 소련 음악의 진수를 보여주었다. 볼쇼이발레단에 모스크바방송합창단과 모스크바필하모니의 연이은 공연까지 더해져 1988년 서울올림픽 전후로 마치 전국이 소련 열풍으로 뒤덮인 것 같은 인상을 주었다. 한 번 물꼬가 트이자 소련 음악 단체의 내한은 줄을 이었다. 마치 이러한 문화 교류가 결국 한소수교로 이어진 것처럼 보일 정도로 한소수교 직전 우리나라 문화계는 소련의 공연으로 풍성했다.

소련 해체 이후에도 한국에서 러시아 음악 단체의 공연은 일일이 열거하기 어려울 정도로 많았다. 당시 러시아의 열악한 정치적·경제적 상황으로 인해 우리나라 오케스트라에 전속 단원으로 취업하거나 대학에 초빙되어 오는 뛰어난 러시아 및 구소련 출신 연주자들의 숫자도 증가했다. 정재옥 대표는 1994년 크레디아를 설립하고 전설적인 러시아 피아니스트 블라디미르 아슈케나지(Vladimir Ashkenazy)의 공연을 성사시킨 데 이어, 외환위기에 시달리던 1998년에는 엄청난 적자를 감수하고 국내 유일의 초청공연으로 러시아 국립오케스트라 내한 공연을 유치하는 등, 러시아 공연을 적극적으로 유치하고 능력 있는 러시아 연주자들을 발굴해 소개하는 데 앞장섰다. 지난 30년 동안 국내 오케스트라의 러시아 레퍼토리 연주 횟수도 점점 증가했다. 2008년 러시아 명곡 시리즈를 기획했던 서울시향은 이어 2012년 한 해를 온전히 러시아 음악의 해로 삼아 러시아 시리즈를 연달아 무대에 올렸다. 차이콥스키와 라흐마니노프는 물론이고 스크랴빈과 스트라빈스키, 무소륵스키와 글라주노프, 쇼스타코비치 등 다양한 레퍼토리가 연주되었다. 러시아 음악 레퍼토리가 점차 다양해지면서 서울시향의 상임 작곡가이며 세계적인 현대음악 작곡가 진은숙은 2014년 자신이 이끄는 '아르스 노바'를 통해 스트라빈스키가 작곡한 지 100년이 지나도록 한국에서 한 번도 연주된 적 없는 그의 미국 망명 전 작품 〈불꽃놀이〉를 발굴하여 공연하기도 했다. 2015년에는 백건우와 서혜경이 지금까지 거의 연주되지 않았던 스크랴빈과 라흐마니노프의 새로운 레퍼토리를 선보였다. 이처럼 차이콥스키와 라흐마니노프뿐 아니라 스크랴빈과 스트라빈스키의 작품들까지 발굴해 국내 무대에 소개할 정도로 한국에서 러시아 고전음악의 저변은 매우 넓어졌다.

체호프의 작품을 비롯해 러시아의 연극 또한 한러수교와 함께 국내 무대에서 본격적으로 공연되기 시작했다. 1990년 5월 모스크바 국립아카데미 말르이극장의 〈벚꽃동산〉이 호암아트홀에서 첫선을 보였고, 그해 7월에는 부산시민회관과 문예회관대극장에서 현대 러시아 실험극단인 유고자파드 극단의 연극 〈햄릿〉이 공연되었다. 〈벚꽃동산〉을 공연한 모스크바 국립아카데미 말르이극장은 스타니슬랍스키의 사실주의 연극 전통에 충실한 곳으로 오스트롭스키와 체호프를 비롯한 고전적 레퍼토리를 주로 공연해 왔다. 반면 유고자파드 극단은 무대를 실험적이고 떠들썩한 유희의 공간으로 만들며 현대 러시아 연극의 또 하나의 경향을 대표하고 있었다. 이처럼 위 두 작품은 얼핏 상반되어 보이는 색채로 러시아 연극의 두 전통을 극명하게 대립시켜 보여주었다. 우리 관객들은 보다 정통적인 사실주의 극장을 선호했지만 파격적이고 실험적인 시도에도 자극을 받았다. 전위적이지만 서정적인 인형극이나 마임 공연도 지속적으로 우리 무대에 초대되었다.

2000년대 10년간 한국에서 러시아 연극은 다른 어떤 해외 연극보다 활발히 상연되었다. 인형극 위주로 초청되었던 1990년대와는 달리 다양한 축제를 통해서 뛰어난 작품들이 우리 무대에 올려졌다. 특히 2000년부터 2005년까지가 가장 활발했고, 이후 약간 줄어드는 추세를 보이다 2010년 한러수교 20주년에 즈음하여 다시 활기를 띠었다. 2010년에는 서울국제공연예술제에서만도 러시아 작가들의 작품이 4편이나 상연되었다. 최근에는 연출가를 초빙하여 한국의 배우들이 공연하는 협력 방식의 공연이나 러시아에서 공부한 연극인들을 주축으로 한 러시아 레퍼토리의 공연도 꾸준히 증가하고 있다. 러시아에서 공부한 연출자들은 러시아 희곡뿐 아니라 러시아 대문호들의 소설을 각색한 다양한 연극적 실험을 무대에 올리고 있다. 러시아에서 공부하고 돌아온 한국의 극작가와 연출가들이 결성한 '체홉학회'에서는 체호프 축제를 열어 체호프의 잘 알려지지 않은 레퍼토리까지 무대에 올렸다. 19세기 러시아 소설가 투르게네프의 〈아버지와 아들〉이나 도스토옙스키의 장편 〈악령〉 같은 작품도 실험적인 연출로 무대화되었으며, 심지어 우리에겐 생소한 러시아 여류시인 마리나 츠베타예바(Marina Tsvetaeva)의 삶과 시에 관한 연극이 대학로에서 연일 매진 사례를 기록하기도 했다.

이처럼 문화적 다원성 가운데 점점 더 다양한 러시아 연극이 무대에 오르고 있다. 1990년 처음 러시아 연극이 무대에 등장했을 때의 낯섦과 놀라움은 더는 존재하지 않지만, 무대예술, 공연예술의 종주국으로서, 클래식 음악과 발레, 고전적인 연극에서만큼은 늘 전위에 있었던 러시아 문화예술에 대한 대중의 관심과 사랑은 변함없이 뜨겁다.

한러 문화예술 교류의 폭은 넓어져 왔고 콘텐츠 또한 다양화되었다. 러시아 미술을 소재로 한 몇 번의 전시회는 사실 국내에서 프랑스의 루브르전이나 인상파 화가전 같은 성공을 거두지는 못했지만, 2018년에는 오랜 준비 끝에 마침내 국립중앙박물관에서 에르미타시전이 개최되기도 했다. 미디어아트나 설치미술 등의 분야에서는 이미 젊은 예술가들 간의 교류가 상당히 활발하다. 국내에서 러시아 영화는 흥행참패를 벗어나지 못하고 있지만 전주국제영화제나 부산국제영화제 같은 대표적인 영화제에서는 러시아 및 구소련의 영화들이 꾸준히 소개되고 있다. 케이블 채널이나 넷플릭스 등의 매체를 통해서도 심심치 않게 최신의 러시아 영화가 상영되고 있다. 출판계의 열악한 사정으로 러시아 문학 번역은 고전에 집중되어 있지만, 최근에는 러시아 현대 문학 번역 활성화를 위한 다양한 시도가 눈에 띈다. 러시아 현대 문학의 대표자 중 한 명인 류드밀라 울리츠카야(Ludmila Ulitskaya)는 2013년 박경리문학상 수상자로 선정되어 한국을 방문했으며, 한국계 러시아 작가 아나톨리 김(Anatoly Kim)은 한러 문화교류에 공헌한 바를 인정받아 2014년 우리 정부로부터 국민훈장 무궁화장을 받았다. 최근에는 망명작가 나보코프의 단편 전집이 번역 출간을 앞두고 있다. 삼성이나 롯데 등의 기업이 앞장서 러시아 현대 작가들을 발굴해 문학상을 수여함으로써 러시아 젊은 작가들을 지원하고 그들을 한국작가들과 교류하게 하는 프로젝트도 진행 중이다.

1990년 한러수교 이후 지난 30년간 문화예술 분야에서의 이러한 다양한 협력 시도들은 분명 우리가 러시아를 좀 더 가깝게 느낄 수 있게 했다. 러시아에 대한 정보가 많아지면서 무작정 두려운 땅으로서의 러시아의 이미지는 덜해졌고 러시아 여행을 꿈꾸는 사람들의 숫자도 늘었다. 모스크바, 상트페테르부르크, 심지어 시베리아횡단철도를 타고 바이칼호수를 여행하고 싶어하는 한국인이 30년 전과는 비교할 수 없을 정도로 많아졌다. 2015년 여름 시즌을 겨냥해 대한항공은 '러시아여행자클럽'이라는 제목의 TV 광고를 내보냈다. 광고에서는 평범한 30대 남자 직장인 4명이 오랫동안의 꿈이었던 러시아 횡단 여행을 실현하기 위해 다시 모인다. 그들은 대학생 시절 모 월간지에서 러시아를 공짜로 보내준다는 '연해주 역사탐방단' 모집에 지원해 선발되어 시베리아횡단열차의 같은 칸을 쓰면서 만난 4명의 대학생들이었다. 그들이 6년이 지나 사회인이 된 후, 이번에는 연해주만이 아니라 러시아 전체를 여행하기 위해 다시 열차에 오르고, 여행은 블라디보스토크에서 시작하여 이르쿠츠크, 모스크바를 거쳐 상트페테르부르크로 이어졌다. 이들은 이러한 여행 이야기를 『러시아, 또 다른 유럽을 만나다』라는 제목의 책으로 출판하였고, 이 책의 내용은 고스란히 대한항공 광고로 옮겨졌다. 러시아의 웅장한 자연과 아름다운 도시의 풍경, 러시아인들의 삶 가운데 섞여 만끽하는 야경과 낭만적인 밤거리의 모습, 러시아 문화유산을 간직한 박물관 기행 등의 이야기에 매혹적인 러시아 음악의 선율이 더해진 감각적인 광고 영상은 편을 거듭할수록 러시아의 매력을 온전히 드러냈다. 설문조사에 따르면, 많은 대학생들이 이 광고 이후 러시아에 대한 이미지가 바뀌었다고 답했다.

이렇게 러시아는 무서운 공산국가, 스킨헤드와 마피아의 나라라는 오명을 떨쳐내고 점차 한국인의 여행지 리스트에 이름을 올리게 되었다. 최근의 블라디보스토크 관광 열기는 여행이나 미식프로그램 같은 텔레비전 방송과 젊은 세대의 SNS를 통한 적극적인 정보공유에 힘입은 바 크지만, 그 기저에는 지난 30년의 꾸준한 문화 교류를 통해 성취된 러시아에 대한 우리 국민의 변화된 인식이 작동하고 있음을 부정하기 어렵다.

러시아에 흐르는 한류

문화예술 분야에서 한러 양국 간 협력은 1988년 서울올림픽을 기점으로 꾸준히 진행됐다. 다만 협력 대부분이 러시아 문화예술에 대한 우리의 일방적인 수용에 그치고 있다는 점에서는 아쉬움이 남는다. 그러나 한러수교 30년을 맞이한 현재 제한적인 현상이라 하더라도 이제 러시아에서의 한류를 이야기하는 것이 전혀 어색하지 않을 정도로 한국과 한국 제품, 한국의 문화콘텐츠에 대한 러시아인의 태도는 달라졌다. 또한 아시아권에서의 한류와 유사한 징후들이 다수의 고려인이 거주하는 구소련 지역, 즉 카자흐스탄과 우즈베키스탄 및 러시아 극동을 중심으로 나타나고 있을 뿐 아니라 이들 구소련 국가들이 여전히 러시아어를 통해 문화콘텐츠를 접하고 이를 인터넷 등의 매체를 통해 파급하는 일종의 러시아어 문화권을 형성하고 있다는 점에서 한국의 문화콘텐츠가 러시아 문화 속으로 침투할 수 있는 가능성 또한 높은 편이다. 특히 K-팝과 한국 영화, 한국 드라마에 대한 수요가 점점 증가하고 있으며 이를 소비하는 집단 역시 확대되고 있다.

물론 러시아에서 한국문화는 여전히 주변적이다. 이는 일본 문화와 비교할 때 더욱 극명히 드러난다. 물론 러시아인들의 일본 문화에 대한 관심과 수용의 역사는 이미 한 세기 이상을 거슬러올라간다. 20세기 초 러시아의 문인들은 일본을 방문했고, 일본에 대한 적지 않은 저술을 남겼다. 당시 러시아에서는 일본 연극(가부키 극)에 대한 관심이 대중에 널리 퍼져 있었으며, 메이에르홀드(Vsevolod Meyerhold) 같은 대표적 극작가들은 일본의 극 전통을 통해 러시아 극을 새롭게 하려 시도한 바 있다. 무라카미 하루키(村上春樹)를 위시한 일본 작가들의 작품이 러시아에서 꾸준히 번역 소개되고 지금도 널리 읽히고 있다는 것 또한 주지의 사실이다. 일본 영화와 애니메이션의 인기는 말할 것도 없다. 반면 한국 문화에 대한 러시아인들의 관심은 일본 문화에 비해 미미했던 것이 사실이다. 최근 봉준호 감독 영화의 세계적 성공과 한류열풍 가운데 러시아에서 한국 문화의 저변이 넓어지고 있는 것은 분명하지만, 여전히 그 역사는 매우 짧다.

아마도 수교 이후로부터 2000년대 중반까지도 러시아인에게 한국은 가전제품과 모바일 기기의 나라였을 것이다. 이로부터 러시아인 가운데 한국의 IT기술과 게임산업에 대한 관심이 생겨났다. 이는 일종의 디지털 한류였다. 한국의 문화 예술보다 한국의 첨단기술이 러시아인의 열광을 불러일으켰다. 그러나 이러한 한국 상품의 인기 상승, 한국 영화의 국제무대에서의 선전 및 인터넷을 통한 콘텐츠 확산 등의 요인들에 힘입어 러시아에서 한국 문화에 대한 관심은 점차 증가해왔다. 최근에는 한국 영화뿐 아니라 한국의 만화와 웹툰, 드라마를 즐기는 러시아인의 숫자가 늘어나고 있다. 한국 영화는 러시아에서 대중문화라기보다 일종의 소수 그룹의 문화적 취향으로 존재했지만, 고(故) 김기덕, 박찬욱, 이창동, 봉준호 감독의 작품을 비롯한 다수의 한국 영화들이 평론가와 관객의 호평을 받고 세계적인 영화제에서 수상하면서 한국 영화에 대한 관심은 점차 커지고 있다. 한국과 일본을 비롯한 아시아 영화와 텔레비전 연속극을 소개하고 공유하는 한 웹사이트의 설문조사에 따르면 러시아에서 아시아권 영화 중 한국 영화에 대한 선호도는 일본에 이어 2위로 상당히 높은 편이다. 우리 영화가 러시아에 소개된 짧은 역사를 고려한다면 이는 놀라운 성장이다.

우리의 영화가 처음 러시아 텔레비전에서 방영된 것은 2000년대 초 〈쉬리〉나 〈공동경비구역 JSA〉의 해외 시장에서의 성공에 즈음해서였다. 이어 국제영화제 수상작들이 개봉되거나 텔레비전에서 방영되기 시작했으며, 한국 영화감독들의 작품세계를 소개하거나 그들과의 심층적 논의를 담은 프로그램을 방영하기도 했다. 전환기 러시아 대중은 강하고 자극적인 '새로운' 영화를 선호했으며 동시에 특정한 문화적 컬트에 열광했다. 박찬욱과 이창동 감독의 영화, 초기 김기덕 감독의 영화 역시 이러한 관점에서 수용되었다. 한때 러시아에는 우리 영화들이 매우 활발히 수입되어 연간 수입 편수가 70편이 넘기도 했다. 텔레비전 채널, 위성방송과 케이블 채널, 인터넷 방송 등 방송매체의 다원화와 영화전문채널의 등장으로 러시아에서 한국 영화가 방영되는 횟수도 늘어났다. K-팝을 비롯한 한국 대중문화의 확산과 함께 한국 드라마에 대한 관심도 고조되었다. 공유사이트나 불법다운로드 사이트의 활성화는 역설적으로 러시아 대중이 한국의 영화와 드라마를 접할 수 있는 기회를 제공했다. 한류에 열광하는 마니아들은 한국 영화와 드라마 전문 사이트를 개설하여 파일을 공유하기도 했다. 영화와 드라마의 자막을 직접 제작하는 문화는 러시아에 널리 퍼져 있을 뿐 아니라 매우 체계화되어 있다.

사실 러시아에서 가장 특징적인 현상으로서 한국 영화에 대한 관심을 촉발한 계기가 된 것은 김기덕 감독의 영화에 대한 러시아인들의 열광이었다. 그의 영화가 여러 해외 유수의 영화제에서 수상한 것은 사실이지만 이것만으로 러시아에서의 김기덕 현상을 설명하기는 어려워 보였다. 이는 매우 '러시아적인' 현상이었다. 김기덕 감독의 영화에 대한 기사들이 미디어에 넘쳐났고 텔레비전에서 방송되는 빈도도 잦았다. 많은 러시아 지식인들이 그의 영화를 알고 있고 좋아한다. 김기덕 감독의 한국에서의 스캔들을 알면서도 러시아 측은 그를 2019년 모스크바국제영화제의 심사위원장으로 초청했으며, 그가 코로나19로 사망했을 때도 우리나라에서와는 달리 그의 영화세계를 조명하는 많은 특집기사와 함께 추모가 이어졌다. 2020년 봉준호 감독의 영화 〈기생

충〉의 연이은 영화제 수상으로 러시아에서 한국 영화의 입지는 더욱 확고해졌다.

우리 상품의 인지도가 높아지고 한국 기업의 이미지가 격상되면서 역으로 한류가 가속화되는 현상은 이미 목도되었다. 한국 상품의 선전에 정부의 다양한 문화정책 차원의 홍보나 기업의 이미지 광고 및 사회적 기여가 더해져 한국의 국가 이미지와 문화적 역량에 대한 평가는 점차 높아졌다. 문화의 파급력은 정책이 아닌 콘텐츠의 성격에 의해 결정되었다.

현재 러시아에서 한국 문화의 영향력은 개인의 자발적 참여로 이루어진 웹 기반의 사회적 네트워크 서비스의 성장과 밀접히 관련되어 있다. 젊은이들의 커버댄스 등의 방식으로 활발히 소비되는 K-팝, 특히 BTS 등의 성공은 소셜 미디어를 통한 소통의 공식을 보여줄 뿐만 아니라, 새로운 사이버 세대가 러시아에서 적극적인 콘텐츠 생산자로 기능하고 있음을 증명한다. 러시아 인구는 1억 5천만 수준이지만 실제 루넷(RuNet)의 사용자는 3억 명 이상으로 추정된다. 이러한 사이버 공간을 기반으로 한국 대중문화는 러시아인들 사이에서 그 영향력을 확대하고 있다. 소셜 미디어의 다각화로 인해 단편영화, 인디영화 등 언더그라운드 문화의 교류 또한 활성화되고 있으며 팟캐스트 같은 채널을 통해서도 한국과 러시아의 문화가 자발적으로 소개되고 소비되고 있다.

동북아평화공동체와 한러 문화협력의 미래

1990년 9월 한소수교와 함께 12월 노태우 대통령이 소련을 방문하고 이듬해인 1991년 4월 고르바초프 대통령이 서울에 답방한 이래 양국의 교류는 정부와 민간 양 부문에서 이어져 왔고 2020년 마침내 30주년을 맞이했다. 2008년 양국 관계가 전략적 동반자관계로 격상되면서 양국은 협력 범위를 경제와 문화 등의 영역에 국한하지 않고 정치, 군사, 안보 등의 민감한 사안에까지 확대하겠다는 전면적 협력 의지를 천명했다. 한반도 신뢰프로세스와 유라시아이니셔티브라는 기치 아래 러시아는 동북아평화협력 구상에 있어 우리의 가장 중요한 파트너로 평가되었고 다양한 경제안보 분야의 협력이 논의되었다. 그러나 한러수교 25주년을 기념하는 2015년은 수교와 관련된 많은 문화행사에도 불구하고 북한이라는 변수나 한미동맹의 조건에 쉽게 영향 받을 수밖에 없는 한러관계의 뿌리 깊은 문제점들이 드러난 한 해가 되고 말았다.

식민, 분단, 냉전과 탈냉전의 근현대사를 떠올릴 때 제정러시아로부터 소련, 그리고 현재의 러시아에 이르기까지 러시아가 한반도와 동북아의 운명에 결정적인 영향을 미쳐왔다는 사실을 부인하기 힘들 것이다. 문재인 정부의 9-브릿지 사업 의제나 동아시아철도공동체 구상을 비롯한 주요 외교정책 또한 러시아 없이 실현될 수 없음은 명백하다. 그럼에도 한국인의 의식 속 러시아는 아직은 다소 멀고 낯선 나라로 머물러 있다. 러시아인의 한국에 대한 이미지는 전반적으로 긍정적이지만 그러한 긍정성이 많은 경우 무지와 무관심에서 기인한다는 것은 인정하고 싶지 않은 현실이기도 하다. 현재 러시아 정부는 적극적으로 극동개발을 추진하고 있지만, 그 역시 어느 정도는 서구의 대러시아 제재에 맞서는 수사적 제스처라는 혐의를 완전히 지우기 어렵다. 유라시아 대륙을 품은 동아시아 철도공동체와 남북 화합으로부터 나아가 동북아의 상생과 평화를 꾀하는 우리 정부의 동북아 평화공동체 비전과, 동과 서로 광활히 펼쳐진 영토 가운데서 찬란한 영광을 다시 한번 복기하려는 러시아의 극동개발 프로젝트가 만나는 지점에 과연 한국과 러시아의 진정한 협력의 공간이 자리할 수 있을지 의구심이 생기기도 한다.

한소수교 직후 한때 우리를 사로잡았던 러시아의 매혹은 30년이 지난 지금 시들해졌고 한국의 젊은 세대에게 러시아는 매혹적인 미지의 땅이 되지 못한다. 양국 간 경제협력도 여전히 기대에 못 미치고 있으며 중국, 일본과는 비교도 되지 않는 상황이다. 자연히 1990년대 초반 한국을 강타했던 러시아학과의 인기는 시들해졌고, 몇몇 대학의 러시아학과는 아예 문을 닫게 되었으며 학계에는 러시아학을 전공하는 학문후속세대의 부재에 대한 두려움이 생기고 있다. 이는 물론 한국사회 전반의 인문학 위기, 혹은 대학의 위기와 무관하지 않지만 짧은 시간 내에 급격한 팽창을 이룬 러시아학과의 경우 체감되는 위기의식은 다른 어떤 학문 분야보다 클 것이다.

그러한 수교 직후 몇 년 동안의 기형적인 러시아학과의 성장이 어쩌면 기성세대를 여전히 지배하고 있는 구소련 체제에 대한 호기심이나 공포, 즉 실체 없는 이미지로서의 러시아에 대한 막연한 동경과 무관하지 않았다는 점을 상기해본다면 현재의 위기 상황이란 어쩌면 우리 가운데에서 러시아가 수용되고 그 이미지가 소비되는 방식의 점진적인 변화를 증명하는 것일 수 있을 것이다. 냉전시대 소련에 대한 과

장된 공포나 수교 이후 새로운 러시아에 대한 무조건적인 열광, 이어 국가부도사태에 직면한 러시아를 보며 느꼈던 몰락한 사회주의 제국에 대한 환멸은 더는 우리의 젊은 세대가 러시아를 수용하는 방식이 아니다. 그들은 러시아에 대해 과도하게 열광하지 않지만 다양한 매체를 통해 현재의 러시아를 있는 그대로 이해하고 러시아의 문화적 유산을 기꺼이 받아들일 준비가 되어 있다.

수교 이후 한국에서의 러시아 붐이 그야말로 정치적 사건에 의해 강요된 것이었다면, 현재 양국 젊은이들이 서로를 인식하는 방식은 정부나 기성세대의 주도권에서 완전히 자유로우며 오히려 그것을 비웃는 듯 보이기도 한다. 2015년 한러수교 25주년을 기념하는 많은 행사 이후 정치적인 상황으로 양국 관계는 냉각되었고 북한 문제 등으로 인해 남-북-러 협력사업과 동북아 초국경 프로젝트는 여전히 답보상태지만 이제 적어도 문화 교류의 질적·양적 수준에서만큼은 상당한 발전을 말할 수 있게 되었다.

여전히 국가 이미지 제고를 위해 일방향으로 강요되는 문화전파가 공공외교의 중요한 한 부분을 이루고 있으며, 시끌벅적하게 범람하는 "K-○○○"의 구호는 여전하지만 그래도 이제는 국가주도 문화교류의 외부, 국가로부터 분리된 교류의 장이 굳건히 만들어져가고 있음을 보게 된다. 민간 부문의 기업과 개인이, 즉 국민국가가 아닌 다중이 만들어내는 새로운 문화교류의 이니셔티브가 나타나고 있는 것이다.

"소련여자" 같은 유튜브 방송은 우리가 러시아에 대해, 그리고 소련에 대해 가지고 있는 선입관을 바탕으로 하는 예외성으로 인기를 끌고 있다. 서툴지만 친근한 한국어를 구사하고 영어를 유창하게 하는 매력적인 러시아 소녀가 자신을 '소련여자'라 칭하면서 거침없이 한국 문화를 논평하고 한국인에 공감하는 것을 보며 우리의 젊은이들은 열광한다. 이는 러시아 제국과 소련의 역사를 물려받은 현재 러시아와 소통하는 우리의 새로운 세대의 방식이라 할 것이다. 인스타그램 없는 여행은 여행이 아니라고 외치는 한국의 젊은이들이 SNS와 방송의 파급력에 힘입어 최근 블라디보스토크 여행 붐을 일으키고 있는 것 또한 이러한 관점에서 이해해야 할 것이다. 그들에게 블라디보스토크는 그야말로 몇 시간 가지 않아 만날 수 있는 이국적인 유럽이자 물가가 비싸지 않고 한국의 흔적이 곳곳에서 발견되는 한국인들이 여행하기 편리한 도시다. 그곳이 러시아인지 옛 소련 땅인지는 중요하지 않다.

이데올로기가 배제된 있는 그대로의 러시아에 대한 작은 관심이 결코 한국에서의 제2의 러시아학 붐을 일으키는 동력이 될 수는 없겠지만 오히려 이러한 '현실의 있는 그대로의 러시아'에 대한 개개인의 작은 관심과 일상의 문화에 대한 이해가 양국 관계를 새로운 관점에서 재노정하고 늘 답보상태에 머무는 양국 관계에 진전을 가져올 수 있는 건강한 출발이 될 수 있을 것이다. 한국의 K-팝과 드라마를 일방적으로 전파하려는 정부의 노력은 이제 그만두어도 될 것이다. 러시아 젊은이들의 K-팝에 대한 자발적인 관심은 그들을 한국에 대한 관심과 이해로 인도했다. 한국 문화를 소비하는 러시아 젊은이들이 소수에 불과하다 해도 그들의 한국 문화에 대한 관심은 한국 상품에 대한 소비로, 한국 관광으로 이어지고 있으며, 나아가 대학에 한국어 교육과정을 개설하고 한국학 전공자들의 숫자를 늘리는 데 기여한다. 한국의 대중문화가 결국 러시아 사회 전반에서의 한국에 대한 관심을 증대시키는 일종의 공공외교의 장이 되고 있다. 최근 양국의 문화 교류가 가장 활발히 일어나는 인터넷이라는 탈영토화된 탈국가적 공간에서 그러한

그림 3. 동대문 실크로드의 이정표
출처: 한국외대 러시아연구소.

콘텐츠의 국적을 따지는 것은 시대착오적이지만, 이제 이러한 민간의 자발적 관심을 적극적으로 지원하는 공공외교 정책을 통한 상호 이해야말로 한국과 러시아 양국이 서로를 실재하는 이웃으로 인식하고 이를 통해 양국의 협력을 한 단계 더 높은 곳으로 도약하게 하기 위해 요구되는 중요한 덕목임은 분명하다.

정치, 외교, 안보 차원의 양국 간 협력이 국제정세의 굴레를 벗어나기 어려웠다 하더라도 수교 30년이 지난 지금 한국과 러시아 간에 이루어진 다양한 형태의 문화 및 예술 교류는 양국 국민이 이전의 편견이나 고정관념을 넘어서는 본격적인 소통과 협력의 단계로 나아가게 하는 밑거름이 되어주었다. 해양과 대륙을 연결하는 교량에 해당되는 한국은 시선을 유라시아 대륙으로 돌리기 시작했고, 그 출발이 무엇이었든 극동 시베리아 지역의 개발 및 아시아 국가들과의 협력을 중시하는 러시아에 한국의 중요성은 분명 이전보다 커지고 있다.

연해주와 북한, 중국과 일본을 아우르는 동북아는 역사적 시간과 기억을 공유하고 있는 그야말로 초국가적이며 탈경계적인 공간이다. 블라디보스토크는 러시아의 다양한 민족과 남북한, 중국과 일본이 만나고 교류하며 함께 경제활동을 하는 동북아공동체의 모형과도 같은 도시라 할 수 있다. 문재인 대통령이 2018년 9월 블라디보스토크에서 제안한 9-브릿지 사업은 조선·항만·북극항로·가스·철도·전력·일자리·농업·수산 등 9개 분야의 한러 협력사업을 가리키지만, 이는 궁극적으로 동북아 문화 역사 공간이 유라시아 공간을 향해 자연스럽게 연결되도록 만든다. 한국과 러시아 양 국민의 서로에 대한 실제적이고 총체적인 이해와 그것을 기반으로 구축된 두 나라 사이의 굳건한 신뢰야말로 유라시아 대륙 전체를 관통하는 새로운 문명의 길을 열어가는데 소중한 열쇠가 될 수 있을 것이다. 철도를 비롯한 인프라와 물류를 통해 하나로 연결되는 유라시아 대륙 전체라는 개념을 문화정체성에 투영해본다면, 이는 곧 동북아 평화공동체가 러시아로, 나아가 유럽으로까지 이어질 수 있도록 하는 새로운 문화적 소통의 채널을 확립하는 것과 다르지 않다.

"새롭게 열어가는 유라시아 시대"란 기존의 철도나 물류 등의 경제적 소통만을 의미하지 않는다. 그것은 동북아 평화공동체가 러시아를 통해 확장되고 강화될 수 있다는 믿음이며, 유라시아 대륙 전체를 아우르는 진정한 21세기적 탈경계 시대의 도래에 대한 예감이라 할 수 있을 것이다. 21세기의 국가 간 문화교류는 바로 이러한 탈국가적 공간에서의 다중(multitude)의 다중(multitude)과의 자발적 소통과 적극적 네트워크 가운데 전개될 수 있을 것이다.

4

한러 협력의 숨은 강자, 관광산업이 대세다

유창석, 최한나

러시아의 관광산업 현황

러시아는 관광산업 관점에서도 풍부한 자원을 가진 나라다. 24개의 유네스코 세계문화 유산을 보유하고 있을 뿐만 아니라, 역사 및 정치적으로도 의미가 큰 모스크바나 상트페테르부르크와 같은 도시들을 보유하고 있다. 또한 음악이나 문학 등 문화적인 영역에서도 전 세계에 큰 영향을 끼친 톨스토이, 도스토옙스키, 차이콥스키와 같은 위인들의 흔적이 러시아 곳곳에 남아 있어 중요한 문화적 관광자원의 역할을 하고 있다. 무엇보다 20세기 이후 세계를 주도하는 중심 국가 중 하나로서 러시아의 높은 인지도는 그 자체로 핵심적인 관광자원의 역할을 하여 2013년 기준 세계 9위의 관광국으로서 자리매김한 바 있다(2019년 기준 세계 15위). 참고로 인바운드 기준 2013년 세계 10위 관광국은 프랑스·미국·스페인·중국·이탈리아·터키·독일·영국·러시아, 그리고 태국이다.

러시아는 해외에서도 많은 사람들이 방문하지만, 러시아 국내에서도 여가와 여행 문화가 확고하게 자리매김한 나라이기도 하다. 러시아는 오래전부터 주 5일 근무제를 시행해와서 주말 여가활동이 활발할 뿐만 아니라, 연평균 21일의 유급휴가가 있어 이를 활용하여 여행을 하는 문화가 발달해 있다. 무엇보다 러시아에서는 가족문화를 매우 중시해서 아이들과 함께 운동이나 음악, 미술을 배우고 즐기는 생활 양식이 보편화되어 있다. 이러한 러시아의 여가활동을 대표하는 것이 바로 '다차' 문화다. 다차는 시외의 텃밭이 있는 간이별장을 뜻하는 단어다. 원래는 제정 러시아 시절 귀족들의 별장을 뜻하는 단어였으나 러시아 정부가 1950년대 이후 무상으로 보급하면서 일반화되기 시작했다. 특히 1970년 말부터 1980년대 초에 걸쳐 다차를 갖고 싶어하는 직장인들에게 60m^{2}의 땅을 무상으로 분배하면서 다차는 러시아인의 삶 깊숙하게 자리매김하게 되었다. 현재는 도시민의 약 70%가 다차를 소유하고 있으며, 금요일 오후만 되면 러시아의 대도시들은 다차로 떠나는 사람들로 교통체증을 겪는 것이 일상이라고 한다. 러시아인은 주말에는 2박 3일 동안 다차에 기거하며 농사를 짓고 휴식을 취할 뿐만 아니라, 긴 여름 휴가 기간을 다차에서 보내는 경우도 많다.

이러한 여가와 관광에 대한 러시아인의 높은 관심은 통계에서도 나타난다. 유엔세계관광기구(UNWTO)에 따르면 2018년 기준 러시아의 해외여행객은 약 4,200만 명으로 세계에서 다섯 번째로 많이 해외여행을 하는 것으로 나타났으며, 관광으로 해외에서 지출하는 비용 규모 역시 2018년 기준 343억 달러로 세계 9위 수준을 유지하고 있다. 참고로 2018년 한국의 해외여행객 수는 약 2,900만 명으로 세계 8위 수준이며, 해외여행 지출비용은 351억 달러로 세계 7위 수준이다. 러

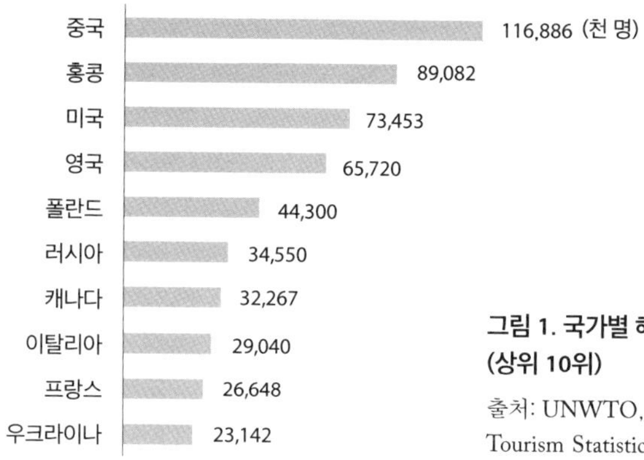

그림 1. 국가별 해외여행객 규모 (상위 10위)

출처: UNWTO, 2017, "Compendium of Tourism Statistics."

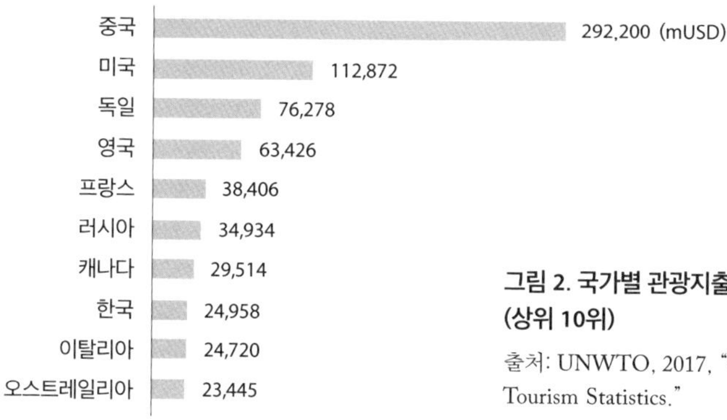

그림 2. 국가별 관광지출비 규모 (상위 10위)

출처: UNWTO, 2017, "Compendium of Tourism Statistics."

시아 관광객이 선호하는 국가는 터키 · 이집트 · 폴란드 · 태국 · 카자흐스탄 · 중국 · 우크라이나 이탈리아 · 벨라루스 · 스페인 순으로, 주로 러시아와 인접해 이동이 쉽고 러시아에 비해 기후가 온화한 국가를 중심으로 여행을 즐기는 것으로 나타났다.

이렇게 러시아는 뛰어난 관광자원과 여가문화를 바탕으로 외형적으로는 관광대국의 기틀을 확보하고 있지만, 내적으로는 여러 가지 어려움을 겪고 있다. 무엇보다 유럽연합(EU)의 러시아에 대한 경제 제재로 인한 충격이다. 2014년 러시아의 우크라이나 크림반도 합병으로 서방 국가들은 러시아에 금융제재를 가했으며, 이로 인해 루블화가 폭락했다. 무엇보다 EU는 러시아인에 대한 비자발급조건을 강화하고 우크라이나 사태에 연계된 단체의 사람들은 입국제한을 두는 등 여행에 제재를 가함에 따라 러시아에서 서유럽 국가로의 입국이 매우 어려워졌다. 게다가 러시아의 경제구조는 에너지 및 자원 수출에 상당부분 의존하고 있었는데, 2014년부터 지속되는 경제 제재는 러시아의 경제 상황을 악화시켰다. 이로 인해 러시아의 관광 수입도 크게 감소했으며, 러시아의 해외 여행객도 큰폭으로 감소했다. 러시아인이 선호하던 우크라이나, 터키, 이집트가 정세 불안으로 관광객이 급감하게 된 것도 러시아의 관광구조 변화의 영향 중 하나로 작용했다. 물론 이러한 변화는 러시아의 국내 여행객의 급증으로 나타나기도 했다. 이로 인해 러시아인의 국내 관광 횟수는 2012년 1억 회에서 2017년 1억 7,500만 회로 증가했으며, 해외 관광 횟수는 2013년 4,500만 회에서 2017년 2,300만 회로 절반가량 감소했다.

오랫동안 사회주의하의 경제 시스템으로 인한 서비스 마인드의 부재도 러시아 관광산업의 성장에 걸림돌로 작용하고 있다. 사회주의가 표방하는 정부 주도의 계획경제는 생산과 소비를 중앙에서 컨트롤함으로써 평등한 분배를 꿈꾸었으나, 생산과 소비가 일치하지 않는 현상으로 인해 비어 있는 상품진열대와 물건을 사기 위해 길게 늘어선 줄로 대표되게 되었다. 이러한 계획경제는 소비자보다는 생산자, 판매자에게 더 높은 가치를 매기게 되었으며, 이러한 경향은 시장경제에 편입된 현재에도 강하게 남아 있다. 이로 인해 관광객들은 러시아의 서비스 제공자 또는 판매자들에 대해 불친절함이나 서비스 정신의 부재에 불만을 제기한다. 이러한 경향은 단지 러시아에만 국한되지 않고,

구소련의 사회주의 경제체제에 있었던 동유럽 국가들과 구 소련연방 국가들에서 공통적으로 발견되는 경향이기도 하다. 최근에는 자본주의 경제체제 도입에 따라 이러한 문제점이 상당히 개선되고는 있으나 여전히 한계점을 가지고 있다.

마지막으로 부족한 관광 인프라를 들 수 있다. 물론 모스크바를 중심으로 한 서부지역은 관광산업이 잘 발달되어 있는 편이지만, 극동이나 바이칼 지역은 다양한 관광자원에도 불구하고 상대적으로 발전이 되어 있지 못한 상황이다. 블라디보스토크의 경우 『내셔널지오그래픽』지가 2014년 세계에서 가장 아름다운 임해도시 10곳 중 하나로 뽑기도 했으며, 극동지역의 경우 산지와 강, 해안을 이용한 여가활동 관광자원이 풍부해서 발전가능성이 높다. 캄차카화산, 시호테-알린산맥, 브란겔섬, 레나 석주 등의 유네스코 자연문화유산들은 극동지역을 대표하는 관광자원이며, 최근에는 지구온난화로 북극해 역시 핵심적인 관광자원으로 부각되고 있다. 이렇게 뛰어난 관광자원을 가지고 있음에도 불구하고 유럽이나 모스크바에서의 상대적인 거리, 무엇보다 열악한 국내 교통망 등으로 인해 극동지역의 뛰어난 관광자원이 관광산업의 발전으로 연계되지 못하고 있다.

이로 인해 최근 러시아는 관광산업 발전, 특히 극동지역을 중심으로 한 관광산업 발전에 관심이 많아 적극적으로 사업을 추진하고 있다. 러시아가 관광산업에 관심을 가지는 이유는 러시아가 처한 상황과도 연계가 있다. 관광산업은 서비스를 기반으로 한 산업으로서 높은 부가가치를 창출할 뿐만 아니라 다양한 산업에 파급효과가 커서 국가 성장에 기여율이 높은 산업이다. 관광산업의 발전은 현재 러시아의 편중된 산업구조를 효과적으로 재편할 수 있을 뿐만 아니라 서부와 동부의 불균형을 개선할 수 있는 도구로서 역할을 할 수 있다. 이로 인해 러시아 정부는 관광산업에 관심을 가졌으나, 막상 러시아에서는 관광을 담당하는 정부부서가 계속 바뀌는 등 어려움이 많았다. 러시아 연방이 들어선 1991년부터 1994년 사이에는 해당 업무를 관장하는 조직 구조가 거의 매년 변경되었다. 그후 2000년까지는 경제발전부에서 관광업을 관장했으나, 2000년부터는 독립하여 연방관광청에서 관할했다. 하지만, 2008년에 체육관광부로 재편되고, 2012년부터는 문화부 산하로 관광업무가 재편되었다. 비록 이렇게 관할 부처가 계속 바뀌었으나, 2012년 문화부에서 관광업무를 맡게 된 것에는 긍정적인 평가가 높은 편이다.

무엇보다 2012년부터 러시아는 관광산업에 대한 중장기 플랜을 대거 도입했다. 2012년에는 러시아 연방령으로 "문화와 관광발전 2013~2020"[1]이 발표되었다. 이 계획에서는 2020년까지 문화산업과 관광산업 발전의 핵심 목표와 우선순위, 그리고 정책의 성과 측정 방법을 명시하고 있다. 또한 2013년부터 2014년까지 1단계, 2015년부터 2018년까지 2단계, 그리고 나머지 3단계 기간에 걸쳐 '문화유산', '예술', '관광', '프로그램 현실화를 위한 환경 확보'라는 네 가지 하위 프로그램의 기획 및 예산을 다룬다. 이 중에서 관광의 목적은 관광과 관광활동 분야의 발전을 위한 환경을 조성하는 것이다. 이를 위하여 약 8,474억 루블의 예산을 할당했는데, 2012년 기준으로 미화 254억 달러 수준이나, 이후 경제 제재로 인한 환율 하락으로 2014년 기준으로 미화 127억 달러 수준이다. 그 이후 2014년에는 "러시아 연방 관광발전 전략 2020"[2]이 수립되었다. 이 전략은 소치올림픽의 성공을 통해 관광산업의 중요성을 다시 한번 역설하고 있으며, 기존의 관광발전 전략의 범위를 크림반도까지 확장하여 관광산업을 통해 새로 편입된 크림반도의 안정화를 꾀하고 있다.

이렇게 러시아는 관광산업에 높은 관심을 가지고 있고, 중장기적인 발전계획을 바탕으로 특히 극동지역에 대한 관광개발을 모색하고 있으나, 현실은 여의치 않은 상황이다. 관광활성화와 유럽 경제 제재 효과로 극동지역에 대한 관광객은 큰 폭으로 늘고 있으나, 숙박시설 등의 관광인프라 등이 부족하고, 이를 위한 투자도 적극적으로 이루어지지 못하고 있는 상황이다. 이러한 부분을 인지하고 있는 러시아는 "2025년까지 극동·바이칼지역 사회·경제 발전전략"[3]에서 극동지역의 관광활성화를 위해서는 지역별로 잠재적인 가능성을 최대한 활용하고 한국이나 중국과 같은 주변국의 투자 등을 통해 단시일 내에 다양한 산업을 육성하겠다고 밝히고 있다.

한국-러시아 관광 분야 진출 사례

한국-러시아 관광협력 개요

한국과 러시아는 1990년 9월 수교를 맺은 이후, 관광 분야에서 꾸준히 교류해왔다. 현재 한국을 방문하는 러시아 관광객은 2019년 기준 약 34만 명이며, 러시아를 방문한 한국 관광객은 45만 명으로 나타났다. 2018년까지는 양국 간의 교류 규모가 비슷했으나,[4] 2019년에는 역전되어 러시아를 방문하는 한국 관광객이 한국을 방문하는 러시아 관광객보다 많아졌다. 2019년 기준 한국의 외국인 관광객 규모가 1,750만 명이 넘는 상황에서 러시아 관광객 규모는 한국 관광시장에 비중이 크지는 않지만, 러시아 관광객은 중동지역 및 중국 관광객 다음으로 1인 지출경비가 많을 뿐만 아니라, 평균체재기간도 12.9일로 국내에 들어오는 외국 관광객 중 가장 긴 것으로 나타나고 있다.[5] 또한 의료관광 측면에서는 중국, 미국, 일본 다음으로 비중이 높은 국가 중 하나다. 한국을 방문하는 러시아 관광객에 대해 좀 더 자세히 살펴보면, 모스크바보다는 극동지역에서 좀 더 많은 관광객이 방문하며, 한국에 대해서 만족도가 높을 뿐만 아니라 한국 문화에도 관심이 높은 것을 볼 수 있다.

이렇게 한국과 러시아의 관광객이 활발히 교류하는 데에는 무엇보다 한국과 러시아 간 무비자협정이 큰 역할을 했다. 2013년 11월 13일 블라디미르 푸틴 러시아 대통령이 한국을 공식 방문하던 기간에 러시아와 대한민국 양국 간 사증요건 면제에 관한 협정서에 서명하고 무비자협정을 체결했다. 또한 같은 시기에 러시아 관광청과 대한민국 문화체육관광부는 관광 분야 협력사업 개발에 관한 양해각서(MOU)를 체결했다. 이로 인해 한러수교 이후 24년 만에 양국이 60일 동안 비자 없이 상호 국가를 방문할 수 있게 되었으며, 관광사업 개발에 서로 협력하여 지원하기로 했을 뿐만 아니라 관광 통계 및 관광 관련 정보 교환과 문화, 예술, 체육행사와 관광의 연계 그리고 관광교류 시 발생하는 불편사항을 해소하는 데 양국이 최선을 다하기로 했다.

사실, 2014년 이전에는 비자를 받기가 매우 까다롭고 비용이 비쌌기 때문에 한국 사람들이 러시아로 여행을 갈 엄두를 내지 못했다. 그러나 무비자협정 이후 예전과는 달리 한국에서는 대중교통 및 여러 공공장소에서 러시아의 주요 도시인 모스크바, 상트페테르부르크, 블라디보스토크 등을 홍보하는 광고를 쉽게 접할 수 있게 되었고, 러시아 항공사인 아에로플로트의 광고인 '모스크바를 거쳐 유럽으로'도 쉽게 마주하게 되었다. 이에 더불어 텔레비전과 라디오 등 대중매체에서는 예전과는 다르게 러시아를 홍보하거나 소개하는 채널을 쉽게 접할 수 있게 되었으며, 러시아의 모스크바나 상트페테르부르크 또는 블라디보스토크를 배경으로 하는 예능 프로그램들도 텔레비전에서 심심치 않게 볼 수 있다. 그 외에도, 홈쇼핑에서도 유럽이나 아시아의 도시가 아닌 러시아의 여러 도시로 여행하는 각종 여행 패키지 상품을 자주 볼 수 있게 되었다.

이로 인해 러시아를 방문하는 한국인 관광객이 크게 늘었다. 러시아 관광청에 따르면 2019년에 러시아를 방문한 한국인 수는 45만 명이며, 2014년부터 2019년까지 러시아로 관광하는 한국인 수는 세 배 이상 증가했다. 이러한 증가 추세는 계속 유지될 것으로 보인다. 이러한 현상에 더불어 러시아 관광청 및 관광산업 관련 기관에서도 한국인 관광객을 러시아로 유치하기 위해서 부단히 노력 중이다. 한국국제관광전 코트파(KOTFA)의 국제관광 전시회에서 지속적으로 러시아 스탠드를 설치하여 홍보하고 있으며, 2018년에는 러시아의 관광 잠재력을 잘 소개하여 수상을 하기도 했다. 또한 한국에서 여행 산업계, 관광객 및 한국의 언론계 대표들과의 인바운드 등 관광 부문에서 러시아 및 러시아 기업과의 직접적인 상호 교류 가능성을 확장하기 위해서 사무소인 Visit Russia를 오픈했고, 2017년 12월부터 러시아 여행 포털 사이트인 러시아 트레블(Russia.Travel)의 한국어 버전을 개설했다.

한국과 러시아 간 무비자협정은 단지 러시아에만 혜택을 준 것이 아니다. 국내에 방문하는 러시아 관광객도 큰 폭으로 늘었다. 2013년 17만 5천여 명 수준이던 러시아 관광객은 2019년에는 34만 명으로 크게 증가했다. 무엇보다 의료관광으로 한국을 찾는 러시아인이 크게 늘었는데, 이는 러시아가 의료 수요에 비해 공급이 크게 부족할 뿐만 아니라 낮은 의료수준과 긴 대기시간, 수술 전후 휴식 및 요양 프로그램의 부재 등으로 의료서비스에 대한 만족도가 매우 낮기 때문이다. 한국에서 러시아인의 주요 진료과목은 내과가 많지만 검진센터나 산부인과의 비율도 점진적으로 증가하고 있다. 무엇보다 우수한 의료기술 및 최첨단 의료장비, 그리고 의료진의 친절한 서비스에 만족도가 높다.[6] 무비자협정으로 인한 관광객의 증가로 문화 교류도 크게 증가했다. 지난 2016년에는 한국의 홈쇼핑 회사가 러시아로 진출하여 러시아 최초의 한국형 홈쇼핑 채널인 'BUM TV(붐티비)'가 공식 개국했으며, 판매 상품의 절반은 한국 상품이다. 또한 러시아에도 10대 및 20대 커뮤니티에 기반하여 한류 붐이 불기 시작했는데, 한국 음악 및 한국 드라마가 큰 인기를 끌고 있다. 다만 현재 러시아는 지식재산권 개념이 희박하여 대부분이 불법으로 공유되는 편이다.

한국과 러시아 양국은 2014년 무비자협정 이후 관광 분야에서 지속적인 교류를 모색하고 있다. 2018년 6월 22일 문재인 대통령의 러시아 방문 당시 관광 분야 관련 고위급 회담이 진행되기도 했으며, 2019년에는 러시아 관광청과 한국 문화체육관광부가 관광교류 활성화를 위한 MOU를 맺고 2020년과 2021년, 2개년을 '한국-러시아 상호 문화교류의 해'로 지정하고 다방면에서 합동/교류 행사를 추진했다. 이러한 상황에서 한국과 러시아의 성공적인 관광교류 사례를 살펴볼 필요가 있다. 한국의 우수한 서비스 역량과 러시아의 자원이 합쳐질 경우 큰 시너지가 날 수 있으며, 이를 효과적으로 계발하고 확산할 경우 양국이 윈윈하는 효과를 가져올 것이다.

한러 항공 분야 사례: 대한항공-아에로플로트

1991년 소련의 붕괴 이후 2014년 무비자협정 이전부터 한러 양국의 기업들은 관광 분야에서 다양한 협력을 시도해왔다. 모든 나라가 마찬가지겠지만 양국의 대표 항공업체 간 교류는 관광협력 증진을 위한 가장 기본적이고 중요한 요소일 것이다. 대한항공은 1969년 한진그룹이 대한항공공사를 인수한 이후 1971년 개항을 시작으로 2018년 현재 러시아를 포함하여 전 세계 43개국 124개 도시를 취항하고 있으며 2000년 창설된 스카이팀의 초기 멤버이기도 하다. 러시아의 대표 항공사인 아에로플로트는 1923년 소련 시대에 설립되었고 2006년 스카이팀에 가입했다. 자회사로는 저비용항공사(LCC)인 오로라항공사와 파베다항공이 있는데 오로라항공은 한국에서 출발하여 러시아의 극동부 지역인 블라디보스토크와 하바롭스크, 유즈노사할린스크로 도착하는 노선이 많은 편이다.

러시아가 스카이팀에 가입한 이후 대한항공과 아에로플로트는 지난 2005년 2월 공동운항[7]에 서명하여 2005년 3월 27일부터 인천-모스크바 구간의 코드셰어를 하고 있다. 대한항공은 1990년 3월 소련이 해체되기 전에 처음으로 모스크바에 취항했다. 소련이 붕괴된 이후 1994년부터 블라디보스토크로 취항하기 시작했고, 2004년에는 아시아 항공사로는 최초로 상트페테르부르크로 취항했다. 대한항공은 무비자협정 이후 2016년부터 주 3회 상트페테르부르크 직항 노선을 운항하고 있고, 같은 해인 2016년 5월부터는 바이칼호수의 서쪽에 위치한 이르쿠츠크에도 정기 직항편을 운행하고 있다. 2018년 7월 13일부터는 한국에서 2시간이면 도착하는, 아시아의 유럽이라고 불리는 블라디보스토크로의 항공편인 인천-블라디보스토크, 부산-블라디보스토크 노선을 추가했다. 이 외에도 인천-하바롭스크, 인천-유즈노사할린스크 등 4곳의 러시아 극동지역으로 노선을 추가 확대하여 한국과 러시아 양국 간의 관광 교류가 더욱 활발해질 것으로 예상된다.

항공 분야에서 러시아와 한국의 협력에서 주목할 것은 사실 항공 노선의 증가가 아니라 아에로플로트와 대한항공의 서비스 분야에서의 협력과 시너지다. 대한항공은 2017년 러시아 비즈니스 관광 & 마이스 어워드(Russian Business Travel & MICE Award)[8]에서 전 세계 15개 항공사 중 비지니스 여행객에게 최고의 항공사로 선정되었으며 2015년, 2016년에도 수상한 경력이 있다. 대한항공 및 한국 기업들이 제공하는 서비스는 러시아인에게 충격적일 정도로 뛰어나며, 이러한 서비스의 만족은 단지 항공 분야뿐만 아니라, 의료, 음식점 등 다양한 분야에서도 나오고 있다. 이러한 높은 서비스 역량에 기반하여 대한항공과 아에로플로트는 서비스 교육 측면에서 다양한 교류를 2005년부터 현재까지 약 16년 동안 지속해왔다. 이전에는 아에로플로트를 이용한 한국 관광객은 언어가 통하지도 않을 뿐만 아니라, 불친절한 서비스로 불만이 많았다. 하지만 대한항공과 서비스 교육을 위한 지속적인 교류를 통해 친절하고 다양한 서비스를 제공할 수 있는 노하우로 인해 현재 대한항공에는 러시아어를 할 수 있는 승무원이, 아에로플로트에는 한국어를 할 수 있는 승무원이 서비스를 제공하고 있으며, 아에로플로트의 서비스 수준이 크게 향상되었음을 한국 관광객들이 실감하고 있다. 이러한 사례에서 보듯이 한국 기업의 높은 서비스 역량과 러시아의 인프라가 만나면 서로 높은 시너지를 창출할 수 있다.

롯데호텔의 러시아 진출 사례

항공 분야 협력 사례에 이어 관광산업에서 중요한 역할을 하는 분야로 숙박을 꼽을 수 있다. 롯데그룹은 1938년 세워진 반도호텔을 1973년 인수하면서 본격적으로 숙박업 분야에 진출했고, 이와 관련하여 호텔, 면세점, 테마파크, 리조트, 골프장 등 관광서비스 분야에서 다양한 사업을 하고 있다. 2010년 9월 해외 1호점으로 러시아 모스크바에 처음으로 롯데호텔을 오픈했다. 모스크바 롯데호텔은 러시아를 대표하는 문화의 거리인 아르바트와 주 러시아 한국대사관에서 멀지 않은 곳에 있으며 바로 옆에는 롯데백화점도 있다.

모스크바 롯데호텔은 2년째 되던 해인 2012년과 그 다음해인 2013년 연속으로 세계적으로 관광 분야에서 유명한 영국 여행 잡지인 『콘데 나스트 트래블러(*Conde Nast Traveller*)』[9]에서 러시아에 위치한 최고의 호텔로 선정되었다. 그로부터 7년 후인 2017년 9월에 러시아의 제2의 도시이자 도시 전체가 유네스코에 지정되어 있는 상트페테르부르크에 롯데호텔이 개관되었다. 2018년 5월에는 러시아 볼가강에 위치한 사마라 롯데호텔이 오픈하였고, 같은 해 7월에 러시아의 동부이자 한국에서 비행기로 2시간 떨어져 있는 블라디보스토크에도 롯데호텔이 건립되었다. 롯데호텔은 미국, 베트남 등 전 세계로 진출하고 있는데, 주요 해외 호텔 중 5성급에 러시아의 모스크바, 상트페테르부르크, 사마라 그리고 블라디보스토크 롯데호텔이 포함되어 있다. 이는 다른 나라보다 러시아에서 롯데호텔 운영이 잘 되고 있음을 증명한다고 볼 수 있다.

2018년 현재 롯데호텔의 하루 숙박 비용은 25,000루블(한화 40만 원)에서 60,000루블(한화 100만 원)까지 다양하다. 성수기나 연휴에는 물론 이보다 비싸다. 이처럼 높은 가격에도 불구하고 롯데호텔이 러시아의 서부와 동부 모든 지역에서 인기 있는 이유는 숙박시설과 서비스뿐만 아니라 러시아와 다양한 문화적 교류를 하고 있기 때문이다. 한러 양국이 무비자협정을 체결하기 이전인 2013년 푸틴 대통령이 한국에 방문하였고 서울에 위치한 롯데호텔 앞에 푸쉬킨 동상을 세워 러시아인에게 롯데호텔은 꼭 들러야 하는 관광 명소가 되었다. 이 동상으로 자연스럽게 롯데호텔을 홍보하는 계기가 된 것이다. 또한 모스크바 롯데호텔 주최로 2015년부터 러시아인이 가장 사랑하는 문학가 푸쉬킨의 탄생일인 매년 6월에 기념 시 낭송회를 개최하고 있으며, 2017년부터 러시아의 신진 작가 발굴을 위한 푸쉬킨 신인문학상을 시상하고 있다. 이처럼 롯데호텔의 다양한 사회적 공로로 인해서 롯데그룹 회장은 지난 2015년 러시아의 훈장인 오르진 드루쥐브이를 시상했다. 이 상은 대통령 훈장으로서 러시아에서 가장 권위 있는 훈장 중 하나라고 할 수 있다.

또한 롯데호텔은 다양한 프로모션을 진행함으로써 러시아 시민과 전 세계 관광객의 사랑을 받고 있다. 2018년 개최된 러시아 월드컵 기간 동안에 롯데호텔은 '인조이 유어 러시아워(Enjoy Your Russia-Hour)'라는 프로모션을 준비하여 늦은 체크아웃 혜택과 맥주를 서비스로 제공했다. 이러한 서비스는 보통 러시아 호텔에서는 찾기 힘들다. 다른 호텔과 차별화된 프로모션을 준비함으로써 러시아인에게 사랑을 받고 있다고 할 수 있다. 그뿐만 아니라 2018년 6월 문재인 대통령의 러시아 방문 당시 모스크바에 세브란스 건강검진센터를 설립하는 MOU에 체결하고 롯데호텔에 VVIP를 위한 건강검진센터를 오픈하기로 결정했다. 이는 현재 러시아인들이 의료관광으로 한국을 방문하고 있는 추세에 더불어 한국의 의료 서비스를 VVIP에게 제공함으로써 호텔의 질적 서비스를 높이기 위한 것이다.

이처럼 롯데호텔은 러시아에서 사회적·문화적 다양한 시도와 노력으로 인해 러시아에서 꾸준하게 최고의 호텔로 자리매김하고 있다. 모스크바 롯데호텔의 CEO인 모르텐 안데르센은 러시아의 주요 신문인 『베도모스찌(*Vedomosti*)』와의 인터뷰에서 롯데호텔의 성장 이유로 초기부터 근무한 러시아 직원들이 현재까지 70% 이상이며 점차 러시아 손님에게 초점을 맞추어 호텔을 경영하기 위해 노력하고 있기 때문이라고 언급했다. 또한 관광 및 호텔 관련하여 다양한 분야에서 수상함으로써 러시아인에게 최고의 호텔로서의 입지를 다질 수 있게 되었다고 밝혔다. 즉, 롯데호텔이 러시아의 현지화를 통한 마케팅 전략에 성공했다고 할 수 있다.[10]

한국-러시아 관광산업 협력 방안

러시아와의 관광산업 협력 강화의 필요성

러시아는 극동지역의 관광자원을 개발하는 데 총력을 기울이고 있으나, 부족한 재원 등으로 기대만큼 활발하게 개발되지는 않고 있다. 이런 측면에서 한국과 러시아는 서로 협력할 수 있는 강한 유인이 존재한다. 우선 한국 측면에서 보자면 관광개발은 대형 건설 프로젝트로 연계되는데, 러시아는 건설과 관련한 규제가 높아 해외 기업들이 들어가기 어려운 상황이다. 관광자원 공동개발 프로젝트는 이러한 규제를 피해 국내 기업이 건설 프로젝트에 들어가기에 용이한 방법일 뿐만 아니라, 우리가 전 세계적으로 경쟁력이 있는 영역이기도 하다. 또한 관광자원개발의 경우 한국은 러시아보다 경험이 많아 이미 과거에 지식공유사업이라는 형태로 한국의 개발 경험을 러시아와 공유하기도 한 만큼,[11] 단순히 건설로만 끝나는 것이 아니라 지속적으로 수익을 낼 수 있는 지속가능한 관광지 개발 역량을 보유하고 있다. 관광에서는 서비스 마인드 및 소비자 중심의 경영 및 마케팅 능력이 핵심인데, 이러한 부문에서 한국이 러시아에 비해 절대적인 우위에 있기 때문이다.

무엇보다 현재 러시아와 한국 간 주된 협력 의제가 '9-브릿지'라는 이름으로 진행되고 있으나, 여기에서 중점적으로 다루고 있는 전력, 천연가스, 조선, 철도, 북극항로 등은 단기간에 사업성과를 내기 어려울 뿐만 아니라 민간이 협력하기도 어려운 영역이다. 반면 관광 분야의 협력은 이미 기존에 한국 기업들이 추진하던 프로젝트들도 다수 존재할 뿐만 아니라, 인프라와 정부 규제 문제만 해결된다면 빠르게 진행이 가능한 영역도 많다. 이런 측면에서 러시아와 관광 분야에서의 협력은 민간 및 정부 등 다각도로 적극적으로 진행할 필요가 있다. 또한 관광산업 개발을 통한 교통 인프라의 개선은 단지 러시아 지역의 발전뿐만 아니라, 러시아에서 한국으로 관광 유입을 확대하여 국내 관광산업에 기여할 수 있다.

러시아의 관점에서도 한국은 극동지역에서 함께 관광자원을 개발할 수 있는 최상의 파트너다. 현재 극동지역의 개발에 중국이 적극적으로 참여하는데, 중국은 특정 지역을 개발함에 있어서 해당 지역을 차관 등의 형태로 경제적으로 종속시키고, 이후에 이를 바탕으로 영향력을 행사하는 투자 형태를 아프리카 및 동남아 지역 등에서 활용해왔다. 중국은 러시아에도 이러한 방식을 제시하는데 러시아의 거부감이 매우 높은 상황이며, 이로 인해 러시아-중국 협력으로 진행되는 대형 프로젝트에 대한 위험성이 경고되기도 한다. 일본은, 러시아와 극동지역에서 영토 분쟁이 있는 상황이며, 이로 인해 러시아에 대한 일본의 투자에 대해서 경계의 시선도 높다. 그럼에도 에너지 및 자원 분야에서는 일본과 러시아의 협력이 지속되어왔지만 관광 분야에서는 협력이 많지 않았는데, 이는 러시아의 관광자원이 대부분 홋카이도 등 일본 지역에서 대체가 가능한 부분이 많기 때문으로 보인다. 반면 한국은, 러시아에 대한 한국의 투자는 이러한 정치적인 의도가 없이 실리적으로 접근이 가능할 뿐더러, 러시아가 부족한 부분을 가지고 있는 최고의 파트너라고 할 수 있다.

극동지역 관광자원 공동개발

러시아 극동지역에 있는 풍부한 관광자원에 대해서는 국내에서도 관심이 많고 학계 및 정부, 지자체 등에서 개발 가능성을 검토한 바 있다. 다양한 지역에 매력적인 자원이 산재해 있으나, 현실 가능성을 비추어 보았을 때에는 교통이 편리하고 문화나 역사적으로 의미가 있는 몇 개 지역으로 한정될 수밖에 없다. 교통상황 및 사업타당성, 장기발전 방안을 고려할 때는 크게 두 지역에서 관광자원 공동개발이 효과적으로 보인다.

블라디보스토크 루스키섬 공동개발

루스키섬은 블라디보스토크 동쪽 연안에 위치한 섬으로 2012년 개통된 루스키 대교로 블라디보스토크와 연결되었다. 이전에는 군사기지로서 민간인의 출입이 금지된 곳이었으나, 2012년에 APEC 정상회담을 루스키섬에서 개최하면서 민간에 개방되었으며, 극동연방대학교도 이 섬으로 이전하여 관광명소로 알려지기 시작했다. 루스키섬은 블라디보스토크 도심에서 가까울 뿐만 아니라 바다와 숲이 조화를 이룬 아름다운 자연환경을 가지고 있어서 트래킹 장소로도 명성이 높다. 러시아 정부는 이 섬을 중심으로 기업회의(meeting), 포상관광(incentives), 컨벤션(convention), 전시(exhibition) 등 대규모 국제행사를 유치하는 마이스(MICE) 산업 및 관광레저 산업을 육성하고자 하고 있으나, 현재까지 큰 성과는 없는 상황이다. 러시아 정부는 총 3단계 개발계획을 가지고 있는데, 이 중 1단계로서 도로, 상하수도 등의 인프라, 극동연방대학교를 중심으로 한 컨벤션센터, 그리고 아쿠아리움을 중심으로 한 관광시설은 상당부분 개발된 상황이다. 2021년 현재 주거시설 및 회의시설을 건설하는 2단계 사업이 진행 중이며, 이 사업이 마무리되면 최종적으로는 리조트, 테마파크 및 메디컬 클러스터 등이 중심이 되는 3단계 사업이 기획되어 있다. 러시아 정부는 이러한 사업에 민간 투자를 유치하고자 하는 의지가 높기에 국내 기업이 투자하기 좋은 여건일 뿐만 아니라, 리조트와 같은 서비스 영역에서의 협력, 메디컬 클러스터와 국내 의료관광과의 연계 등에서 양국이 서로 수혜를 볼 수 있는 환경이다. KOTRA의 한러 관광협력 분석에 따르면, 루스키섬은 극동지역의 그 어느 관광지보다 사업성이 높다고 한다.[12]

하바롭스크 지역 인프라 공동개발

하바롭스크는 블라디보스토크에서 열차로 12시간 정도 이동해야 하는 곳이며, 한국에서는 인천공항 및 대구공항에 직항편이 있다. 하바롭스크는 러시아 극동지역을 총괄하는 극동연방관구의 수도로서 시베리아횡단열차가 지나가는 요충지일 뿐만 아니라, 극동지역에서는 블라디보스토크에 이어 두 번째로 큰 도시다. 19세기 후반 및 20세기 초에 러시아에서 극동지역을 개발하는 핵심 역할을 했기에 옛 러시아의 도시의 정취가 잘 보존되어 있으며, 한국에서 가장 가까운 유럽도시라고 불리기도 한다. 한국과는 확연하게 다른 건축양식과 가까운 거리로 인해 최근 관광지로서 부상하고 있지만, 성장하는 관광수요를 뒷받침할 숙박시설 및 관광 관련 인프라는 부족한 상황이다. 반면에 러시아는 산업에 있어 규제와 제약이 많아 국내 기업들이 손쉽게 공동개발 및 투자를 진행하기 어려운 상황이므로, 하바롭스크 지역의 관광 인프라에 있어서는 국내 기업 컨소시움 형태로 접근한다면 이후 연결되는 국내 철도망 및 교통망과 연계 등을 통해 시너지를 창출할 수 있을 것으로 보인다.

극동지역 항공편 확대

앞서 언급한 지역의 발전을 위해서는 해당 관광지에 대해 충분한 수요를 공급할 수 있는 교통망이 필요하다. 일차적으로는 항공편으로서 이런 지역을 국내 허브 공항과 연결하고, 이후에는 철도나 크루즈 등으로 다각도로 연결하는 것이 필요하다. 우선 저가항공을 통해 극동지역에 대한 관광수요를 활성화하는 것이 양국에 도움이 될 것으로 본다.

러시아도 저가항공사 유치를 통해 해외 관광객을 더 많이 수용하고자 하나, 자국 내 산업 보호를 위해 보수적으로 구성된 러시아 항공법과 러시아 항공청의 운영정책이 걸림돌로 지적되고 있다. 이로 인해 외국 항공사들은 같은 노선에서 운항을 하는 러시아 항공사보다 더 많은 항공편을 운항할 수 없다. 또한 러시아의 공항은 항공사에 많은 비용 부담을 주는 것으로도 악명이 높다. 러시아 남부도시인 아스트라한시 공항의 경우 이 공항에서 공급되는 항공기 연료는 전 세계에서 가장 비싸다고 알려져 있으며, 이 외에도 대부분의 공항에서 항공사에 높은 수준의 주기비용 및 연료비용을 요구하고 있다.

그럼에도 극동지역 개발을 위해 러시아는 이러한 제한을 풀고 상황을 개선하려 노력하고 있다. 이러한 대표적인 사례가 블라디보스토크 공항이다. 블라디보스토크 공항은 현재 아무 제한 없이 외국 항공사의 수용이 가능한 오픈 스카이(open sky) 공항으로 지정되었는데, 이에 대해 국내 저가항공사들은 즉각적으로 반응하고 있다. 현재 블라디보스토크에는 대한항공이나 아시아나항공뿐만 아니라 제주항공, 이스타항공과 같은 저가항공사가 취항하고 있으며, 이로 인해 100만 원을 호가하던 비행기표가 30만 원대 수준으로 내려가 높은 관광수요를 창출하고 있다. 극동의 주요 관문 공항들이 한국에 대해 이런 식으로 문호를 개방하며, 주변 관광지를 공동으로 개발한다면 한국과 러시아가 관광 측면에서 모두 큰 이득을 볼 수 있게 된다. 무엇보다, 현재 한국 관광을 오는 러시아 관광객의 상당수가 극동지역에 기반을 두고 있고, 의료관광 등을 통해 한국 관광에 기여하는 부분이 큰 만큼 한국과 러시아 간 항공편의 증편 및 이에 따른 비용 하락은 국내로 유입되는 러시아 관광객의 규모를 크게 늘리게 될 것이다. 또한 극동지역을 한국 공항을 기반으로 연결하게 되면, 한국의 공항이 허브 공항의 역할을 하게 되며, 러시아인의 동남아 이동 및 동남아 사람들의 러시아 이동을 연계하는 중심지로 작동할 수 있다.

극동지역 고속철도 공동개발

관광 측면에서 보기에는 규모가 큰 이야기이긴 하지만, 한국과 러시아 모두에게 의미 있는 사업으로 극동지역의 교통난 해소를 위한 고속철도 공동개발이 있다. 물론 이 이야기가 의미를 가지기 위해서는 한국에서 블라디보스토크까지 철도가 연결되어야 하나, 철도 연결에만 약 4조 4천억 원(40억 달러), 고속철도로 연결할 경우에는 10조 원 이상이 소요된다는 측면에서 정부에서는 신중하게 접근하고 있는 것도 사실이다. 하지만 단순하게 블라디보스토크까지 고속철도를 연결하는 데에서 더 나아가 모스크바까지 연결하는 극동지역의 고속철도에 한국이 러시아와 손을 잡아야 한다.

이러한 철도의 연결은 한국이 섬나라가 아닌 대륙의 일부로서 기능할 수 있게 하여, 그동안 분단으로 인한 지리적 한계를 극복할 수 있을 뿐만 아니라, 교통문제 개선을 통해 국내에 해외 관광객 유입 및 다양한 물류 측면에서 가치를 향상시켜준다. 무엇보다 한국은 자원을 수입에 의존하는 국가인데, 이러한 러시아와 한국 간 철도 연계는 궁극적으로 한국에는 낮은 가격에 자원을 확보하고, 러시아로서는 또 하나의 수출판로를 여는 긍정적인 효과들이 존재한다. 그러나 한국과 러시아 철도 연결은 한국에만 많은 이득이 있는 사업으로서, 한국과 러시아 모두 의미있는 협력관계가 되기 위해서는 단순한 철도의 연결에서 벗어나 러시아의 철도사업에 대한 투자까지 이어질 필요가 있다. 러시아는 극동지역에 많은 관심을 가지고 있으나, 부족한 교통 인프라로 인해 어려움을 겪고 있으며, 극동지역 철도 개선은 러시아의 숙원사업인만큼 극동지역 철도사업에 대한 투자는 양국에 모두 이득이 될 뿐만 아니라, 양국 관계를 돈독하게 할 수 있는 의미 있는 협력사업이 될 수 있다.

현재 시베리아횡단철도를 통한 모스크바-블라디보스토크 구간의 이동은 총 연장거리가 약 9,300km로 세계에서 가장 긴 철도다. 모스크바에서 블라디보스토크 구간은 여객열차의 경우 가장 빠른 노선이 143시간이 소요되며, 7박 8일의 일정을 잡아야 할 정도로 많은 시간이 필요한 구간이다. 하지만 이 열차가 주는 독특한 경험과 그 규모, 그리고 극동지역의 풍광으로 인해 많은 관광객이 시베리아횡단열차 여행을 즐기고 있다. 또한 시베리아횡단철도는 유럽과 아시아 지역을 연결하는 교역로로서 사람과 함께 수많은 화물을 운송하며 그 역할을 톡톡히 하고 있다. 그러나 이 열차의 느린 속도는 양국의 협력을 이끌어내지 못하는 장애로 작용하고 있다.

2013년 러시아는 시베리아횡단철도의 서쪽 구간 일부인 모스크바-예카테린부르크 구간(총 연장 1,814km)을 고속철도화한다는 계획을 발표했으며, 이 구간의 일부인 모스크바-카잔 구간은 2024년까지 완공을 목표로 현재 착공이 진행되고 있으며, 카잔에서 예카테린부르크 구간은 2030년 철도고속화 계획에 포함되어 있다. 만약 모스크바-예카테린부르크 구간이 고속철도화되면, 현재로서는 약 30시간이 걸리는 이동시간이 4시간 이내로 줄게 되며, 모스크바에서 극동지역의 이동시간이 크게 단축될 것으로 보인다. 또한 다른 시베리아횡단철도 구간은 시속 250km 이상의 초고속철도 운행에 대한 계획은 없지만, 시속 160km 이상의 고속화를 목표로 2030년까지 일부 구간을 개선한다는 계획이다.

이러한 러시아의 계획에 더하여 중국은 모스크바와 베이징의 7,000km 구간을 30시간 이내로 주행하는 노선을 계획하고 있으며, 실

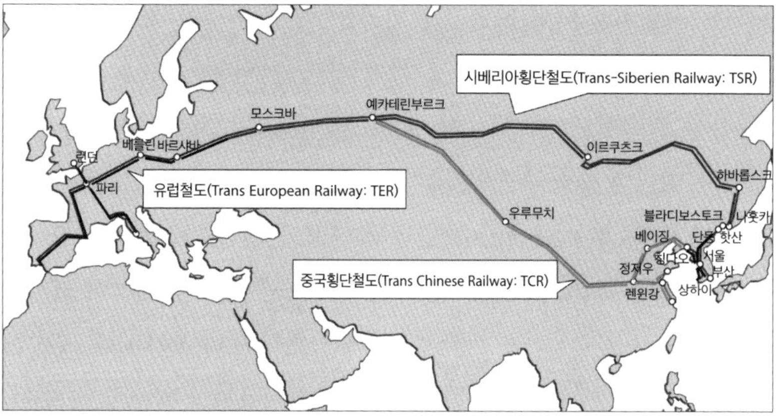

그림 3. 유럽과 아시아 간 횡단철도 주요 노선

제로 2014년 중국과 러시아는 모스크바-카잔 구간의 고속철도 사업을 공동 진행하는 각서에 서명하였으나, 일정이 지연되어 2017년에 설계작업이 완료되고 2020년에 착공이 진행되었다. 카잔은 러시아와 중국, 아시아를 연결하는 통로이기도 하지만, 중동으로 연결되는 구간이기도 하여서 전략적 가치가 높은 지역이다. 이 사업이 진행된다면 총 230조 원을 투입하여 카잔부터 카자흐스탄을 경유하여 중국 내륙 고속철도망을 연결하게 된다. 따라서 시베리아횡단철도와는 다른 노선이 구축되게 되며, 한국은 이러한 고속철도망에서 소외되는 결과를 얻게 된다.

따라서 러시아와 공동으로 철도고속화 사업을 진행할 경우, 러시아는 극동지역의 낙후된 교통망 개선을 통해 극동지역 발전을 도모할 수 있을 뿐더러, 한국은 시베리아횡단철도망을 통해 유럽으로 빠르게 접근할 수 있는 전략적 교통망을 확보할 수 있게 된다. 그러나 이러한 관점에서 한러 철도사업 협력을 보게 되면 최종적으로 철도망이 완비되는 시점이 되어야 사업성을 바라볼 수 있게 된다. 하지만 관광협력의 관점에서 철도사업 협력을 보게 되면 단계적인 접근이 가능해진다. 사실, 고속철도망이 필요한 이유는 물자보다는 사람의 이동을 위해서이며, 이러한 사람의 유인이 가능한 관광지역 개발이 철도망 연결과 함께 단계적으로 이루어진다면, 전체 라인이 완성되지 않은 상황에서도 충분하게 수익성 있는 접근이 가능해진다. 앞서 언급했듯이 러시아의 천혜의 자원과 공간을 적극적으로 활용한다면, 현재 국내의 부족한 여가환경을 크게 개선할 수 있으며, 충분한 사용자를 확보할 수 있다. 블라디보스토크의 관광지 공동개발은 단기적으로 한러 철도연결로 양국이 수혜를 받을 것이며, 단계적으로 하바롭스크와 블라디보스토크 사이의 구간에 대한 단계적인 관광지 공동개발은 철도구간이 확장되면서 양국에 큰 혜택을 제시할 수 있을 것이다.

5

벼랑 끝의 인구 문제, 한러 공생이 해법이다

구윤모

러시아의 인구 문제

러시아는 잘 알려진 것처럼 세계에서 가장 영토가 큰 국가다. 하지만 국제연합(UN)의 2017년 세계인구 전망에 따르면 2017년 1월 기준 러시아 인구는 1억 4,396만 명으로 세계 9위로, 중국 또는 인도의 10분의 1 수준이다. 러시아 인구는 1990년 약 1억 4,830만 명이었으나 2009년 약 1억 4,190만 명으로 600만 명 이상 감소했다. 〈그림 1〉과 같이 브라질 및 일본과 비교했을 때 1960년에는 러시아가 브라질 인구보다 1.65배 많았으나, 1990년을 기점으로 역전되어 2017년에는 브라질 인구의 70% 수준이다. 유엔인구국(United Nations Population Division, UNDP) 보고서에 따르면 러시아의 인구는 2050년 저위 전망(low variant) 기준 1억 2,461만 명까지 하락할 수 있다고 예상했다.[1]

〈그림 2〉의 통계를 보면 2011년까지 러시아 인구의 자연 감소가 상당히 큰 폭으로 이루어진 반면, 러시아 내로 유입되는 순 이민자 수

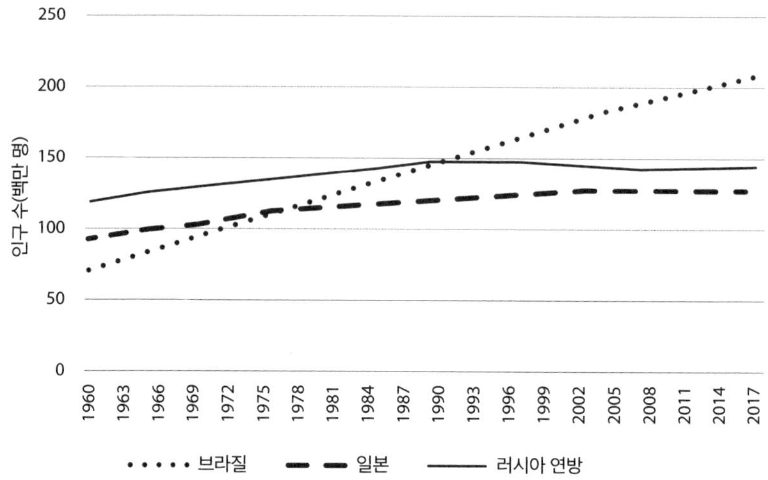

그림 1. 러시아, 브라질, 일본의 인구 수 변화 비교

출처: World Bank, https://data.worldbank.org/(검색일: 2020. 8. 23)

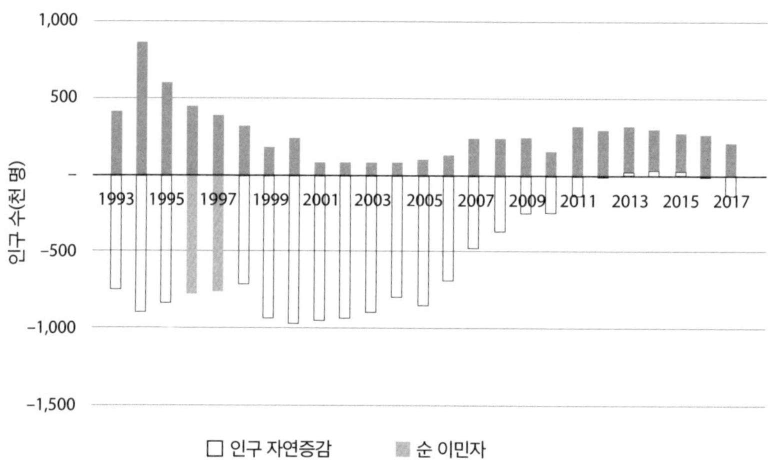

그림 2. 러시아 인구의 자연증가 및 순 이민자 수 변화

출처: 러시아 연방 통계청, 「인구 자연증감 & 순 이민자 수」, https://eng.gks.ru/(검색일: 2020. 8. 23) (Liudmila, 2017, 「러시아의 인구문제: 자연 인구 감소와 이민자의 증가」, 대외경제정책연구원 그림을 바탕으로 재구성)

로 인해 인구 감소 수준이 완화된 것을 볼 수 있다. 2011년 이후 러시아 인구가 소폭 증가 추세에 있는 것도 자연증가 요인보다는 이민자 수에 의한 효과로 보인다. 이러한 인구 변화의 질적인 측면을 보았을 때 러시아의 인구정책은 실패했다고 보는 견해도 있다.[2]

이와 같은 인구 감소는 경제성장 및 안보에 심각한 문제를 일으킬 수 있다. 푸틴 대통령 역시 2000년 7월 연두교서를 통해 인구 감소가 러시아의 심각한 안보위기 가운데 하나라고 지적하고, 이를 극복하기 위해 2006년 출산장려정책인 모성자본프로그램(maternity capital program)을 시행하고, 2025년까지 총인구 1억 4,500만 명 도달을 목표로 하는 '2025년까지의 국가인구정책개념'을 마련했다.[3]

러시아 중에서도 극동지역 인구 문제는 더욱 심각한 수준이다. 러시아 극동 9개주는 러시아 전체 면적의 36%를 차지하고 있으나 인구는 620만 명(2016년 기준)으로 4.2%에 불과하다. 1991년 인구 806만 명에 비하면 20% 이상이 감소한 것이다.[4] 극동지역의 인구밀도는 $1km^2$당 1명 수준으로 러시아 전체 지역 중 가장 낮으며, 그다음으로 낮은 시베리아 지역과 비교해도 4분의 1 수준이고,[5] 감소폭은 더욱 빠른 편이다(그림 3 참고). 극동지역 인구는 2050년 400만 명까지 줄어들 것으로 예상된다.[6]

이처럼 극동지역의 인구밀도가 낮은 것은 혹독한 기후조건과 상대적으로 낮은 삶의 수준 때문이다. 신지현(2017)에 따르면 ① 사회경제적 환경 열악, ② 교통 및 통신 인프라 미발달, ③ 양질의 일자리 부족, ④ 소득 대비 높은 물가, ⑤ 낮은 의료 수준 등이 인구 저밀도의 원인으로 보인다.[7] 열악한 환경조건으로 인해 러시아 전체 평균 대비 수명은 짧고 영아사망률은 높다.

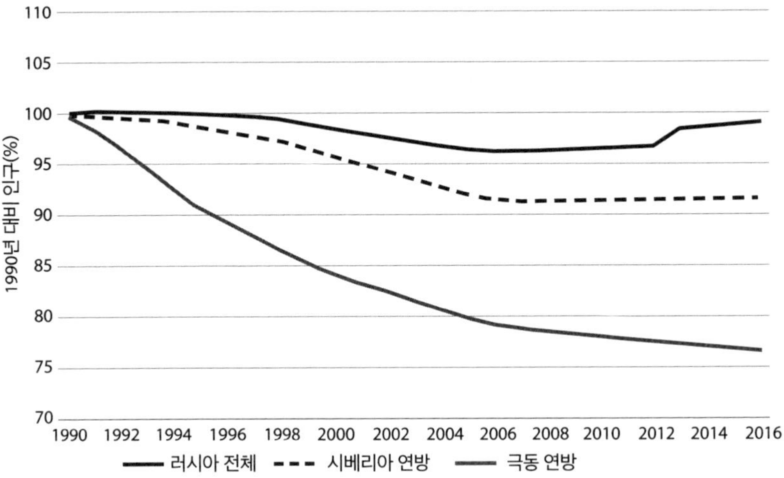

그림 3. 러시아의 지역별 인구 변화

출처: 러시아 연방 통계청, 「연도별 평균 거주 인구」, https://eng.gks.ru/(검색일: 2020. 8. 23)(신지현, 2017 그림을 바탕으로 재구성)

신지현(2017)에서 언급한 바와 같이 중국 접경 지역인 극동지역의 인구 감소는 러시아의 국가 안보와도 연결될 수 있는 문제다.[8] 이 때문에 러시아 정부는 2025년까지 극동지역 인구 유출을 막기 위해 사회환경 개선 정책을 추진하고 있다. 또한 해외 전문인력 수급을 통해 인구를 유지하는 정책도 추진 중이다.

하지만 이민자들로 인한 사회문제는 러시아가 극복해야 할 또 다른 숙제다. 유럽과 접한 러시아 서쪽은 이민자 대부분이 우크라이나, 아제르바이잔, 벨로루시 등 옛 소련지역과 남부지역 출신으로 전문성이 낮고 러시아인들과 일자리 부문에서 경쟁관계를 이루고 있다.[9] 반면 극동지역은 중국인 이민자가 대규모로 진출한 상황이다. 극동지역에 진출한 중국인 이민자의 수가 늘어나는 것에 대한 우려 역시 크다.

소위 빼꾸기 효과라 불리는, 이민자의 수가 늘어날수록 러시아인의 비중이 줄어들어 이민자들에게 러시아라는 둥지를 빼앗기는 상황에 대한 러시아의 불안감은 상당하다.

한국과 러시아의 상호보완 관계

그렇다면 러시아는 어떤 대안이 있을까. 오래 묵은 난제는 다소 급진적인 사고가 그 해결의 실마리를 제공할 수도 있다. 역사학자인 블라디미르 수린 박사가 2005년 '코리아 선언'을 통해 소개한 '한러공생국가론'이 바로 그것일 수 있다고 생각한다. 러시아 인구 문제에 대해 블라디미르 수린 박사는 딱 한 민족만 선택해서 받아들이고 다시 국경을 폐쇄해야 한다고 주장한다. 즉, 수린은 빼꾸기 효과를 불러올 서구식 '열린 러시아'가 아니라 러시아 민족을 살리는 '닫힌 러시아'를 주장하고, 다음과 같은 이유로 한국인이야말로 러시아가 받아들여야 하는 단 하나의 민족이라고 주장한다.[10]

[1] 한국은 자원은 없지만 수출주도형, 하이테크 경제체제를 이루었으며, 고급기술과 경영에 기반을 두며, 서비스보다는 물품의 생산 및 판매에 집중하는 제조업 경제구조다.

[2] 한국과 러시아는 국경을 마주하는 이웃국가다. 한반도에 인구 6,700만 명과 러시아에 거주하는 고려인 20만 명은 한러공생국가(Symbiotic State) 건립에 적절한 규모다.

[3] 한국인은 중국인과 달리 러시아 민족을 흡수할 우려는 없다.

한민족은 다른 민족에 흡수되는 것을 거부하는 동시에 다른 민족을 흡수하려고 하지 않아, '같은 물통에 들어 있는 물과 기름' 식의 역설적이지만 양국 모두에게 바람직한 관계를 형성할 수 있다.

[4] 한국은 러시아의 인구 희박 지역인 극동, 바이칼호 동쪽 지역, 연해주 및 시베리아 개발에 필요한 노동력(2,500만~3,000만 명)을 가진 나라다.

[5] 한국은 부존 천연자원이 부족하기 때문에 경제가 건강하지 않고, 지정학적·역사적 맥락에서 군사력은 더 보강되어야 한다.

[6] 한국인은 부지런하고 친절한 민족성을 지녔으며, 교육 수준도 평균적으로 높다.

필자는 위와 같은 수린의 의견에 공감하며, 인구동태학 측면에서 러시아와의 공생은 상호보완적이며, 한국에도 이득이 크다고 본다. 그 이유는 다음과 같다.

우선 인구밀도의 차이다. 한국의 평균 인구밀도는 $1km^2$당 513명이다(2017년 기준). 수도권은 2,152명이고, 서울은 무려 16,154명이다. 전체 평균 인구밀도만 따져도 OECD 국가 중 가장 높은 수치이며, 서울의 인구밀도는 런던, 도쿄, 파리 등 주요 도시 대비 3배 이상 높다. 높은 인구밀도로 인해 한국사회가 치르는 비용은 크다. OECD에서 진행한 한국의 환경성과검토 역시 "한국의 높은 인구밀도는 환경 문제를 악화시키고 있다"고 지적한다.[11] 인구밀도가 높으면 범죄율 등 사회문제 발생 빈도도 높아진다.[12] 즉, 주거문제, 환경문제, 교통문제 등 인구밀집 정도만 완화되어도 자연스럽게 해소될 수 있는 문제가 많다. 반면 러시아의 평균 인구밀도는 1km^{2}당 8.6명, 극동지역은 1km^{2}당 1명 수준으로 우리나라와 전혀 다르게 땅보다 인구가 부족한 상황이다. 남한 면적의 수십 배에 이르는 극동지역의 광활한 영토를 활용할 수 있는 길이 열린다면, 한국사회는 인구밀집으로 인해 겪고 있는 경제·사회·환경 문제의 많은 부분을 해소할 수 있을 것이다.

한국의 인구구조 역시 큰 문제다. 베이비부머 세대의 은퇴와 함께 고령인구는 가파르게 증가하고 있으나, 출산율은 러시아보다 더 낮은 세계 최하위 수준이다. 생산가능한 인구의 수는 줄고, 부양해야 할 인구의 수는 늘어나는 상황이다. 통계청[13]에 따르면 생산인구(15~64세)는 2015년 기준 3,744만 명(73.4%)으로 OECD 회원국 중 최고이나, 2065년에는 2,062만 명(47.9%)으로 OECD 회원국 중 가장 낮을 것으로 전망된다. 생산가능인구 100명당 고령인구를 의미하는 노년부양비는 2015년 17.5명에서 2065년 88.6명으로 5.1배 증가할 것으로 전망된다. 평균수명이 80세를 훌쩍 뛰어넘는 시대에 장노년층은 아직 충분한 체력과 함께 축적된 기술과 지식을 가진 훌륭한 인적 자원임에도 불구하고 이들의 능력을 십분 활용할 수 있는 일자리 없이 부양이 필요한 세대로만 남겨두는 것은 여러 측면에서 사회적 낭비다. 러시아는 극동개발을 위해 단순 서비스직 종사자보다는 전문성이 있는 인력이 필요하다. 우리가 러시아 극동지역에 한국의 산업화를 주도한 장노년층이 활동할 수 있는 새로운 기회를 만들 수만 있다면 러시아는 필요한 고급 인력을 얻을 수 있고, 우리는 아직 충분한 체력과 능력을 가진 장노년 세대에게 새로운 일자리를 제공하며 청년의 일자리 문제와 노인 부양 문제를 해결하는 일거삼득의 효과를 누릴 수 있을 것으로 보인다.

한국 입장에서는 산업 및 외교 관점에서도 러시아와 가까워지는 것이 필요하다. 한러 양국 간 교역 현황(2017년 기준)을 보면, 한국의 러시아 수입품은 72.6%가 연료·에너지상품이며, 러시아는 한국에서 자동차 및 자동차 부품 35.9%, 기계 및 설비 15.4%, 전기·전자 설비 7.5%를 수입하고 있다.[14] 자원이 전무한 한국에 러시아는 장기적으로 협력해야 할 매우 중요한 파트너이며, 기초과학 잠재력은 높으나 응용 기술 및 생산 효율성이 부족한 러시아에도 한국은 협력하기에 충분히 매력 있는 국가다. 블라디미르 수린이 주장한 '공생국가'까지 가지는 못하더라도, 러시아와 적극적으로 인적 교류가 이루어지면 양국 모두 서로에게 필요한 것을 주고받을 수 있을 것이다. 또한 장기적으로 북한과의 관계를 생각해도 러시아의 역할이 상당히 중요하다. 개성공단과 같은 형태의 남북 경제협력 사업이 북한이 아니라 러시아 극동지역에서 이루어졌다면 정치적 리스크를 줄일 수 있었을 것이다. 수린 교수의 주장처럼 한반도 주변 국가 중 남북 통일에 가장 거부감이 적은 러시아에서 남북이 함께 일하고 같이 살다 보면 통일은 자연스럽게 더 가까워질 것이다.

한러 공생을 위한 제언

이처럼 러시아와 한국은 상호보완적인 관계다. 그렇다면 한반도와 지리적으로 가깝고 러시아 역시 인구 증가와 개발 의지가 강한 극동지역을 새로운 기회의 땅으로 삼아 한러가 공생하기 위해서는 어떻게 해야 할까? 지금부터는 어떤 점들이 극동지역 이주 및 개발에 장애요인이고, 이러한 장애요인을 어떻게 극복할 수 있는지를 논의하고자 한다.

우선 시베리아, 러시아 극동지역 하면 가장 먼저 떠오르는 이미지는 아마도 극심한 추위일 것이다. 극동지역 주요 도시의 기온을 보면, 블라디보스토크의 경우 가장 따듯한 8월 평균 기온은 21.2℃, 가장 추운 1월 평균 기온은 -12.1℃ 정도이며, 하바롭스크, 비로비잔, 노비시비르스크 등의 평균기온은 -24~21℃다. 하지만 기후 자체가 극동지역 개발의 심각한 장애요인이 되지는 않을 것으로 보인다. 알래스카나 캐나다 역시 러시아 극동지역처럼 혹독한 기후 환경을 가진 곳이 있으나 지역 발전 수준이 훨씬 높고, 북유럽에 거주하는 국민은 열악한 기후에도 불구하고 세계적으로도 가장 높은 수준의 삶의 질을 누리고 있기 때문이다.[15] 장기적으로 보면, 역설적이지만 기후변화로 인해 가장 큰 혜택을 얻을 것으로 기대되는 국가가 바로 러시아다. 러시아 연구진[16]의 연구 결과에 따르면 2080년대까지 시베리아는 시나리오에 따라 겨울 중반에는 최대 9.1℃, 여름 중반에는 최대 5.7℃만큼 오를 것이라 한다. 연간 강수량 역시 60mm에서 140mm 정도 증가할 것으로 예상되며, 인류 정착에 필요한 것을 공급하는 능력 측정치 ELP(ecological landscape potential) 수치 또한 대부분의 지역에서 1~2단계 높아질 것으로 예상했다. IMF[17]도 북반구의 위도가 높은 국가들은 기후변화로 인해 일인당 실질 생산이 증가할 것으로 전망했다. 장기적으로 극동지역의 기후 문제는 현재보다는 긍정적인 방향으로 진행될 가능성이 높아 보인다.

다음으로 대규모 이주에 있어 가장 어려운 점은 바로 사회 인프라의 부족이다. 성원용 외[18]에 따르면 극동은 혹독한 기후 조건에 더해 보건의료 인프라가 취약하여 지역 주민의 건강 상태는 러시아 8개 관구 중 가장 나쁜 수준이다. 독감환자 발생률뿐만 아니라, 예방접종 미흡이나 영양 부족으로 발생하는 결핵환자 비율, 그리고 간염 등 주요 질병 발발 비율은 러시아 내에서도 월등히 높은 상황이다. 극동지역, 특히 역내 상대적으로 경제활동이 활발한 블라디보스토크, 하바롭스크, 이르쿠츠크의 주택 공급 상황이 러시아 평균에 미치지 못하고 주택 면적도 부족하다. 이 때문에 주택 임대료 수준이 지나치게 높으며, 물가, 생활여건 및 삶의 질 등을 반영한 실질소득은 러시아 평균 대비 12%가량 낮다고 한다. 교육 시설 역시 인구 대비 대학 수가 부족한 상황이다. 또한 한국에서 대규모 이주를 하기에는 이를 수용할 수 있는 적당한 산업과 일자리가 없다는 것도 큰 문제다.

결국 이러한 문제를 해결하기 위해서는 사회 인프라를 계획적으로 동시에 갖추는 투자를 진행할 수밖에 없다. 판교, 동탄 또는 세종과 같은 주거용 인프라를 갖춘 신도시와 구미국가산업단지(또는 개성공단)와 같은 제조업 기반의 생산 도시(해당 제조업에 특화된 교육기관 — 기술중심 대학 및 마이스터 고등학교 — 포함)가 융합된 새로우면서도 완전한 형태의 도시 계획이 필요하다. 자연적인 인구 유입에 따라 인프라가 발달하는 수준으로는 대규모 이주가 불가능하거나 아주 오랜 시간이 걸리기 때문에 계획적으로 기초 시설에 투자해야 한다. 러시아 내에서도 정주여건이 가장 좋은 도시를 만드는 것을 목표로 개발을 하지 않고서는 한국인의 이주뿐만 아니라 러시아 내 인구 유입도 어려울 수 있다. 이러한 신도시를 단기적으로는 10만 명, 장기적으로는 100만 명 이상이 거주 가능한 수준의 도시를 여러 곳에 개발해야 한다. 이와 함께 각 도시에는 제조업 기반 생산공장이 들어와 충분한 일자리가 제공되어야 한다. 이렇게 함으로써 산업 현장 경험이 20년 이상 있는 국내 장년층의 이주가 자연스럽게 이루어지게 해야 한다. 전문성을 필요로 하는 일은 주로 한국에서 이주한 근로자가 맡고, 전문성이 필요하지 않은 노동력은 개성공단과 같은 형태로 북한 근로자를 채용하거나 러시아 현지민을 채용하는 형태로 생산 시설에 노동이 공급될 수 있도록 해야 한다.

그러면 참여 주체별 유인을 따져보자. 러시아 정부 입장에서의 극동지역 개발 필요성은 앞서 충분히 설명했다. 이러한 사업을 성공하기 위해서는 러시아 정부의 파격적인 지원이 필요하다. 특히 사회 인프라 개발에 있어서는 러시아 정부의 재정 지원이 최대한으로 이루어져야 한다. 그렇게 하기 위해서는 이 사업이 한국을 위한 사업이 아니라 러시아와 한국 모두에게 장기적으로 도움이 되는 사업임을 국가 차원에서 강조하고 협의를 이끌어내야 한다. 극동지역의 인구감소, 중국인 불법 이민 문제 등으로 인해 엄청난 자원과 가능성을 가진 넓은 땅에 대한 실질적인 소유권을 잃어버리는 것이 아니라, 그 지역을 한국과 함께 러시아에서 가장 앞선 혁신도시로 계획·개발하는 방안이라는 것을 설득해야 한다. 러시아 정부는 이미 '2025 극동 바이칼 지역 개발 프로그램'[19]을 통해 극동지역의 개발계획을 수립하고 진행 중이기 때문에 필요성은 확실하게 인식하고 있다고 본다. 하지만 이를 한국과 함께하면 러시아는 자동차, 조선, 기계, 전자 산업 등 첨단산업을 유치하고, 이를 바탕으로 자원 중심의 러시아 경제를 혁신기술 위주의 산업으로 새롭게 탈바꿈시킬 수 있을 것이다. 단순히 인구 증가를 위해 구소련 국가 또는 중국 등에서 이주민을 받아 비전문적인 영역에서 러시아인과 일자리를 놓고 경쟁하도록 하는 것이 아니라, 넓은 땅과 자원을 지렛대로 삼아 러시아 경제구조를 바꿀 수 있는 기회를 잡으라는 것이다. 필자가 앞서 설명했던 이유, 그리고 수린 박사가 주장했듯이 한국만이 러시아에 도움을 줄 수 있는 파트너이기 때문에 러시아 입장에서는 환영할 일이다.

다음으로 도시 개발에 참여하는 국내 기업 입장에서 생각해보자. 러시아 정부 입장에서 본 사업이 충분한 타당성이 있다고 생각하면 사회 인프라 건설을 위해 상당 부분 투자를 할 것으로 생각한다. 물론 현재까지는 러시아 내 인프라 투자에 해외 기업이 참여한 사례가 매우 드물긴 하지만, 국내 기업이 러시아 정부가 발주한 사업에 개별적으로 참여하는 것이 아니라 전체 도시계획 차원에서 양국이 패키지로 합의를 이룬다면 충분히 가능한 일이라 본다. 이는 내수시장이 포화된 현 시점에서 국내 기업에 아주 매력적인 사업 기회일 수 있고, 전력, 통신, 수도 등 주로 내수시장을 중심으로 사업을 했던 공공 또는 민간 기업에도 해외 진출을 위한 테스트베드로써 충분한 참여 유인이 있을 것으로 보인다.

생산공장을 신설 또는 이전하는 국내 기업 입장에서도 살펴보자. 이들에게 가장 큰 유인은 역시 낮은 수준의 노동비용이다. 신도시+개성공단 형태의 프로젝트를 통해 단순 작업의 경우 북한 근로자를 이용하여 인건비를 낮출 수 있을 것이며, 전문성이 필요한 작업의 경우 우리나라의 숙련된 근로자를 활용할 수 있다. 기업 입장에서 봤을 때는 개성공단에서 누릴 수 있는 이점을 동일하게 누리면서 남북 간의 정치적 문제로 인한 리스크는 상당 부분 낮출 수 있을 것으로 보인다. 또한 러시아 정부의 의지에 따라 달라지긴 하지만, 인구밀집도가 매우 낮은 지역이라 상대적으로 완화된 환경 규제를 적용받을 수 있거나, 산업 유치를 위해 각종 세제 혜택도 부여받을 수 있다면 러시아 진출에 따른 이점이 더욱 부각될 수 있을 것으로 보인다. 실제 러시아는 2005년

'러시아연방 특별경제구역에 관한 법률' 「N. 116-FZ」을 공식 발효하여, 입주 기업에 '통관단일창구시스템(Single Window)' 원칙을 적용하여 행정 장벽을 완화하고 법인세·토지세·교통세 등 세율 인하 및 비관세지대 적용 등의 세제 혜택과 비즈니스 개발을 위한 인프라에 대한 접근을 제공하고 있다.[20] 특히 '기술·혁신' 특별경제구역에서는 비즈니스 인큐베이터 제공과 각종 세제 혜택을 적용해 러시아 중소기업의 기술 혁신 기반을 다지는 데 중점을 두고 있어,[21] 이러한 제도를 활용할 시 다양한 혜택을 받을 수 있을 것으로 기대된다. 새롭게 개척될 북극항로, 철도를 통한 유럽과의 연결 등 물류 운송과 관련된 혜택 역시 추가적인 이점이 될 수 있다.

직접 거주하고 생산활동에 참여할 개인 수준에서도 살펴보자. 우리나라 이주자 중 가장 큰 비율을 차지하게 될 50대 이상 숙련근로자의 경우, 한국에서는 은퇴 이후 본인의 능력을 활용하여 종사할 수 있는 일자리가 매우 제한적이다. 결국 요식업, 소매업 등 단순 서비스산업에 자영업자로 종사하는 비율이 높으나, 자영업자의 영업환경은 너무나 열악하다. 매년 100만 개가 창업하고 80만 개는 폐업하는 수준이고,[22] 2017년 기준 자영업자 29.1%는 월 100만 원도 벌지 못한다고 한다.[23] 이미 포화 수준을 넘어 구조적 조정이 필요한 상황이나, 별다른 대안이 없이 은퇴한 베이비부머들은 어쩔 수 없이 같은 선택을 강요받고 있다. 이들에게 자신의 경험과 노하우를 살릴 수 있는 제2의 일자리가 주어진다면 이주를 희망하는 사람도 상당수 있을 것으로 예상된다. 1970~80년대 중동의 열악한 환경에서도 사명감과 개척정신으로 훌륭히 임무를 완수한 세대에게 더 좋은 환경에서 도전할 수 있는 기회가 주어지는 것이다. 외교·정치적으로 문제가 풀린다면 북한 근로자 역시 참여할 충분한 유인이 있을 것이며, 러시아 노동자 역시 제조업에 종사하거나 거주민을 상대로 서비스업을 하며 새로 개발된 도시에 거주할 유인이 충분히 높을 것이다. 다만 이를 위해 러시아 내 거주 또는 취업을 위한 비자 문제는 정부 간 협의를 통해 풀어나가야 할 문제다.

사실 꿈같은 이야기일 수 있다. 엄청난 수의 인구가 이동하고, 국가 간의 관계, 경제구조 등 패러다임을 바꾸는 프로젝트라 세부적으로 살펴보면 해결해야 할 문제가 수천 가지에 이를 수도 있다. 하지만 한국과 러시아, 그리고 여기에 참여하는 기업과 근로자들이 큰 방향에 대한 확신이 있다면 결코 이루지 못할 허황된 계획도 아니다. 양국 모두 오랜 기간 동안 쌓인 고질적인 문제를 풀기 위해서는 획기적인 돌파구가 필요하고, 극동지역을 활용한 한러 공생은 이에 좋은 대안이 될 것이라 확신한다.

주

총론

1장 길이 열리면 시대가 열린다

1 독일의 지리학자 리히트호펜(Richthofen, 1833~1905)이 처음 명명했다.

2 Fred Czarra, 2009, *Spices: A Global History*, Reaktion Books, pp. 40-42.

3 Paul Freedman, 2008, *Out of the East: Spices and the Medieval Imagination*, New Haven: Yale University Press, p. 120.

4 이 부분은 『철학과 현실』(119호, 100-127쪽, 2018. 12)에 실린 필자의 기고문 중 일부를 축약·보정한 것이다.

5 P. Geddes, 1915, *Cities in Evolution: An Introduction to the Town Planning Movement and to the Study of Civics*, London: William & Norgate.

6 D. S. Landes, 1969, *The Unbound Prometheus: Technological Change and Development in Western Europe from 1750 to the Present*, Cambridge: Cambridge University Press.

7 D. Bell, 1973, *The Coming of Post-industrial Society: A Venture in Social Forecasting*, New York: Basic Books.

8 클라우스 슈밥, 2016, 『클라우스 슈밥의 제4차 산업혁명』, 송경진 옮김, 메가스터디북스.

9 [네이버 지식백과] 혁명[Revolution, 革命](철학사전, 2009, 중원문화)(검색일: 2018. 11. 25), https://terms.naver.com/entry.nhn?docId=388939&cid=41978&categoryId=41985

10 산업혁명 이전의 농업사회는 경제성장이 감속하기 때문에 맬더스트랩에 갇힌 농업사회로서 소수 특권층에 의해 농민대중이 착취당하던 전근대적 사회였다. 산업혁명 이후 산업사회에서는 경제성장이 가속하기 때문에 농민과 노동자 등의 삶의 질이 획기적으로 개선되어 두터운 중산층이 형성되고 시민의식이 고양되어 현대 자유민주주의 사회체제의 기반이 되었다.

2장 4차 산업혁명과 한국의 선택

1 북방 4개 섬은 쿠릴열도 최남단의 구나시르, 이투루프, 하보마이, 시코탄 열도를 말하고 일본명으로는 '북방영토'라고 한다.

2 Kim, Tai-Yoo, 2014, *Almas Heshmati, Economic Growth: The New Perspectives for Theory and Policy*, Springer.

3 Kim, Tai-Yoo and Daeryoon Kim, 2017, *The Secret of Hegemony*, Springer(김태유·김대륜, 2017, 『패권의 비밀』, 서울대학교출판문화원).

3장 한러 협력은 한국의 미래

* 이 글은 『대륙의 미학 역설의 시학』(2020, 삼인)에 실린 필자의 글 「한·러 협력을 강화해야 하는 이유」를 수정·보완한 것이다.

1 정식 명칭은 Mystery and Company of Merchant Adventurers for the Discovery of Regions, Dominions, Islands, and Places unknown이다.

2 영국 사례는 필자의 졸고 『줌 인 러시아 2: 도시이야기』(2020, 삼성경제연구소)에서 재인용했다.

PART 01 | 한국의 지경학적 딜레마를 풀어갈 파트너, 러시아

1장 왜 한국이 러시아에 필요한가?

1 서동주·이상준, 2018, 「푸틴 집권 4기 러시아의 동북아·한반도 정책과 한·러 외교·경협의 과제」, 『러시아연구』 28권 2호, 111-140쪽.

2 알렉산드르 딘킨, 2013, 『글로벌 전망 2030: 러시아의 전략적 시각』, 김현택·이상준 옮김, 한국외국어대학교출판부, 447쪽.

3 한국일보, "동부 유럽에 다시 부는 친러시아 바람," 2018. 10. 8.

4 KOTRA, "[해외시장뉴스] 유라시아경제연합 통합 세관법 2018년 1월부터 발효," 2017. 12. 6.

5 Anna Kuznetsova, 2017, "Greater Eurasia: Perceptions from Russia, the European Union, and China," http://russiancouncil.ru/en/analytics-and-comments/analytics/greater-eurasia-perceptions-from-russia-the-european-union-and-china/ (검색일: 2018. 2. 20).

6 서정건·차태서, 2017, 「트럼프 행정부와 미국외교의 잭슨주의 전환」, 『한국과 국제정치』 33권 1호, 63-91쪽.

7 Dmitri Trenin, 2015, "From Greater Europe to Greater Asia? The Sino-Russian Entente," Carnegie Moscow Center, http://carnegie.ru/2015/04/09/from-greater-europe-to-greater-asia-sino-russian-entente-pub-59728 (검색일: 2018. 2. 20).

8 Gleb Fedorove, 2017, "TPP Failure: Can Vietnam Become Russia's Window to Asia?" https://www.rbth.com/business/2017/01/31/tpp-failure-can-vietnam-

become-russias-window-to-asia_692768 (검색일: 2018. 3. 10).

9 중앙일보, "93세 키신저가 미·러 중재 외교," 2016. 12. 29.

10 연합뉴스, "러시아-중국 잇는 '시베리아의 힘' 가스관 개통," 2019. 12. 2.

11 연합뉴스, "푸틴 '쿠릴 4개섬 일본 반환 계획 없어'… 반환 불가 거듭 확인," 2019. 6. 22.

12 KOTRA, "[해외시장뉴스] 극동러시아 석유가스 프로젝트, 어떻게 진행되고 있나," 2017. 10. 19.

13 연합뉴스, "대우조선해양 '쇄빙 LNG선' 4척 동시 명명식 열려," 2019. 3. 28.

14 이성우, 「북극항로 개방과 도시 협력: 강원도와 동북아 도시 성장의 가능성」, 여시재 양양국제세미나 발표자료, 2017. 9. 1.

2장 한국의 지전략적 딜레마? 러시아가 답이다!

* 이 글은 다음 졸고를 수정·보완·종합하여 작성했다. 신범식, 2018, 「북방정책: 역사적 회고와 전망」, 『외교』 125호; 신범식, 2020, 「한·러수교 30주년 양국관계: 현황과 전망」, 『외교』 134호.

1 지정학적 중간국(中間國)이란 지역정치 내지 국제정치 구조에서 '지정학적 단층대(geopolitical fault line, scattered zone)'상에 위치하여 "강대국들 사이에 끼인 국가"를 지칭하며, 이들은 대개 세력권의 확장을 두고 각축하는 두 세력 간의 경쟁이 고조되는 지정학적 단층대의 활성화에 의하여 딜레마적 외교 압력에 노출된다. 따라서 중간국을 결정짓는 가장 중요한 조건은 지정학적 단층대의 활성화이며, 중소국이나 약소국은 말할 것도 없고 드물게는 강대국도 더 강력한 세력 간의 경쟁이나 충돌이 발생할 경우 중간국이 될 수 있다. 자세한 내용은 신범식, 2020, 「지정학적 중간국 우크라이나의 대외전략적 딜레마」, 『국제·지역연구』 29권 1호, 38-39쪽 참조.

2 북한 환원주의는 한국 외교정책이 북한과의 대립이나 대결 또는 통일의 가치 등 다양한 원인에 의해서 외교정책 고유의 독립적 목표를 추진하는 동력을 상실하고 대북정책에 종속되는 현상을 의미한다. 한국 외교정책이 대북정책과 연계될 수밖에 없지만, 이러한 환원주의의 덫에 걸리지 않고 나름의 독립적 외교 목표를 추진하면서 우호적이고 협력적인 외교 환경을 이끌어내는 외교술(art of diplomacy)의 결여는 한국 북방정책이 절반의 성공에 그치게 하는 가장 결정적인 원인이 되었다. 신범식, 2018, 「북방정책: 역사적 회고와 전망」, 194-209쪽.

3 김달중, 1989, 「북방정책의 개념, 목표 및 배경」, 『북방정책에 관한 특별하계학술회의 자료집』, 4쪽.

4 김성철은 좁은 의미의 북방정책을 세 시기를 거쳐 발전해온 것으로 설명했지만, 이 글은 최근 신북방정책까지 총 네 시기로 나누어 설명하고자 한다. 김성철, 2000, 「외교정책의 환경·제도·효과의 역동성: 북방정책 사례 분석」, 『국제정치논총』 40권 3호, 90-96쪽.

5 신대륙주의는 콜더(Kent Calder)의 탈냉전기 유라시아 에너지 지정학에 관한 저서 제목으로 널리 알려졌지만, 최근 발간된 그의 저작 *Super Continent: The Logic of Eurasian Integration*(Stanford University Press, 2019)에서 더 확장된 의미로 사용되고 있다.

6 성원용, 2017, 「동방경제포럼 참석의 성과와 한계, 그리고 향후 과제」, 『북방경제협력의 새로운 모색』(사단법인 유라시아21 정책포럼 자료집, 프레스센터 국제회의장, 2017. 10. 10).

7 유라시아를 권역별로 구분하는 접근에 관한 논의는 다음을 참조. 신범식, 2018, 「'유라시아 이니셔티브'로 본 한국의 대륙외교」, 서울대학교 정치외교학부 교수진(공저), 『21세기 초 한국의 정치외교: 도전과 과제』, 늘품플러스.

8 신범식, 2018, 「북방정책: 역사적 회고와 전망」, 194-209쪽.

9 한러 전략협력에 대한 평가와 방법에 대해서는 다음을 참조. 신범식 외 공저, 2015, 『한국과 러시아의 전략협력』, 한국외국어대학교지식출판원.

4장 미중패권경쟁과 차이나 리스크에 대한 출구전략, 러시아

* 이 글은 저자가 2018년부터 2020년까지 발표했던 아래 논문을 근거로 재구성한 것이다.

최재덕, 2018, 「일대일로의 이론과 실제: 중국의 지역패권주의 강화와 일대일로 사업 추진에서 발생된 한계점」, 『한국동북아논총』.

최재덕, 2018, 「한반도 신경제지도와 일대일로 협력의 기회요인과 위협요인: 북방경제협력과 연계모색 중심으로」, 『평화학연구』.

최재덕, 2019, 「신남방정책과 '인도-태평양 전략'의 상호연계 모색: 지정학과 지경학의 상호보완성을 중심으로」, 『세계지역연구논총』.

최재덕, 2019, 「일대일로 2.0과 중러관계의 한계성」, 『평화학연구』.

최재덕, 2019, 「차이나 리스크에 대한 대비와 한반도의 전략적 지정학 정립의 필요성」, 『슬라브학보』.

최재덕, 2020, 「미중패권경쟁의 전망과 한국의 외교전략: 아세안과 신남방정책의 협력을 중심으로」, 『슬라브학보』.

최재덕, 2020, 「코로나 팬데믹 시대, 국제질서의 변화와 러시아의 외교전략: 중러·미러 관계를 중심으로」, 『중소연구』.

1 Henry Kissinger, 1994, *Diplomacy*, New York: Simon & Schuster, pp. 674-702.

2 오바마 정부의 아시아 재균형 정책은 경제, 외교적 측면에서 뚜렷한 성과를 보이지 못한 반면, 군사적 동맹 측면에서는 가시적 성과를 도출했다. 미국은 호주, 필리핀, 태국, 한국, 일본과 양자 동맹을 강화했고 대표적으로 호주 다윈 지역의 미 해병대 순환배치, 필리핀 군사기지 접근과 이용을 10년간 보장한 미국-필리핀 간 '방위협력증진

협정,’ ‘2015년 미일 방위협력지침 개정’ 등이다.

3 중앙일보, “‘소련 봉쇄’ 47년 트루먼 독트린 vs. ‘중국 봉쇄’ 2017년 ‘트럼프 독트린’,” 2017. 11. 10.

4 미국의 대중 포위전략 무력화와 역내 패권국 지위 확보를 위해 해공군을 중심으로 첨단기술로 무장한 현대화된 군대를 보유하고자 한다. 중국의 국방비는 꾸준히 증가하여 2016년 미국 국방비의 절반인 2,150억 달러였고, 2018년 예산은 1조 1,289억 위안(약 192조 8,000억 원)으로 2006년 대비 국방비가 4배 증가했다. 최근 일대일로, 신형국제관계 등 이전에 비해 공세적인 대외전략으로 영향력을 확대하고 세계 각지에서 중국의 이익과 안보, 중국인의 재산과 생명보호를 위해 해외 군사 활동영역을 확대하고 있다. 기존의 방어적 군대가 아닌 자국 핵심 이익(core interest)을 위해 강압적 전쟁수행 능력을 적극 제고하고 있다(정재홍, 2019, 「중국의 강대국화 전략과 한국의 과제」, 『세종정책브리프』).

5 미국은 중국의 수입품에 대해 2018년 3월 2,500억 달러 규모와 7월에 340억 달러 규모의 관세를, 8월에 160억 달러 규모의 중국 수입품에 25% 고율 관세를 부과했다. 9월에 2천억 달러 규모의 중국 제품에 10% 관세를 부과하였고, 2019년 5월 기존에 10%를 부과했던 2천억 달러 규모의 중국산 제품의 관세를 25%로 인상했다.

6 이데일리, “무역 · 군사 총망라…트럼프의 對中강공, 왜?” 2019. 5. 7.

7 동아닷컴, “美, 中에 환율전쟁 포문…한국도 사정권,” 2019. 5. 25.

8 미국 내 중국인 유학생은 36만여 명으로 전체 외국인 유학생 110만여 명의 3분의 1이다. 비자 제한 조치로 중국 유학생들은 학업과 취업을 포기하고 중국으로 귀국했다. 시진핑 주석은 일대일로 정상포럼에서 “세계 각국은 중국인 기업가, 유학생, 학자 등을 공평하게 대우하고 우호적인 환경을 제공해야 할 것”이라고 촉구했다(SBS 뉴스, “美 비자 규제에 中 유학생들 ‘좌절’…취업 포기 · 귀국 속출,” 2019. 4. 30).

9 연합뉴스, “[무역전쟁 1년] 공정무역 빙자한 미중 패권 다툼…지구촌 전쟁터로,” 2019. 3. 17.

10 중앙일보, “미국의 대중국 전방위 압박, 트럼프 이후에도 지속된다,” 2019. 4. 24.

11 연합뉴스, “바이든 시대에도 대만에 대한 무기 수출 계속될 듯,” 2021. 1. 29.

12 아주경제, “美 ‘하나의 중국’ 사실상 폐기…미 · 중 갈등 전면전,” 2019. 7. 1.

13 중앙일보, “대만을 국가로 언급…美의 도발, 中 금기마저 건드렸다,” 2019. 6. 15.

14 정재홍, 2019, 「중국의 강대국화 전략과 한국의 과제」, 『세종정책브리프』, 4쪽.

15 Martin Jacques, 2012, *When China Rules the World: The End of the Western World and the Birth of a New Global Order*, New York: Penguin Books, p. 25.

16 Maria Hsia Chang, 1992, “China’s Future: Regionalism, Federation, or Disintegration,” *Studies in Comparative Communism*, 25(3).

17 시진핑 시기 강군몽(强軍夢) 구상의 특징은 ‘중국군 사명의 확대’, ‘적극적인 군사전

략으로의 변화', '중국군의 현대화 및 정보화', '군사강국을 겨냥한 무기 및 장기의 발전', '신형 군사인재의 신속한 배양', '군사적 대비 영역 확대 및 조정' 등으로 요약할 수 있다(김태성·이상현, 2018, 중국의 군사력 증강(强軍夢)에 따른 한국의 전략적 대응방향」, 『한국동북아논총』 23권 3호, 94쪽).

18 이성현, 2018, 「미중 무역전쟁의 함의와 전망」, 『정세와 정책』 17호, 1-3쪽.

19 2019년 4월 26일 제2차 일대일로 국제협력 정상포럼 개막식에서 시진핑 주석은 시장화·법치화를 통한 경영환경을 보완, 중국의 지식재산권 침해 행위 엄단, 강제 기술 이전 중단, 기업 비밀 보호 규정 강화에 대해 약속했다.

20 2020 중국 개황, 70쪽, 외교부 홈페이지 참조.

21 소위 진주목걸이 전략(String of Pearls)으로 불리며, 미얀마 차우퓨크항, 방글라데시 치타공항, 스리랑카 콜롬보항과 함반토타항, 파키스탄 과다르항, 지부티 오보크항, 수단 포트수단, 탄자니아 바가모요항, 남아프리카공화국 리처드 만 등이며, 거의 모든 항에서 중국 주도의 항만 공사가 시행되거나 부채 미상환으로 인한 장기 임대 계약 또는 토지의 소유권 이전이 진행되고 있다.

22 문화일보, "'채무제국주의' 비판받는 일대일로…中 '윈-윈 경협' 깊은 고민," 2019. 3. 30.

23 최재덕, 2018, 「일대일로의 이론과 실제: 중국의 지역패권주의 강화와 일대일로 사업 추진에서 발생된 한계점」, 『한국동북아논총』 23권 3호, 39-40쪽; 2020년 12월 8일 중국은 최고인민법원 산하 국제상사법정(CICC) 내에 일대일로 문제 자문을 위한 국제법 전문가 24명으로 구성된 국제법 전문가 패널을 구성했다(연합뉴스, "중국법원, '일대일로 전문가 패널' 구성…관련국 소송 대비," 2021. 2. 15).

24 동아닷컴, "'中 단둥-평양-서울-부산 연결'…일대일로 한반도 확장 첫 명시," 2019. 3. 2.

25 존 J. 미어셰이머, 2017, 『강대국 국제정치의 비극』, 이춘근 옮김, 김앤김북스, 36쪽.

26 최병일, 2019, 『미중 전쟁의 승자, 누가 세계를 지배할 것인가?(미국편)』, 책들의정원, 81-89쪽.

27 강선주, 「2018, 지경학(Geoeconomics)으로서의 미국의 인도-태평양 구상」, *IFANS (Institute of Foreign Affairs & National Security)*, 주요국제문제분석, 3쪽.

28 연합뉴스, "폼페이오 "인도-태평양에서 1천 200억 원 투자"…中 '일대일로' 맞불," 2019. 1. 5.

29 동아닷컴, "美 '한미동맹이 인도-태평양 전략의 린치핀'…中견제 공조 시사," 2019. 7. 4.

30 이대우, 2019, 「미국의 인도·태평양 전략과 한반도」, 『정세와 정책』 12호.

31 한국일보, "美, 中 '일대일로' 맞서 '푸른 점 네트워크' 추진," 2020. 1. 20.

32 연합뉴스, "美 동맹강화로 中 고립…인도·태평양 파트너십·경제블록 구축," 2020. 5. 22.

33 Giovanni Arrighi, 2007, *Adam Smith in Beijing: Lineages of the Twenty-first Century*,

London: Verso.

34 신창타이(新常態)는 새로운 정상상태라는 뜻으로 뉴노멀(New Normal)과 비슷한 의미다. 뉴노멀은 2008년 금융위기와 그 이후 2012년까지 이어진 경제 침체 기간 동안 만들어진 새로운 경제적 기준을 말한다. 저성장, 저소득, 저수익률, 고위험을 특징으로 한다.

35 [네이버 지식백과] 신창타이(新常態)(중국 현대를 읽는 키워드 100, 국민대학교 중국인문사회연구소) (검색일: 2019. 3. 2).

36 현 영국 왕립국제문제연구소 소장이며 전 골드만삭스 자산운용 회장인 짐 오닐(Jim O'neill)은 2001년 당시 2011~2020년 동안 중국의 경제성장률을 평균 7.5%로 예측했으며, 2021~2030년에는 중국의 노동력 감소를 이유로 연 5%대 성장을 달성하기 위해 고군분투할 것으로 예상했다(짐 오닐, 「브릭스 용어 만든 나의 성장률 예측 틀렸다」, 『Economy Chosun』 296호, 2019).

37 Regional Economic Outlook: *Asia and Pacific: Building on Asia's Strengths during Turbulent Times*, April. 2016.

38 최윤식, 2018, 『앞으로 5년 미중전쟁 시나리오』, 지식노마드, 347쪽.

39 문화일보, 「국유기업 · 부채 리스크? 발등의 불…바오류도 불투명」, 2019. 5. 9.

40 중국국제금융공사(CICC)는 중국 전역의 지방정부 특수법인은 1만 1,566개로 추산했으며, 이들 법인은 2019년 현재 상환해야 할 부채 원리금의 40%밖에 감당할 수 없는 것으로 보고되었다.

41 최근 후난성, 장쑤, 산시, 윈난, 충칭 등 2019년 만기 부채 규모가 2018년 재정수입의 절반을 넘어 재정 건전성을 유지하기 힘든 지방정부가 속출하고 있으나 만성적인 지방정부의 재정난은 구조적 혁신 없이는 해결될 수 없다(「중국 부채통계 허구…공공부채, GDP의 140%」, 『MIDAS』 2019년 5월호(검색일: 2019. 4. 20).

42 글로벌 이코노믹, 『중국 부채의 불편한 진실 4가지…포스코경영연구원, 'GDP대비 253%' 경고," 2019. 1. 31.

43 19차 당 대회에서 '시진핑 신시대 중국 특색 사회주의 사상'이 새로운 통치 이념으로 확정되어 종신 집권이 가능한 1인 지배체제를 확립함에 따라 시진핑 2기에는 반부패 투쟁이 고위간부에서 기업가 · 연예인 비리와 탈세로 확대되고 사상 통제, 미디어 검열 등 사회 전반에 걸쳐 당의 통제가 강화되었다. 다양성 추구, 시장경제 확대, 대외개방이 제한되고 있으며, 삶의 질적 향상에 부응하는 인민의 자율성과 권익 보장에 대한 욕구가 억제되고 경직성이 증가하고 있다.

44 한국무역협회국제무역연구원, 2016, 『선진화된 구조로 세계 경제와 조화되는 한국무역』, 1-2쪽.

45 오마이뉴스, "중국이 재채기하면 독감 걸리는 한국경제," 2015. 10. 15.

46 「중국경제의 구조변화와 시사점」, 『한국은행 국제경제리뷰』(검색일: 2017. 7. 14).

47 IMF 보고서에 따르면 중국의 대미 수출물량 약 5,400억 달러 전체에 미국이 25% 관세를 물리고, 중국이 1,200억 달러 상당의 미국 제품에 25% 관세를 물리게 되면 미국내총생산은 0.3~0.6% 감소하고, 중국은 국내총생산의 0.5~1.5%가 감소할 것으로 예상했다.

48 데일리한국, "한중 경제 동조화?…중국 성장률 하락하면 한국도 떨어져," 2019. 3. 15.

49 주원, 「차이나 리스크, 교역 경로를 넘어선 중국 경제위기 전염가능성에 대비하자」, 『경제주평』 18-28(통권 803호), 3-4쪽.

50 매일경제, "G2 무역전쟁은 위기이자 기회…中의존도 낮추는 계기 돼야," 2018. 11. 6.

51 한국무역신문, "양회에서 사라졌어도 중국제조 2025 가속페달," 2019. 3. 21.

52 1945년 2차 세계대전이 끝난 후 미소 냉전체제에서 유럽은 1949년 4월 NATO를 창립하고 미국을 포함한 13개국에 독일, 그리스, 터키, 스페인을 흡수하여 막강한 군사력과 경제력을 갖춘 강국들의 군사동맹체로 성장, 소련 해체 후 러시아가 약화된 틈을 타 동유럽과 구소련의 위성국까지 NATO에 가입하면서 비약적으로 확장되었다. 1990년 독일 통일 후 동독이 NATO의 영역으로 흡수되었고, 1999년 체코·폴란드·헝가리, 2004년 불가리아·에스토니아·라트비아·리투아니아·루마니아·슬로바키아·슬로베니아, 2009년 알바니아·크로아티아, 2016년 몬테네그로가 가입하면서 총 회원국은 29개국이 되었다. 조지아와 우크라이나가 NATO에 가입한다면 러시아는 완충지 없이 NATO군과 접하게 되는 안보상 위기를 맞이하게 되는 것이 러시아가 NATO의 동진에 맞서 조지아 침공과 크림반도 병합을 감행한 이유다.

53 이상국, 2019, 「중국의 2019년 전반기 전략 동향 평가 및 함의」, 『동북아 안보정세 분석』(검색일: 2019. 6. 22).

54 투 코리아, 「새로운 안보 질서의 모색」, 2019. 5. 2.

55 홍현익, 2013, 「주변 4국의 중국인식: 러시아의 대중국인식」, 『성균차이나브리프』 1권 1호, 87쪽.

56 홍현익, 「주변 4국의 중국인식: 러시아의 대중국인식」, 87쪽.

57 SBS 뉴스, "시진핑, 무역전쟁 속 상하이협력기구 회원국에 단합 촉구," 2019. 6. 15.

58 문수언, 「상하이협력기구(SCO)를 통하여 본 러시아와 중국 관계」, 『사회과학논총』 13권, 27쪽.

59 연합뉴스, "中, 옛 소련권 EAEU와 경협협정 서명…'일대일로' 박차," 2019. 5. 30.

60 김영진, 「유라시아의 비서구 지역통합 프로젝트 유라시아경제연합(EAEU)과 일대일로(BRI)」, 『슬라브학보』 34권 1호, 199쪽.

61 조정원, 2016, 「중국과 러시아의 국동 시베리아 개발 협력」, 『중-러 브리프 9호』, 14쪽.

62 [네이버 지식백과] 중소국경분쟁: Sino-Soviet border conflict, 中蘇國境紛爭(검색일: 2019. 6. 20).

63 국민일보, "러시아인들은 왜 중국을 경계하나…자본과 인구로 '경제적 지배' 우려," 2019. 5. 25.
64 내일신문, "키신저의 귀환…트럼프는 그가 선택한 '백도어맨(Back Door Man)'인가," 2020. 3. 1.
65 연합뉴스, "[바이든 승리] 트럼프 정권 때보다 미-러 관계 더 악화 가능성," 2020. 11. 8.
66 헤럴드경제, "이란 '러·중 포함 美 제재 피해국 모임 결성하자'…반미전선 구축," 2020. 7. 21.
67 파이낸셜뉴스, "중국-이란, 25년 동반자 협정 임박…미국에 맞서 공동전선," 2020. 7. 13.
68 정재흥, 2018, 「2018년 중국 정세와 한·중 관계 평가 및 2019년 전망」, 『정세와 정책』 18호, 5-6쪽.
69 중국의 미 국채보유량은 미중패권경쟁이 시작된 2018년 3월 1조 1,819억 달러에서 2019년 5월 현재 약 1조 1,101억 달러로 약 6% 이상 감소했다. 미 국채 매각은 무역전쟁 국면에서 미국을 압박할 중국의 카드 중 하나로 여겨졌으나 미 국채 가격 하락이 중국의 보유 외환 자산 가치 감소와 직결된다는 측면에서 중국 정부가 실제 투매에 나설 가능성은 낮게 보고 있다. 반면, 일본의 미 국채보유 규모는 1조 1,009억 달러로 일본이 조만간 다시 미 국채 최대 보유국이 될 것이라는 전망이 나오고 있다(아시아경제, "무역긴장 속 美국채 계속 내다파는 중국…日에 1위 내줄 듯," 2019. 7. 17).
70 2020년 9월 4일 의학저널 『랜싯』은 '스푸트니크V'의 모든 임상실험 참여자에게서 코로나19 항체가 형성됐다고 밝혔고, 2020년 현재 러시아는 지원자 4만 명을 대상으로 최종 시험을 진행 중이다(파이낸셜뉴스, "러시아 백신 잘 나가네…비서구권 러브콜 쏟아져," 2020. 9. 8).
71 바샤르 알 아사드 시리아 정권에 대한 미국의 추가 경제 제재 단행. 아사드 대통령과 아내를 비롯한 가족, 정권 관계자와 아사드 정권을 지원하는 제3자까지 대상으로 한다. 미 재무부는 해외자산통제국(OFAC)은 「카이사르법」에 따라 아사드 대통령을 지원하고 대가를 받은 개인과 단체 24곳을 제재 대상으로 등재하고, 아사드 정부를 지지해온 이란과 러시아 등 제3자에 대한 제재도 허용하고 있다("Special Representative for Syria Engagement James Jeffrey On Syria Caesar Act Designations," https://www.state.gov(검색일: 2020. 6. 17)).
72 러시아는 지난 2017년 12월 시리아 타르투스 항구의 러시아 해군기지 임대를 49년 연장하기로 합의했다. 시리아는 이 합의에서 핵 추진 함정을 포함해 11개의 선박을 타르투스 해군기지에 계속 배치할 수 있도록 허용했다. 러시아는 2016년 또 다른 항구도시 '라타키아' 인근에 흐메이밈 공군기지를 세웠다(Newscape, "시리아는 러시아가 필요해. 미국 때문에," 2020. 9. 8).
73 투르크 스트림은 러시아 흑해 연안 아나파에서 출발, 흑해 해저를 통과해 터키·그리스 국경까지 이어지는 총연장 약 1,100km의 가스관이다. 폼페이오 장관은 2020년

9월 15일 노르드 스트림2(Nord stream2)와 투르크 스트림에 참여하는 기업들을 2017년 제정된 '대미 적대세력 제재법(CAARTSA)에 따라 제재를 받을 수 있다면서 "지금 그만둬라. 그렇지 않으면 중대한 결과를 무릅써야 한다"고 경고했다. 이 법에 따라 이란, 북한, 러시아가 제재를 받고 있다. 러시아는 미국이 "불공정 경쟁을 위해 정치적 압력을 사용하는 것"이라며 강력히 비판했다(연합뉴스, "미, 러시아-유럽 가스관 사업 투자자에 제재 엄포…사업 중단 촉구," 2020. 9. 16).

74 정여천, 2014, 「신북방 경제협력의 필요성과 추진방향」, 대외경제정책연구원, 35쪽.

75 박종수, 2017, 「왜 다시 북방인가?」, 『북방에서 길을 찾다』, 디딤터, 19-51쪽.

76 이태림, 2017, 「법 · 제도 신북방 전략」, 『북방에서 길을 찾다』, 디딤터, 235-256쪽.

77 배기찬, 2019, 「신한반도체제의 형성과 북방협력의 미래」, 『유라시아 정책세미나 '신한반도체제'의 형성과 한국-중앙아시아 협력』, 29-30쪽.

78 연합뉴스, "철도공동체 구축되면 동아시아 1일 생활권 · 최대 경제권 부상," 2019. 4. 24.

PART 02 | 한국 미래산업의 자양분이 될 러시아의 에너지

2장 더는 미룰 수 없는 천연가스 협력, 이렇게 해결하자

1 천연가스나 부생가스의 메탄이나 일산화탄소로부터 석유화학 제품을 만들어내는 화학 공정(기존의 석유화학 공정은 나프타를 원료로 사용)

2 서구권에서는 파이프라인 천연가스의 약어로 PNG를 잘 사용하지 않는다. 그러나 우리나라를 포함한 동북아에서 일반적으로 사용하는 표현이므로 이 글에서는 PNG를 그대로 사용했다.

3 냉전 종식 이후 러시아 경제의 민영화 과정에서 경제력과 영향력을 축적한 신흥재벌이다.

4 천연가스 개발, 생산, 운송은 가즈프롬이 독점, 원유 개발 및 생산은 로즈네프트가, 운송은 트랜스네프트가 담당한다.

5 일종의 기후에 따른 현상으로 10월의 장마와 3월의 해빙기로 인해 토양이 갯벌과 같은 상태가 되는 현상. 차량을 통한 이동이 매우 어려우며 철로로는 상대적으로 자유롭게 이동할 수 있다.

6 에너지경제연구원, 2016, 「러시아-중국 간 가스부문 협력 동향 및 전망」, 『세계 에너지시장 인사이트』 16-36호.

7 Tonne of Oil Equivalent(석유환산톤). 비교를 위하여 여러 에너지원의 소비량을 동일한 열량의 석유소비량으로 전환하여 표시한 단위다.

3장 러시아의 전기가 한국의 에너지 도약을 앞당긴다

1 산업통상자원부, 2017, 『제8차 전력수급기본계획(2017~2031)』, 9쪽.

2 연합뉴스, "IEA, 한국 전기요금, 주요 28개국서 2번째로 저렴," 2019. 10. 27.

3 김철현 · 박광수, 2015, 『국내 전력 소비 패턴의 구조적 변화 및 변화요인 분석』, 에너지경제연구원 기본연구보고서, 15-07, 6쪽.

4 제3차 에너지기본계획 워킹그룹, 2018, 『지속 가능한 번영을 위한 대한민국 에너지 비전 2040』, 5쪽.

5 산업통상자원부, 2017, 『제8차 전력수급기본계획(2017~2031)』, 15쪽.

6 산업통상자원부, 2017, 『제8차 전력수급기본계획(2017~2031)』, 2쪽.

7 박주헌, 2015, 「한국 에너지정책 제1원칙 – 다변화」, EMP과정 세미나 발표자료, 18쪽.

8 이성규, 2014, 「국내 전력계통 현황 및 전망」, 『전기저널』, 2014년 10월호, 44쪽.

9 원자력상식사전 편찬위원회, 2016, 『원자력 상식사전』, 박문각, 70쪽.

10 윤성학, 2017, 「동북아 슈퍼그리드 전력 비교 연구」, 『러시아 연구』 27권 2호, 201-225쪽; 조선일보, "[최보식이 만난 사람] 이렇게 나서도 괜찮은 건가, 정부가 원치 않는 일을 하는 게 아닌가," 2018. 8. 19.

11 BP, 2018, "BP Energy Outlook: Country and Regional Insights – Russia."

12 BP, 2018, "BP Energy Outlook: Country and Regional Insights – Russia."

13 이주리, 2017, 「동북아 3국(한 · 중 · 일)의 러시아 극동지역 전력자원 활용전략」, 『세계 에너지시장 인사이트』 17-11호, 26쪽.

14 이주리, 2017, 「동북아 3국(한 · 중 · 일)의 러시아 극동지역 전력자원 활용전략」; 윤성학, 2017, 「자원 · 에너지 신북방전략: 푸틴의 아시아 에너지 슈퍼 링 구상과 한 · 러 협력」, 동북아공동체연구재단, 『북방에서 길을 찾다』, 디딤터, 27쪽.

15 이주리, 2017, 「동북아 3국(한 · 중 · 일)의 러시아 극동지역 전력자원 활용전략」, 28쪽.

16 이주리, 2017, 「동북아 3국(한 · 중 · 일)의 러시아 극동지역 전력자원 활용전략」, 28쪽.

17 정규재, 2017, 「세계 주요 슈퍼그리드(전력망) 추진 동향과 시사점」, 『세계 에너지시장 인사이트』 17-16호, 8쪽.

18 아이뉴스24, "[팩트체크] 동북아 슈퍼그리드'가 에너지 속국 자초하는 일?" 2018. 12. 18.

19 산업통상자원부, 2017, 『제8차 전력수급기본계획(2017~2031)』, 61쪽.

20 윤성학, 2017, 「동북아 슈퍼그리드 전력 비교 연구」, 216쪽.

21 윤성학, 2017, 「동북아 슈퍼그리드 전력 비교 연구」, 218-219쪽.

22 이상준, 2018, "[기고] 에너지 전환과 동북아 슈퍼그리드," 머니투데이, 2018. 7. 20.

1장 한러 해양협력, 제2의 장보고 시대 열린다

1 대외의존도는 국민총소득 대비 수출입 비율로 산정하며, 대외의존도가 높을수록 내수보다는 수출입 비중이 크다는 것을 나타낸다.

2 이민규·김찬호·윤정현, 2015, 「항만 폐쇄의 파급효과 분석: X-이벤트의 관점에서」, 『해운물류연구』 31권 2호, 228쪽.

3 다만, 한진해운이 파산함에 따라 항만물동량에서 국적 선사가 차지하는 비중이 낮아졌다. 한진해운이 처리하던 물동량이 외국 선사로 이전한 것이다.

4 환적물동량은 선박이 우리나라 항만에 하역한 후 내륙으로 들어오지 않고 다시 다른 선박에 선적하여 외국으로 출항하는 물동량을 의미한다.

5 주요 러시아 컨테이너 항만 가운데 극동지역 항만은 블라디보스토크, 보스토치니, 코르사코프, 페트로파블롭스크-캄차카, 마가단 등 모두 5개로 상트페테르부르크 항만을 제외한 대부분의 컨테이너가 극동지역 항만에서 처리되고 있다(한국해양수산개발원, 2018, 『극동아시아 동향 리포트』).

6 러시아 연해주, 중국 지린성·헤이룽장성 농산물 운송을 위한 터미널 개발사업으로 1-1단계(1선석)와 1-2단계(1선석)로 구분하여 슈마(Summa)그룹 자회사인 UGC(United Grain Company)사가 추진 중이다.

7 한국수출입은행, 중국수출입은행, 러시아 대외경제개발은행, 몽골개발은행이 참여한다.

8 러시아 국영조선그룹(United Shipbuilding Corporation)에 속한 발틱조선소에서 건조되는 Artika는 세계에서 가장 크고 강력한 쇄빙선이다. 길이 173m, 폭 34m, 발전용량 60MW로 2개의 RITM-200 가압수형 원자로가 장착되며 10피트 두께와 13피트 깊이의 얼음을 깨뜨리고 나아갈 수 있어서 북극을 항해하는 화물선을 호위할 수 있다(북극지식센터, www.arctic.or.kr 홈페이지).

9 북극정책기본계획은 국제사회에 기여하는 북극 파트너십 구축, 인류 공동과제 해결에 기여하는 과학연구 강화, 경제영역을 확장하는 북극 신산업 창출을 정책 목표로 지속가능한 북극의 미래를 여는 극지 선도국가 수립을 비전으로 삼았다(2013. 12).

10 김민수·김지혜·이슬기, 2018, 『해양수산 분야 북극권 4차 산업기술 수요조사 및 분석 연구』, 한국해양수산개발원, 32쪽.

11 반영구적 오프쇼어 플랜트로 항만, 소규모 발전소, 수색 구조기지 등의 역할을 수행하는 선박으로 항만 인프라가 제한적인 북극지역에서 활용 가능성이 높다.

12 김민수·김지혜·이슬기, 2018, 『해양수산 분야 북극권 4차 산업기술 수요조사 및 분석 연구』, 44쪽.

2장 윈윈 전략의 환상적인 케이스, 과학기술협력

1 화성 화산활동으로 인한 대기 상태 변화를 관측하는 장비

2 고해상도로 고온열 중성자를 탐사할 수 있는 장비로, 화성 표면의 중성자 관측을 통해 물과 생명체의 존재를 확인할 수 있다.

3 한국연구재단, 2018, 『Global Insight』 Vol. 54, 45쪽.

4 송용원, 2011, 『한-러 과학기술 현황 및 협력 전망』, 한국외국어대학교 러시아연구소, 11쪽.

5 한러과학기술협력센터(KORUSTEC)의 '러시아 연구개발 예산, 투자현황 및 정책'을 참조하여 작성.

6 주간동아, "허울뿐인 R&D 통계 과학자는 연구비 가뭄," 2016. 9. 2.

7 과학기술정보통신부 · 한국산업기술진흥협회, 2017, 『2016 기술무역통계보고서』, 127쪽.

8 송용원, 2011, 『한-러 과학기술 현황 및 협력 전망』, 20쪽.

9 대외경제정책연구원, 2015, 「러시아의 '경제 현대화' 정책과 한 · 러 협력방안」, 『KIEP 연구보고서』 15권 25호, 125-127쪽.

3장 한러 정보통신산업 협력 방안

1 사물인터넷이란 기존에는 개별로 존재하던 제품이 인터넷에 연결됨에 따라, 서로 연결되고 이를 통해 기존에는 제공하지 못하던 새로운 기능을 제공하는 것을 뜻한다. (참고: 국립중앙과학관, https://terms.naver.com/entry.nhn?docId=3386810&categoryId=58369&cid=58369)

2 BMI Research, 2016, "Russia Information Technology Report."

3 HSE, 2014, "Information Society Indicators in the Russian Federation 2014." 제성훈 · 강부균 · 민지영, 2015, 『러시아의 '경제 현대화' 정책과 헌 · 러 협력방안』에서 재인용.

4 정민형 · 민지영 · 정동연 · 김상환, 2020, 「러시아 IT 산업 발전과 한 · 러 협력: 러시아의 경제 구조전환을 중심으로」, 『전략지역심층연구』 20-02.

5 각종 데이터를 사용자의 저장공간이 아닌 외부 클라우드 서버에 저장한 뒤, 언제 어디서든 다운받아 사용할 수 있는 서비스로, 데이터뿐만 아니라 플랫폼, 소프트웨어 등 제공하는 서비스에 따라 Paas(Platform as a Service), Saas(Software as a Service), IaaS(Infrastructure as a Service)로 구분한다. (참고: 국립중앙과학관, https://terms.naver.com/entry.nhn?docId=3386842&cid=58369&categoryId=58369)

6 General System for Mobile communications의 약자로 TDMA(Time Division Multiple Access) 방식을 기본으로 한다. 1990년대 후반 가장 널리 사용된 이동통신

방식이다.

7 Code Division Multiple Access의 약자로 코드분할다중접속이라고 한다. 확산대역(spread spectrum)기술을 이용한 다중접속 디지털 이동통신방식의 하나로, 미국의 퀄컴(Qualcomm)사가 개발했다.

8 http://www.itu.int/net4/ITU-D/idi/2017/index.html.

9 http://www3.weforum.org/docs/GITR2016/WEF_GITR_Full_Report.pdf.

10 Soumitra Dutta and Bruno Lanvin, 2020, "The network readiness index 2020: Bench markin the Future of the Network Economy," p. 130.

11 http://www.itu.int/net4/ITU-D/idi/2017/index.html.

12 과학기술정보통신부, 2017, 『정보통신산업의 진흥에 관한 2017 연차보고서』.

13 로봇(Robot)과 자산운용전문가(Advisor)의 합성어다. 고도화된 인공지능(Artificial Intelligence) 기술과 데이터에 기반하여 기존 자산운용전문가들이 제공하던 자산 운용, 자문 및 관리 서비스를 인공지능 로봇이 대신해주는 서비스를 일컫는다.

14 정보통신기술진흥센터, 2017, 『ICT 기술수준조사보고서』.

15 http://dr.nrf.re.kr/stats/speciality.

16 Lee, Kyoungsun, Yuri Park, and Daeho Lee, 2018, "Measuring Efficiency and ICT Ecosystem Impact: Hardware vs. Software Industry," *Telecommunications Policy* 42.

4장 한러 정보통신기술 기업

1 신북방정책의 대상이 되는 북방지역은 특정 한 국가가 아닌, 러시아, 몽골, 유라시아 국가 등 한국의 북쪽지역과 연계된 국가를 전체 포함하고 있다. 북방지역의 지역적 특성으로는 전 세계 에너지 자원의 75%를 차지한 자원 부국이지만, 상대적으로 기술수준이 낮아 한국과의 협력 시 상호보완적 경제산업구조를 보유하고 있다. 동북아의 지리적 특성을 활용한 물류시스템 개선 시 자원수송의 효율성과 연계 국가 간 상호협력을 통한 경제·산업 시너지 효과가 매우 높은 것으로 추정된다. 한국 정부는 북방경제협력의 경제·산업적 협력 성과가 기대되는 9개 분야를 선정, 중점 추진하고 있다. 가스, 철도, 전력, 항만, 북극항로, 조선, 일자리, 농업, 수산업이 그 9개 분야다. 따라서 정부는 북방경제위원회 발족 및 한러 기업 협의회를 통해 세계의 전략적 요충지인 북방경제지역에서 우리 기업의 경제·산업적 성과 창출을 위해 전력 지원 중이다(북방경제협력위원회 보도자료, 2018).

2 1990년대 초 아태경제사회이사회(ESCAP) 주관으로 아시아육상교통기반개발계획(ALTID Project)을 통해 아시아횡단철도 구축을 위해 남북한연결철도(TKR)를 복원하는 데 최우선으로 노력한다는 결의안을 채택하고, 2000년 6월 남북한 철도연결에 합의했다(서종원 외, 2014, 『유라시아 이니셔티브 실현을 위한 실크로드 익스프레스 구축 방향』, 한국교통연구원). 2004년 남북한 철도연결을 완료하고, 2007년 5월

경의선(문산~개성 27.3km 구간), 동해선(제진~금강산 25.5km 구간) 2개 노선에서 남북한 철도시험운행을 실시했다. 한국과 북한 간의 미연결구간은 경의선의 문산~봉동 간 20km, 경원선의 신탄리~평강 간 31km, 금강산선의 철원~기성 간 75km, 동해북부선의 온정~강릉 간 121km의 4개 노선이다. 남북한연결철도(TKR)가 건설될 경우 중국횡단철도(TCR), 시베리아횡단철도(TSR), 몽골통과철도(TMGR), 만주횡단철도(TMR)와 연결이 가능해져 유럽까지 운송망을 확보할 수 있게 된다. 한반도를 시발점으로 해서 연결할 수 있는 대륙연결 철도망은 제1노선 부산-원산-청진-라진-TSR를 연결하는 총 연장 1만 521km로, 한국·북한·러시아를 통과한다. 제2노선은 부산-서울-개성-평양-신의주-TCR를 연결하는 총 연장 9,558km로, 한국·북한·중국·카자흐스탄·러시아를 통과한다. 제3노선은 부산-서울-신탄리-평강-청진-회령-남양-TMR-TSR를 연결하는 총 연장 9,075km로, 한국·북한·중국·러시아를 통과한다. 제4노선은 부산-서울-문산-개성-평양-신의주-TCR-TMGR-TSR를 연결하는 총 연장 8,698km로, 한국·북한·중국·몽골·러시아를 통과한다. 한반도종단철도를 러시아와 중국 철도로 연장하면 정치·경제·사회 등 모든 면에서 엄청난 시너지 효과를 올릴 수 있다. 남북한 냉전체제의 완화, 남북한 교역 확대, 물류비용의 개선, 천연자원의 안정적 확보, 수출입선 다변화, 교역 확대 및 경제블록화 촉진 등 정치적·경제적 파급효과를 가져다줄 것으로 기대된다. 또한 동북아시아 지역에서의 물류중심지로 부상할 가능성이 확대된다.

3 Internet of Things의 약자로 모든 사물을 인터넷을 통해 연결하여 기기 간의 커뮤니케이션, 사람과 기기 간의 커뮤니케이션이 가능하게 하는 서비스다. 대표적인 서비스로는 스마트 홈 서비스로서 가전제품 및 가정용품 등 집에 있는 전자기기들이 사람을 스스로 인지하여 자동으로 온도를 조절하거나 실내등이 켜지는 등의 서비스를 제공한다.

4 장경석, 2017, 『국내외 스마트 팩토리 동향』, KB금융지주 경영연구소.

5 https://www.uecrus.com/eng/corporation/about/.

6 와해적 기술(distruptive technologifes)은 기존 기술시장을 재편성하고 대체하는 기술을 의미한다. 와해적 기술 출현 초기에는 주 시장에서 요구하는 기술/성능 수준을 만족시키지는 못하지만 저가시장을 공략하여 얻은 수익으로 지속적인 발전을 거듭하여 주 시장을 위협하고 대체하게 된다.

7 양혁승 외, 2017, 『스마트공장 도입이 고용에 미치는 효과 연구: 해외 사례를 중심으로』, 국회예산정책처, 2017. 12.

8 C. B. Frey and M. A. Osborne, 2017, "The Future of Employment: How Susceptible are Jobs to Computerization?" *Technological Forecasting and Social Change* 114: 254-280.

9 D. H. Autor, F. Levy, and R. J. Murnane, 2003, "The Skill Content of Recent Tech-

nological Change: An Empirical Exploration," *Quarterly Journal of Economics* 118(4): 1279-1333.

10 M. Arntz, T. Gregory, and U. Zierahn, 2016, "The Risk of Automation for Jobs in OECD Countries," OECD Social, Employment and Migration Working Papers, No. 189, OECD Publishing, Paris.

5장 세계 수준의 러시아 방산기술, 한국도 활용할 수 있다

* 이 글은 산업연구원 방위산업정책포럼(2018. 7. 25)에서 발표된 전 주러시아 무관 김규철 대령과 러시아 전문가들의 의견을 종합하여 수정·보완한 것이다.

1 최근 5년(2016~2020) 기준으로 전 세계 무기수출의 20%를 차지하여 미국 37%에 이어 2위를 기록했다(SIPRI, 2021, "Trends in International Arms Transfers, 2020").

2 "Milley: Russia is No. 1 Threat to U.S.," https://www.ausa.org/news/milley-russia-no-1-threat-us (검색일: 2019. 12. 1).

3 "История ВПК," http://ros-oborona.ru/istoriya-vpk (검색일: 2020. 8. 22).

4 SIPRI, 2020, "Military Expenditure by Country 1988-2019."

5 러시아는 매년 정부예산 편성 시 예상 유가에 따른 재정수입을 고려하여 국방예산을 책정한다. 2018년 예산의 경우 유가를 배럴당 41~43달러로 예상했고, 2020년 예산의 경우 55~57달러로 예상했다. 따라서 유가 인상 또는 하락 여부에 따라 국방예산 및 각종 군사 활동의 비중과 강도가 영향을 받고 있다.

6 CRS, 2020, "Russian Armed Forces: Capabilities" 등 참조.

7 "В 2018-2020 годах денежное довольствие военнослужащих и пенсии военным пенсионерам будут индексироваться на 4% каждый год," https://function.mil.ru/news_page/country/more.htm?id=12156812@egNews (검색일: 2018. 1. 3).

8 방산위원회는 대통령(위원장), 방산담당 부총리(부위원장: 유리 보리소프), 국방장관, 총참모장, 로스아톰 사장, 로스코스모스 사장, 재무장관, 경제부장관, 내무장관, 과학기술원장, 해외정보국장, 로스테크 사장 등으로 구성되어 있다.

9 И. Ю. Коротченко, 2012, *Вооруженные силы Российской Федерациии модернизация и перспективы развития*, Москва: Национальная оборона, pp. 280-283.

10 Институт Гайдара, 2014, *Российская экономика в 2013 году, Тенденция и перспективы* (Выпуск 35), М.: Институт Гайдара, pp. 500-501.

11 김규철, 2020, 「군사브랜드 이용한 강대국 위상 회복」, 『2019 Russia Report』, 다해, 115쪽.

12 2012년 방위산업체 지원예산은 약 15억 달러, 2013년에는 약 16억 달러를 책정했다. Tomas Malmlöf, Roger Roffey and Carolina Vendil Pallin, 2013, "The Defence Industry," in Hedenskog Jakob (eds.), *Russian Military Capability in a Ten-year*

Perspective-2013, Stockholm: FOI, pp. 121-123.

13 "Перспективы крымского ОПК," http://dokwar.ru/publ/voenny_vestnik/novosti_vpk/perspektivy_krymskogo_opk/2-1-0-1299(검색일: 2014. 4. 14).

14 Tomas Malmlöf and Johan Engvall, 2019, "Russian Armament Deliveries," in Fredrik Westerlund and Susanne Oxtentieran (eds.), *Russian Military Capability in a Ten-year Perspective-2019*, Stockholm: FOI, p. 116.

15 SIPRI, 2019, "The SIPRI Top 100 Arms-Producing and Military Services Companies, 2019."

16 SIPRI, 2021, "Trends in International Arms Transfers, 2020."

17 김규철, 2020, 「군사브랜드 이용한 강대국 위상 회복」, 138쪽.

18 "Экспорт оружия из России и США. Инфографика," http://www.aif.ru/dontknows/infographics/eksport_oruzhiya_iz_rossii_i_ssha_infografika (검색일: 2017. 12. 30).

19 예를 들어 전자부품은 미사일 및 우주장비 부품의 65~79% 비중을 차지하여 현재 추진 중인 '국가무장계획 2018~2027'에 부정적 영향을 미치고 있다. 러시아도 우주장비에 포함되는 전자부품 생산능력을 보유하고는 있으나, 가격이 높은 편이며, 무인기의 경우에도 부품 대부분을 수입에 의존하고 있어 적시적인 장비조달이 제한되는 실정이다.

20 Susanne Oxenstierna and Per Olsson, 2015, *The Economic Sanctions against Russia*, Stockholm: FOI, pp. 54-55.

21 "Международный военно-технический форум АРМИЯ-2019," http://mil.ru/army2019.htm (검색일: 2019. 7. 1).

22 Tomas Malmlöf and Johan Engvall, 2019, "Russian Armament Deliveries," pp. 115-117.

23 "Россия и Корея: битва за рынок оружия," https://vpk.name/news/197482_rossiya_i_koreya_bitva_za_ryinok_oruzhiya.html (검색일: 2018. 7. 10).

24 Д. О. Рогозин, 2011, *Война и Имр в терминах и определениях*, Москва: Вече, p. 395.

PART 04 | 한국과 인적·문화적 교류가 가능한 최적의 파트너, 러시아

1장 창의적인 러시아 인재를 활용하라

1 https://www.statista.com/chart/11328/top-ten-nobel-prize-winners-by-country-of-birth/

2 BBC News, "Russian and Americans share hi-tech Nobel," 2000. 10. 10.

3 이하 내용은 2016년에 출판된 필자의 저서 『줌 인 러시아』의 일부.

4 Казимир Малевич, 1995-2004, "Я начало.....," *Собрание сочинений в пяти томах*, Москва: Гилея.

5 Bella Chagall, 1973, *Lumières allumées*, Gallimard.

2장 다민족 국가 러시아

* 이 글은 아래의 논저에 실린 저자의 글을 수정 재구성한 것이다.
김혜진, 2018, 「순록치기, 스노모빌을 타다」(강덕수 외, 『러시아프리즘』, HUINE.
김혜진, 2015, 『러시아의 민족 I. 북서부 & 볼가-우랄 편』, HUINE.
김혜진 외, 2019, 『민족의 모자이크, 러시아』, 한울.
김혜진, 2010, 「러시아의 다민족, 공존의 역사」, *Russian & Russian Federation* 1(3): 72-77.

4장 한러 협력의 숨은 강자, 관광산업이 대세다

1 "Развитие культуры и туризма на 2013-2020 годы," https://culture.gov.ru/documents/gosudarstvennaya-programma-rossiyskoy-federatsii-razvitie-kultury-i-turizma-na-2013-2020-gody/

2 "Стратегия развитие туризма в РФ на период до 2020 года," http://government.ru/docs/12933/

3 "Стратегия социально-экономическое развитие дальнего Востока и Байкальского региона на период до 2025 года," http://government.ru/docs/33593/

4 한국관광공사, 2018, 『출입국국가 월별 통계』; 한국관광공사, 2018, 『주요한국인 출국 통계』.

5 문화체육관광부, 2019, 『외래관광객 실태조사』, 80-82쪽.

6 한국관광공사, 2016, 『한국의료관광마케팅 2016』, 93-97쪽.

7 여기서 공동운항이란 코드셰어(code share), 즉 공동운항협정을 통하여 2개의 항공사가 1개의 항공기를 운항하는 것을 의미한다.

8 러시아 비즈니스 관광 & 마이스 어워드: http://www.mice-award.ru/

9 콘데 나스트 트래블러: https://www.cntraveler.com/

10 Александр Губский, 2016, "В московских отелях всегда куча рабочих мест для молодых," Ведомость.

11 경제발전경험공유사업(Knowledge Sharing Program, KSP)의 일환으로 2013년 러시아 연해주 주정부와 함께 지식공유사업을 진행한 바 있다. 행정조직을 관광개발에 적합하게 개선하는 게 주된 내용이다.

12 KOTRA, 2018, 『러시아 극동지역 주요산업 협력방안』, 16-18쪽.

5장 벼랑 끝의 인구 문제, 한러 공생이 해법이다

1 United Nations, 2019, "Department of Economic and Social Affairs, Population Division," *World Population Prospects 2019*, Online Edition. Rev. 1.

2 Kravchenko Liudmila, 2017, 『러시아의 인구 문제: 자연인구 감소와 이민자의 증가』. 대외경제정책연구원, 1-7쪽.

3 김성진, 2017, 『인구 변화와 사회변동: 러시아 인구문제』, 여시재.

4 신지현, 2017, 『러, '2025 극동러 인구 확대정책' 콘셉트 발표』, 대한무역투자진흥공사.

5 한종만, 2012, 「러시아의 극동시베리아 개발과 한반도 정책」, 『통일문제연구』 24권 2호, 73-105쪽.

6 박기원, 2007, 『극동러시아의 현황과 과제』, 대한무역투자진흥공사.

7 신지현, 2017, 『러, '2025 극동러 인구 확대정책' 콘셉트 발표』.

8 신지현, 2017, 『러, '2025 극동러 인구 확대정책' 콘셉트 발표』.

9 박병환 · 박윤형 · 라종일 · 홍완석 · 한종만, 2009, 『시베리아 개발은 한민족의 손으로: 블라디미르 수린의 한러공생국가론』, 국학자료원, 152쪽.

10 박병환 · 박윤형 · 라종일 · 홍완석 · 한종만, 2009, 『시베리아 개발은 한민족의 손으로: 블라디미르 수린의 한러공생국가론』, 20-23쪽.

11 OECD, 2017, 『환경 성과 검토: 한국 주요성과 2017년』, OECD.

12 기정훈, 2015, 「도시의 인구특성이 강력범죄에 미치는 영향에 관한 연구」, 『한국지역개발학회지』 27권 1호, 107-124쪽.

13 통계청, 2016, 『장래인구추계: 2015~2065년』.

14 ITC, Trade Map, http://www.trademap.org/Index.aspx(검색일: 2018. 9. 14)

15 Valdai Discussion Club Report, 2015, 「극동 시베리아의 위기와 기회-HSE의 정의」, 『KDI 북한경제리뷰』, 67쪽.

16 Tim Hornyak, 2017, "Climate Change Could Make Siberia an Attractive Place to Live," *Eos* 98, https://doi.org/10.1029/2017EO077671.

17 IMF, 2017, *Seeking Sustainable Growth: Short-Term Recovery, Long-Term Challenges*, Washington, DC, pp. 163-165.

18 성원용 · 이성규 · 오영일 · P. Minakir, 2013, 『러시아 극동바이칼 지역의 개발과 신북방 경제협력의 여건』, 대외경제정책연구원.

19 성원용 · 이성규 · 오영일 · P. Minakir, 2013, 『러시아 극동바이칼 지역의 개발과 신북방 경제협력의 여건』, 181-186쪽.

20 제성훈 · 강부균 · 민지영, 2015, 『러시아의 '경제 현대화' 정책과 한 · 러 협력방안』, 대외경제정책연구원, 127-129쪽.

21 제성훈 · 강부균 · 민지영, 2015, 『러시아의 '경제 현대화' 정책과 한 · 러 협력방안』,

127-129쪽.

22 심재철 의원실, 「[보도자료] 10년간 자영업 창업 950만, 폐업 800만. 2015. 9. 1」, http://www.cleanshim.com/?c=2/22&p=32&uid=59467(검색일: 2020. 8. 23)

23 통계청, 2016, 「2017년 자영업자의 월 평균 소득 유무 및 수준」, https://kosis.kr/statHtml/statHtml.do?orgId=383&tblId=DT_383003_P093(검색일: 2021. 3. 22)

이미지 출처

22쪽 그림 2. https://www.wikiwand.com/en/Roman_commerce

24쪽 그림 3. https://thetakeout.com/salt-grinders-are-bullshit-and-other-lessons-from-grow-1798259994

28쪽 그림 5. https://en.wikipedia.org/wiki/File:The_Explorer_A.E._Nordenski%C3%B6ld_(Georg_von_Rosen)_-_Nationalmuseum_-_18399.tif

42쪽 그림 2. https://upload.wikimedia.org/wikipedia/commons/b/bc/Treaty_of_Tordesillas.jpg

57쪽 그림 2. http://www.shipmodell.com/index_files/SHIPMODELL_DERFFLINGER.htm

64쪽 그림 5. https://en.wikipedia.org/wiki/Willem_Barentsz#/media/File:Death_of_Wiliam_Barents.jpg

65쪽 그림 6. https://en.wikipedia.org/wiki/Muscovy_Company#/media/File:Ivan_the_Terrible_and_Horsey.jpg

341쪽 그림 3. https://commons.wikimedia.org/wiki/File:Alcator_C-Mod_Tokamak_Interior.jpg

346쪽 그림 5. days.pravoslavie.ru/images/ii1500_3326.html

PART 01 | 한국의 지경학적 딜레마를 풀어갈 파트너, 러시아

1장 왜 한국이 러시아에 필요한가?

딘킨, 알렉산드르, 2012,『글로벌 전망 2030: 러시아의 전략적 시각』, 김현택·이상준 옮김, 한국외국어대학교출판부.

서동주·이상준, 2018,「푸틴 집권 4기 러시아의 동북아·한반도 정책과 한·러 외교·경협의 과제」,『러시아연구』 28권 2호, 111-140쪽.

서정건·차태서, 2017,「트럼프 행정부와 미국외교의 잭슨주의 전환」,『한국과 국제정치』 33권 1호, 63-91쪽.

이성우, 2017,「북극항로 개방과 도시 협력: 강원도와 동북아 도시 성장의 가능성」, 여시재 양양국제세미나 발표자료, 2017. 9. 1.

Fedorove, Gleb, 2017, "TPP Failure: Can Vietnam Become Russia's Window to Asia?" https://www.rbth.com/business/2017/01/31/tpp-failure-can-vietnam-become-russias-window-to-asia_692768 (검색일: 2018. 3. 10).

Kuznetsova, Anna, 2017, "Greater Eurasia: Perceptions from Russia, the European Union, and China," http://russiancouncil.ru/en/analytics-and-comments/analytics/greater-eurasia-perceptions-from-russia-the-european-union-and-china/ (검색일: 2018. 2. 20)

Trenin, Dmitri, 2015, "From Greater Europe to Greater Asia? The Sino-Russian Entente," Carnegie Moscow Center, http://carnegie.ru/2015/04/09/from-greater-europe-to-greater-asia-sino-russian-entente-pub-59728 (검색일: 2018. 2. 20).

2장 한국의 지전략적 딜레마? 러시아가 답이다!

김달중, 1989,「북방정책의 개념, 목표 및 배경」,『북방정책에 관한 특별하계학술회의 자료집』, 한국국제정치학회.

김성철, 2000,「외교정책의 환경·제도·효과의 역동성: 북방정책 사례 분석」,『국제정치논총』 40권 3호, 한국국제정치학회.

성원용,「동방경제포럼 참석의 성과와 한계, 그리고 향후 과제」,『북방경제협력의 새로운 모색』(사단법인 유라시아21 정책포럼 자료집, 프레스센터 국제회의장, 2017년 10월 10일).
신범식, 2018, 「'유라시아 이니셔티브'로 본 한국의 대륙외교」, 서울대학교 정치외교학부 교수진(공저), 『21세기 초 한국의 정치외교: 도전과 과제』, 늘품플러스.
신범식, 2018, 「북방정책: 역사적 회고와 전망」, 『외교』 125호, 한국외교협회.
신범식, 2020, 「지정학적 중간국 우크라이나의 대외전략적 딜레마」, 『국제 · 지역연구』 29권 1호, 서울대학교 국제대학원.
신범식, 2020, 「한 · 러수교 30주년 양국관계: 현황과 전망」, 『외교』 134호, 한국외교협회.
신범식 외 공저, 2015, 『한국과 러시아의 전략협력』, 한국외국어대학교지식출판원.
Calder, Kent, 2019, *Super Continent: The Logic of Eurasian Integration*, Stanford: Stanford University Press.

4장 미중패권경쟁과 차이나 리스크에 대한 출구전략, 러시아

강선주, 2018, 「지경학(Geoeconomics)으로서의 미국의 인도-태평양구상」, 『*IFANS (Institute of Foreign Affairs & National Security)* 주요국제문제분석』, 국립외교원 외교안보연구소.
김영진, 2015, 「유라시아의 비서구 지역통합 프로젝트: 유라시아경제연합(EAEU)과 일대일로(BRI)」, 『슬라브학보』 34권 1호, 177-209쪽.
김태성 · 이상현, 2018, 「중국의 군사력 증강(强軍夢)에 따른 한국의 전략적 대응방향」, 『한국동북아논총』 23권 3호, 89-110쪽,
미어셰이머, 존 J., 2017, 『강대국 국제정치의 비극』, 이춘근 옮김, 김앤김북스,
문수언, 2011, 「상하이협력기구(SCO)를 통하여 본 러시아와 중국관계」, 『사회과학논총』 13권, 1-33쪽.
박종수, 2017, 「왜 다시 북방인가?」, 『북방에서 길을 찾다』, 디딤터, 19-51쪽.
배기찬, 2019, 「신한반도체제의 형성과 북방협력의 미래」, 유라시아 정책세미나, 『신한반도체제의 형성과 한국-중앙아시아 협력』, 29-30쪽.
서동주, 2019, 「러중관계: 국제질서 재편에의 조응과 전략적 합주(合奏)」, 『2019 대러 외교 공동학술회의 자료』.
윤영관, 2015, 『외교의 시대』, 미지북스.
이대우, 2019, 「미국의 인도 · 태평양 전략과 한반도」, 『정세와 정책』 12호.
이상국, 2019, 「중국의 2019년 전반기 전략 동향 평가 및 함의」, 『동북아 안보정세 분석』 (검색일: 2019. 6. 22).
이성현, 2018, 「미중 무역전쟁의 함의와 전망」, 『정세와 정책』 17호, 1-3쪽.
정여천, 2014, 『신북방 경제협력의 필요성과 추진방향』, 대외경제정책연구원.
정재홍, 2018, 「2018년 중국 정세와 한 · 중 관계 평가 및 2019년 전망」, 『정세와 정책』,

18호.
정재홍, 2019, 「중국의 강대국화 전략과 한국의 과제」, 『세종정책브리프』.
조정원, 2016, 「중국과 러시아의 극동 시베리아 개발 협력」, 『중-러 브리프 9호』.
주원, 2018, 「차이나 리스크, 교역 경로를 넘어선 중국 경제위기 전염가능성에 대비하자」, 『경제주평』 18-28(통권 803호).
최병일, 2019, 『미중 전쟁의 승자, 누가 세계를 지배할 것인가?(미국편)』, 책들의정원,
최윤식, 2018, 『앞으로 5년 미중전쟁 시나리오』, 지식노마드.
최재덕, 2018, 「일대일로의 이론과 실제: 중국의 지역패권주의 강화와 일대일로 사업추진에서 발생된 한계점」, 『한국동북아논총』 23권 3호, 25-46쪽.
홍현익, 2013, 「주변 4국의 중국인식: 러시아의 대중국인식」, 『성균차이나브리프』.
한국무역협회 국제무역연구원 편, 2016, 『선진화된 구조로 세계 경제와 조화되는 한국무역』, 한국무역협회 국제무역연구원.
Arrighi, Giovanni, 2007, *Adam Smith in Beijing: Lineages of the Twenty-first Century*, London: Verso.
Chang, Maria Hsia, 1992, "China's Future: Regionalism, Federation, or Disintegration," *Studies in Comparative Communism* 25(3).
Jacques, Martin, 2012, *When China Rules the World: The End of the Western World and the Birth of a New Global Order*, New York: Penguin Books.
Kissinger, Henry, 1994, *Diplomacy*, New York: Simon& Schuster.

PART 02 | 한국 미래산업의 자양분이 될 러시아의 에너지

1장 동북아시아와 러시아 간 에너지 가교가 될 천연가스

김태유, 2017, "한국과 러시아 PNG 사업," 2017 미래에너지포럼(2017. 6. 15), https://gscaltexmediahub.com/archives/30072(검색일: 2018. 3. 1).
이기현 · 김장호 · 제성훈, 2013, 「남북러 가스관과 동북아 에너지협력의 지정학」, 『연구총서』 13-01, 통일연구원.
이윤식, 2011, 「남북러 가스관 사업의 효과, 쟁점 및 과제」, 『KINU 정책연구 시리즈』 11권 5호, 통일연구원.
이승현 · 이승렬, 2018, 「한반도 평화분위기 조성을 위한 평창 동계올림픽 활용방안」, 『이슈와논점』 1413호, 1월 26일, 국회입법조사처.
현대경제연구원, 2017, "VIP Report"(2017. 6. 29).
Austvik, O. G., 1987, "Political Gas Pricing Premiums: The Development in West Germany 1977-1985," *OPCE Review*, Summer, pp. 171-189.

Brown Jr., M. L., 1984, "Soviet Reaction to the US Pipeline Embargo: The Impact on Future Soviet Economic Relations with the West," *Maryland Journal of International Law*, Vol. 8, Issue 1, pp. 144-145.

Cox, L. C., 1986, "Western European Natural Gas Policy: Management or Markets?" in Massachusetts Technology Institute (MIT) (ed.), Western Europe Natural Gas Trade, Final Report, Massachusetts: MIT.

De Micco, P., D. V. Blazaitis, and L. Hannaoui-Saulais, 2014, "A Cold Winter to Come? The EU Seeks Alternatives to Russian Gas, DG EXPO/B/PolDep/Note/2014_183, Belgium: European Union.

Dickel, R., E. Hassanzadeh, J. Henderson, A. Honoré, L. El-Katiri, S. Pirani, H. Rogers, J. Stern, and K. Yafimava, 2014, *Reducing European Dependence on Russian Gas*, Oxford: The Oxford Institute for Energy Studies.

Högselius, P., 2013, *Red Gas: Russia and the Origins of European Energy Dependence*, New York: Palgrave Macmillan.

Institute of Energy Strategy, 2010, "Energy Strategy of Russia for the Period up to 2030," Moscow: Ministry of Energy of the Russian Federation.

National Foreign Assessment Center, 1981, "USSR-Western Europe: Implications of Siberia to Europe Gas Pipeline," *CIA Historial Review Program Release as Sanitized in 1999*, Washington D. C.: NFAC.

Peebles, M. W. H., 1962, *Evolution of Gas Industry*, New York: New York University Press.

Pravda, July 16, 1982.

Russia & CIS OG, 26 Nov.-2. Dec., 2009.

Stulberg, Adam N., 2011, "Russia's Energy Security Dilemmas in Northeast Asia: Contending with the Different Faces of Resource Nationalism," *Eurasia Policy Memo* 170, pp. 65-74.

Work, C., 2018, "The US-North Korea Summit: All Flash, Little Substance," *The Diplomat*, June 15, 2018, https://thediplomat.com/2018/06/the-us-north-korea-summit-all-flash-little-substance/(검색일: 2018. 7. 28).

웹사이트

https://www.cvce.eu/content/publication/1999/1/1/d5341cb5-1a49-4603-aec9-0d2304c25080/publishable_en.pdf(검색일: 2019. 2. 5).

2장 더는 미룰 수 없는 천연가스 협력, 이렇게 해결하자

김태유, 2018, 『북방경제와 4차 산업혁명: 셰일혁명에서 북극항로까지』, 4차 산업혁명과 북방경제연구회.

산업통상자원부, 2017, 『제8차 전력수급기본계획(안)』.

산업통상자원부, 2018, 『제13차 장기 천연가스 수급계획』.

에너지경제연구원, 2016, 「러시아·중국 간 가스부문 협력동향 및 전망」, 『세계 에너지시장 인사이트』 제16-36호.

통일연구원, 2013, 『남북러 가스관과 동북아 에너지 협력의 지정학』.

BP, 2020, "BP Statistical Review of World Energy 2020."

3장 러시아의 전기가 한국의 에너지 도약을 앞당긴다

김철현·박광수, 2015, 『국내 전력 소비 패턴의 구조적 변화 및 변화요인 분석』, 에너지경제연구원 기본연구보고서 15-07.

박주헌, 2015, 「한국 에너지정책 제1원칙 – 다변화」, EMP과정 세미나 발표자료.

산업통상자원부, 2017, 『제8차 전력수급기본계획(2017~2031)』.

원자력상식사전 편찬위원회, 2016, 『원자력 상식사전』, 박문각.

윤성학, 2017, 「동북아 슈퍼그리드 전력 비교 연구」, 『러시아 연구』 27권 2호, 201-225쪽.

윤성학, 2017, 「자원·에너지 신북방전략: 푸틴의 아시아 에너지 슈퍼 링 구상과 한·러 협력」, 동북아공동체연구재단, 『북방에서 길을 찾다』, 디딤터, 113-142쪽.

이상준, 2018, "[기고] 에너지 전환과 동북아 슈퍼그리드," 『머니투데이』, 2018. 7. 20.

이성규, 2014, 「국내 전력계통 현황 및 전망」, 『전기저널』, 2014년 10월호, 42-47쪽.

이주리, 2017, 「동북아 3국(한·중·일)의 러시아 극동지역 전력자원 활용전략」, 『세계 에너지시장 인사이트』 17-11호, 23-34쪽.

정규재, 2017, 「세계 주요 슈퍼그리드(전력망) 추진 동향과 시사점」, 『세계 에너지시장 인사이트』 17권 16호, 3-16쪽.

제3차 에너지기본계획 워킹그룹, 2018, 『지속가능한 번영을 위한 대한민국 에너지비전 2040: 제3차 에너지기본계획 수립방향에 대한 권고』.

BP, 2018, "BP Energy Outlook: Country and Regional Insights-Russia."

PART 03 | 한국에 물류와 기술 패권을 안겨줄 파트너, 러시아

1장 한러 해양협력, 제2의 장보고 시대 열린다

김민수·김지혜·이슬기, 2018, 『해양수산 분야 북극권 4차 산업기술 수요조사 및 분석 연구』, 한국해양수산개발원.

이민규·김찬호·윤정현, 2015, 「항만 폐쇄의 파급효과 분석: X-이벤트의 관점에서」, 『해운물류연구』 31권 2호, 227-247쪽.
한국수출입은행, 2016, 『극동러시아 항만 물류 인프라 개발과 한국의 협력 방안』.
한국해양수산개발원, 2018, 『극동러시아 동향 리포트』.
해양수산부, 2015, 『극동러시아 해운·물류시장 진출계획 수립연구』.
동아일보(news.donga.com)
부산항 항만물류정보시스템(www.bpa-net.com)
북극지식센터(arctic.or.kr)
해양수산부 PORT-MIS(new.portmis.go.kr)
UNCTAD 통계(unctadstat.unctad.org)

2장 윈윈 전략의 환상적인 케이스, 과학기술협력

과학기술정보통신부·한국과학기술기획평가원, 2020, 『2019년도 연구개발활동조사』.
과학기술정보통신부·한국산업기술진흥협회, 2017, 『2016 기술무역통계보고서』.
대외경제정책연구원, 2015, 「러시아의 '경제 현대화' 정책과 한·러 협력방안」, 『KIEP 연구보고서』 15권 25호.
대외경제정책연구원, 2018, 「푸틴 집권 4기 사회·경제 정책 방향과 시사점」, 『KIEP 오늘의 세계경제』 18권 20호.
송용원, 2011, 『한-러 과학기술 현황 및 협력 전망』, 한국외국어대학교 러시아연구소.
한국과학기술기획평가원, 2020, 『2020년 기술수준평가』.
한국연구재단, 2018, 『Global Insight』 Vol. 54, 45쪽.

3장 한러 정보통신산업 협력 방안

과학기술정보통신부, 2017, 『정보통신산업의 진흥에 관한 2017 연차보고서』.
정보통신기술진흥센터, 2017, 『ICT 기술수준조사보고서』.
제성훈·강부균·민지영, 2015, 『러시아의 '현대 경제화' 정책과 한러 협력방안』, 대외경제정책연구원 연구보고서 15-25.
KOTRA, 2016, 『4차 산업혁명시대의 러시아 IT 시장: 현황분석 및 한국의 협력방안』, Global Strategy Report 16-013.
Lee, Kyoungsun, Yuri Park, and Daeho Lee, 2018, "Measuring Efficiency and ICT Ecosystem Impact: Hardware vs. Software Industry," *Telecommunications Policy* 42.
World Economic Forum, 2016, "The Global Information Technology Report 2016."

웹사이트
https://sk.ru/news/b/press/archive/2012/07/16/_ecb7dcc244c510d3_-_e4c2acb958cfa

8bcacb95cb8_-_fcc8a9ba1bbc94b2_-_1820a4c25ccf54cff4bc1920_.aspx
https://terms.naver.com/entry.nhn?docId=3386810&categoryId=58369&cid=58369
https://terms.naver.com/entry.nhn?docId=3386842&cid=58369&categoryId=58369
http://ecos.bok.or.kr/
http://www.itu.int/net4/ITU-D/idi/2017/index.html
http://www.btrgroup.com/bigdata/
http://dr.nrf.re.kr/stats/speciality

4장 한러 정보통신기술 기업

양혁승 외, 2017, 『스마트공장 도입이 고용에 미치는 효과 연구: 해외 사례를 중심으로』, 국회예산정책처.
장경석, 2017, 『국내외 스마트 팩토리 동향』, KB금융지주 경영연구소.
신성이엔지 홈페이지(www.shinsungeng.com)
Arntz, Melanie, Terry Gregory, and Ulrich Zierahn, 2016, *The Risk of Automation for Jobs in OECD Countries*, OECD Social, Employment and Migration Working Papers, No. 189, OECD Publishing, Paris.
Autor, David H., Frank Levy, and Richard J. Murnane, 2003, "The Skill Content of Recent Technological Change: An Empirical Exploration," *Quarterly Journal of Economics* 118(4): 1277-1333.
Frey, Carl Benedikt and Michael A. Osborne, 2017, "The Future of Employment: How Susceptible are Jobs to Computerization?" *Technological Forecasting and Social Change* 114: 254-280.
United Engine Corporation, www.uecrus.com/eng/corporation/about/

5장 세계 수준의 러시아 방산기술, 한국도 활용할 수 있다

김규철, 2020, 「군사브랜드 이용한 강대국 위상 회복」, 『2019 Russia Report』, 다해.
산업연구원, 2018, 「전 주러시아 무관 김규철 대령 발표자료」, KIET 방위산업정책포럼.
Congressional Research Service(CRS), 2020, "Russian Armed Forces: Capabilities."
Malmlöf, Tomas, Roger Roffey and Carolina Vendil Pallin, 2013, "The Defence Industry," in Hedenskog Jakob (eds.), *Russian Military Capability in a Ten-year Perspective-2013*, Stockholm: FOI.
Malmlöf, Tomas and Johan Engvall, 2019, "Russian armament deliveries," in Fredrik Westerlund and Susanne Oxtenstierna (eds.), *Russian Military Capability in a Ten-year Perspective-2019*, Stockholm: FOI.
Oxenstierna, Susanne and Per Olsson, 2015, *The Economic Sanctions against Russia,*

Stockholm: FOI.

Russia Arms Trade Analysis Center(www.armstrade.org), 2017, "2017 Annual Report."

SIPRI, 2019, "The SIPRI Top 100 Arms-Producing and Military Services Companies 2019."

SIPRI, 2020, "Military Expenditure by Country 1988-2019."

SIPRI, 2021, "Trends in International Arms Transfers, 2020."

Коротченко, И. Ю., 2012, *Вооруженные силы Российской Федерациии модернизация и перспективыразвития*, Москва: Национальная оборона.

PART 04 | 한국과 인적·문화적 교류가 가능한 최적의 파트너, 러시아

1장 창의적인 러시아 인재를 활용하라

이대식, 2106, 『줌인러시아』, 삼성경제연구소.

Chagall, Bella, 1973, *Lumières allumées*, Gallimard.

Nefiodow, Leo, 2010, *The Sixth Kondratieff. The Growth Engine of the 21st Century*, Social Studies.

Малевич, Казимир, 1995-2004, "Я начало.....," *Собрание сочинений в пяти томах*, Москва: Гилея.

2장 다민족 국가 러시아

강덕수 외, 2018, 「순록치기, 스노모빌을 타다」, 『러시아프리즘』, 한국외국어대학교지식출판원, 257-289쪽.

김혜진, 2015, 『러시아의 민족 I. 북서부 & 볼가-우랄 편』, 한국외국어대학교지식출판원.

김혜진 외, 2019, 『민족의 모자이크, 러시아』, 한울.

김혜진, 2010, 「러시아의 다민족, 공존의 역사」, *Russian & Russian Federation*, Vol. 1, No. 3, 72-77쪽.

최아영, 2010, 「현대 러시아 스킨헤드에 대한 단상」, *Russian & Russian Federation*, Vol. 1, No. 2, 6-11쪽.

3장 성공적인 한러 문화교류를 위하여

김현택·라승도·이은경, 2017, 『포시에트에서 아르바트까지: 러시아 속 한국 발자취 150년』, 한국외국어대학교지식출판원.

김현택·라승도·이지연, 2015, 『사바틴에서 푸시킨까지: 한국 속 러시아 발자취 150년』, 한국외국어대학교지식출판원.

이지연, 2009, 「러시아에서의 한국 문화 수용 현황 연구」, 『한국시베리아연구』 13권 2호, 153-194쪽.
홍지인 · 이선종 외, 2010, 『다시 만나는 이웃 러시아: 2010 한러 수교 20주년 기념전』, KRD.

4장 한러 협력의 숨은 강자, 관광산업이 대세다

이원희, 2018, 「관광분야의 북방경제협력 추진방향」, 『한국관광정책』 71호, 48-53쪽.
문화체육관광부, 2019, 『외래관광객 실태조사』.
한국관광공사, 2016, 『한국의료관광마케팅 2016』.
한국관광공사, 2018, 『주요한국인 출국통계』.
한국관광공사, 2018, 『출입국국가 월별 통계』.
KOTRA, 2018, 『러시아 극동지역 주요산업 협력방안』.
UNWTO, 2017, *Compendium of Tourism Statistics*.
Бусыгин, А. Е., 2012, *Развитие культуры и туризма на 2013-2020 годы*, Министерство культуры РФ.
Губский, Александр, 2016, "В московских отелях всегда куча рабочих мест для молодых," Ведомость.

5장 벼랑 끝의 인구 문제, 한러 공생이 해법이다

기정훈, 2015, 「도시의 인구특성이 강력범죄에 미치는 영향에 관한 연구」, 『한국지역개발학회지』 27권 1호, 107-124.
김성진, 2017, 『인구 변화와 사회변동: 러시아 인구문제』, 여시재.
박기원, 2007, 『극동러시아의 현황과 과제』, 대한무역투자진흥공사.
박병환 · 박윤형 · 라종일 · 홍완석 · 한종만, 2009, 『시베리아 개발은 한민족의 손으로: 블라디미르 수린의 한러공생국가론』, 국학자료원.
성원용 · 이성규 · 오영일 · P. Minakir, 2013, 『러시아 극동바이칼 지역의 개발과 신북방 경제협력의 여건』, 대외경제정책연구원.
신지현, 2017, 『러, '2025 극동러 인구 확대정책' 콘셉트 발표』, 대한무역투자진흥공사.
제성훈 · 강부균 · 민지영, 2015, 『러시아의 '경제 현대화' 정책과 한 · 러 협력방안』, 대외경제정책연구원.
통계청, 2016, 『장래인구추계: 2015~2065년』.
통계청, 2018, 『2017년 자영업자의 월 평균 소득 유무 및 수준』.
한종만, 2012, 「러시아의 극동시베리아 개발과 한반도 정책」, 『통일문제연구』 24권 2호, 73-105쪽.
허재완 · 고영구, 2015, 『현대지역경제론』, 커뮤니케이션북스.

IMF, 2017, *Seeking Sustainable Growth: Short-Term Recovery, Long-Term Challenges*, Washington, DC.

Liudmila, Kravchenko, 2017, 『러시아의 인구 문제: 자연인구 감소와 이민자의 증가』, 대외경제정책연구원.

OECD, 2017, 『환경 성과 검토: 한국 주요 성과 2017년』, OECD.

United Nations, 2019, Department of Economic and Social Affairs, Population Division, *World Population Prospects 2019*, Online Edition, Rev. 1.

Valdai Discussion Club Report, 2015, 「극동 시베리아의 위기와 기회-HSE의 정의」, 『KDI 북한경제리뷰』.

찾아보기

저자 약력(게재 순)

김태유

서울대학교 공과대학을 졸업하고 미국 웨스트버지니아대학에서 경제학 석사학위를, 콜로라도 CSM대학에서 자원경제학 박사학위를 받았다. 미국 컬럼비아대학에서 박사후과정(Post. Doc.)을 거쳐 아이오나(IONA)대학 경영시스템학과 교수를 지냈으며, 1987년부터 서울대학교 교수로 재직했다. 한국과학기술한림원 정회원, 한국공학한림원 정회원이며, 한국자원경제학회 회장, 한국혁신학회 회장, 초대 대통령정보과학기술보좌관, 외교통상부 에너지·자원 대외직명대사 등을 역임했다. 국가발전론, 에너지·자원경제학, 산업·기술경제학 등의 분야에 많은 논문을 발표했으며, 대표 저서로 『정부의 유전자를 변화시켜라』, 『국부의 조건』, 『패권의 비밀』, 『은퇴가 없는 나라: 국가경제를 이모작하라』, *The Secrets of Hegemony*(Springer 2017), 『한국의 시간』 등이 있고, 역서로 『황금의 샘』(I, II, III), 『자원의 지배』 등이 있다. 과학기술(공학), 경제학, 역사학을 학문적 기반으로 현재 인류문명(국가)의 발전과 쇠퇴에 관한 연구와 집필에 몰두하고 있다.

이대식

서울대학교 노어노문학과에서 학사, 석사, 박사학위를 받았고 고려대학교에서 경영학 석사(MBA)학위를 받았다. 삼성경제연구소에서 수석연구원으로 재직한 후 현재 민간 싱크탱크 여시재 기획실장을 맡고 있다. 논문으로 「유럽 에너지안보와 2020 나고르노카라바흐 분쟁의 상관관계」, 「미국 경제제재의 양면성: 대(對)러시아 투자 활성화를 위한 소고」 등이 있고, 저서로 『줌 인 러시아』, 『줌 인 러시아 2』, 『대륙의 미학 역설의 시학』(공저), 『한러 혁신기술 협력: 가능성과 사례』(공저) 등이 있다.

이상준

고려대학교 경영학과를 졸업하고 KAIST에서 경영공학 석사, 러시아 IMEMO에서 경제학 박사학위를 받았다. 현재 국민대학교 유라시아학과 교수로 재직하고 있으며, 한국외국어대학교 국제지역대학원에서도 러시아 및 유라시아 경제를 가르치고 있다. 논문으로 「자유주의 경제 질서의 균열과 러시아 경제의 진로」, 「유라시아 지역에서 러시아와 중국의 협력과 대립가능성」, 「푸틴 집권 4기 러시아의 동북아·한반도 정책과 한러 외교·경협의 과제」, 「한국과 체제전환 경험 EU국가와의 중견국 경제협력 모형」 등이 있고, 공저로 『한러 혁신기술 협력』, 공역서로 『러시아를 움직이는 힘』 등이 있다.

신범식

서울대학교 외교학과를 졸업하고 같은 대학 대학원에서 석사학위를, 러시아 국립모스크바국제관계대학교에서 정치학 박사학위를 받았다. 현재 서울대학교 정치외교학부 교수로 재직 중이다. 주요 논저로 『21세기 유라시아 도전과 국제관계』, "Russia's Perspectives on International Politics: A Comparison of Liberalist, Realist and Geopolitical Paradigms" 등이 있다.

위성락

서울대학교 외교학과와 같은 대학 대학원에서 수학했다. 미국 캘리포니아에 있는 미 국방성 산하 DLI에서 러시아 관련 연수를 했다. 36년간 외교관으로 근무하는 동안 미국, 러시아 관련 업무와 북핵 관련 업무에 다년간 종사했다. 북미 국장 겸 6자회담 차석대표, 주 미국 대사관 정무공사, 한반도평화 본부장 겸 6자회담 수석대표를 역임했다. 주 러시아 대사를 끝으로 퇴직하고 서울대학교 외교학과에서 객원교수로 강의했다. 현재 국립외교원 겸임교수다. 저서로 『한국외교 업그레이드 제언』, 『새로 쓰는 러시아 리포트』가 있다.

최재덕

성균관대학교 중문과를 졸업하고, 중국 북경대학에서 박사학위를 받았다. 모스크바국립대학 국제관계 박사과정, 현재는 원광대학교 한중정치외교연구소장(부교수)으로 재직 중이다. 한국국제정치학회 · 현대중국학회 · 슬라브유라시아학회 임원으로 활동, 대통령직속 북방경제협력위원회 전문위원(경제전략분과)으로 활동했다. 주요 저서로 『대한책략』, 『바이든시대 한반도의 길』(공저), 『통일한반도 주춧돌을 놓다』(공저)가 있고, 최근 논문으로 「코로나 팬데믹시대, 국제질서의 변화와 러시아의 외교전략: 중러 · 미러 관계를 중심으로」, 「미중패권경쟁의 전망과 한국의 외교전략: 아세안과 신남방정책의 협력」, 「일대일로2.0과 중러관계의 제한성」, 「차이나 리스크에 대한 대비와 한반도의 전략적 지정학 정립의 필요성: 북방경제협력을 중심으로」, 「신남방정책과 '인도-태평양 전략'의 상호연계 모색」, 「일대일로의 이론과 실제: 중국의 지역패권주의 강화와 일대일로 사업추진에서 발생된 한계점」, 「한반도 평화체제 구축 과정에서의 남북한 주도권 강화 방안: 지경학적 접근을 중심으로」, 「한반도 신경제지도와 일대일로의 협력의 기회요인과 위협요인: 북방경제협력과 연계모색 중심으로」 등이 있다.

박상철

독일 기센대학교에서 정치학 석사 및 박사학위 그리고 유럽대학 정교수자격(Habilitation)을 취득했다. 스웨덴 고텐버그대학교에서 경제학 박사 및 종신교수 자격인 도센트(Docent)를 취득했다. 이후 스웨덴, 독일, 폴란드, 일본, 한국, 중국, 태국, 말레이시아 등 유럽과 아시아 8개국에서 교수를 역임했다. 한국에서는 KAIST, 서울대학교에서 초빙교수를 역임하고, 현재 한국산업기술대학교 지식기반기술에너지대학원 교수로 재직 중이다. 주요 저서로 『2만불 시대의 기술혁신전략』, 『세계혁신클러스터』, 『글로벌 에너지정책과 천연가스사업 개발전략』, 『독일 재생에너지정책과 지속발전전략』, *Beyond Europe: Central Asia, the Middle East and Global Economy, Immigration Policy and Crisis in the Regional Context: Asian and European Experiences, The European Union: New Leadership and New Agendas, Cooperation versus Rivalry in Times of Pandemic* 등이 있다.

김진수

서울대학교에서 지구환경시스템공학을 전공하고, 같은 대학 대학원에서 석사 및 지구환경경제학 박사학위를 받았다. 2011년부터 한양대학교 자원환경공학과에 재직 중이며, 한국자원경제학회 총무위원장, 에너지시민연대 정책위원, 산업통상자원부 에너지개발전문위원회 위원, 한국자원공학회 정책이사로 활동하고 있다. University of Sussex의 Visiting Fellow로 탈탄소 정책과 외부비용 연구를 수행했으며, 제3차 에너지기본계획워킹그룹 공급분과 위원으로도 활동했다. 에너지·자원 경제 및 정책 분야 연구를 수행하며 현재까지 국내외 학술지에 50여 편의 논문을 발표했다.

허성윤

서울대학교 화학생물공학부에서 학사와 석사, 같은 대학 대학원 기술경영경제정책 협동과정에서 박사학위를 받았다. 캘리포니아주립대학 버클리 캠퍼스 등에서의 연구 경험을 바탕으로, 현재 서울과학기술대학교 에너지정책학과에서 조교수로 재직 중이다. 에너지/환경 부문 사업의 타당성(경제성) 평가 및 사회적 수용성을 주로 연구하며, *Renewable & Sustainable Energy Reviews, Energy Policy, Applied Energy, Science of the Total Environment* 등 국내외 저명 학술지에 다수의 연구 성과물을 발표했다.

이민규

포항공과대학교 화학공학과를 거쳐, 서울대학교 기술경영경제정책대학원에서 경제학 박사학위를 받았다. 한국해양수산개발원 부연구위원을 거쳐, 현재 부경대학교 기술경영전문대학원 부교수로 재직 중이다. 주요 관심 분야는 기술경제학, 항만물류정책 등이며, *Marine Policy, Transportation Research Part A* 등 국내외 학술지에 총 80편의 논문을 발표했다.

백철우

서울대학교 응용화학부를 졸업하고, 같은 대학 기술정책대학원과정에서 경제학 박사학위를 받았다. 한국과학기술기획평가원에서 과학기술정책기획, 예비타당성조사 등의 업무를 수행했고, 선문대학교 국제경제통상학부를 거쳐, 현재 덕성여자대학교 국제통상학과에서 경제학을 가르치고 있다. 기술혁신, 산업동학, 생산성 분석, 에너지 정책, 경제성 분석 등의 주제로 국내외 학술지에 다수의 논문을 발표했다.

이대호

서울대학교 전기공학부에서 전기공학사를, 같은 대학 대학원 기술경영경제정책 협동과정에서 경제학 박사학위를 받았다. 정보통신정책연구원에서 부연구위원으로 국가의 정보통신정책을 만드는 업무를 수행했으며, 현재 성균관대학교 인터랙션사이언스학과에서 교수로 재직하며, 정보통신기업의 전략 연구와 정보통신기술/서비스를 사용하는 사용자에 대한 다양한 연구를 수행하고 있다.

신정우

서울대학교 대학원 기술경영경제정책 협동과정에서 「소득배분 단계를 고려한 이산선택모형 개발」 연구로 박사학위를 받았다. 한국환경정책·평가연구원에서 부연구위원으로 있으면서 환경가치, 규제비용분석 등의 업무를 수행했다. 현재 경희대학교 산업경영공학과에 교수로 재직 중이며, 2020년부터 빅데이터응용학과를 겸직하고 있다. 가치평가 및 시장예측 연구를 주로 수행하고 있으며, *Technology Forecasting and Social Change*, *Business Strategy and the Environment*, *Energy Policy* 등 국제학술지에 57편의 논문을 발표했다.

홍아름

서울대학교 대학원 기술경영경제정책 협동과정에서 박사학위를 받고 University of Southern California에서 박사후과정을 한 후 현재 경희대학교 테크노경영대학원에서 기술경영, 기술정책, AI 관련한 교육과 연구를 하며 부교수로 재직하고 있다. 논문으로 "A Holistic Analysis Approach to Social, Technical and Socio-Technical Aspect of E-Government Development", "ICT Diffusion as a Determinant of Human Progress", "An Analysis of CSR on Firm Financial Performance in Stakeholder Perspectives", "Polarized Labor Demand Owing to Routine-biased Technological Change", 「중소기업의 연구개발 조직 및 투자가 기업성과에 미치는 영향 연구」, 「중소기업의 지식공유 활동이 기업성과에 미치는 영향」, 「블록체인 기반의 특허거래 시스템 수용의도에 영향을 미치는 요인 연구」, 「ISO 품질 경영시스템이 생산성 향상과 원가절감에 미치는 영향」 등이 있고, 저서로 『디지털 전환시대의 산업기술정책 현안 연구』, *Industry 4.0 and Circular Economy*가 있다.

장원준

육군사관학교를 졸업하고 미국 공군대학원(AFIT)에서 군수관리 석사학위를, 서울대학교 기술정책대학원에서 경제학 박사학위를 받았다. 국방부, 육군본부, 국방기술품질원 등을 거쳐 2011년부터 산업연구원에 재직 중이며, 2021년 미국 국제전략문제연구소(CSIS) Visiting Fellow로 활동 중이다. 산업연구원 방위산업연구부장을 역임했으며 국가과학기술심의회 제1기 국방전문위원을 거쳐, 국방부, 방위사업청, 산업자원부, 중소기업벤처부 및 창원, 대전, 충남, 논산 등에서 방위산업 관련 자문을 계속하고 있다.「4차산업혁명에 대응한 방위산업의 경쟁력 강화전략」,「주요국 방위산업 관련 클러스터 육성제도 분석과 시사점」,「2018~22 방위산업육성 기본계획 연구(방위사업청)」,「2021~25 충남 국방산업 육성계획 수립 연구(충남도청)」 등 수십 편의 논문과 보고서가 있다.

김혜진
한국외국어대학교 노어과를 졸업한 후, 러시아 모스크바국립대학교 역사학부에서 민족학으로 석사와 박사학위를 받았다. 현재 한국외국어대학교 러시아연구소에서 HK연구교수로 재직 중이다. 논문으로「러시아 극지 토착 소수민족의 소멸 위기에 대한 고찰」,「추바시인의 종교 수용: 이슬람과 정교 사이에서」,「마리인의 전통신앙: 문화적 저항에서 민족적 가치의 부활로」 등이 있으며, 공저로『민족의 모자이크, 유라시아』,『민족의 모자이크, 러시아』 등이 있다.

이지연
서울대학교 노어노문학과를 졸업하고 러시아학술원 문학연구소에서 박사학위를 받았다. 현재 한국외국어대학교 러시아연구소에서 HK연구교수로 재직 중이다. 저서로『아름다운 시대의 종말: 이오시프 브로드스키의 작품세계』(러시아어),『러시아 아방가르드, 불가능을 그리다』,『알렉산드르 소쿠로프: 폐허의 시간』(편저),『제국과 기념비: 권력의 표상공간으로서의 20세기 러시아 문화』(근간) 등이 있으며, 러시아 모더니즘 문학과 아방가르드 예술 프로젝트로부터 러시아 영화, 포스트소비에트 문화정체성, 현대 러시아 대중문화에 이르기까지 20세기 러시아 문화예술의 다양한 측면을 조명하는 다수의 논문을 발표했다.

유창석
서울대학교에서 자원·기술경제학으로 박사학위를 받았으며, CJ 및 넥슨, 엔씨소프트 등 콘텐츠 업계에서 10여년간 기획 및 전략업무를 담당했다. 현재 경희대학교 문화관광콘텐츠학과 부교수로 재직 중이다. 기술혁신을 기반으로 관광 및 콘텐츠 경제·정책에 대해 주로 연구를 진행하고 있으며, "A Quantile Regression Approach to Gaining Insights for Reacquisition of Defected Customers", "Key Value Drivers of Startup Companies in the New Media Industry", "An Empirical Study on Global Distribution Strategies after Initial Market Entry" 등의 논문을 *Journal of Business Research*, *Journal of Media Economics*, *Korea Trade* 등 저명 국제학술지에 발표했다.

최한나

대일외국어고등학교 국제어과(러시아어)를 졸업하고 동국대학교 예술대학(연극학, 영어통번역학)을 전체 수석으로 졸업했다. 러시아교육부 장학생으로 선발되어 성적 우수로 상트페테르부르크국립대학교 예술과 인문학 석사학위를 받았다. 현재 독일 에어랑엔-뉘른베르크대학교에서 'Cultural Policy on Arts Education and German Reunification: For the Preparation of the Korean Reunification' 논문 주제로 박사과정 중이다. 이외에도 모스크바민족우호대학교에서 정치학을 공부하고 서울대학교, 한국외국어대학교, 카자흐스탄국립대학교(알마티), 중국길림대학교(주하이)에서 수학했다. 지금까지 YTN 러시아 글로벌 리포터, 주러시아한국문화원 행정원, UNESCO-ICM 전문관으로 근무했으며, 방송 및 기업에서 러시아어를 강의하고 통번역가로 활동했다. 현재는 한국국제문화교류진흥원 상호문화교류팀에서 '한-러 상호문화교류의 해' 기념사업을 담당하고 있다.

구윤모

KAIST 전기전자공학과를 졸업하고, 서울대학교 대학원 기술경영경제정책 협동과정에서 박사학위를 받았다. 현재 서울대학교 공학전문대학원 및 기술경영경제정책 협동과정 부교수로 재직 중이며, 에너지 및 환경과 관련된 기술정책을 주로 연구 중이다. *Energy*, *Ecological Economics*, *Climate Policy* 등 국제학술지에 30여 편의 논문을 발표했고, 제3차 에너지기본계획 워킹그룹, 제9차 전력수급기본계획 정책 워킹그룹, 에너지정책전문위원회, 북방경제협력위원회 에너지 전문위원회 등에서 활동했다.